U0904626

中国刑事警察学院
教材建设专项资助项目

当代世界警务理论与侦查实务译丛

丛书主编　王世全　马玉生

PRACTICAL BOMB SCENE INVESTIGATION 2nd

实用爆炸现场调查

（第二版）

[美] 詹姆斯·T. 瑟曼 James T. Thurman 著

张彦春　等译

中国人民公安大学出版社

·北　京·

图书在版编目（CIP）数据

实用爆炸现场调查（第二版）/［美］瑟曼著；张彦春等译. —北京：中国人民公安大学出版社，2015.7
（当代世界警务理论与侦查实务译丛）
ISBN 978-7-5653-2295-2
Ⅰ.①实… Ⅱ.①瑟… ②张… Ⅲ.①爆炸事故—现场勘查 Ⅳ.①D918.4 ②X928.7
中国版本图书馆CIP数据核字（2015）第173213号

本书版权登记号：图字：01-2014-8486

Practical Bomb Scene Investigation / by James T. Thurman / ISBN: 978-1-4398-1959-3
Copyright© 2011 by CRC Press.
Authorized translation from English language edition published by CRC Press, part of Taylor & Francis Group LLC; All rights reserved;
本书原版由Taylor & Francis出版集团旗下, CRC出版公司出版, 并经其授权翻译出版. 版权所有, 侵权必究.
Chinese People's Public Security University Press is authorized to publish and distribute exclusively the Chinese (Simplified Characters) language edition. This edition is authorized for sale throughout Mainland of China. No part of the publication may be reproduced or distributed by any means, or stored in a database or retrieval system, without the prior written permission of the publisher.
本书中文简体翻译版授权由中国人民公安大学出版社独家出版并限在中国大陆地区销售. 未经出版者书面许可, 不得以任何方式复制或发行本书的任何部分.
Copies of this book sold without a Taylor & Francis sticker on the cover are unauthorized and illegal. 本书封面贴有Taylor & Francis公司防伪标签, 无标签者不得销售.

实用爆炸现场调查（第二版）

［美］詹姆斯·T. 瑟曼 James T. Thurman 著

张彦春 等译

出版发行：中国人民公安大学出版社
地　　址：北京市西城区木樨地南里
邮政编码：100038
经　　销：新华书店
印　　刷：北京通天印刷有限责任公司

版　　次：2015年7月第1版
印　　次：2015年7月第1次
印　　张：29
开　　本：787毫米×1092毫米 1/16
字　　数：536千字

书　　号：ISBN 978-7-5653-2295-2
定　　价：120.00元

网　　址：www.cppsup.com.cn　　www.porclub.com.cn
电子邮箱：zbs@cppsup.com　　zbs@cppsu.edu.cn

营销中心电话：010-83903254
读者服务部电话（门市）：010-83903257
警官读者俱乐部电话（网购、邮购）：010-83903253
教材分社电话：010-83903259

本社图书出现印装质量问题，由本社负责退换
版权所有　侵权必究

实用爆炸现场调查

（第二版）

译者名单

张彦春　张洪国　陈立宏
蒋　焕　孙丽丽

序 一

习近平总书记在2014年中央外事工作会议上强调："认识世界发展大势，跟上时代潮流，是一个极为重要并且常做常新的课题。中国要发展，必须顺应世界发展潮流。要树立世界眼光、把握时代脉搏，要把当今世界的风云变幻看准、看清、看透，从林林总总的表象中发现本质，尤其要认清长远趋势。"2015年中央政法工作会议明确提出，要深入学习贯彻党的十八届四中全会精神，全面推进依法治国，推动政法工作向善于运用法治思维和法治方式转变、向着力解决深层次问题转变、向善于运用信息化手段转变、向更加开放转变。可以看到，开放、发展、合作的观念正在深刻影响着当代中国和中国的法治建设。

警察作为人类社会发展到一定阶段所共有的社会现象，既有一定的历史延续，也存在着国与国之间的横向联系。近二百年来，随着五次警务革命的潮起潮落，西方国家的警察科学研究日趋繁荣，学术成果硕果累累，形成了较为先进、完善的警察科学理论体系与操作模式。尽管西方国家与我国的社会制度、国情、治安状况不同，但是其百余年的警务革命和实践对我国警务工作的发展不无启示。作为人才培养的主阵地和科教强警的生力军，公安教育战线更应树立世界眼光，积极借鉴世界警务理论发展成果，切实加强对事关公安工作全局性、前瞻性、规律性重大问题的研究，不断丰富具有中国特色的现代警务理论，努力为解决在警务实践中遇到的新情况、新问题提供有力支持。

为深入了解和借鉴国外先进的警务理论研究成果，推动现代警务理论研究和实践创新，更好地服务公安教育和公安实战，中国刑事警察学院组织开展了“当代世界警务理论与侦查实务译丛”的翻译出版工作。本译丛包括12本译著（其中英文版著作10种、德文版著作1种、俄文版著作1种），具有以下特点：一是原著作者普遍具有较高的研究水平和学术影响力。他们中有的是学术造诣精深的学者，有的是警务实战经验丰富的专家，其成果代表了相关专业领域的最新进展以及发展趋势，权威性强，学术水平高。二是在警务理论研究学派的选择上具有广泛性和代表性，包括了英美法系国家、大陆法系国家以及其他具有独特法律传统的国家等多个具有代表性的流派。本译丛内容的广泛性有助于全面客观地认识和借鉴具有代表性的国家在警务工作中的共性特色和个性魅力。三是具有很强的警务理论研究和实用价值。本译丛包括警务工作的诸多领域，涉及警务与执法、全球缉毒、刑事侦查、网络犯罪侦查、鞋印证据、实用爆炸现场调查、司法语言学、犯罪与恐怖主义、犯罪现场摄影技术等专业科技领域。这些成果贴近警务工作实际，对警务理论研究和实战应用具有重要的借鉴价值和指导意义。

“当代世界警务理论与侦查实务译丛”的付梓是中国刑事警察学院教材建设的重大推进，凝聚了有关方面和专家学者的辛勤付出，不仅填补了公安学和公安技术两个一级学科专业译著的空白，也为我国公安教育训练工作、警务理论研究和公安实战应用带来了新理念和新方法。作为一名在公安教育战线工作了30多年的“老兵”，我很高兴为本译丛作序。冀望“当代世界警务理论与侦查实务译丛”的面世能够激发越来越多的公安院校和学者对世界警学名著引进与翻译的热情，能够对公安学和公安技术的学术研究有所推动，为公安工作和公安队伍建设提供更加有力的理论支持和智力保障。

是为序。

中国刑事警察学院党委书记、院长 王世全

2015年5月

序　二

由中国刑事警察学院编译的“当代世界警务理论与侦查实务译丛”即将出版，邀我作序，我很高兴。中国刑事警察学院与我渊源极深，1960年至1962年期间，我曾经在民警干校任教，也就是中国刑事警察学院的前身。

近日收到书稿，认真阅读了这部译丛，不禁生出许多感慨，既被书中原著很多的新理念所触动，又感动于编译者的辛苦付出，于是迫不及待地拿起笔，翻出一些记忆，写下一些感受。

这部译丛收录的原著，大多是关注现场或者证据的，贴近实战，非常受用。这倒十分符合我从事刑事侦查工作多年的经验和认知。国内也好，国外也罢，关于刑事侦查的很多理念和实践往往是趋同的。记得2005年，我这个所谓“中国的福尔摩斯”和有“当代福尔摩斯”之称的美籍华裔专家李昌钰博士在中央电视台同做一档节目，我们的人生经历不同，遇到的案件不同，但我们对犯罪现场的重视和刑侦现场证据理论的推崇却高度一致。每到一个案件现场我常说的一句话是“现场，现场，还是现场，现场是破案的源泉”，我参与侦办的如“马加爵案”、“5·7”空难、“彭妙计案”等一系列重大要案的关键线索，无一例外都源于对犯罪现场的缜密分析。

曾有人说，我有所谓的“超能力”，所以才能找到犯罪分子的蛛丝马迹，这当然是一句笑谈，如果说要找到一个途径去获得这所谓的“超能力”，我想那就是要坚持不断地学习。当今世界，国际合作日渐紧密，科技发展日新月异，刑事犯罪侦查也正面临着越来越大的挑战，只有经验是不够的，更不可能闷头过日子，必须要学习世界最前沿的科学理念，掌握最先进的侦查方法和技术，我们才能始终保持优势、先发制敌，让犯罪无处遁形。

本译丛严格地讲是一套教材，读者更多应该是有志于从事刑事侦查工作的同志，笔尖停留之处，我更想对你们说点什么，就算于书内容不妥，我想也算得题中之义。如何做一名合格的刑事侦查工作者，除了技术，除了学习，究竟还需要点什么？我想应该是对事业的忠诚，还有对生命的敬畏吧。每一件大案结案之际，我都不会有太多的轻松和愉悦，因为刑事侦查是以罪恶发生和人民群众生命财产安全被侵害为起点，那么结局就注定不会有什么完美可言。我们刑侦人所能做到的，就是尽早地发现真相，尽早地还世界一份清宁。真心地希望你们用心体味生命，热爱生活，做一个有血有肉、侠骨柔肠的神探。

“风雨多经人不老，关山初度路犹长。”本译丛的编译工作是在中国刑事警察学院65周年华诞之际启动的，65年栉风沐雨，65年薪火传承，中国刑事警察学院这所中国刑警的最高学府已桃李天下、硕果累累，作为老校友，我倍感骄傲和欣慰，同时感谢中国刑事警察学院领导和各位同仁多年来的关心和帮助。衷心希望中国刑事警察学院在这项工作中有更多的新成果面世！祝愿中国刑事警察学院在建设国际一流刑警院校的新征程中取得新的更大的成绩！

是为序。

公安部首席特邀刑侦专家 乌国庆
2015年5月

译者说明

《实用爆炸现场调查》是美国实用犯罪调查与法庭调查系列丛书中的一本，该书全面、系统、详实阐述了爆炸物识别、爆炸现场勘验程序、爆炸物证分析等内容，将扎实的理论基础与作者长期从事爆炸现场调查所积累的丰富的实践经验相结合，为爆炸现场勘验人员提供了独特的视角和分析技巧，堪称爆炸装置安全处置、爆炸现场勘验与分析领域的经典著作。《实用爆炸现场调查》翻译工作历时一年多，参译人员从事爆炸现场勘验分析工作多年，译著的内容和形式均尊重原著，对于专业术语、专业理论和技术复杂的句式翻译尽可能做到确切表达原意。本书可以作为公安院校的教学辅助用书，也可作为公安一线爆炸现场处置工作的重要参考用书。

本书由张彦春（中国刑事警察学院）教授负责全书的统稿工作。第1章、第2章由张洪国（中国刑事警察学院）翻译，第3章、第4章、前言、引言、致谢、作者简介由张彦春翻译，第5章、第6章由陈立宏（中国刑事警察学院）翻译，第7章由张彦春、张洪国、陈立宏共同翻译，第8章由蒋焕（吉林警察学院）翻译，附录部分由张洪国、陈立宏、孙丽丽（上海市公安局浦东分局）、蒋焕共同翻译。公安部特邀刑侦专家乌国庆、北京理工大学爆炸科学与技术国家重点实验室白春华教授在译著完成过程中给予了很多指导，在此表示衷心的感谢！中国刑事警察学院张晓梅教授对全书提出了宝贵意见，一并表示感谢！

由于时间关系及水平所限，不当和疏漏之处在所难免，敬请广大读者批评指正。

2015年5月

注　释

本书为实用犯罪调查与法庭调查系列丛书（Practical Aspects of Criminal and Forensic Investigations Series）中的一本。该系列丛书由纽约警察局副局长（现已退休）弗农·简·盖贝特发起，他是一位作家、教育家，也是凶杀案件和法庭调查方面的顾问。该系列丛书的作者都是在各自专业领域公认的专家，书中将为从事犯罪调查和法庭调查的人员提供当代的、全方位的实用信息。

前言

我很高兴詹姆斯·T.瑟曼撰写了《实用爆炸现场调查》一书，该书必将成为法庭爆炸专家、简易爆炸装置专业人员以及从事这一重要学科教学的军方和地方学者的圣经。同样重要的是，詹姆斯·T.瑟曼所拥有的长期在爆炸后调查司法实践领域工作的顶尖联邦调查局特工专家的职业生涯，给读者提供只有像詹姆斯一样杰出的调查人员才能够积累到的独特的视角和分析技巧。《实用爆炸现场调查》这本专著对于真实案例研究的熟练运用、犯罪调查中简易爆炸装置鉴证分析和随后起诉的最终成功的影响，使它不仅仅成为司法鉴定专家的“必读书目”，对于检察官、律师和法官也是非常重要的。詹姆斯·T.瑟曼将自己30年来卓越而丰富的公共服务奉献给联邦调查局和我们的国家，将大量的经验和专业知识汇聚成《实用爆炸现场调查》这本书，是给执法部门和公共安全部门一份永恒的礼物。

本人有幸与詹姆斯·T.瑟曼在联邦调查局共事8年多（1992—2001），即使在“9·11”恐怖袭击之前那些年，联邦调查局也全力专注于那些具有毁灭性和升级的恐怖袭击，这些恐怖袭击利用简易爆炸装置袭击弱势的平民，甚至强大的军事目标。这些恐怖袭击不仅在国内（大学航空炸弹客、俄克拉何马州联邦大楼、1993年世界贸易中心、亚特兰大奥运会、穆迪国际货运公司）发动，也在海外（泛美航空103号航班、沙特霍巴塔、美国驻东非大使馆、科尔号驱逐舰）发起进攻，致使联邦调查局投入大量资源与恐怖主义作斗争，也直接促使了在1999年成立了首个反恐部门。感谢数以千计的联邦调查局工作人员，不知疲倦地工作，在许多情况下冒着极大的个人危险，处理了每一个复杂而具有毁灭性的事件，犯罪分子最终被逮捕、起诉、定罪或者在逃。所有侦破这些涉及巨大的公共安全、政治、军事、外交政策后果的重大案件获得成功的要素，是联邦调查局特工、炸弹小组里像詹姆斯·T.瑟曼一样拥有令人难以置信的才能、奉献精神的科学家和他的杰出同事们，他们正是联邦调查局成功的“刀锋”。没有他们高尚的默默无闻的工作，在115℉冒烟的废墟中、在水下、在爆炸点附近最危险的的地方筛出、寻找提取爆炸碎片，所有这些事都是不可能做到的。读者通过阅读《实用爆炸现场调查》，可以了解到简易爆炸装置专家高度紧张、压力巨大的调查程序，以及引导整个犯罪调查走向正确和公平结局的详细论述。只有像詹姆斯·T.瑟曼这样经验丰富的有才华的作家兼科学家才能带给读者体验独特的“旅程”，展示他（她）最好的工作经验，避免专业上的错误，以及如何集智慧与诚信从事一份极其重要的工作。

詹姆斯·T.瑟曼在《实用爆炸现场调查》中传授的最高品质、专业的爆炸后调查的科学知识和经验是非常重要的，每个从事公平处理和法律裁定的人都应该给予充分重视。所有频繁的、拙劣的、带有主观意愿的爆炸物的检验鉴定工作都能够导致不公平的结果和法律裁定的失败。同时，缺少詹姆斯·T.瑟曼那种能力的法庭调查人员的错误能使整个犯罪审判过程脱轨，伤害无辜的人，隐匿了罪犯。例如，当环球航空公司800号航班从肯尼迪国际机场起飞后发生爆炸，就有一个有效的工作假设，就是一架有可靠的安全记录的747飞机，由于被某人带上飞机的简易爆炸装置爆炸而坠落。的确，在一丝不苟的联邦调查局的爆炸现场勘查中（90%的飞机机体残骸在大西洋中被发现提取，在一个长岛的飞机库被组装），詹姆斯·T.瑟曼的小组在飞机残骸拼接后的一处头顶行李架上检测到高速炸药残留物。然而，詹姆斯小组建议在得出简易爆炸装置爆炸的结论前要进行更彻底的调查，而不是直接得出结论“简易爆炸装置爆炸是袭击的原因”。他们的专家意见是决定性的，是基于被训练过的联邦调查局调查人员的经验，而不是一般的爆炸专家的经验。感谢他们的谨慎和明智的建议，进一步的调查发现这架飞机之前曾用来简易爆炸装置训练，因此，发现了爆炸残留物。最后，联邦调查局得出结论，是油箱的线路故障引起毁灭性的爆炸和悲剧性的生命损失。

我们都应感激詹姆斯·T.瑟曼，感谢他给予我们《实用爆炸现场调查》这本专著，我向所有执法的专业人员、律师和关心我们国家安全的国人高度推荐这本专著，也感谢像詹姆斯·T.瑟曼以及像他一样出色的联邦调查局特工所作出的卓越贡献，过去的，现在的，将来的。

路易·弗利

联邦调查局局长

1993—2001

引　言

如同在国际舞台上谢幕，早间新闻仍然是日复一日的相同：这里发生了自杀性爆炸，那里有汽车炸弹爆炸。通常，伴随这样的报道的是生命的丧失和挚爱的离开，留下的人自己照顾自己。这是炸弹的时代，不一定是核炸弹，而是简易爆炸装置爆炸，跨国恐怖分子已经掌握了它的应用。在美国，使用爆炸装置不一定是恐怖分子的行为，也可能是用来复仇或者仅仅是恶作剧。然而，那些简易爆炸装置爆炸事件是否为恐怖行为并不重要，炸弹就是炸弹，与炸弹造成的损伤和破坏相比，使用炸弹背后的动机变得次要。同样地，对于炸弹技术人员和爆炸现场调查人员，联合在一起共同保护公众，从社会中识别和清除炸弹制造者是他们的责任。

就像四年前写这段话的时候，我不知道这些话在未来有多真实。爆炸活动在伊拉克加剧，继而扩散到周边，然后仅在阿富汗，其强度进一步加大，而在印度、巴基斯坦、俄罗斯、斯里兰卡，只是有一些爆炸事件发生，是以适合他们各自的方式造成破坏，失去无辜的生命。美国也一样，多年来形势已经发生了变化。我们从“鞋子炸弹”中走出，又进入到理查德·里德的“内衣炸弹”，他似乎想向激进主义改变。而且，这种不受约束的暴虐行为已经蔓延至本土发展起来的恐怖分子，他们以他们的方式杀死我们的英雄，让我们所有人的世界变得不再安全。也有一些本土组织，他们暗中组织对我国本土和国外发起恐怖袭击。也许有人会问，接下来会发生什么？对于这个问题，我没有答案。

对于爆炸调查人员来说，准备好面对从爆炸后的碎石中找出证据这样看起来不可能的工作的挑战是非常有必要的。许多人错误地认为，爆炸后不会有什么留存在现场，而且耗时方式的现场勘查是找不到什么证据的。然而，研究表明，去除炸药，爆炸部件90%以上会留在爆炸现场。很容易理解，这些部件不再具有爆炸前可识别的状态。因此，训练调查人员认识残留在现场的有价值的证据成为我们的任务之一。

本书写给爆炸现场调查人员、物证技术人员、实验室检验人员、情报分析人员、巡逻的士兵以及包括公共安全部门的官员——无论是在街上的警察还是消防员。从本质上说，写作本书的目的在于提供寻找和保存从爆炸现场中恢复的证据及其最终在法庭上使用的方法。对于第一版于2005年3月出版后即产生强烈反响，我深受鼓舞。由此，我试着增加一些内容以再版，给爆炸后调查人员提供更大的帮助。这些内容包括关于爆炸压力及其对人体的爆炸作用的更好的理解；如何从现场中收集更多的信息，以便估算简易爆炸装置中炸药重量；一个有利于对有关炸药和调查程序术语更深入理解的词汇表；以及有关简易爆炸装置部件识别的大篇幅章节。我还增加了关于如何在敌对环境下快速开展爆炸后调查的一章，我想，这是一个时代的征兆。

此外，本书竭力提供了便于理解的处置爆炸现场的步骤和程序，详细说明了调查人员在现场发现证据和判明证据意义所需的技能。就其本身而论，本书是知识的线路图，不仅论述了如何发现和搜集证据，也提出了如何安全有效地评估现场。

所有的犯罪现场都有故事可讲。理解爆炸现场的语言是这本书的目的。此外，它阐述了用来判定现场是否为其他类型的大规模杀伤性材料（放射学的，化学的，或生物材料）或者军方军火爆炸的办法。

尽管书中关于爆炸现场调查程序阐述得很详尽，能够用于一般的爆炸现场调查，但是对于特大爆炸现场，如阿尔弗雷德·默拉联邦大厦的爆炸案、1995年4月19日俄克拉何马州政府大楼的爆炸案，却显得不够详尽。同样，这本书不包含简易爆炸装置组装方法的内容，书中有关于组成部件的详细描述，但没有关于如何构造爆炸装置或者自制炸药的内容。太多这样的信息可以通过互联网和各种出版物在世界市场中获得。我不打算增加这部分内容。

炸弹是特定类型犯罪分子的独特工具，爆炸调查需要特殊的知识。本书鼓励读者学习这些内容，发展解决这些令人发指的罪行的必要的技术。

詹姆斯·T.瑟曼

2010年5月

作者简介

詹姆斯·T.瑟曼在爆炸领域工作30多年，先是作为美国军方炸弹处置技术人员，然后成为美国联邦调查局的一名特工。作为一名联邦调查局实验室管理的特工，他检验过数百个简易爆炸装置的残骸，走遍美国及世界各地收集证据，指挥爆炸现场调查。他调查的案件包括1983年和1984年美国驻黎巴嫩大使馆的爆炸案，1983年驻黎巴嫩的美国海军陆战队兵营爆炸案，苏格兰洛克比的泛美103号航班爆炸案，1989年联邦法官罗伯特·万斯在亚拉巴马州和律师罗伯特·鲁滨逊在佐治亚州的爆炸死亡案，1993年纽约世贸中心爆炸案。1998年从联邦调查局退休前，瑟曼是联邦调查局炸弹数据中心主任，负责培训全国所有公共安全炸弹处置技术人员。

瑟曼一直讲授爆炸现场调查及爆炸防范方法的课程，为美国本土和国际学校提供培训。他是许多专业机构的成员，包括国际炸弹技术人员和调查人员协会（IABTI）的顾问，也是国际爆破工程师学会（ISEE）的顾问。瑟曼是国家火灾调查协会（NAFI）认定的火灾爆炸调查员（CFEI）、车辆火灾认定调查员（CVFI）。作为各种国家计划小组成员，他参与了由美国司法部出版有关犯罪现场勘查的两项最佳实践指南的准备工作：《执法指南》和《爆炸现场调查指南》。此外，他是佛罗里达大学法庭科学国家中心火灾与爆炸技术工作组培训和教育委员会的主席。

瑟曼现在是东肯塔基大学的教授，教授有关火灾、纵火和爆炸调查的特别课程。他具有东肯塔基大学学士学位和乔治华盛顿大学法庭科学专业的硕士学位。

目 录

CONTENTS

第1章

爆炸作用理论

1.1 引言

爆炸现场调查人员必须具备丰富的爆炸现场调查方面的知识，包括能够判定爆炸事件的性质、发现并提取现场物证、识别炸弹碎片、发现并记录爆炸作用破坏情况等。爆炸作用包括炸药的爆炸作用及碎片的破坏作用。换句话说，具有合理的起爆方式或引信系统的一定量炸药爆炸时，周围物体具有哪些可观测的物理特征？这些知识会帮助现场调查人员更好地理解爆炸现场。

为了开采岩石，岩石爆破工必须考虑以下因素：岩石类型、打孔方法、炸药种类及爆炸后的预期目标。然而调查人员开始工作之前，爆炸结果已经形成。爆炸现场调查人员是从爆炸结果（即爆炸现场中的爆炸碎片和爆炸破坏痕迹）开始工作的，这就要求他们不仅能够反推出爆炸的原因，也要能推断出爆炸发生的过程。掌握爆炸作用理论有利于调查人员在重建现场过程中提出理论和假设。毋庸置疑，即使了解了爆炸作用理论，爆炸现场的一些现象还是难以理解和解释的。同样，具有多年经验的岩石爆破工按照周密的计划实施爆破时，有时也未必能达到预期效果。炸药爆炸造成的效果往往是难以预测的。

本章为现场调查人员理解爆炸作用理论提供基本思路，如大街上的汽车里一个看起来很小的爆炸装置爆炸后，为什么远处玻璃大面积破碎而建筑物的结构没有损坏。另外本章对一些现场调查人员应该掌握的专业术语进行系统的定义和解释，如爆炸、起爆、高速和低速炸药、爆燃速度（VOE）、爆轰速度（VOD）、炸药等。本章还描述了四种爆炸类型及其爆炸效应。最后我们研究了多种炸药的特征、起爆系统及不同装药形状的特殊用途，如锥形装药。

本章为后续几章的学习奠定了基础，为现场调查人员有效地处置爆炸现场做好准备工作。现场调查人员必须掌握大量有关炸药、爆炸现场调查基本问题的术语。

1.2 科学方法

与其他调查一样，爆炸犯罪现场调查应该发现、理解和利用某种解决问题的模式。这种解决问题的模式具有普遍性，不仅适用于调查，而且适用于其他社会或行为科学、商业和管理原则等。“科学方法”是一种模式，它提供了一个系统化的方法来解决问题。根据《韦氏大学词典》的解释，科学方法是系统探寻知识的原则，包括发现和提出问题，通过观察与实验收集数据，提出和验证假设。尽管我们并未准确意识到这种方法或模式，但它确确实实已经在现场调查中应用了很长时间。事实上，我们每天都不知不觉地应用科学方法，这种方法无时无刻不在伴随着我们。因此，它是可以用于解决问题的既简单又直接的方法，无论我们是否有科学背景，都可以直接使用它。

科学方法可以清晰的分为七个步骤：（1）发现问题；（2）确定问题；（3）收集数据；（4）通过归纳推理分析数据；（5）提出假设；（6）通过演绎推理验证假设；（7）得出结论和确定行为过程或事件的原因。为了便于理解，在这里介绍一个爆炸案件中实际应用科学方法的例子，解决流程见图1.1。

在任何调查开展之前，一定会有关于爆炸事件的报警。第一响应者或现场调查人员并不确定报警是否属实，因此他（她）会亲自去现场确定是否存在问题。在某些情况下，让人相信报警并不容易。然而，在这个案例中，很明显发生了爆炸，调查人员按照以下步骤进行处置：

第一，确定问题，即判定是什么类型的爆炸？是炸药爆炸还是燃料空气混合物爆炸（FAE），如天然气爆炸。

第二，收集来自现场和调查访问的实证资料（基于调查人员的观察和经验）。这些资料还应该包括爆炸后在现场中呈现出来的物理特征。

第三，根据归纳推理方法或现场调查人员的知识、培训和经验对收集的信息进行分析。

第四，提出一个理论或假设来解释事件过程。这个假设不能基于推测、直觉或感知到的事实，必须以调查人员对收集到的实证资料的分析结果为基础。

第五，在这种情况下，现场观察到的特征具有参考价值但不是绝对的，在这一点上，能够引起爆炸的天然气与空气的混合物称为FAE。调查人员必须通过考虑爆炸现场中其他可能导致爆炸的因素来验证这种物质是FAE。这种演绎推理可以通过由认知技能的使用或实验完成，如真实的测试。从本质上讲，调查人员可以将所有收集的信息与假设进行比较进而确定是不是收集到的信息只满足FAE爆炸的标准而不是其他炸药？

第六，如果能肯定前面列表中的问题，那么可以得出结论，即爆炸的物质是FAE。如果无法通过实验或演绎推理来证实假设，那么必须制订新的假设，这个新假设必须建立在对现有资料和新资料分析的基础上。这个过程将不断重复进行，直至得到能够经得起检验的结论。

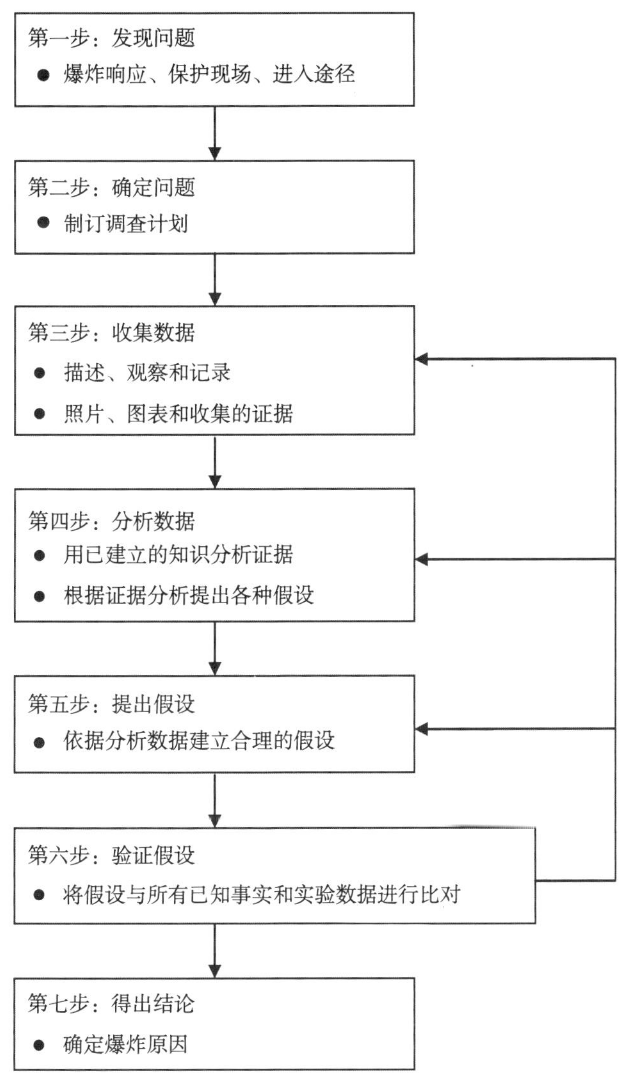

图1.1 流程图概述了适用于爆炸现场调查的科学方法（来源于《美国防火协会关于火灾和爆炸现场调查指南》，版权©2004，国家火灾防护委员会，昆西，文科硕士02269）

1.3 炸药

炸药是一种能够引起爆炸的化合物或混合物（高能物质）。炸药发生化学反应产生热、光及气体。通常状态下炸药是固体或液体物质，处于相对稳定状态，不需要外界氧（如大气中的氧气）的参与就能够发生快速化学反应。这个反应可以在机械作用、热作用、冲击作用等外界能量激发下引起爆炸。化合物是指含有两种或两种以上的元素通过化学键结合形成的新物质，如硝酸甘油。在化合物中的元素已经不具备其原来的性能。混合物是两种或两种以上的物质混合而产生的新物质。但是在这种情况下，原来的物质不会失去自身的性能，如黑火药，其成分是混合物而不是化合物。

为了判定某种物质是否构成炸药，应该有明确的标准，炸药的化学成分中一定存在氧化剂和燃料，即炸药必须有燃料燃烧和氧化剂来支持燃烧。一些炸药中含有类似敏化剂的附加成分，如炸药中的硝酸甘油，而铵油炸药中只有燃料（燃油）和氧化剂（硝酸铵）的成分。燃料是用来燃烧的，但为什么炸药需要氧化剂？为什么快速燃烧的炸药不能从大气或周围区域吸取氧气来完成爆炸？这是因为爆炸的反应发生太快，周围空气流动速度不可能快到支持燃料燃烧。此外，炸药爆炸作用会使部分区域压力下降或形成近真空状态。

炸药中氧化剂与燃料的比率称为炸药的氧平衡。与人们想象的一样，最优配方是同等比例的氧元素和燃料，而大多数炸药并非如此，一部分主要为民用炸药，另一部分为军用炸药，民用炸药应该基本达到50：50（氧与燃料）的混合比例，这样产生的有毒气体（如一氧化碳）量是最小的。因此通常来说，民用炸药含氧量比燃料稍多（它们是含氧丰富型炸药）。因此，大多数民用炸药爆炸产生白色烟雾。由于大多数军用炸药（如C-4炸药等）含有类似碳的燃料的比例更高（它们是燃料丰富型炸药），因此，大多数军用炸药爆炸产生的烟是黑色的。

1.4 炸药的种类

目前主要有两种类型的炸药：（1）低速炸药；（2）高速炸药。低速炸药主要应用在商业领域，如推进剂（黑火药和无烟火药）、起爆器材（导火索）、烟火剂、焰火剂、闪光剂和利用低能闪光剂制成的信号剂等。犯罪分子通常会选择低速炸药装填管状炸弹。高速炸药主要是用来粉碎其他物质。高速炸药在商业上的应用包括开采岩石、拆除建筑物及装填军事弹药。在美国，有时会在爆炸装置中装填高速炸药实施爆炸。当选择高速炸药作为主装药时，爆炸后会产生更严重的破坏效果，死伤人数会大量增加。在国际上，高速炸药常被用来制作简易爆炸装置（IED）。

炸药的种类：

- 低速炸药（发射药）
- 高速炸药

低速炸药通常是固体的混合物，在任何条件下都不能形成爆轰波。这种类型的炸药可以在缺乏空气或密闭的条件下燃烧；但密封时，低速炸药的燃烧可以转为爆燃。这是什么意思？在缺乏空气的条件下低速炸药的燃烧可以转为爆燃吗？低速炸药燃烧不需要氧气，也不需要密封就能保持稳定的燃烧。然而，当低速炸药在密闭条件下燃烧时，就可以发生爆炸或爆燃。爆燃是快速燃烧，速度比暴露在空气中的物质燃烧速度快，但比高速炸药爆炸的速度慢。低速炸药也可以定义为高能物质，通常低速炸药的燃烧速度低于该介质中的声速。这是表面现象，反应产物沿着物质表面以亚音速（该介质中的音速，不要与空气中的声速混淆）远离未反应物质。因此，密闭条件是低速炸药发生爆炸或爆燃的必备条件，即密闭条件下的爆燃就是爆炸。在密闭条件下，反应会增加压力、反应速率（反应速度）和温度。典型的民用低速炸药主要包括黑火药和无烟火药。此外，数以百计的自制低速炸药的配方已经秘密地应用于制作低速炸药。

VOE是密闭中的低速炸药燃烧的速率或者反应速度，它也可以描述为低速炸药爆燃的速度。VOE值以英尺/秒和米/秒为单位，简化的写成ft/s或m/s。从理论上讲，低速炸药的反应速度比该炸药内部声速要慢。大多数研究文献中使用术语VOD来表征高速炸药。VOD只能表征高速炸药而不适用于表征低速炸药，因为低速炸药中无法传递爆轰波。因此，低速炸药没有VOD值，只有VOE值。

低速炸药有如下特征：低速炸药的VOE值低于其内部的音速，是亚音速传播的，不能形成爆轰波；它通常是一种混合物，普通热能可以激发它，却并不能使其发生爆炸或爆轰；低速炸药发生爆炸或爆燃时需要密封。本质上，低速炸药对热能、冲击、摩擦等都很敏感，如燃烧的火柴就可以引燃低速炸药，一些导火索中会使用这种炸药。爆轰的能量也可以激发低速炸药，如装有高速炸药的雷管。这种激发方式一般出现在秘密自制的钢管炸弹中，将黑火药或无烟火药装入钢管即可。密封是低速炸药发生爆燃的一个必要条件。弹壳或炮弹是民用炸药常见的密封形式，即使在没有任何容器的情况下，被激发的大量低速炸药在密闭条件下也会发生爆燃。

低速炸药的特点：

- VOE 低于声速
- 反应速度是亚音速
- 不能产生爆轰波
- 低速炸药通常是混合物或是某一种发射药，如无烟火药
- 低速炸药发生爆炸或爆燃时需要密封

高速炸药是一种能形成爆轰波的具有爆炸性的物质或化合物，无需考虑密封的条件。换句话说，密封不是高速炸药发生爆炸的必备条件。然而，密封时它的反应速度或VOD会提高，破坏能力比不密封时更强。例如，金属管内的炸药爆炸所产生的破坏力比没有包装物的同质量的炸药大，钢管炸弹产生的致命的弹片效应可以独立发挥破坏作用。另外，高速炸药在其内部的反应速度是超音速的。在包装物内炸药的反应速度比其内部传递的声速快。硝酸甘油炸药、铵油炸药、水胶炸药、乳化炸药、黑索金（RDX）、泰安（PETN）、奥克托金（HMX）都是典型的高速炸药。和低速炸药一样，许多自制的高速炸药也用于制作简易爆炸装置，如俄克拉何马州联邦政府的汽车炸弹就应用了这种炸药。

高速炸药的起爆速度一般大于3300英尺/秒。总体上，高速炸药具有以下特征：炸药内部的反应是超音速的（比声音在炸药内部传播的速度快），并可以形成爆轰波；一般是以某种高速炸药为主的混合物，利用微弱的火花或冲击就可以起爆炸药；不需要密封就可以起爆；爆炸产生很强的破坏力，并伴有碎片效应；高速炸药具有较宽范围的爆速。爆速稍微低一些的炸药一般不低于6000英尺/秒，然而像奥克托金这类高速炸药的爆速可以达到27000英尺/秒。TNT、泰安、黑索金和硝酸甘油属于化合物，而胶质硝酸甘油炸药、水胶炸药和乳化炸药是属于混合物。大部分高速炸药需要雷管起爆，雷管可以产生足够的冲击能量激发高速炸药爆炸。起爆药是一种典型的高速炸药，在类似小火花的能量激发下就会被引爆，一些爆破剂（以硝酸铵为主体的混合炸药）以及高速炸药需要“起爆药柱”才能发挥作用，对此将在1.5中进行详细讨论。

高速炸药的特征：

- 起爆速度大于 3300 英尺/秒
- 能够形成较强的爆轰波
- 需要雷管或起爆药柱起爆
- 不需要密封就可以爆炸

爆炸是高能物质瞬间完成的氧化反应，速度比其内部传递的声速快。爆炸是在化合物或混合物中发生剧烈化学反应同时产生热和高压，持续的以超音速的速度由反应物质作用到未反应物质的过程。化学反应的结果是高压气体向外

膨胀挤压周围环境中的介质形成冲击波。由于炸药内部的这种反应速度，高速炸药被引爆后发生的是爆炸而不是爆燃。高能物质内部产生的冲击波（带有化学反应区的冲击波）就形成了爆轰波。高能物质中的化学反应过程是区分高速炸药和低速炸药的物理因素。

图1.2描述的是筒装炸药发生爆炸的过程。在图的右侧，我们可以看到炸药爆炸的稳定反应产物，主要是不断膨胀的气体。我们还可以观察到炸药最开始发生化学反应的区间。图的左侧是没有参与反应的炸药。图1.3是图1.2的爆炸过程的示意图。反应的初始阶段可以定义为冲击波前沿或爆轰波。这是化学反应区间的前端延展到反应区的末端。反应区末端，也是高能物质爆炸停止和反应生成稳定物质的位置就是C–J面。不同种类炸药，初始反应区间的厚度在1毫米～1厘米。另外，初始反应区的冲击波前端产生的压力会增加爆炸或反应的速度，在炸药内部形成爆轰波。这种反应在低速炸药中是没有的。在低速炸药或爆燃物质中，冲击波前沿与初始反应区分离，燃烧反应速度得不到加强，结果就不会有爆轰波出现。

VOD这个名词指的是爆轰波或燃烧波在高速炸药内传递的速度或速率。重要的是，炸药爆炸速度到底有多快？VOD的单位是英尺/秒或米/秒。理论上，由于高速炸药内部有爆轰波，其VOD可以达到3300英尺/秒～28000英尺/秒。许多民用的高速炸药，其VOD为6600英尺/秒～25000英尺/秒，如黑索金和泰安。军用炸药，尤其是用于制造核武器的炸药，可能具有更高的爆速。

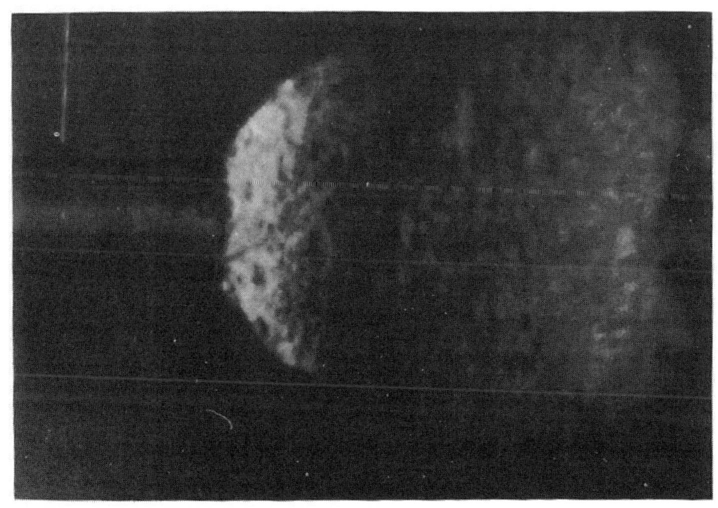

图1.2 筒装炸药爆炸的瞬间（由美国奥瑞卡股份有限公司沃特金斯公司提供）

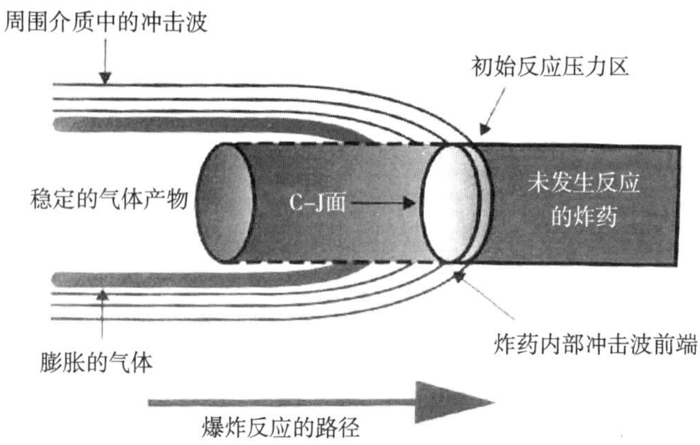

图1.3 冲击波前沿，初始反应区间，查普曼—柔格面，筒装炸药爆炸反应产物情况示意图（来源于爆炸工程师国际联合会，1998，《爆破人员使用手册》，第17版，克利夫兰，炸药工程师国际组织获准）

高速炸药内部反应速度或速率取决于以下五个因素：

- 炸药的种类
- 装药直径
- 密闭程度
- 炸药周围的温度
- 起爆方式

炸药化学成分和密度影响炸药的理想爆速。换句话说，炸药爆速的变化范围是有规律可循的。硝酸甘油炸药的爆速为6600英尺/秒~25000英尺/秒，乳化炸药的爆速为12000英尺/秒~19000英尺/秒。炸药的直径指的是它的物理尺寸，在多数情况下，达到理想爆速直径前，炸药直径越大，其爆速越高。相反的，在达到理想爆速直径前，炸药直径越小，其爆速越低。正如爆炸工程师国际联合会的《爆破人员使用手册》中提到的那样，每一种炸药都有其临界直径，即保证炸药起爆后其内部形成爆轰波并能稳定传播的最小直径。例如，前面提到的，炸药直径减小，爆速会降低。进一步说，无论是民用炸药还是自制炸药混合物，如果炸药的直径过小，会出现拒爆的现象。

炸药有无封装物也是影响爆速的一个重要因素。在达到理想爆速之前，炸药的密封程度越高，爆速会越高。这一点在岩石爆破中尤为重要，我们往往需要依据爆破的岩石种类制造某种爆速范围的炸药，因为不同的岩石提供的炸药密闭程度是不同的。无论是商业生产的还是自制的混合铵油炸药，它们的起爆都是非常有意思的。炸药制造商已经对具有相同装药直径的理想铵油炸药混合物的密闭效应进行了研究，研究中采用了相同的起爆药柱对其进行起爆。研究发现，纸包装时铵油炸药的爆速为10000英尺/秒，而用岩石密封时爆速接近

13000英尺/秒。因此，在交通工具内（意味着不是像放在岩石空洞内密封）的自制铵油炸药混合物的爆速比理想的铵油炸药混合物低。比理想状态低多少呢？这个问题很难正确回答，除非清楚知道自制混合炸药的所有性能参数，如混合物中各种成分的比例、硝酸铵的类型和燃油的类型等。

炸药的温度也会影响其爆速和起爆感度。从根本上说，低温会降低炸药的爆速，也会降低其感度。然而，针对不同炸药，温度对起爆感度的影响程度也不相同。水胶炸药和乳化炸药比硝酸甘油炸药、铵油炸药和起爆药柱等受温度的影响大。最后，起爆方式或起爆物质不仅影响爆速，还会影响炸药是否能够发生爆炸。例如，常见的铵油炸药被归类为爆破剂，因此不能用雷管起爆，需要雷管引爆的起爆药柱产生的巨大能量才能引爆。另外，美国军用C-4炸药，由于其自身的敏感性，需要比市场出售的能量更大的起爆器材引爆才能达到理想爆速。

高速炸药和低速炸药的猛度指的是炸药的粉碎作用，当正确引爆带有包装物的炸药时，与炸药接触或邻近的目标物会遭到破坏。炸药爆炸粉碎物体的能力（猛度）取决于炸药的反应速度、装药密度（炸药的密实程度）、释放的热量和产生的气体量。VOE/VOD越高，炸药的猛度越大，造成的破坏越严重。如军用C-4炸药这样高猛度的炸药可以用来炸碎钢板；像黑火药这样低猛度的炸药可以用来炸大理石。图片1.4展示的是钢管炸弹，其主装药为黑火药，由于其猛度小，钢管没有大范围破碎。图1.5描述的是主装药为无烟火药的钢管炸弹，用电点火头引爆。值得注意的是其碎片量比上图多，说明此种装置的装药量大或比黑火药的猛度大。图1.6展示的炸弹与上图相似，但用雷管引爆。爆炸后产生了典型的特征，比采用电点火头引爆的钢管炸弹具有更大的破坏力。图1.7描述的是主装药为硝酸甘油炸药的较长的钢管炸弹的粉碎作用。猛度较前面提及的都大，主要是因为炸药反应速度的增加，也就是VOE（低速炸药内）的增加和VOD（高速炸药内）的增加。当处置爆炸现场时，对于炸弹中使用的不同炸药猛度的理解不仅有助于现场调查人员搞清楚损坏的程度，还有助于对使用的炸药进行系统的推断。

图1.4　用电点火头引爆主装药为黑火药的钢管炸弹形成的碎片（需要注意的是，钢管已经开裂成一片，封口帽相对完整。一端的密封片比另一端的破碎程度严重）

图1.5　用电点火头引爆主装药为无烟火药的钢管炸弹形成的碎片（注意规则和不规则的管头和管帽碎片，所有的碎片都比装有黑火药的钢管爆炸产生的碎片小）

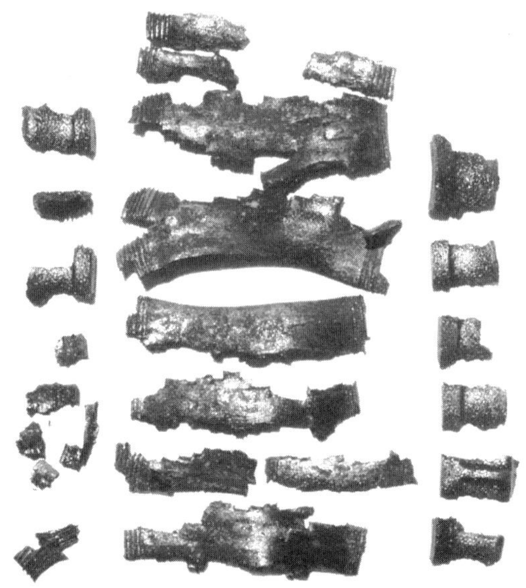

图1.6　用雷管引爆的主装药为无烟火药的钢管炸弹形成的碎片（注意尽管两次实验的装药种类和装药量是一样的，但这些碎片与图1.5中的碎片比较，尺寸更小，变形程度更严重。唯一不同的是引爆方式，一次是电点火头引爆，一次是雷管引爆）

例如，现场调查人员在爆炸现场发现了较大块的钢管碎片，尽管不能作为直接证据，但可以提供这样一个信息，爆炸作案人可能使用的是低速炸药而不是高速炸药。法庭科学实验室能够为现场调查人员提供现场中使用的炸药种类的信息。在得到法庭科学实验室的报告之前，现场调查人员可以按照现场情况开展相关调查工作。因此，如果钢管碎片尺寸较大则显示了爆炸作案人使用的是低速炸药，现场调查人员就可以到出售低速炸药的零售店进行调查，寻找是否有嫌疑人在近期购买无烟火药或者黑火药，换句话说，调查工作就可以开始了。

图1.7 用雷管起爆少量炸药后形成的钢管碎片（注意这种钢管碎片尺寸与图1.4~图1.6装置碎片的不同）

无论是合法地开采岩石还是引爆炸弹，为了能可靠地起爆炸药，必须有起爆器材。这是一种可用于起爆或引燃炸药的起爆系统或装置。从这个模糊的定义中可以推测出起爆器材包括很多使用高速炸药或者低速炸药制成的产品。工业生产的起爆器材主要有各种雷管、电点火头、火帽、导火索及药捻。雷管用于起爆高速炸药，电点火头、火帽、导火索、药捻等用于起爆低速炸药。在第2章中详细描述和解释了有关起爆器材的内容。另外，许多自制炸弹中会使用自制的起爆器材，在本书中不做详细描述。

为了理解高速炸药如何被其他高速炸药起爆，现场调查人员应该掌握爆燃转化为爆轰（DDT）的概念。爆燃转化为爆轰是起爆药独有的概念，起爆药是应用在起爆器材或起爆系统中的一种高速炸药，如叠氮化铅和雷汞。在起爆器材中，起爆药在受到热、冲击、撞击或火焰时发生爆燃并转化为爆轰。一旦反应开始，这个反应能够在起爆药中保持一定的速度进行传递，这个速度取决于起爆药的空隙、颗粒大小、密度和压力。

确切地说，如果起爆物质是一种在密闭条件下易爆的炸药，当其直径大于临界直径时，反应产生的气体、压力和温度会随着反应速度加快而增多或增高。因此，当起爆药量充足时，不断加快的反应速度最终能够达到冲击波速度，这样反应就完成了由爆燃到爆轰的突跃变化。例如，叠氮化铅对热作用、撞击和摩擦都很敏感，微弱的火星都可以将其引燃。迅速燃烧的物质开始爆燃，当速度达到一定程度时，爆燃转化为爆轰。事实上叠氮化铅由燃烧转化为爆轰的时间是非常短的，即使在严格的实验条件下也很难测得。

我们应该特别强调爆轰的重要性，因为没有爆轰，就没有今天我们所知道的炸药。像黑火药这样的低速炸药是非常容易引爆的，而大部分高速炸药的引爆却很困难，需要雷管进行起爆。如果没有起爆药将爆燃转化为爆轰的过程，就不会有雷管，也就没有可靠的方法引爆低感度高速炸药。

1.5 炸药的分类及感度

根据高速炸药和低速炸药的用途和感度，还可以将其进一步分类（见图1.8）。低速炸药（发射药）不用再进行细分，然而高速炸药还可以分为两类：（1）初级炸药（起爆药）；（2）次发炸药（猛炸药）。次发炸药还可以进一步分成两类：一是高感度炸药；二是爆破剂。这种分类方式主要考虑起爆感度和外界刺激的能量两个问题。炸药的起爆感度，是指该炸药发生爆炸反应所需要一定量刺激的能量，在一般情况下感度的定义可以绝对或相对表明该炸药是否容易被起爆。外界刺激的能量可以在很多参考资料中查到，如冲击、低速撞击、摩擦、静电作用或者其他的能量。本章和第2章将对高速炸药的应用进行论述。

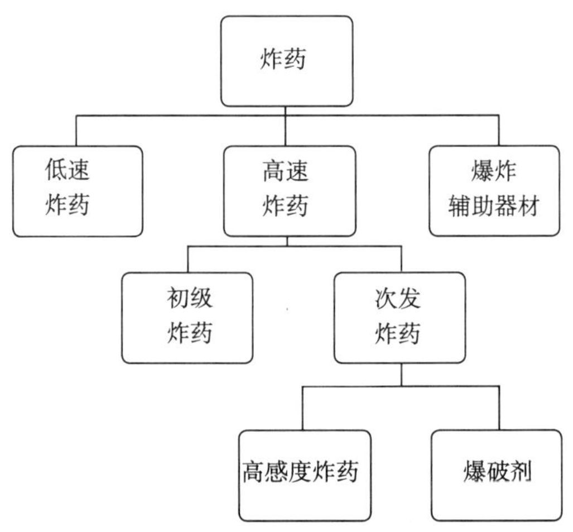

图1.8 不同种类炸药关系图

关于低速炸药，我们在1.4中论述了发射药和烟火药的用途。考虑其感度，低速炸药很容易被起爆，热、中等程度的冲击、静电火花和摩擦都可以将其引爆，如果不考虑其用途，很难将其完全分类。闪光剂是一种非常敏感的低速炸药，比黑火药及其他无烟火药还敏感。闪光剂会产生巨大的爆炸，通常会出现在非法销售的火工品和大型自制炸弹中。在制作钢管炸弹时，如果不小心在管子的螺纹处遗留黑火药，制作炸弹的人在安装管帽的时候，旋转的摩擦作用就会引起爆炸，将制作炸弹的人炸死。有些案例中，发生爆炸的原因就是螺纹与管帽之间的摩擦产生的小能量。

如上所述，高速炸药分成初级炸药（起爆药）和次发炸药（猛炸药）。起爆药非常容易引爆，起到将爆燃转化为爆轰的作用。起爆药是最敏感的高速炸药，火星、微弱的火花、静电、轻微的冲击都可以将其引爆。另外起爆药的能量和破坏力比次发炸药小，所以经常被用于雷管或其他起爆系统中，如子弹底火和药捻。由于起爆药敏感度高，使用时所需能量很少。这些起爆药通常用于起爆次发炸药。

初级炸药的特点：

- 完成由爆燃转为爆轰的过程
- 是高速炸药中最敏感的
- 属于高速炸药
- 能量较次发炸药小
- 一般用于雷管和起爆器材中
- 典型的初级炸药有叠氮化铅、雷汞和史蒂芬酸铅

相对于初级炸药来说，次发炸药的热感度、冲击感度和摩擦感度都较小。是可以大量使用的炸药；俗语说："越多越好"。但这在岩石爆破中是不可行的，太多炸药会破坏建筑的基础，同时也会将岩石抛到爆破场外。然而在军用方面，炸药越多越能保证对目标的杀伤力。不同类型的次发炸药需要雷管或起爆药柱才能引爆，与起爆药比，其能量更大，而且感度较小。

次发炸药的特点：

- 比起爆药破坏力强
- 比起爆药起爆感度小
- 需要雷管或起爆药柱引爆，有时两种都需要
- 相对于初级炸药来说，可以大量使用
- 次发炸药包括铵油炸药（ANFO）、硝酸甘油炸药、水胶炸药和乳化炸药

次发炸药可以进一步分成两类：1. 高感度炸药；2. 爆破剂。高感度炸药是可以用雷管可靠起爆的炸药。最被大众所熟知的该类炸药是硝酸甘油，但却很

少使用。除此之外还包括泰安、黑索金、TNT、奥克托金、乳化炸药和水胶炸药。爆破剂指的是用8号雷管（关于雷管的详细分类在第2章介绍）无法起爆的炸药，只有借助起爆药柱才能将其起爆。在美国最常见的爆破剂是铵油炸药，部分乳化炸药和水胶炸药也属于此类。当然，乳化炸药和水胶炸药在上述两种分类中都有涉及。根据不同的用途，需要生产不同感度的炸药，第2章将进一步对此进行解释。另外，到目前为止自制铵油炸药是最普遍的自制高速炸药。提摩太·麦克维利用几百甚至上千磅的硝酸铵和赛车用的汽油混合，制作成炸弹后并邮寄至俄克拉何马的联邦大楼，爆炸后造成167人死亡。

最后，爆炸辅助器材主要指起爆器材，起爆器材是指含有高速炸药（如黑索金、泰安、奥克托金等）或低速炸药（如黑火药等）或两种炸药都有的引信系统。这种物质主要用于起爆高速或低速炸药，包括各种雷管、导爆索、导火索、药捻、导爆管、电点火头、起爆药柱、火帽等。起爆药柱的主装药为高威力猛炸药，用于起爆雷管无法起爆的主装药，如铵油炸药这样的爆破剂。按照起爆顺序，雷管引爆起爆药柱，起爆药柱再引爆更大量的主装药。起爆药柱之所以属于此类，是因为其内部虽然是次发炸药，但它的主要作用却是制造爆炸。

值得注意的是自制的民用炸药基本上没有使用规范。炸弹制作者可以按照想象任意地使用炸药。然而，很少遇见用起爆药柱作为简易爆炸装置的主装药的情况。谈到高速炸药的使用，历史显示炸弹制作者大多会选择具有雷管感度的民用炸药作为爆炸装置的主装药。另外，有些炸弹制造者已开始采用常见的“辅助药剂”作为主装药制作炸弹。这些材料将在第2章进行详细介绍。

1.6 炸药爆炸效率

炸药爆炸效率，是指炸药爆炸反应的完全程度或不完全程度。与炸药爆炸效率相关的名词是高速爆轰和低速爆轰，不要把高速炸药和低速炸药与其混淆。高速爆轰，是指引爆后能在最大的爆速下彻底地完成燃烧或爆炸。低速爆轰，是指在低于最大爆速的条件下发生的不完全的爆炸。这些名词经常混淆，一些调查人员经常混合使用，将炸弹中的炸药描述成“炸弹中使用的是一种低速爆轰炸药”。这种情况令人很尴尬，让一个经验丰富的调查人员看起来很不专业。低速爆轰会导致未完全消耗的炸药残留在爆炸现场中，这些残留的炸药都是有利的证据。未完全爆炸的物质有很多，如过期的炸药或者变质的炸药、炸药与雷管连接不够紧固（雷管与炸药距离较远）、起爆不充分（如不用起爆药柱引爆爆破剂时）以及包装物损坏等。关于自制炸弹，炸药发生低速爆轰的原因主要是盛装低速炸药的容器很差，如薄的金属罐或纸筒，而不是较长的钢管。因为购买带有螺纹和两个管帽的钢管容易引起人们怀疑，所以犯罪分子不得不选用不太理想的容器来盛装炸药。

1.7 起爆序列

尽管具备所有部件，但为了可靠的起爆炸药，我们还需要掌握起爆顺序或起爆序列。高速炸药与低速炸药都存在起爆序列的问题，这一过程至少包含两步。思考一下我们给壁炉点火需要做的工作。我们不可能用一根火柴引燃一块原木。必须通过诸如纸张和引火物这样的物质作为介质才能将原木引燃。同样的，用火柴或电火花引爆炸药是不符合逻辑的，也是不可靠的。起爆顺序是由相对较低的能量级开始的一系列事件引发的连锁反应，这些事件最终能够引爆爆炸物质，也就是主装药的爆炸。

低速炸药常用于发射药或激发药。图1.9是一种导火索点火器，其内部设有针刺撞击发火装置。起爆药在针刺作用下引爆导火索内的发射药（黑火药），导火索快速燃烧直至引爆主装药。另一个典型的起爆过程的例子是小型军用子弹，击针撞击底火中的起爆药，进而引爆发射药。发射药燃烧产生大量气体将弹头推出，离开枪管。高速炸药的起爆序列包括两步：即将电雷管插入到主装药中（如硝酸甘油炸药）；电流产生的能量将雷管引爆，进而引爆硝酸甘油炸药（见图1.10）。用于电雷管、起爆药柱和爆破剂的三步起爆序列需要先引爆电雷管，电雷管再引爆起爆药柱，最后起爆药柱再引爆主装药——爆破剂（见图1.11）。

图1.9　两步起爆过程的实例——第一步是美国军用导火索点火器点火，第二步是导火索燃烧

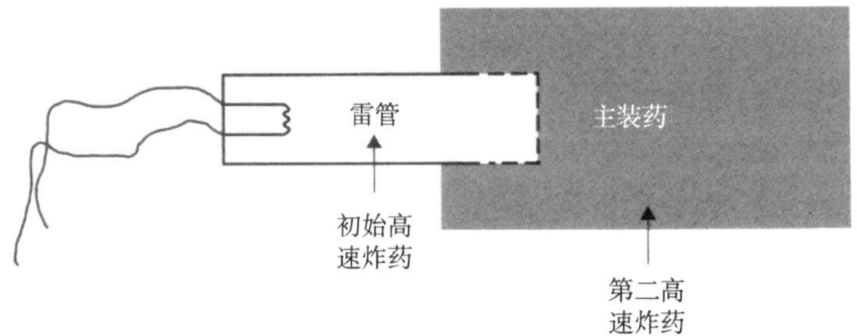

图1.10　用电雷管和类似硝酸甘油炸药这样具有雷管感度的炸药实现的两步起爆过程

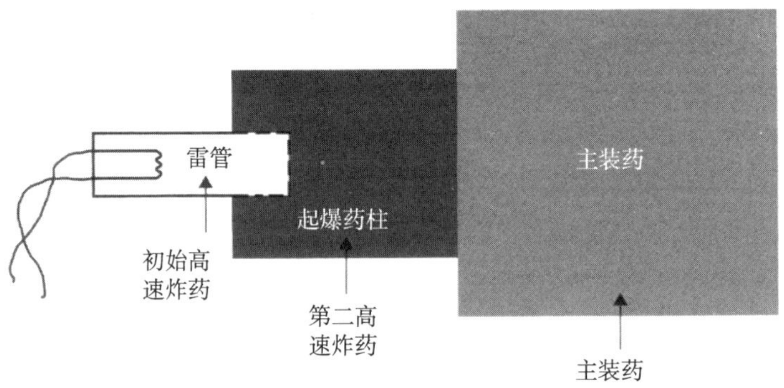

图1.11　用电雷管、高速炸药的起爆药柱来起爆如铵油炸药这样的爆破剂的三步起爆过程

1.8 炸药的其他特点

球形、筒形或块状炸药爆炸时，它们的能量基本是围绕着炸药360° 释放的。但是，在研究冲击波形成的过程中发现，炸药破坏力最初明显是沿着炸药表面90° 传递的。因此，如果炸药表面预先切割或熔铸成适合角度的平面，爆炸破坏力会在一个方向集中，在炸药等同的情况下，这个特定方向的破坏力比没有熔铸成型的炸药产生的破坏力大得多。如今已开始利用炸药的形状、结构和特殊效应来增加高速炸药的破坏力，如：

- 聚能装药
- 盘形装药
- 克雷莫尔特种装药
- 炸药形成的抛射作用（EFP）

聚能装药有两种，锥形装药和线形装药。

锥形装药（见图1.12）产生"门罗效应"（也叫聚能效应），是根据其发现人门罗命名的。这种装药是指炸药上有一个圆锥形的凹陷，可以用来提高炸药的爆炸破坏力。炸药的圆锥形凹陷通常由金属、塑料或玻璃覆盖在炸药上。当炸药被引爆时，圆锥体会遭到破坏，在与圆锥表面呈90°的方向上产生的爆炸作用力会形成交叉。当这些基本趋向平衡的作用力相遇时，能够大大提升爆炸威力，在特定方向上产生大于其他方向上的集中能量。另外，爆炸会向阻力最小的方向释放能量。在锥形装药中，阻力最小的路径是朝向锥形开口的方向。当增大的能量开始向锥形开口方向移动时，形成爆炸射流，并打入特定距离的目标内。特定距离是指在锥形开口到能够完全形成射流处的距离。如果给定锥形装药的尺寸和目标需要达到的破坏情况，就可以计算出最大穿透距离。这种效应适用于军事武器，尤其用于穿透坦克的装甲。这里的军事武器主要指"反坦克高速炸药"（HEAT）。这种武器可以击穿几英寸厚的钢板，形成近圆形的类似于用焊枪做出来的孔洞，能够摧毁坦克内所有东西。锥形装药量越大，射入的深度就越深。有些犯罪分子企图采用秘密自制的锥形装药破坏银行保险库的锁定系统，但大多时候都达不到预期目标（见图1.13）。

图1.12　带有铜罩的锥形装药的剖面图（铜罩周边的高速炸药被雷管引爆后，将爆炸能量集中打向锥形开口处的底部）

图1.13 锥形装药爆炸将1英寸厚钢板穿透的孔洞（注意在孔洞附近有小凸凹的印记，这是高速炸药在金属附近引爆形成的典型“凹凸熔斑痕”效应）

聚能装药的另一种类型是线形装药（见图1.14、图1.15），它的效果与锥形装药很相似，即集中爆炸作用力来产生一个比任何单独爆炸作用力产生的效应要强很多的爆破效应，线形装药是由承载高速炸药的两个交叉平面构成的。引爆时，线形装药形成一条长凹槽痕迹而不是一个圆孔。线形装药的线条通常是铜或铝，一些易弯曲的线形装药是由铅衬垫组成的。

图1.14 军用线形装药的例子（将高速炸药放置在空穴内，用雷管引爆产生线形装药效应）

图1.15 线形聚能装药爆炸击穿1英寸厚的钢板形成的线形孔洞

第二种是盘形装药（夏尔丁效应）。盘形装药，是指将圆形金属盘放在炸药的一侧，利用金属碎片增加爆炸杀伤力。当引爆时，金属碎片击穿或破坏目标物（见图1.16）。这种装药能利用金属盘碎片远距离袭击目标。在一起秘密实施的爆炸案中，德国恐怖分子利用盘形装药装置杀害了一家德国银行的首席执行官。实际上是将盘形装药固定到停靠在高速路的自行车上。当官员乘坐的奔驰轿车经过时，引爆爆炸装置，金属碎片穿透车体，杀死受害者。

克雷莫尔特种装药与盘形装药相似，只不过放置的不是单独的金属盘，而是在炸药的一侧放置大量的碎片（见图1.17）。引爆炸药后，钉子、螺母等碎片以扇形射向目标（见图1.18）。随着克雷莫尔地雷的发展，这种装药已被用到了军事武器方面，越南战争中就广泛使用了这种装药。在20世纪80年代有人企图利用此种装置袭击美国驻墨西哥大使馆。装置被成功的放在了停靠在大使馆附近的车辆后面。幸运的是，这个爆炸装置失灵了，使很多人避免受到数以百计的金属碎片的伤害。

炸药形成的抛射作用（EFP）是最新的致命性简易爆炸装置，它结合了锥形装药和盘形装药。第一次正式使用是在南黎巴嫩反击以色列之战，接着是在伊拉克战争中，随后是阿富汗战争中。

图1.16 高速炸药一侧放置圆柱形钢板的盘型装药（引爆时，炸药将钢板碎片射向目标）

图1.17 根据抛射碎片设计的自制克雷莫尔特种装药，在目标物的方向上放置了铁钉

图1.18 由铁钉构成的克雷莫尔特种装药引爆后袭击了大约15英尺距离处的车体

EFP装置通常由一根直径为6英寸~9英寸的钢管构成，钢管的一端焊接钢板进行密封，钢板上预先打好孔洞，这样便于插入雷管。钢管的开口端填充如PE-4A这样的高能高速炸药，用钢片或铜片密封。当爆炸时，爆炸作用力将金属片击碎，金属碎片像飞镖一样可以相当精确的射入约100米远的目标。这种装药结合了锥形装药和盘形装药的冲击效果，抛射出严重扭曲变形的金属碎片，具备穿透一些装甲车的能力。

1.9 炸药的标识和炸药探测

美国每年都会生产、使用数百万磅的炸药。为了确保能够合法的销售和使用这些炸药，谨慎的做法是建立一套从厂家到用户的跟踪系统。随着反恐力度的加大，这种做法已势在必行。这就要求所有商用工业生产的炸药（包装好的产品）必须在炸药包装上印刷一个联邦授权号，能够显示炸药的生产日期、生产设备、批次，生产班组等信息。这个号码被称为“生产信息编码”。这个号码可以帮助政府部门[主要是酒精烟草轻武器和炸药管理局（ATF&E）]解释和追踪炸药从生产到使用或销毁过程中的包装物。这个过程由炸药包装纸和包装盒表面的号码印刷开始。例如，图1.19中描述了TOVEX炸药的包装物，表面有一串号码C30OC92N1，这串号码说明包装物生产日期是1992年10月30日，C和N1分别表示生产的设备和生产的批次。“生产信息编码”可以用在数千磅炸药上面。编码中关于炸药质量（包装物数量和磅数）和销售对象（通常是零售商）的信息由生产厂家记录和维护。当然，不论是一包炸药或是几箱炸药，零售商在销售它们的同时也会记录买家的信息。炸药的使用者也会保持相似的记录，用以证明在什么日期使用了什么炸药，使用了多少。如果在爆炸现场中恢复或发现了包装物表面的编码，相关法律职能部门就可以开始追踪这个编码，从生产厂家开始，然后是零售商，最后到每一个这种炸药的使用者。这种调查会浪费一些时间，但当发现炸药使用者无法解释炸药缺少的原因时，就会有所收获。

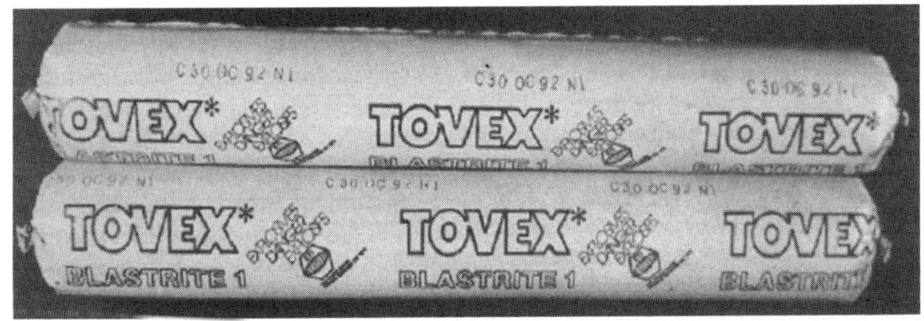

图1.19　印有生产信息编码（C30OC92N1）的TOVEX水胶炸药的包装体（这些编码主要用来追踪炸药）

军用炸药的标识与“一串数字”或“产品编号”相似，也有一套相似的追踪系统。军方持续使用大量数字编码的用意并非为了追踪产品信息。而是因为军工厂生产的炸药一般具有较长的有效期。炸药仓库中需要长期存储各类炸药，如炸弹中的装药、炮弹发射药以及用于拆除建筑的炸药等。为了保证炸药的爆炸性能，建立了系统的炸药检查计划或监控系统用于测试炸药。当发现炸药或弹药出现问题时，需要对所有的份额进行回收、重新测试或销毁。使用这种系统还有另外一个好处，可以采用相似却不相同的产品信息编码的方式对炸药进行追踪。

然而，使用生产信息编码的民用炸药追踪系统并不是毫无问题的。如果有人故意除去包装纸上印刷的编码，可能不会留下痕迹。另外，如果爆炸后包装纸被炸碎，也不会留下编码。正因如此，在20世纪70年代末开展了更多相关的爆炸实验研究，努力发现更好地追踪炸药的方法。

“炸药示踪剂”可以使民用生产炸药的每一批次都具有独特的颜色，由于多种原因这种方法现在已经不用了。事实上，一些机构解释了使用这种方法的具体原因。这些机构主要包括生产厂家、美国联邦调查局（FBI）、烟草酒精轻武器炸药管理局和使用者。使用这种方法的主要目的是爆炸后快速确定炸药来源。由于标记物的数量和尺寸，那些肆无忌惮的人不可能将所有的示踪剂从炸药中去除。因此为爆炸现场调查人员提供了调查方向。目前炸药示踪剂已经不再使用。然而，莫拉联邦大楼爆炸后，加强了这方面的研究，试图恢复这个项目。本章编写时，还没有迹象表明可以制造新的示踪剂或其衍生项目。

1998年12月21日，泛美航空公司的客机在苏格兰上空爆炸，引发了人们对于高能塑性炸药探测能力、探测方法及探测设备的关注。尽管没有法庭科学证实，但我们可以肯定的是：造成客机坠毁，机组人员及259名乘客死亡，洛克比小镇11人死亡的主要原因是炸弹中的塑性炸药。权威人士希望找到一个更好的探测此种炸药的方法，尤其是探测飞机上的炸药的方法。塑性炸药的探测难点主要是其挥发的气体少，所以炸药探测仪很难捕捉到它的信息。为了解决这个问题，国际组织建议在生产高能低挥发炸药时，需要在其内部添加特定的物质，方便进行探测。参考炸药示踪剂，选定的物质是二甲基亚硝胺（DMNB）。不仅在美国国内，在世界范围内所有新生产的C-4炸药及炸药数据表中的炸药必须添加这种物质。额外添加的炸药示踪剂是探测这种炸药的一种非常可靠的方法。然而，只有在所有国家遵守公平原则，不生产无添加示踪剂炸药的情况下，这个方法才是有效的。

1.10 爆炸

炸药释放能量的过程称为爆炸，高速产生的气体从有限的空间内向外膨胀，同时产生了热量，冲击效应和声音。库珀和斯丹利是这样定义爆炸的，“大范围的，具有声响的、急速膨胀到比原始体积大得多的体积”（1996年），他们认为以下情况也能发生爆炸，盛装高压液体的容器爆炸，电弧形成离子气体迅速放热，具有爆炸性物质发生的快速燃烧转变成爆炸。

我们将在下一部分更细致地介绍这些属于爆炸效应的原理。目前我们关注爆炸产生的气体、爆炸产生的能量、通过快速反应生成的气体将盛装物和一定范围的物体破坏情况。破坏能量有很多来源，如高压锅不能正常释放的高压蒸汽，炸药爆炸时由固态转为气态形成的盛装物的碎片。这些气体的膨胀是从有限空间（装有类似硝酸甘油炸药的高速炸药的壳体）和密封空间（装有类似黑火药等低速炸药的高压锅或一定长度的密封钢管）开始的。

在美国，最常见的简易爆炸装置——家庭自制炸弹是装有低速炸药的钢管炸弹。如果没有钢管提供密封效果，炸弹将不会爆炸或者爆炸产生的气体压力不会迅速增加。就如我们所见，如果低速炸药没有密封，引爆时将会引起低速炸药燃烧并导致周围压力上升，而不是在密封状态下出现的爆炸或爆燃。如果密封的好，快速提高的气体压力会冲破容器，产生的碎片会对炸点附近人员造成伤害及死亡。

⇨ 1.10.1 爆炸的类型

本节主要论述四种爆炸类型：

- 物理爆炸
- 化学爆炸
- 核爆炸
- 电爆炸

物理爆炸有两种典型的情况，一种是密封容器内气体压力逐渐增大直至冲破容器，导致容器机械破碎。还可以这样描述，容器内气体压力超过了容器结构所能承受的压力范围造成的破坏。这种类型的爆炸可以通过容器内逐渐增大的水蒸气压力或高压锅压力来进行阐述和解释。如果高压锅内充满或部分充满水并加热，当泄压口被密封时，充足的压力在经过一段时间后会导致高压锅破裂或爆炸。物理爆炸中，做功能源的性质（如水）没有发生变化。爆炸之后，蒸汽恢复成液态，还可以继续使用。另一种是沸腾液体蒸汽膨胀爆炸（BLEVE），当载有液体或气体的钢瓶、水罐或有轨车发生起火事件时，可能会引发沸腾液体蒸汽膨胀爆炸。在这种情况下，随着容器外部热源的聚集，载有液体或气体的罐体车会发生爆裂。

化学爆炸是固体、液体或气体发生快速的化学反应生成比原来体积大的多的气体而导致的爆炸。这种类型爆炸中，由于反应过程（爆炸）中能源燃烧或消耗，其性质会发生变化。典型化学爆炸包括：低速炸药爆炸，如黑火药、无烟火药等；高速炸药爆炸，如硝酸甘油炸药、泰安、爆破剂等；燃料空气混合物爆炸，如天然气、液化石油气、阴沟内沼气、可燃性液体蒸汽（汽油）、固体粉尘（如来源于粮仓的粉尘）。图1.20~图1.22描述了爆炸的各个阶段（由美国新墨西哥理工大学能量物质测试中心的丽娜·韦弗提供）。

图1.20 该图是一个爆炸前的场景，建筑旁边停着一辆装有炸药的汽车和一块连带椅子的路障

图1.21 载有大约400磅铵油炸药的汽车炸弹发生化学爆炸的瞬间（注意热效应的强度，车辆和建筑物爆炸过程中是模糊的）

图1.22 爆炸火球形成后的一微秒（注意抛射到火球外部的车体碎片对路障的作用力）

此时，我们可以通过管状炸弹与粉尘爆炸的各自特征进一步探讨物理爆炸和化学爆炸的微妙差别。当作案人在管状炸弹中使用诸如黑火药或无烟火药这些低速炸药做主装药时，事实上管体的碎片效应形态符合物理爆炸痕迹特征。低速炸药的爆燃是化学爆炸，这很容易理解，但在正常环境下，爆燃没有充足的能量破坏管体容器。换句话说，密封的容器可以加速低速炸药的爆燃反应，进而产生足够的压力造成容器的机械性破裂。如果容器内盛装的是高速炸药，那么容器的破裂效应就是由化学爆炸造成的，因为高速炸药释放的能量足以使容器破裂。在物理爆炸破坏容器之前，化学爆炸产生的能量已经使容器破碎。

粮仓中的爆炸效应既不是物理爆炸也不是完全的化学爆炸。其作用原理是：悬浮的可燃物与空气混合后，在火花作用下激发可燃物燃烧进而发生化学爆炸反应。一些资料中称为粉尘爆炸，我们将它称为燃料空气混合物爆炸（FAE）。有趣的是，这种类型的爆炸引爆的概率取决于可燃物与空气混合的类型和密度。混合密度越大，遇火越容易爆炸（反应速度）而不是爆燃。相反，混合密度越小，遇火越容易发生爆燃而不是爆炸。这个模型也存在例外，当混合物密度过大（可燃物过多）或过小（可燃物过少）时不会发生爆炸。容器的破裂究竟是由物理爆炸还是化学爆炸引起的，这主要看它是否支持爆轰波。从本质上说，化学爆炸能够产生爆轰波，爆轰波比物质内传递的声速要快得多，可以在极短的时间里造成容器破裂。冲击波的速度也能够使容器发生破裂。这种类型的化学爆炸反应不需要容器，因为它发生的是爆炸而不是爆燃，爆燃是不支持爆轰波的。因此，粉尘爆炸或使用丙烷等可燃物的FAE可能在空气中发生爆炸。粮仓的爆炸当没有发生化学爆炸时，按照先前提到的逻辑，则属于物理爆炸。

现在，继续讨论粮仓的爆炸是化学爆炸还是物理爆炸。从本质上说，包装物碎片的大小及分布可以说明化学反应速度。如果粮仓建筑材料碎片较大，说明是物理爆炸；如果碎片较小，说明是化学爆炸。这只是理论探讨，而非实际案例，因为无法确定这个案例中的爆炸是否由颗粒物的实际起爆导致的。一旦爆炸变成爆燃，那么粮仓的破裂就是由物理爆炸引起的。

核爆炸是由裂变（一个原子的分裂）或聚变（原子的结合）引起的。在这个过程中，会释放巨大的能量、热量和气体，比化学爆炸产生的能量大得多。同时在爆炸过程中，能量物质的性质会发生变化。

电爆炸是一种高能电弧的结果，它能产生足够的热量使其包含的如电线这样的部件失效。图1.23描述了一个已爆炸的电线接头。这种失效可能是由于电线的缺陷或电线中电流产生的高能量的脉冲导致的。电爆炸还可能不是因为部件的失效而是由于电位差引起的，电火花就是一个例子，当电能通过空气传播时会产生大量的热、光和噪音。

图1.23 三根电线连接处发生电爆炸

⇨ 1.10.2 爆炸作用

无论是物理爆炸、化学爆炸、核爆炸或电爆炸，爆炸后都会产生不同的作用。这些作用的严重程度由很多因素决定，如爆炸的类型、现场中炸药量的多少和天气条件等，我们这里只集中讨论化学爆炸的作用。这些作用如下：

- 爆炸压力——正压和负压
- 热作用
- 碎片作用
- 附属的作用

当爆炸物质发生爆炸时，它的化学反应会潜在的导致这四种作用。现场调查人员勘验爆炸现场时，可以观察到这些作用的结果，因此理解这些作用过程是完成现场调查的必要条件。

第一个作用是爆炸压力。当炸药发生爆炸时，快速膨胀的气体产物会产生一个冲击波波阵面。任何给定距离处的炸药量越大，冲击波峰值压力越大。同样，距离炸点越远，冲击波波阵面压力越小。图1.24描述了炸药爆炸瞬间产生的爆炸压力对周围环境的影响，形成一个冲击波波阵面；图中显示了这一过程产生的热效应、爆炸中心产生的正压区间及在爆压作用前出现的碎片效应。爆炸不仅对图中所示的区域产生破坏作用，还会对炸点周围的很多区域产生影响。从爆炸位置向外移动的空气是冲击波波阵面的正压作用。这种挤压周围空气向外移动的压力仅有几厘米厚，它是冲击波作用的一部分。可以通过一个生动的例子解释这种作用，即将石子投掷到水中。当石子撞击水面时，会产生一系列移动的波纹，直到石子产生的能量消失为止。进一步说，在地面上放置两个汽车轮胎，将其中一个轮胎放在另一个的上面，再将炸药包固定在两个轮胎中间，引爆炸药后，爆炸作用会将上面的轮胎抛向空中。

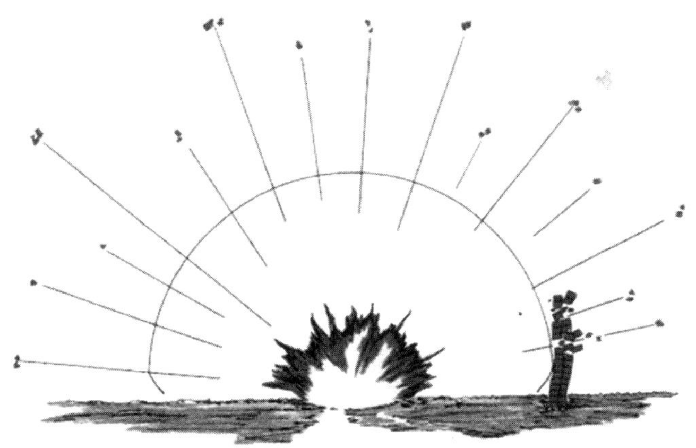

图1.24 这幅图描述了爆炸时刻，展现了其热或高温作用、爆炸产生的正压力以及超过爆炸压力的碎片效应

爆炸正压力产生的冲击波波阵面持续的时间非常短，在十万分之一秒或百万分之一秒的范围。然而测得的峰值压强（单位是磅/平方英寸）却相当高。固态炸药每平方英寸可以产生几百万磅的压强，主要取决于炸药种类和包装物的材质。正压力波会压缩空气或加大风速。VOE和VOD越高的炸药，产生的压强也越高。为了更好理解这些压力的实际破坏作用，可以参照5级飓风，飓风的速度可以达到每小时160英里。这样的飓风能产生灾难性的破坏作用，但每平方英寸仅产生5磅的压强。每平方英寸100磅的压强相当于每小时1500英里的风速。然而，这种作用持续时间非常短，依据炸药量的不同，这种高压强也会随爆炸中心距离的变远而迅速的下降。在爆炸事件中可以观察到压力的迅速下降。1982年，放置在从东京到火奴鲁鲁的泛美航空公司航班乘客座位处的简易爆炸装置被引爆，炸死了该座位上的日本青年。然而坐在他后面的乘客却只受了轻伤，这位乘客的脚距引爆的炸弹只有几英寸远，但受伤并不严重。

关于冲击波对人体的作用，可以阅读发生在伊拉克和阿富汗有关简易爆炸装置爆炸导致的可怕后果。很明显，许多人尽管在爆炸现场生存下来，但由于冲击波对头部的影响及脑震荡，产生了持久的身体问题。1968年，流浪者基金为美国国防原子武器发展局（DASA）准备的关于医疗、教育和研究的报告能够提供更多的关于“人体在爆炸直接作用下的承受能力”的信息。研究表明，人体受的伤害不仅与压力大小有关（未受保护的人体受到持续时间较短压力作用），也与其作用在人体上的位置有关。换句话说，一个人站着或躺着，身体与炸点处垂直时将受到较大的压力作用，当头或脚朝向炸点时，受到的压力作用较小。而且如果遇到类似墙的障碍物时，冲击波会反射，人可以明显感受到压力增加。通过研究1974年国防原子武器发展局根据国家爆炸数据中心提供的1860份资料形成的报告，我们可以发现压力对人体的影响范围是很宽广的。通过前面叙述可知，无论高速炸药还是低速炸药每平方英寸都能产生超过100万磅的压强，人体是非常脆弱的，当压强达到5磅/平方英寸时，人的耳膜就会穿孔，130~180磅/平方英寸时，人死亡的概率是50%，200~250磅/平方英寸时，人死亡的概率是100%。

压力在短时间（大约持续1毫秒）内作用在没有保护的人体上（1860年DASA的报告），造成的受伤情况见表1.1：

表1.1　压力短时间内作用在人体受伤情况

压强（磅/平方英寸）	作用
5	可以造成耳膜损伤
15	50%耳膜损伤
30 ~ 40	有可能肺损伤
80	50%概率肺严重损伤
100	有可能致死
130 ~ 180	50%概率致死
200 ~ 250	100%致死

为了理解这些例子，还需要进一步阐释两点。保罗・库珀计算并提供了一个曲线图（图1.25），它描述标准状态下不同药量的TNT（标准炸药）爆炸所产生的压力变化曲线。这些计算值来源于格拉哈姆和金尼（1985）制作的爆炸标度表格。综合考虑爆炸压力对人体的影响以及库珀表格，有两点是明确的：（1）人体是非常脆弱的，即使是0.1磅（1.6盎司）TNT爆炸，当其距离受害者小于1英寸时也会产生严重伤害；（2）与TNT或其他炸药的距离是决定受害人存活的重要因素。换句话说，正如预测的那样，距离炸药越远，在冲击波作用下的人存活的可能性越大。

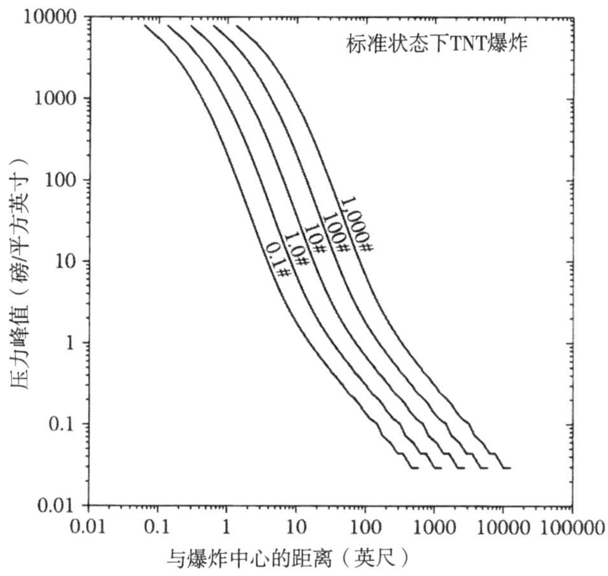

图1.25 曲线图描述了标准状态下不同炸药量在不同距离产生的压强（磅/平方英寸）与距离的关系图（由库珀提供）

具体地说，图1.25中的y轴代表了峰值压力，x轴代表距装药中心的距离。峰值压力从1磅/平方英寸到10000磅/平方英寸，距离从小于1英尺~1百万英尺。不同药量的TNT在不同距离产生的峰值压力可以通过表1.2获得：

表1.2 不同药量的TNT在不同距离产生的峰值压力

TNT药量（磅）	距离	压强（磅/平方英寸）
0.1	小于1英寸	7000
0.1	1英尺	120
0.1	10英尺	10
0.1	100英尺	1.15
0.1	小于1英寸	大于10000
0.1	1英尺	1050
0.1	10英尺	70
0.1	100英尺	0.8
100	小于1英寸	大于10000
100	1英尺	7000
100	10英尺	350
100	100英尺	2

值得注意的是，当距离增加时，压力下降的非常快。事实上，1.6盎司的TNT爆炸，在1英寸范围内可以产生大约7000磅/平方英寸的压强，然而距离10英寸位置的压强仅仅是10磅/平方英寸。1磅TNT炸药爆炸也反映了同样的情况，接触爆炸处的压强达到10000磅/平方英寸，而在10英寸的位置压强仅为70磅/平方英寸。值得注意的是，尽管1.6盎司的TNT接触爆炸能产生7000磅/平方英寸的压强，但却不一定会造成人员的死亡。为什么呢？一方面药量太小了，大多都是在受害人手持的情况下发生爆炸的，因此只有手和胳膊会受到严重伤害。然而将炸药放在致命器官的部位，如头部或胸部时，对于人来说也是致命的。另一方面，1磅TNT接触或接近躯干处爆炸时，人基本会死亡，主要是药量比较大。在这种情况下，我们可能会看到压力作用造成的严重的肢体、人体组织和皮肤破碎。在100磅TNT爆炸时，与其接触或接近的人几乎找不到其身体的残余部分。

附录O中提供了库珀表格的应用实例，库珀表格提供了一定量的高速炸药在不同包装条件下发生爆炸时的“相对”安全距离。这个距离指的是在一定量炸药爆炸产生的爆炸压力作用下，能够确保安全的距炸药的最小距离。这里需要强调一点，图表中提供的安全距离只是考虑爆炸压力作用，没有考虑碎片的作用。后者造成的人员伤亡的范围要比爆炸压力作用大得多。

现在我们来做进一步的探讨。上述结论都是基于标准的TNT爆炸得出的。如果简易爆炸装置中的主装药不是TNT呢？首先，与其他炸药爆炸压力进行比较后，TNT已经被作为标准炸药，在此背景下，如果将TNT设为1时，我们就可以根据爆炸压力赋予其他炸药或大或小的数值。表1.3为美国联邦实验室爆炸部门提供的数据（由柯克·耶格尔提供）：

表1.3 与TNT相比，其他炸药的爆炸压力

黑火药	0.55
铵油炸药	0.85
40%炸药	0.65
军用炸药	1.05
TNT	1
彭托利特炸药	1.16
C-4炸药	1.39
B炸药	1.35
硝酸甘油炸药	1.50
黑索金	1.60
泰安	1.66

现在回到“接下来应该怎么做”的问题上，事实上当“当量炸药”小于1时，如铵油炸药，需要较大药量才能达到TNT的爆炸效果。从理论上说，同等重量的铵油炸药与TNT爆炸时，铵油炸药的破坏效果要小。然而，“当量炸药”超过1的，如C-4炸药（1.39），只需要较少量便可以产生同等的破坏效果。当我们计划保持安全距离时，应该首先考虑TNT当量的问题。换句话说，炸药的类型决定着安全距离。如果我们不知道炸药的类型，只知道人体所处的位置和炸药的有效性，为保证人员的安全，我们就需要假设这种炸药是最具破坏力的炸药。

在一个如房间这样的封闭空间内，这些压力继续增大充满整个屋子并产生破坏作用，直到压力被消耗尽或扩散到空气中。相对于门窗开启的状态，如果门窗关闭，则墙体、天花板和房间内物品的毁坏程度会更严重。因此，当我们在房间或建筑物中发现爆炸装置时，应该将门窗打开，这样能够减少破坏作用。

在爆炸的正压区间产生的能量消耗尽之后，会形成一段持续时间较长的低速负压区，正如我们所看到的正压区间，冲击波前端挤压空气会形成局部的真空。当正压区间能量耗尽之后，空气会像弹簧一样向相反的方向运动，快速充满真空区间，与周围环境压强保持平衡。我们可以思考一下，高低压区对天气的影响：在正常情况下，压强不平衡会产生风，有时会产生很大的风，实际是这些不平衡的压强试图与大气中的压强保持平衡的结果。相对于正压区来说，尽管负压区的压力要小得多，但却一样可以产生破坏作用。正压对墙体和门窗实施的是局部损坏，而负压则是对这些进行全面摧毁，这是一个特别真实的例子。图1.26描述了正压区间与负压区间的时间与压力的关系（美国司法部FBI爆炸数据中心提供的《Introduction to Explosives》）。可以通过观察爆炸中心周围零散的落叶看出负压效应，这些破损的落叶通常位于树与炸点之间。窗户的玻璃也经常出现在墙体两侧，而不只是在远离炸点的一侧。与正压区一样，尽管负压效应很微妙，但炸药量越大，就越容易观察到这种效应。

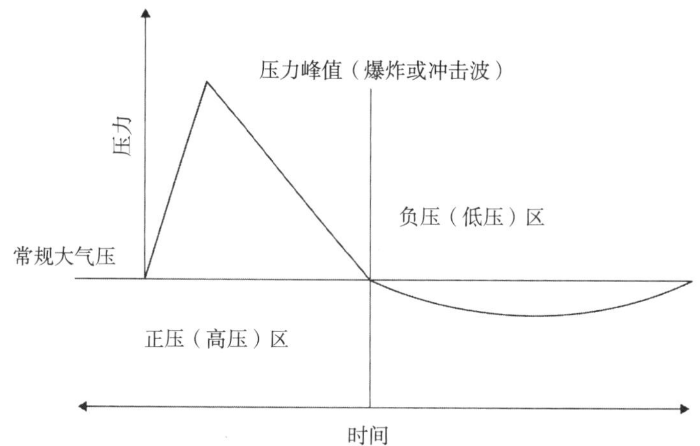

图1.26 炸药爆炸后，冲击波峰值压力变化与时间的关系（在压力降到正常大气压力这一区间会产生负压区，注意正压区形成的非常快，但正压衰减到负压的过程却需要较长的时间，这段时间是爆炸过程中最长的阶段）

在调查过程中，爆炸作用的研究可以为调查人员提供意想不到的帮助。它能够帮助我们准确判定爆炸装置的放置位置。通常来说爆炸位置并不难确定。但在有些情况下却是一个很棘手的问题。具有代表性的实例是：当爆炸装置发生爆炸时，我们需要判定这个装置是在车内爆炸还是在车外爆炸的。调查人员对车体的金属板受到的爆炸作用进行了仔细分析，快速判定了爆炸装置的位置。假设爆炸装置是放置在车体的底盘上起爆的，那么底盘会出现明显的炸洞。然而我们可能还是无法确定爆炸装置是放置在车内还是车外。调查人员还必须观察底盘金属碎片的弯曲方向：如果金属碎片朝着车体内侧弯曲，那么爆炸装置就是在车体外爆炸的；如果金属碎片向外弯曲，那么爆炸装置则是在车体内发生爆炸的（见图1.27、图1.28）。此外，如果座椅结构有破坏，调查人员在推断金属碎片来源时需要更加谨慎。在一些案件中，调查人员也许会把那些如座位结构等车内本来就有的物质当成水管炸弹的碎片，这样往往会得出错误的结论。

图1.27 将爆炸装置放置在车内底盘上，爆炸后在车底盘上形成的炸洞（要特别关注底板的金属物质被抛出车外的情况，这是判定车内爆炸而不是车外爆炸的关键）

图1.28 将爆炸装置放在车外，爆炸后在车底盘上形成的炸洞（要特别关注底板的金属物质被抛入车内的情况，这是判定车外爆炸而不是车内爆炸的关键）

碎片或弹片是一种由爆炸产生的抛射体，可能是受爆炸作用毁坏的包装箱、盛装容器、外壳、建筑材料、目标物、填充物或其他物质的一部分。伴随着爆炸的发生，简易爆炸装置碎片可能是完整的，也可能只剩下某个部件或完全被炸碎，还有可能与设施或建筑物碎片混合在一起。此外，碎片还有可能来自填充物（通常是金属材质的），填充物通常放置在炸药内部或周围，这往往会造成更大的人员伤亡。由此可见，碎片效应并不是由炸约或炸弹决定的；可燃气体、粉尘和物理爆炸也可以产生碎片。在爆炸作用下，碎片或弹片会被抛射出一定距离，一般情况下碎片或弹片比冲击波的破坏范围大。最常见的一种碎片出现在主装药为黑火药这样的低速炸药的钢管炸弹中。为了增加装置的杀伤力，可以在钢管外侧捆绑钉子（或弹片）。只有观察到这种爆炸装置的爆炸作用，才能深刻理解碎片或弹片效应对人们生命财产造成的危害。另外，从爆炸现场的调查中也能发现：炸弹制作者可能利用填充到爆炸装置中的碎片或弹片伤害或杀死受害者。有些人可能认为（在我看来这种想法是错的）某种炸弹只是为了制造恐慌，而并不是为了杀人。但当现场调查发现装置中含有碎片或弹片时，制造装置不是为了害人或杀人的说法便会不攻自破。

与研究冲击波压力作用有助于推断炸弹安放位置类似，对碎片或弹片孔洞以及弹片撞击痕迹的分析可以帮助现场调查人员推断碎片来源的方向。当然，并不是调查的所有现场都需要这样的结论，但多处爆炸装置爆炸的现场则是一定需要的。需要再次强调的是，与冲击波效应一样，现场调查人员应该观察金属的弯曲情况。然而在这些案例中，弹片打击形成的孔洞比炸洞小得多。边缘光滑的孔洞可以体现出金属碎片在目标物内的运行轨迹。仔细勘验这些孔洞，同时应用弹道轨迹技术（本书中没有详细说明），可以相当精确地解读碎片来源和弹片发射源头的信息。相反，边缘粗糙的孔洞一般是碎片的出口方向。

高能物质爆炸或分解产生的热量是“燃烧效应”和“热效应”。炸药决定了反应或燃烧过程产生的温度，这一温度能够达到甚至超过7000℉。然而在冲击波正压区热量释放得非常快。有些人将这种作用比作闪耀的火花。然而，爆炸产生的热量可能会对目标物和受害者（人体）造成大面积的烧毁，这主要取决于他们与炸药之间的距离。对于人体来说，皮肤甚至会变焦，头发会被烧光或仅剩几根。

爆炸现场附近的高、低密度的燃料和固有物质之间的燃烧作用是有区别的。由于存在低密度燃料，车内或在车体附近发生爆炸后，通常会伴有火灾出现。例如，汽油、地毯和坐垫等物质相对容易燃烧，属于燃料物质。然而，当高密度燃料附近发生爆炸时，如在木材和气体建筑材料这样的物质附近发生爆炸，就很难观察到燃烧的现象。

次生作用或爆炸压力的二次作用，主要包括炸药爆炸导致的大量直接或间接作用。主要讨论以下作用：

- 反射作用
- 地下或水中的冲击波作用

反射作用是由冲击波撞击刚性或具有反射效果的物体表面的偏转或反弹造成的。这些物体表面包括云层、建筑物、高山或丘陵、墙壁和防御工事。许多爆破施工人员不考虑如云层低这样的天气条件，刚刚开始室外爆破作业，就会收到周围邻居无数的投诉。他们无法理解为什么前一天在使用较大量炸药实施起爆而没有遭到投诉，而第二天药量较小却会收到很多关于打碎玻璃和动物骚乱的投诉。其实，人们只需要抬头看看天空。因为前一天是晴朗无云的蓝天，而今天却是乌云密布。原因就是这么简单。在前一天来自地面的爆炸冲击波在空中没有遇到任何障碍物，所以很快就消散了。但今天爆炸冲击波会击打云层，却无法驱散云层，冲击波就会以大于声音的波长返回地面或者沿着地面传播。同样，当大型的汽车炸弹在紧凑的城市街道中爆炸时，爆炸冲击波会冲向不可移动的建筑物；如果冲击波不能摧毁这些建筑物，那么冲击波就会反射回空中并继续摧毁街道，最终造成其他建筑物及设施的毁坏。这样的爆炸发生之后，冲击波产生的二次破坏几乎辐射了每一条街道。这种二次破坏通常会打破很多街区的窗户。因此，为了便于在爆炸后找到炸弹碎片，调查人员应该了解这些碎片的飞行路线。

由于地面和水比空气密度大，因此冲击波可以以更快的速度传播到更远的距离。此外，这种冲击波能够在远距离处产生更大的破坏。尤其是在使用工业炸药进行爆破作业时，周围的建筑必须在公认的爆破系数之上，以防基础设施和墙壁遭到损坏。

1.11 爆炸现场调查

负责勘验爆炸现场的调查人员需要进行许多工作。其中之一是合理评估现场，不仅要确定是否发生了爆炸，而且要确定是爆炸案件还是爆炸事故。而且，现场调查人员应能够识别爆炸现场发生的痕迹变化，评估爆炸时使用的燃料种类，使用的是炸药、可燃气体、可燃蒸汽还是粉尘。具体的调查步骤和图片会在第4章进行阐述。然而根据本章所提供的信息，现场调查人员应该能够正确区分“点式爆炸”和“非点式爆炸”。

点式爆炸有可识别的炸坑，即存在爆炸损毁最严重的区域或爆炸中心。通常来说，爆炸物（凝聚燃料）在某个表面或其附近爆炸会形成炸点。需要注意的是，失效的密闭容器的爆炸（如铁路油罐车发生的物理爆炸和沸腾膨胀液体蒸汽爆炸）也可能会形成炸点。

非点式爆炸与FAE或者可燃粉尘爆炸有关。这些物质发生爆炸时，在爆炸发生的位置处不会有明显的炸点痕迹。爆炸现场墙壁的完全倒塌或部分坍塌是这种爆炸类型的典型特征。这些爆炸通常是由弥散的燃料造成的，这些燃料包括可燃性气体（天然气、液化丙烷蒸汽、下水道气体或工业气体）、可燃液体蒸汽（汽油、油漆稀释剂或甲基乙基酮）和可燃粉尘。

小结

任何现场调查工作都应该首先了解科学调查方法的基本原则。然而，在真正开始调查爆炸现场之前，调查人员也应该了解爆炸理论和动力学。这不仅包括了炸药爆炸原理，还包括了炸药的种类、性能和爆炸作用。如今存在着四种爆炸类型（正如1.10描述的那样）：物理爆炸，化学爆炸，核爆炸，电爆炸。低速或高速炸药、裂变或聚变、电能及加压容器的破裂等都会发生这些爆炸。研究人员在开展调查的过程中，必须清楚地知道这些爆炸能够带来的各种影响。从根本上说，调查人员需要掌握现场发生了什么，还需要判定爆炸类型。爆炸作用包括冲击波的正、负压作用，碎片作用，燃烧作用及其他作用。

对爆炸现场调查原则的了解，能够保证调查进展的目标，不仅需要判定是否发生了爆炸，也需要确定爆炸的类型和来源。

复习题

1. 爆炸和炸药的定义是什么？
2. 四种爆炸的类型分别是什么？
3. 四种爆炸的作用分别是什么？
4. 低速炸药和高速炸药的特征是什么？
5. 什么是爆燃到爆炸的过渡，它能和哪种类型的爆炸有联系？
6. 高速炸药和低速炸药的区别是什么？
7. 什么是爆破剂？
8. VOE和VOD的区别是什么？
9. 描述一个可爆炸的序列。
10. 门罗效应和夏尔丁效应的区别是什么？
11. 点式爆炸和非点式爆炸的区别是什么？

第2章

民用、自制及军事炸药的识别与鉴定

2.1 引言

炸药是人类进步的重要工具之一，具有很大的威力，安全系数高，可控制，适宜在城市建设中使用。炸药可用于寻找原料和燃料，并将它们从地层里开采出来。另外，在将土地改造成道路、机场以及城市的过程中，炸药可有效清除障碍。如果没有这些炸药，尤其是硝酸甘油和硝酸甘油炸药，就不会有工业革命。军用炸药制造业不仅是一个重要的产业，对于人们的幸福和安全也是必不可少的。确实，几乎所有的炸药都有其特殊用途。

简易爆炸装置最基本的组成部分是主装药和起爆系统。主装药要么是由民用或自制的低速炸药（如黑火药）组成，要么是由高速炸药（如硝酸甘油炸药）组成。起爆系统通常由起爆器材和其他成分组成，但也不是一成不变的。装置爆炸时，虽然是主装药爆炸，但是大量的包括引爆器材在内的起爆系统碎片通常会留在现场。另外，许多装置并未爆炸而是被排爆技术人员拆解了，以备现场调查人员收集所有组成部件来查明此装置的来源。同样，在爆炸案件现场，现场调查人员不仅要知道简易爆炸装置中的炸药类型，而且更要了解爆炸装置的其他结构，如这些装置中的起爆器材，这是其义不容辞的责任。此外，现场调查人员仅知道所用炸药的种类是远远不够的，他们还应该具备熟练识别炸药爆炸产物特征的能力。例如，在第1章中提到，低速炸药爆炸会在现场出现大量残留的主装药。因此，现场调查人员需了解炸药的物理性能，同时要具备能识别残留在现场未参与爆炸反应的炸药。另外，在搜查可疑爆炸地点（炸弹工厂）或可能携带多种炸药的交通工具时，现场调查人员了解其调查物品的物理识别特性也是十分重要的。

这一章将详细介绍民用、军用低速炸药和高速炸药的相关知识；能够可靠引爆这些炸药的起爆系统；简易爆炸装置的显著特点。另外，本章还会给出这些炸药的识别特征。这些信息可帮助现场调查人员搜寻爆炸现场或炸弹制造工厂时（在排爆人员的协助下）发现炸药残留物。了解炸药的外形及识别特征，还可以保障现场调查小组及成员搜查过程中的安全。

读者可以参考附录A，其中列举了不同类型的炸药和它们的一般性能。同时，附录B提供了美国和其他国家炸药的名称。

2.2 炸药的简史

我们或许永远不知道世界上第一种炸药——黑火药的发明者是谁。黑火药的第一次使用是在2000多年前的中国和阿拉伯。第一个记载黑火药基本成分——硝酸盐或硝酸钾的文献始于13世纪，作者是阿拉伯人阿卜杜拉。然而，在1242年，英国修道士罗吉尔·培根在他的战争武器描述中发表了黑火药的配方。在培根之后的三个世纪里，黑火药的应用价值都没有被开发出来，甚至被渐渐遗忘。它曾被用于火炮，直到17世纪的时候才被用于煤矿爆破。马丁·魏格尔发掘出了黑火药的用处，曾在1613年建议在德国萨克森的煤矿中使用黑火药，但是人们没有意识到并应用。有记录证明1627年2月卡斯帕在匈牙利的凯姆尼斯皇家矿场实施了爆破。1689年，黑火药在英国科沃尔的锡矿被正式使用。殖民地时期的美国人依靠这种产业生存，较早从事火药制造业。1675年，在距离波士顿6英里的马萨诸塞州的米尔顿市一个真正的火药工厂正式成立。

英国觉得应该对美国殖民地从英国工厂所购买的原材料有所限制，并要求殖民地购买更多的成品货物。然而，美国那些有竞争力的工厂拒绝了这一要求。另一种相关说法则表明，美国的黑火药工厂和军备库都在筹备起义，反对他们的“母亲”英国。

1773年，在美国康涅狄格州殖民地大会的春季会议中，委员会指出要将康涅狄格州的铜矿改为监狱，这座监狱被命名为纽盖特监狱。它不只用来关押康涅狄格州的罪犯，在美国独立期间还关押了很多其他殖民地的亲英分子。

尽管在18世纪和19世纪前期开发出很多种火药，但是黑火药依然在常规使用中占有一席之位。由于黑火药在19世纪初被不断广泛应用，美国开始了它的大肆扩张。在1790年至1850年，挖出了30多条运河。并在1830年至1850年，建成大量的铁路。其中最著名的是巴尔的摩—俄亥俄铁路。

1730年，在弗吉尼亚州的里士满市首次发现了沥青矿。1820年，具有商业价值的无烟煤开发首次出现在宾夕法尼亚州。矿产成为这个国家火药消费的最大产业。在1810至1860年，生铁产业发展十分明显，使得对煤、石灰岩和铁矿的需求增大。因此，美国在1860年一年的时间内生产了250万吨的炸药。

英国人比克福德在1831年发明了导火索，并在英国的科沃尔建立了工厂，该工厂生产的导火索主要用于开发康沃尔郡的锡矿。在此发明之前，黑火药的点火方式都是不可靠且不安全的。1836年，铜矿的负责人理查德·培根进口了一些比克福德的导火索，并联合了一些英国导火索生产商成立了最初的美国导火索制造公司，即培根—比克福德—伊尔斯公司，后来更名为托尼—比克福德公司，最终在1907年成立了恩赛因—比克福德公司，总部设在辛斯伯利市。该公司主要生产导火索、导爆索以及民用和军用的起爆装置。

1802年，杜邦公司在布兰迪万河的工厂中开始了黑火药的商业生产。此时，距离研究出黑火药的配方已经有一个半世纪的历史，黑火药的配方为75%的硝酸盐，15%的木炭，10%的硫黄。杜邦公司的名声一直好于其他公司。1921年以前，该公司的火药都是在布兰迪万河的工厂中生产的，由于威尔明顿城市的扩充，不得不放弃最初工厂，大约在120年后才正式成立了另一个工厂。

1857年，拉模特·杜邦意识到提升科技含量和节约成本的重要。由于硝酸钾太昂贵，他决定使用更为便宜的硝酸钠（智利硝石）来代替它。新的杜邦配方很快取代了硝酸钾黑火药。这个发明使得黑火药的消费在1900年增长到了980万吨。

在拉模特·杜邦宣布黑火药新配方的同时，诺贝尔和他父亲正在瑞典研究硝酸甘油炸药的科学应用。1846年，阿斯卡尼奥·索布雷洛就发现了硝酸甘油，但他放弃了这种产品。诺贝尔在实验过程中发明了最初的“雷管”——充满雷汞的密封锡管（后来用铜代替）。

在美国，乔治·莫布雷曾考虑过做生产NG炸药的先驱者。他在宾夕法尼亚建立了一个小工厂之后，在1866年之后的几年里，在马萨诸塞州的北亚当斯购置了大量的生产设备。同年，诺贝尔将NG和一种吸附剂混合，制成了一种固体物质，它对雷管起爆十分敏感，但是又不会被普通的震动所引爆。这种吸附剂就是硅藻土。

在之后的一年，诺贝尔的助理西奥多·温克勒在旧金山制成了3磅炸药并在城市海湾铁路展示了爆炸成果。随后，·家美国工厂就在旧金山附近的车间开始生产这种炸药。这种炸药包含的25%的硅藻土对爆炸并没有帮助，然而，另一名旧金山的化学家詹姆斯·霍德尔证明另外75%的硝化甘油加入的糖、碳酸镁和硝酸钾会增大爆炸威力。

美国第一次成功大量使用炸药是在宾夕法尼亚州爆破隧道，这个不到一英里长的隧道在1872年秋开工，当时，建设过程中一个月就使用了17000磅炸药。

1875年，阿尔弗雷德·诺贝尔将硝化棉溶解在硝酸甘油里，然后有了一个重大的发现。可以产生一种凝胶物质，它的威力比原来要大。这就是最开始的爆胶。爆胶首次被大量使用是在修建向纽约供水的第二渡槽的时候。这项修建工作从1884年开始，至1890年结束，这次修建的渡槽是美国最大的渡槽。

杜邦公司依靠生产炸药获得巨大利润的同时也为炸药商业化发展做出了贡献。1880年，拉模特·杜邦在美国新泽西州吉布斯镇特拉华河建立了雷波诺化工公司。拉模特梦想建立一个机械化的炸药厂，这样的话工人们就不用再进行危险作业。但不幸的是，他还没有来得及实现梦想就于1884年3月29日在雷波诺被炸死了。之后威廉·杜邦成了雷波诺化工公司的负责人，他决心要实现拉模特的梦想，最终雷波诺化工公司发展成为美国最大的炸药制造公司。

最开始的时候，大多数铁路部门不愿意运输炸药，因为他们觉得那样太危险。宾夕法尼亚州铁路部门请化学专家查尔斯·达德利教授去雷波诺做实验，看炸药是否可以在铁路上安全运输。在实验中，按照运输的规格包装好一箱炸药，然后从水塔顶端丢到一堆石头上，箱子被猛烈震开，里面的锯屑还有炸药滚了出来，但是却没有爆炸。之后，把那些散落开的炸药再收集起来，从同一个地方用力地丢出去，还是没有发生爆炸。在杜邦公司爆炸部门的一本小册子里记录了这些事件。1881年，查尔斯·达德利教授的实验结果递交到了铁路部门，但铁路部门还是不同意运输炸药。雷波诺的产品还是得依靠二轮运货马车和船来运输。在1885年至1886年的冬天，特拉华河完全结冰了，在这一情况下，宾夕法尼亚州铁路部门很不情愿地同意帮雷波诺运输两个星期的炸药。与此同时，铁路部门也在进行着另外一项调查，而正是这一项调查促使1886年关于炸药的铁路运输法规正式出台。

到了1900年，美国炸药的产量超过了8500万磅，相当于1亿多磅黑火药的产量。炸药工业发生了很大的变化，在第一次世界大战之后，黑火药的产量从1907年的2.87亿磅下降到了现在的10万磅，甚至还要少。直至20世纪50年代中期，当人们发现硝酸铵和燃料油混合炸药是比较安全、便宜的时候，炸药成了人们的首选。在20世纪50年代后期，人们开始使用浆状炸药，而它最终是在20世纪60年代和70年代才被广泛使用。在20世纪80年代和90年代，随着乳化炸药的发展，硝酸甘油炸药的使用量进一步下降。到了1996年，美国只有一家炸药厂生产硝酸甘油炸药，而在20世纪50年代末，美国有34个炸药厂生产这种炸药。

随着炸药业的发展，与炸药有关的火工品制造业也迅速发展，我们知道，阿尔弗雷德·诺贝尔用雷酸盐和安全燃料制造了第一个雷管。随后的很多年里，人们都在尝试着用电能来引爆炸药。班杰明·富兰克林尝试过用电能来引爆黑火药，这是世界上的首例。在此之前，人们还尝试过使用火花点燃连接炸药的雷管来进行引爆。最终这些尝试在1876年被尤利乌斯·史密斯的电桥丝所取代。史密斯是一位在电引爆方面做出巨大贡献的发明家。他在1895年的时候取得了延期电雷管的专利，之后他的发明便投入了生产。随着导爆管系统和电雷管的发展，起爆系统也获得了很大的发展。

2.3 低速炸药

美国联邦调查局炸药数据中心所发布的数据分析表明：每年在所使用的炸药大多都是低速炸药。这些炸药包括黑火药、派罗德斯、闪光剂、无烟火药以及很多最近兴起的低速炸药。这些炸药都非常敏感，它们可以被火星、轻微的震动或者摩擦所引爆。这意味着什么呢？简单地说就是低速炸药能被摩擦产生的热量、火星、击针或金属的撞击、人身上的静电、炸药之间的相互摩擦或者是在靠近炸药的地方所产生的金属之间的摩擦引爆。除此之外，低速炸药还可以利用那些为引爆高速炸药所设计的炸药和起爆系统进行引爆，如雷管和导爆索。2.3.1~2.3.4会详细介绍低速炸药。

2.3.1黑火药

黑火药，正如它的名字所暗示的那样，它是一种黑色颗粒状的火药，它和小块的煤很像。使用时要极其小心，因为它对高温、震动、摩擦或者静电都非常敏感，很容易发生爆炸。在密封的情况下，它的爆速小于3000英尺/秒。然而在没有密封的情况下，黑火药会在空气中快速燃烧，距离黑火药近的人会被严重烧伤。除了非法使用的情况之外，黑火药在现代社会中的很多领域发挥着重要作用。这些领域可以划分为以下几个方面：

- 体育
- 爆破
- 烟火
- 导火索

除了在组成成分（硝酸钾或硝酸钠、硫、木炭）上的一些不同之外，这些炸药在颗粒的大小上也有所不同。颗粒的大小对炸药的燃烧速率有直接的影响。颗粒越小，那么它产生能量的速度就越快。例如，等质量的黑火药，一个颗粒大，另一个颗粒小。颗粒小的比颗粒大的火药燃烧时暴露的表面积更大。当暴露于外界引燃时，颗粒小的火药燃烧的速度更快。如果没有机械化生产，黑火药的生产状况在这几百年的时间里应该不会有太大的变化。

高速黑火药主要用作枪炮的发射药且有五种颗粒尺寸。

- C——炮（最大）
- Fg——猎枪
- FFg——步枪
- FFFg——手枪
- FFFFg——点火药

通常Fg是一个工业界对小微粒的简称，始于20世纪40年代的杜邦公司。因此，Fg是小颗粒，而尺寸最小的颗粒是FFFFg。高速黑火药通常被装在容积为1磅的金属罐中并在罐表面的显眼位置标识上颗粒大小。虽然美国会进口黑火药，但也有一个黑火药生产厂商——Goex，Inc.。

黑火药爆破剂也可被应用在采石场和其他类型的初级爆破。黑火药爆破剂主要有两种：

“A”类爆破剂以硝酸钾为主要成分是7种颗粒——FA~7FA。

“B”类爆破剂以硝酸钠为主要成分是4种颗粒——FB、FFB、FFFB、FFFFB。

图2.1　黑火药（目前已知的最古老的炸药，外表看起来和小煤块相似）

应用于商业烟花产业的黑火药主要有10种颗粒，分别是FA~7FA，粉末D，细粉，超细粉。

黑火药还被应用于导火索的生产中。导火索是一种以黑火药为内燃介质的软线，通过它的传输，火花和火焰以持续不断的、固定的速度从燃点一直传输到使用时所需的点，通常制造成导火索雷管。

⇨ 2.3.2 派罗德斯

派罗德斯是霍奇登火药公司在堪萨斯州肖尼的注册商标，是黑火药的一种替代品。它是黑颜色的，并且与小块的黑火石相似。在封闭状态下，它会爆炸或者以3000英尺/秒的速度燃烧。在非密封条件下，它会在空气中迅速燃烧并且发出巨响。但它比黑火药燃烧的速度要慢。由于它不像黑火药那样对温度、震动、摩擦敏感，因此使用起来更安全。但使用不当仍然会产生危险。和黑火药一样，派罗德斯也有不同的颗粒以适用于各种应用。

- RS——步枪、猎枪
- P——手枪
- CTG——弹药筒
- C——炮

图2.2 派罗德斯（一种黑火药的替代品，它和火山石相似）

派罗德斯的化学组成与黑火药相似，但也有差异。它是由硝酸钾、硫、木炭、石墨、粉末、高氯酸钾混合而成的。通常装在1磅的塑料容器中，容器表面会注明颗粒尺寸。

⇨ 2.3.3 闪光剂

闪光剂是一种极其敏感的炸药，通常被分类到低速炸药中。但在某些情况下，它又能作为高速炸药，因为它具有无需密封即可引爆或者爆炸的特性。由于存在金属燃料，通常是铝粉，其外观看起来是银色粉末。当处于密闭状态时，它以小于3000英尺/秒的速度发生爆炸，但也有超过3000英尺/秒的情况。这也许是研究人员遇到过的最低速的炸药了。是的，确实是有一些极其敏感的低速炸药是研究人员在日常研究中几乎不会遇到的。它对热量、动、摩擦和静电极其敏感。具体来讲，在干燥的条件下，一个人的手接触到金属物体产生的静电都足够引爆闪光剂。

闪光剂（见图2.3）主要用于烟火剂、燃烧弹、军事弹药等，也可作为简易爆炸装置的主装药。闪光剂种类只有一种，但是却包含着100多种成分，主要有氧化剂、金属和非金属燃料。一般情况下普通消费者不能像黑火药那样在商店购买到闪光剂。购买到的也可能来源于非法生产或是民用烟火剂。大量生产设备的非法使用，生产了大量的烟火剂，同时，也为社会和公众人士安全带来了一系列问题。这些烟火剂的并不是一般意义上的烟火剂，而是可以用来制作简易爆炸装置，是一种破坏性装置并且极其危险。当拿在手中时他们可能会爆炸，甚至炸断人的手指。人们会很容易想到把这种装置放在毫不知情的人的手中会发生危险。这种生产设备还会给生产场地带来安全隐患。每年，都会有一些非法生产场地的爆炸造成工人和周围群众受伤或者死亡。必须通过法律强制给予进入这些场地的人员足够的培训和最大限度的安全防范措施。特别强调下，由于这些设备是非法的，雇主们从来不会关心设备及人员的安全问题。

图2.3　闪光剂（对静电极为敏感，类似铝粉）

⇨ 2.3.4.无烟火药

无烟火药是生产和应用中种类最多的低速炸药。这种火药自从19世纪就已被广泛应用，因其与黑火药相比燃烧时产生的烟雾相对较少被命名为无烟火药。其实这个产品被称为少烟火药更为精准。

最早问世的无烟火药是由普鲁士军队的舒尔策上尉于1865年制造的。由于它燃烧时速度过快又会产生气体，这种火药只能用于散弹猎枪而不能用于来福枪。与此同时，德国和澳大利亚也在进行着这种研究，在英国也有了重大发现：英国的炸药生产商研发了一种EC火药。这种火药是大块猎枪火药，它以大块装载并且在相同体积下产生的威力可与黑火药相媲美。它被应用于散弹猎枪、手榴弹，也可作为点火器主要用于激发大炮的发射火药。

最初的无烟火药被应用于来福枪，非常黏稠，后来出现的呈胶质状的药粉是法国物理学家保罗·维埃耶于1884年发明的。它用可溶和不可溶的硝化棉和乙醇或醚混合，捏成坚硬的果冻状，滚动至片状，再切割成方形，最后烘干。在随后的操作中，将其在模具中挤压成长条形，并切成长段再对其进行烘干。1888年阿尔弗雷诺·诺贝尔发明了一种更强大的无烟火药——巴里斯太火药，它包含一种非常浓稠坚硬的胶状的硝酸甘油和添加醇醚溶剂的可溶解硝化纤维，在以后的生产中又被取消。接下来的25年时间里，无烟火药的制作工艺发生了惊人的变化。这种进步被迅速应用到第一次世界大战进行测验，上百磅的无烟火药被用来做步枪的发射药，向法国的战壕里发射重型大炮和迫击炮弹。

当今，无烟火药有以下3种常见的用途：（1）体育领域和法律允许的弹药（实验弹、手枪、来福枪）；（2）工业领域（小弹壳射钉枪）；（3）军事方面（火器和发射药）。有100多种级别和类型的无烟火药被应用在体育领域和法律允许弹药。这种体育领域用的无烟火药在许多零售店即可买到，用于重新装填实验弹、手枪和来福枪。不管是合法的还是非法的，无烟火药的使用情况在各个地方都不一样。一些地方的法律规定商家必须要求购买者提交合法证明才能出售火药和弹药，然而另一些地区却无需任何证明。就像之前所讨论过的那些低速炸药，无烟火药还应用于制作简易爆炸装置。

正如我们将在本节的后面看到的那样，这些火药有不同的几何形状和颗粒尺寸。此外，通常不难从其他类型的低速炸药，如黑火药、派罗德斯、闪光剂中分辨出无烟火药。这些火药的组成包括八大类的成分，这些成分并不一定会被应用到每个类型的火药中。八种成分如下：

- 高能材料
- 稳定剂
- 增塑剂
- 消焰剂
- 钝化剂

- 着色剂
- 遮光剂
- 石墨

高能材料，即硝化纤维、硝酸甘油、硝基胍，提供能量使产品燃烧从而爆炸或爆燃。具体来说，制造无烟火药需要硝化纤维，硝化纤维中可能不会加入硝酸甘油和硝基胍，取决于生产火药的类型。本节会进行更详细的解释。

稳定剂，即二苯胺、乙基中定剂，稳定剂通过中和酸性硝化纤维和硝酸甘油中的酸性成分，以提高火药安全性。与几乎所有的炸药一样，使挥发性成分与其他物质结合形成稳定性产品会遇到许多问题，或者换句话说，这种添加剂降低炸药意外引燃的可能性，使这些成分不相互作用或不会变得如此敏感以至于自燃。稳定剂可以增加无烟火药保质期，以确保火药不失效，保证可靠的引爆。

增塑剂，即软化发射药，可在火药制造过程中将火药挤压和切割成各种形状。此外，发射药有从空气中吸收水分的特性（吸湿性），这是需要避免的；增塑剂降低发射药的吸水能力同时也减少了高能材料的能量。最常见的增塑剂包括邻苯二甲酸二丁酯、二硝基甲苯、三醋精、乙基中定剂。

消焰剂，主要用于军用三基火药，减少枪管口部的闪光，包括硝基胍、氯化钠、硝酸钾、亚硫酸钾。

钝化剂的作用是控制或降低火药燃烧速率。钝化剂包在发射药的外表面或者混合在发射药颗粒里面，减少初始燃烧速度、火焰温度、可燃性。最常见的有二辛基或邻苯二甲酸二丁酯、二硝基甲苯、甲基或乙基中定剂和松香热塑料树脂。

着色剂或称染料，用于增加火药的颜色，达到识别火药的目的，主要用于小型武器装药。用于区分火药品牌如红点、蓝点和绿点。注意并不是将给定容器中所有火药都进行染色处理，为了达到识别的目的，只需对其中的少量火药进行染色。当低速炸药自制爆炸装置发生爆炸后，无烟火药的复原工作是非常重要的犯罪现场调查技术，即在收集完较大的碎片后，需要对现场进行真空处理。如果爆炸现场使用了带有着色剂的无烟火药，大多数情况下会在真空吸尘器的灰尘袋中会发现可识别的记号（见图2.4a）。

遮光剂应用于火药表面涂层，阻止热辐射渗透到火药的表面，从而降低了火药点燃的可能性。加入炭黑（使用最多的遮光剂）的无烟火药主要用于大口径军事武器。

a. 无烟火药染成红色标识

b. 带有孔眼的圆柱形的无烟火药颗粒

c. 球型无烟火药

d. 扁平球形无烟火药

e. 圆盘状无烟火药

f. 条状无烟火药

图2.4 无烟火药

除上述成分外，还有一些其他成分，最主要的就是石墨，生产中添加石墨的过程称 “上釉”，以改善火药的流动性，便于包装的同时还可以减少火药倾倒时产生的静电。由于火药本身含有天然防腐蚀涂层，这样就可以更好的减少热对枪管的作用，有效防止枪管被腐蚀。

针对无烟火药的用途，可分为三种：

- 单基无烟火药
- 双基无烟火药
- 三基无烟火药

单基无烟火药是无烟火药中破坏力最小的一种。其主要成分是溶解在醚醇中凝胶状的硝化纤维素（被硝化了的纤维素或棉花）。此外，需要先在这种混合物中加入稳定剂，再使用挤压机将其挤压成固定形状。然后将这种湿润的火药切成所需的长度，再去除残留的溶剂并进行干燥。干燥之后，将火药研磨成鼓状，然后在表面添加石墨。添加石墨是为了提高其流动能力以减少结块。在这个阶段还可以进行额外的表面处理，如加入钝化剂和遮光剂。

双基无烟火药，正如其名称所指的，包含两种主要成分，其中之一是硝化纤维素，双基无烟火药比单基无烟火药具有更大的能量。在大多数情况下，第二种成分是硝酸甘油，也可以使用乙二醇二硝酸酯或二硝基甲苯替代。第二种成分和硝化纤维素结合在一起不能分离。为了制作双基无烟火药，将带有添加剂的硝化纤维素悬浮于水中，剧烈搅拌该混合溶液，然后将硝酸甘油慢慢倒入悬浮液中。当几乎所有的硝酸甘油被硝化纤维素吸收后，通过离心机或液压机从产物中除去水。与单基无烟火药一样，挤压或扎制和切割双基无烟火药，除去所有的溶剂，然后干燥并研磨，最后添加石墨和表面处理。

三基无烟火药，类似于单基无烟火药、双基无烟火药，它是在硝化纤维素和硝酸甘油的基础上加入第三种活性成分，即硝基胍，故名三基无烟火药。硝基胍主要用来控制气体的输出、能量、温度和燃烧速度。从根本上来说，硝基胍用来降低火焰温度，用于降低枪口明火或闪光现象，但并不能彻底消除。因此，这种类型的火药主要用于军事领域中试图隐蔽射击者位置的情况。

正如我们所观察到的，无烟火药的有效能量取决于其成分。由于第二种成分的存在，因此双基无烟火药比单基无烟火药的威力更大。但不是所有的三基无烟火药都比双基无烟火药能量更大。然而，火药燃烧时的速率不仅取决于其成分（化学），还取决于两个其他特征：（1）火药的几何形状和尺寸；（2）火药是否具有贯通或不贯通的孔。

特定几何形状的火药，不管其形状及其是否有小孔（穿孔），该火药的晶粒数量可直接影响燃烧的表面积。与黑火药一样，较小的晶粒尺寸具有更大的表面积，因此，燃烧的速度就越快。然而，对于无烟火药，不仅是颗粒的大小有差别，而且其相对的形状以及是否有通过火药的穿孔都会影响燃烧速度。

穿孔增加了燃烧的表面积，使火药在同一时间不仅由外而内燃烧，同时也可以从里面燃烧。有的火药只有一个穿孔，有的却有很多，通常排列成一个统一的模式（见图2.4b）。

无烟火药的几何形状有以下七种：

- 圆柱形
- 球形
- 扁平球形
- 片状
- 圆盘状
- 团状
- 条形

条形的火药通常应用于军事领域中（见图2.4f）。

无烟火药通常是装在1磅~5磅的金属、塑料、纸质容器里。这些容器的显著位置上标示着火药名称、制造商、有时还有相关的应用（如手枪、步枪或散弹枪弹）及火药的基本成分等信息（见图2.5）。至今为止无烟火药的生产商和经销商主要有诺玛、赫脱、凯利火药有限公司、杜邦公司、加拿大铝业公司、温彻斯特、奥林、阿莱恩特、霍奇登公司等。

图2.5　各种炸药容器：黑火药、派罗德斯和无烟火药

2.4 民用高速炸药

在美国，民用高速炸药的工厂已经发生了演变，并正由原来的多元化竞争转向为局部化竞争。美国民用爆破元老级公司——杜邦，已经淡出人们的视线。在杜邦的反垄断案中，类似崛起于1912年的阿特拉斯和赫拉克勒斯的其他同行公司，也终被别的公司并购。虽然一些阿特拉斯和赫拉克勒斯的子公司依然营业至今，但也难改变被并购的命运。在此次并购案的震荡下，新的公司进

入到这个全新的领域，一条全新的爆破产业链自此产生。此外一些来自远东、东欧的火药产品被出售到美国。美国的长期炸药交易合作伙伴加拿大也从美国收购和运送火药。坐落于克利夫兰的美国最古老的炸药生产公司——奥斯丁公司，就是在这种乱战中找到了生存之道并生产销售全新类型的炸药。

高速炸药主要有两种类型：（1）初级炸药；（2）次发炸药。初级炸药详见1.5，主要用于起爆器材——雷管。次发炸药可细分为两个品级：一是高感度药剂，如黑索今、泰安、TNT、水胶炸药、乳化炸药等；二是爆破剂，包括铵油炸药、不具有雷管感度的水胶炸药和乳化炸药等。起爆器材作为一部分单独使用的炸药可能是高速炸药或者低速炸药，也可能是初级炸药或次发炸药，还可能是两种联合使用。起爆器材主要用于起爆系统中，主要包括导火索、导爆索、各种型号的雷管、导爆管、火帽、点火头和用于引爆不具有雷管感度炸药的起爆药柱，具体应用于TNT混合炸药、泰安、黑索金等。

⇨ 2.4.1 初级炸药（起爆药）

初级炸药（起爆药）是非常敏感的，轻微的机械振动可能就会将其引爆，如金属碰撞、摇晃或是微电流的激发。导火索的火焰或火花、电点火头燃烧、雷管内的桥丝发热、军用武器中击针的撞击都是引爆初级炸药的可靠方法。由于初级炸药具有爆燃速度快可转化为爆轰的特性，因此用于起爆系统、雷管、军用导火索。这些炸药具有较高的破坏力，但比次发炸药的破坏能力低。初级炸药主要有叠氮化铅、斯蒂芬酸铅、雷汞、二硝基重氮酚、四氮烯等。

◎ 2.4.1.1叠氮化铅

叠氮化铅呈白色，是炸药良好的起爆药，实际中比雷汞更有效。 叠氮化铅经常结合其他初级炸药一起使用。例如，可以将斯蒂芬酸铅包在叠氮化铅表面，以提高其灵敏度，或者将其放在雷管的电点火头或桥丝与主装药之间。叠氮化铅的一个主要的安全隐患是其使用的铜质雷管壳，一旦疏忽使这种雷管受潮，当水分渗透到外壳内侧时就会形成极其敏感的叠氮化铜晶体。轻轻地移动含有叠氮化铜晶体的雷管就会导致大规模爆炸，造成研究人员和炸弹处置人员的伤亡。如果要移动这些种型的材料，应由机器人远程处理。叠氮化铅的爆速（VOD）是17400英尺/秒。

◎ 2.4.1.2 斯蒂芬酸铅

斯蒂芬酸铅具有较高的敏感性，特别是对静电的敏感度非常高，它通常不单独使用，常与叠氮化铅一起使用。该化合物是棕色至红色，爆速可以达到

17000英尺/秒。

◎ 2.4.1.3 雷汞

雷汞，也被称为雷酸汞，是已知的最古老的初级炸药。它由约翰（1630—1703）首次提出。在1800年，爱德华·霍华德向伦敦皇家学会提交的论文中对雷汞的制作及性能进行了描述。其实，雷汞是当时诺贝尔发明雷管时期仅有的初级炸药。雷汞作为初级炸药和主装药直接使用，诺贝尔是将雷汞装入雷管中的第一个人，使其先起爆硝酸甘油，然后再起爆炸药。由于其起爆感度很高，极其危险，在雷管中逐渐用泰安替代了雷汞成为主装药。雷汞的颜色是白色和浅灰色，爆速为16400英尺/秒。

◎ 2.4.1.4 二硝基重氮酚

二硝基重氮酚的冲击感度比雷汞或叠氮化铅低，因此在雷管中作为连接起爆部件与主装药的传爆药。它的颜色是黄绿色和棕色，爆速为21700英尺/秒 。

◎ 2.4.1.5 四氮烯

四氮烯是一种浅黄色初级炸药，通常不单独使用。它的爆轰感度与雷汞接近。

⇨ 2.4.2 次发炸药（猛炸药）

与初级炸药相比，次发炸药在耐热、抗冲击、摩擦方面相对不敏感，他们可以用雷管或起爆药柱引爆。次发炸药由多种材料制成，理论上爆速为3300英尺/秒~27000英尺/秒。本章不详述所有次发炸药。事实上，许多书籍已经详细地描述了这些炸药的物理和化学性质。然而，由于一些次发炸药是简易爆炸装置的主装药，因此爆炸现场勘验人员、刑事技术鉴定人员和炸弹处置人员对次发炸药一直十分关注。

◎ 2.4.2.1 硝酸铵

虽然硝酸铵并非炸药，但它是世界上大多数工厂生产的民用炸药的主要成分，其中包括胶质炸药、水胶炸药、乳化炸药和铵油炸药。目前除了少数例外，这些炸药构成了几乎所有民用炸药。目前美国炸药工业每年生产的硝酸铵超过50亿磅。

1867年，两名瑞典化学家奥尔森和诺宾获得了专利，这是硝酸铵第一次被用作炸药的成分。此后不久，硝酸铵被阿尔弗雷德·诺贝尔用在他的“超能”炸药中，它取代了配方中所有的惰性材料和一些硝酸甘油。然而，直至20世纪50年代初，硝酸铵才与燃油混合，成为了美国民用炸药的可选材料。诚如在罗伯特·霍佩尔1998年的报告中所描述的，1947年德克萨斯州的灾难发生的原因是硝酸铵炸药得到重视的一个因素。其他四个影响铵油炸药工业化生产的因素分别是：（1）可以将硝酸铵制成颗粒状（见图2.6）；（2）大孔洞的钻孔技术变得更加普遍；（3）水钻孔法被干式钻孔方法代替；（4）铵油炸药不具有雷管起爆感度，因此需要起爆药柱进行起爆，这种使用起爆药柱的理念在行业中被接受。这里所指的颗粒比较小、近球形、密度低、多孔，当用黏土或粉末包裹时不会结块，是铵油炸药工业得以发展的原因。

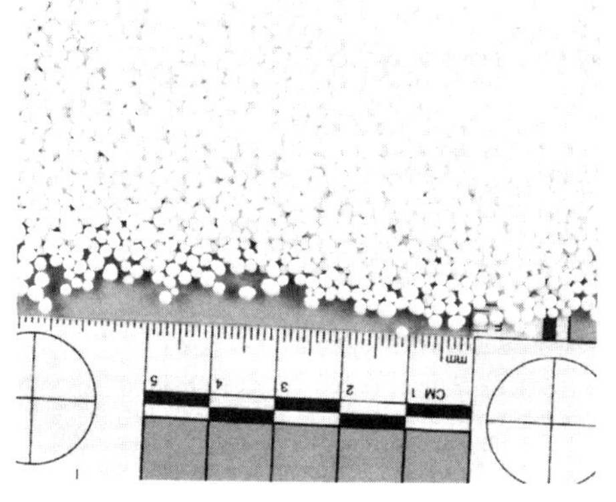

图2.6 硝酸铵颗粒

【知识链接】

德克萨斯城灾难：1947年4月16日和17日

事件发生在德克萨斯州德克萨斯城，一个位于加尔维斯顿以北17公里的港口城市。事件不仅铭刻在此处居民的记忆中，而且也存在于那些成千上万的城市重建者和百万听说这场灾难的人的脑海中。在1947年4月16日上午，货船SS GRANDCAMP准备装载最后的货物。当时已经装载完2300吨硝酸铵化肥，还有大概880吨化肥尚未装载。当对剩下的化肥进行装载时，有几个码头工人报告说，船内的某处有浓烟飘出。为了避免损坏船上的硝酸铵化肥和其他货物，人们最初试图通过激活蒸汽系统和关闭所有外部通风口，并在船长的方向使用消防水龙带的方法将大火扑灭。8时30分，4号货舱舱盖被掀开，厚厚的橙色烟柱直冲云霄。这一幕吸引了数百名好奇的市民和当地消防队员以及附近的炼油厂消防队。9时黄色和橙色的烟雾变得更加明显，9时12分巨大的爆炸夷平了码头，在150英里开外都能听到爆炸声。爆炸产生了蘑菇云，爆炸残骸抛向高达2000英尺的空中和超过距离炸点13000英尺远的地方。爆炸将残骸抛向得克萨斯城，这持续了很长时间，造成建筑物和房屋的破坏，附近的炼油厂开始泄漏，引发了连续的几起火灾。爆炸产生的冲击波如此巨大以致两个低空飞行的飞机失去控制并坠毁。爆炸致使现场大部分自愿来灭火的船员死亡，大火持续了好几天。爆炸造成数百人死亡，数千人受伤，但是混乱还没有结束。当天21时左右，货船GRANDCAMP附近的the SS high flyer船也在爆炸中造成了严重的破坏，有报告称其货舱冒烟。这个货仓是一个装有961吨硝酸铵和2000吨硫黄的货仓，这就形成了一个致命的组合。23时一艘拖船沿着high flyer船准备将其脱离码头，但是失败了，因为火焰已经飞出货物区域，只能被迫放弃该方案。最后，在4月17日凌晨1时第二次大规模的爆炸再次袭击了得克萨斯城。据报道，由于货舱中的硫黄的存在，第二次爆炸的规模比第一次更大。最初的爆炸残骸从船舱抛向了天空，又像下雨般落到了得克萨斯城以及周围的乡村，由此引发了更多的火灾。第二天早上的场景清晰展现了这场巨大的灾难，许多天内从30公里之外都能看见黑烟徘徊在城市上空，直到邻近的消防队员扑灭大火。爆炸造成400多人死亡，其中大部分死者正在码头或在码头附近，这其中有65具尸体无法辨认，2000多人受伤，财产损失至少4000万美元，财产总损失估计超过1亿美元（相当于今天的7亿美元左右）。当所有破坏结束后，超过1500间房屋损毁，临近的炼油厂烧毁了150万桶石油，数百人失去了亲人和朋友。

这次巨大爆炸事故的责任与硝酸铵的托运人、码头工人和GRANDCAMP船长有关。实际点火源虽然没有确定，但都怀疑是由码头装卸工人抽烟引起的。此外，尽管硝酸铵不是颗粒状，但是使用浸渍沥青和蜡涂层纸货运袋来包装硝酸铵，为爆炸事故提供燃料并提高氧化剂的感度，是引起爆炸的一个因素。

一种配置硝酸氨的方法是利用硝酸和氨发生中和反应生产硝酸铵。将所得溶液蒸发制成的晶粒、片状或粒状形式的固体。美国早期的硝酸铵产品大多采用这种制作工艺。首先将硝酸铵溶液中的水在常压条件下放入被称作“高炉”的加热器中进行蒸发，再将熔融状态的硝酸铵流入收集釜，并通过冷凝速度和流入收集釜速率来控制颗粒的尺寸和密度。

另一种配置硝酸铵的方法，称作施坦格尔过程。在这个过程中，通过硝酸和氨反应，形成浓缩的液态硝酸铵。然后使之流入用水冷却的金属带，凝固成薄片。随后，在容器中研磨，并筛选大小。

如今美国应用最多的生产硝酸铵的方法是结晶塔方法。20世纪40年代至50年代，这个方法得到了普遍应用。利用这种方法生产的硝酸铵晶粒可分为两类：（1）高密度的农业级；（2）低密度的工业级。在这个过程中，将蒸发的氨和硝酸同时送入中和容器。反应发生时，伴随着大量热的释放，通过蒸发来浓缩硝酸铵溶液。在达到约83%的浓度时，将该溶液送入到蒸发器中。蒸汽压力和空气流动将83%溶液进一步浓缩，生产出适合制备硝酸铵晶粒的浓缩溶液。

在生产用作植物肥料的农用硝酸铵晶粒时，硝酸铵溶液离开蒸发器的温度必须足够高，以保证产品结晶水非常少。只有这样致密且坚硬的产品才能满足农户的使用需求，他们希望硝酸铵的分解过程缓慢而不是直接分解“灼伤”庄稼。从很高的冷却塔顶喷洒的混合物自由地落到地面。须在塔顶或底部使用风扇加快气流的流动，以使冷却塔底部温度降至约2200℉。如果没有足够的冷却，当溶液落到底部时，会因其质地太软而四处飞溅，如果冷却过多也会使晶粒变脆。

用于工业爆破的硝酸铵晶粒的生产需较高的冷却塔，这是因为传送到喷雾头的硝酸铵含有4%的水。加高设备增加了硝酸铵晶粒在气流冷凝的时间。如果晶粒含水量过高或没有足够的冷却，这些晶粒落到塔底部时会破碎。太少的水分会形成较高密度和硬度的晶粒（农业级），不能吸收和保留足够的油（燃料）进而在爆破工程中不能正常爆炸。爆破级晶粒，提供产品快速燃烧（爆炸）中的氧化剂，应用自身氧化剂并不足以使之完全氧化。因此，晶粒必须是多孔的，以吸收足够的可燃成分，支持燃烧。

硝酸铵产品具有吸湿性，且易溶于水。所以必须严格控制产品水分含量，以防止晶粒失效后不能作为氧化剂或凝结成块状。常用的方法则是通过添加少量的小颗粒有机抗结块剂。

◎ 2.4.2.2 硝酸铵和燃油（铵油炸药）

自20世纪50年代开始，铵油炸药已成为世界上使用最广泛的炸药。这并不奇怪，因为其价格低廉且特别安全。大多数铵油炸药被称为“爆破剂”（联合国分类1.5 D）或“不能可靠地用8号强度雷管起爆的炸药”。这种炸药起爆需要较高的起爆压力。而提供这种压力的材料通常称为“起爆药柱”，详见2.6。起爆药柱为铵油炸药提供了足够的冲击力，以确保它达到最大爆速的可能性。然而，这种类型的产品也有一个特别的限制：没有防水性。这意味着铵油炸药不能在潮湿的爆破环境下使用，除非将它们用防水袋进行包装，这就增加了成本。尽管有这样的局限性，但从采矿、采石到建设施工道路的爆破作业仍广泛使用铵油炸药。

最常见的铵油炸药组成按照质量分数而不是体积分数描述，包括94%的多孔性的硝酸铵（氧化剂）和6%的2号柴油（燃料）（见图2.7a）。其他不太常见，粉状铵油炸药中可能含有铝、粉碎硝酸铵晶粒、石油馏出物也称为脱水蒸馏产物（DWD）。从本质上讲，DWD即用过的机油，又可细分为氢化处理蒸馏物和硼的螯合物。大多数颇具规模的美国商业爆破公司已经使用DWD来代替铵油炸药中的燃油，这将是技术上的革新，其新的名称缩写为ANDWD。民用铵油炸药的爆速为8000英尺/秒~15600英尺/秒，爆速变化取决于两个因素：一是材料的准确配方；二是密封状态。在民用爆破作业操作中，钻孔的直径和孔洞的密封状态是可以控制的；在秘密实施的爆炸中（如汽车炸弹），爆速取决于该混合物的均匀性、用在自制炸药中材料的种类、材料的数量、密封的方法及起爆系统。

a. 铵油炸药（吸收燃油后，白色的硝酸铵已成粉红色）

b. 炸药通常装在大容量的卡车运送到爆破地点，此操作被称为“散装装载”

c. 将铵油炸药直接从装载卡车投入爆破孔

图2.7　铵油炸药及其运送

民用铵油炸药产品可以分为三种形式：（1）散装；（2）多层纸袋包装；（3）圆筒形管壳包装。最便宜和最有效的装载铵油炸药的方法是散装运输。

散装运输时，铵油炸药被装在专门设计的卡车中，通过软管从卡车直接吹向地面井洞。卡车里面是干燥的硝酸铵晶粒，当传送时向硝酸铵晶粒中加入燃油（见图2.7b）。由于不必考虑存储的条件，简化操作的要求，这个过程中节省了相当大的成本，也提高了安全性。铵油炸药产品还以预混合的方式销售，将其装入50 磅的多层纸袋（见图2.8），打开纸袋后倾倒入地面凿好的孔洞中，也可以用类似于喷砂壶的压力喷射器喷入孔洞（见图2.7c）。

铵油炸药在潮湿条件下使用时，通常需要用圆柱形牛皮纸管壳、聚乙烯袋，聚乙烯编织袋进行包装（见图2.9），重量从几磅至50磅。这些管壳包装比其他包装形式的铵油炸药密度大，因为他们需要在潮湿的孔中沉到水底，以确保适当的岩石爆破度。

图2.8 典型的盛装50磅铵油炸药的纸袋（注意爆破孔里的黄色导爆管）

【知识链接】

有关铵油炸药的产品详情如下：

生产厂家：奥斯汀火药、诺贝尔公司、国际矿业服务公司、澳瑞凯、浆状炸药公司

品牌名称：奥氏体、Irepak Iremix、Pellite、Anfomet、Sulfamax、 Lomex、Pakamex、 SEC 500 HD系列铵油

主要成分：硝酸铵、燃料油、铝粉、石油馏出物（DWD）

灵敏度：不具有雷管起爆感度

爆速：8000英尺/秒～15600英尺/秒

产品包装：

包装物类型：多层纸袋，圆柱形、耐用的塑料编织的聚乙烯编织袋，聚乙

烯袋

包装袋重量：纸包装——50磅

圆筒形包装——最多50磅，各种直径和长度高度

聚乙烯袋包装——25磅和50磅

可用性：包装和散装

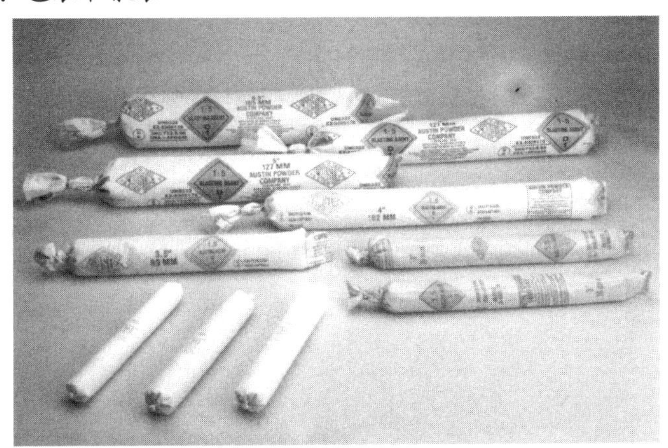

图2.9　铵油炸药、水胶炸药和乳化炸药的包装物，各种尺寸的聚丙烯编织袋和塑料薄膜包装物（由奥斯丁火药公司克利夫兰提供）

◎ 2.4.2.3 硝酸甘油

虽然自制简易爆炸装置中很少使用液体硝酸甘油，但银行劫匪经常使用它制造拱形的入口。此外，它还是硝酸甘油炸药和一些无烟火药的主要成分。因此，本节着重讨论硝酸甘油，并阐述其在炸药工业历史方面的影响。

1847年年底，意大利都灵大学应用化学系教授阿斯卡尼奥·索布雷洛（1812—1888）首次制备出硝酸甘油。索布雷洛是制药方面的专家，曾和吉森一起在巴黎学习，1845年返回都灵并建立了一个实验室。最早提到硝酸甘油字样的印刷品是他给朋友写的一封信，并于1847年2月15日在“L'Institut”上发表。同月，他提交给托里纳的学术委员会一篇论文，详细描述了硝酸甘油、硝酸甘露醇、硝酸乳糖的性质。同年晚些时候，在威尼斯意大利第九届科学大会化学分会上，他提交了另一篇论文，对此进行了更为详细、深入的说明。

索布雷洛发现，如果在浓硝酸或一种强混合酸中加入甘油，会发生激烈反应并伴有红色烟雾，但在严格控制下将浆状甘油添加到浓硫酸和硝酸的混合物中反应却很平缓，将甘油溶液倒入水中出现硝酸甘油的油状沉淀，两种结果完全不同。1847年索布雷洛在实验过程中，发生了意外爆炸，他的脸被划伤。

但他仍小心翼翼地保护配方和制备过程，因为他认为这是一种永远不可用的炸药。然而，1847年制备的硝酸甘油样品一直保留在实验室中。1886年，他用稀碳酸氢钠溶液清洗这些材料，并送到了诺贝尔—阿维里亚那的工厂（意大利），此时他是工厂的一个顾问，他在工厂口头证实了事件的真实性，记录在已发表的一本杂志上。硝酸甘油是最早发现的硝酸酯类化合物，一直是最广泛生产的一种硝酸酯。

硝酸甘油是一种透明的油状液体，对热和冲击极其敏感，其爆速为26000英尺/秒。然而，当它与其他材料混合制成硝酸甘油炸药和推进剂时，其灵敏度和爆速都会降低，其灵敏度取决于硝酸甘油与其他成分的质量分数。当硝酸甘油分解，或从硝酸甘油炸药中渗出时，颜色会变暗，混合物对意外的能量会变得更敏感。硝酸甘油蒸汽会使人产生严重的、持续的头疼，许多使用硝酸甘油炸药的爆破工人或军方长时间处理发射药而没有佩戴防护口罩的人都有这种感觉。硝酸甘油蒸汽被吸入或通过皮肤吸收，通过血管流到大脑，可造成丛集性头痛。本质上讲，大脑承受不了太多的含有硝酸甘油的血液，从而导致头痛。硝酸甘油具有一定的药用价值。硝酸甘油药丸在医学上被用作血管扩张剂，主要通过扩张血管，增加血流量，治疗心脏疾病的患者。这些不具有爆炸性的药丸就是利用硝酸甘油生产出来的。

◎ 2.4.2.4 硝酸甘油炸药

正如我们在2.1节所看到的，硝酸甘油炸药已经对世界产生了巨大影响。然而，它的用途却不断减少，一些评论家认为，硝酸甘油炸药的寿命即将结束。但是目前，它仍然广泛应用于建筑、筑路、采石、采矿及拆除作业。硝酸甘油炸药易被雷管引爆，对冲击或猛烈的撞击都很敏感，能够引起爆炸，其制造成简易爆炸装置概率比其他种类的炸药要高。

硝酸甘油炸药是一类炸药综合的名词，这类炸药的主要能量物质是硝酸甘油或乙二醇硝酸酯（EGDN）。硝酸甘油炸药的爆速为5900英尺/秒~20000英尺/秒。炸药有很多不同的类型，每个类型都有一个或多个等级，包括特殊等级，这是专为特殊行业工作进行设计的。目前还没有一套标准将含有硝酸甘油炸药的推进剂分级。硝酸甘油和乙二醇硝酸酯是硝酸甘油炸药的最常见的成分，它们的配比可以在很宽的范围内变化。其他成分也是同样的道理。硝酸甘油炸药的一些主要的成分包括以下内容：

1. 高能材料，主要是炸药本身，如硝酸甘油、乙二醇硝酸酯、硝化棉。
2. 氧化剂，主要是硝酸钠和硝酸铵，用于燃烧过程中供给氧。
3. 可燃剂或燃料，包括木纤维、锯屑、金属粉末、花生壳、淀粉和硫。除了作为燃料，这些材料具有的主要功能是吸收液体炸药的成分和控制密度。

4. 可能会添加凝固点抑制剂，因为硝酸甘油炸药含有硝酸甘油，这种敏感的炸药即使在较温暖的天气下也能凝固，硝酸甘油的凝固点为500℉。可以想象，凝固的硝酸甘油炸药不能使用，将其融化是极其危险的。冷冻的炸药存在很大的危险性，在防冻剂成分发展之前，许多工人在融化硝酸甘油炸药时被炸死。1927年，在生产过程中将乙二醇（防冻剂）加入甘油，这种操作降低了凝固点，以便硝酸甘油炸药在大多数地区的一年四季都可使用。如今，乙二醇硝酸酯是硝酸甘油炸药中最常见的降低凝固点的成分。在通常情况下，混合于硝酸甘油中。

5. 必要的抗酸剂，即使是少量的酸也会使硝酸甘油分解。为了解决这个问题，加入少量碳酸钙。

6. 盐或氯化钠几乎添加于所有的炸药中，包括硝酸甘油炸药，只有这样才允许在地下爆破中使用，这可以减少引爆甲烷或煤尘可能性。这种类型的炸药被称为“安全炸药”。

正如前面提到的，硝酸甘油炸药的种类不止一种，尽管目前有些种类可能已停产。

第17版国际炸药工程师学会的（ISEE）《爆破人员手册》很好的总结了现场调查人员可能遇到的硝酸甘油炸药（1998，第64页）：

- 纯硝酸甘油炸药
- 纯胶质硝酸甘油炸药
- 特种硝酸甘油炸药
- 特种胶质硝酸甘油炸药
- 半胶质硝酸甘油炸药
- 高硝酸铵胶质硝酸甘油炸药
- 许用硝酸甘油炸药——颗粒状和明胶状

硝酸甘油炸药有三种基本类型：粒状、半胶质和胶质，基本区别是胶质和半胶质的硝酸甘油炸药包含的硝化棉、硝酸纤维素与硝酸甘油结合，形成黏性凝胶（在硝酸甘油炸药中所占比例较高），胶质硝酸甘油炸药的黏度取决于其中硝化棉的含量。颗粒状的硝酸甘油炸药具有颗粒的结构，含有很少或根本没有硝化棉。

除了这种分类，硝酸甘油炸药中提供主要能量的材料也有区别。在纯胶质硝酸甘油炸药中，硝酸甘油是主要的能量来源，通过与各种活性吸收剂（添加剂）的反应增加效果。其中最著名的是硝酸钠和碳的易燃物。“氨”炸药，经常被称为“特种”的硝酸甘油炸药，硝酸铵代替了一大部分硝酸甘油，从而得到了更便宜和更耐冲击的产品。在“氨”炸药中硝酸铵是主要的能量来源，硝酸甘油却作了敏化剂。名词“氨”并不是科学的称谓，但由于其一开始便在炸药工业中使用，所以延续至今。

纯硝酸甘油炸药是诺贝尔发明的原始的硝酸甘油炸药的直接延续，吸附在硅藻土上的硝酸甘油是唯一爆炸性成分。然而硅藻土最终被硝酸钠和木浆替代。这些早期的产品均大大优于黑火药，但它们仍有很多缺点：价格昂贵、敏感、极易燃烧、释放有毒烟雾，所以这些缺点使硝酸甘油不适合在地下实施爆破作业，只能在条件允许的区域使用。目前，“氨”炸药或特种硝酸甘油炸药已在很大程度上取代了纯硝酸甘油炸药。

特种硝酸甘油炸药，也称作氨胶质硝酸甘油炸药，含有硝酸甘油和（或）乙二醇二硝酸酯和（或）硝酸铵混合物，总而言之，就是三种物质中的两种是炸药的基本成分。与纯硝酸甘油炸药不同，特种硝酸甘油炸药利用硝酸铵替代其中部分的硝酸甘油。与纯硝酸甘油炸药相比，特种硝酸甘油炸药具有更低的爆速，成本更低，威力有所下降，火焰感度也降低了。特种硝酸甘油炸药是烈性炸药，几乎没有抗水性，释放的烟气更少，与纯硝酸甘油炸药相比更经济。此外，从一个使用者的角度来看，因为特种硝酸甘油炸药对冲击和摩擦的敏感性更低，所以比纯硝酸甘油炸药更加安全。

高硝酸铵胶质硝酸甘油炸药的硝酸铵比特种硝酸甘油炸药的比例更高，具有一定的抗水性，有更多的大小一致的干燥颗粒，比特种硝酸甘油炸药更便宜。赫拉克里斯的赫柯麦特炸药就是这个级别炸药的一种，主要应用于对更高级硝酸甘油炸药无需求的操作。

半胶质硝酸甘油炸药是一种介于特种硝酸甘油炸药和胶质硝酸甘油炸药之间的产物。它含有少量的硝化纤维作为胶凝剂。这些产品比纯硝酸甘油炸药或特种硝酸甘油炸药等颗粒状炸药具有更好的抗水性和黏性。

纯胶质硝酸甘油炸药以硝酸甘油和硝化纤维作为炸药主要成分，同时含有一定量的硝酸钠和可燃物，如木屑和花生壳等，不含硝酸铵。由于存在价格高、长期储存后爆速降低的问题，纯胶质硝酸甘油炸药没有广泛应用。然而，它们有极好的抗水性；换句话说，将纯硝化胶质甘油炸药放置在含水的爆破洞中，仍然可以按照预设的方式起爆。

特种胶质硝酸甘油炸药或者氨胶质硝酸甘油炸药是加入硝酸铵的纯硝酸甘油炸药，利用硝酸铵代替部分的硝酸甘油或乙二醇二硝酸酯。特种胶质硝酸甘油炸药与纯胶质硝酸甘油炸药在很多方面都很相似，但特种硝酸甘油炸药价格更低，因此在很多应用领域替代了纯胶质硝酸甘油炸药。

粒状和胶质状的炸药和水胶炸药、浆状炸药一样，通过矿山安全和健康管理局的检验，可以在地下煤矿或具有可燃性气体（如甲烷）的环境下使用。简单地说，爆炸产生的火焰可以引爆煤粉或甲烷与空气的混合物而产生更大规模的爆炸。这是19世纪乃至20世纪初开采煤矿所面临的问题，许多矿工因为意外引发巨大的爆炸而失去生命。在炸药中加入氯化钠或其他盐可以避免这种情况发生。因为氯化钠可以减少爆炸火焰的产生、降低火焰持续的时间和温度，尽管不能完全消除，但可以降低爆炸的可能性。联邦政府规章要求，煤矿许用炸药必须在表面或外包装的明显位置上标识矿山安全和健康管理局批准使用的环境条件。另外，生产厂家通常有一些额外的标识，如在产品表面周围添加红色环。一些厂家放置一条，有一些厂家可能放置三条（见图2.10）。

处理硝酸甘油除了引起头痛的问题还可能有其他危险。硝酸甘油炸药是一种混合炸药，可以分离出硝酸甘油。当放置一段时间后（时间长短取决于硝酸甘油炸药的有效期和储存环境），硝酸甘油能够与其他成分分离，挥发或从包装的蜡纸渗透出来（见图2.11）。这是极其危险的，因为硝酸甘油非常敏感。因此硝酸甘油炸药不能储存太长时间。陈旧的、变质的硝酸甘油炸药极不安全，轻微的移动都可能引爆。只有受过训练的专业处置炸药的人员可以移动或销毁陈旧的硝酸甘油炸药。

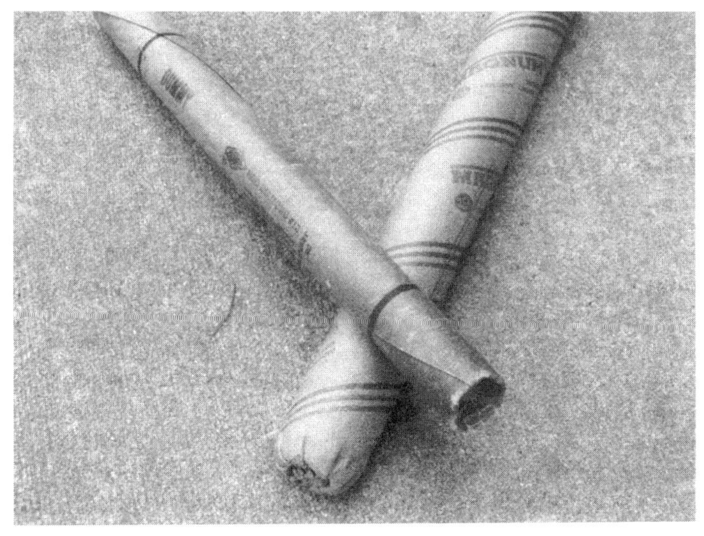

图2.10　圆柱状炸药与红色环表明该种炸药已经得到了矿山安全与健康管理局的批准，可以用于地下爆炸

图2.11 渗出硝酸甘油的硝酸甘油炸药

硝酸甘油炸药的包装：硝酸甘油炸药用不同长度和直径的包装物进行包装。典型的硝酸甘油炸药的包装纸是涂有蜡的马尼拉纸壳，参照“盘旋面”，面积为8英寸 × 1¼英寸的纸，大约重8盎司。还有许多包装形状和尺寸，如塑料管和厚的螺旋缠绕的管。包装的直径从⅞英寸～8英寸，长度从4英寸～8英尺，重量从6盎司~50磅。不同销售商在炸药包装物上印刷的信息不尽相同，一般都包括销售商的名称、硝酸甘油炸药的品牌、矿山安全和健康管理局提供的允许地下爆破的证明、生产日期的转化代码。现在，美国只有一家工厂生产硝酸甘油炸药。过去的一段时间中有许多生产硝酸甘油炸药的跨国公司，然而，只有密苏里州的诺贝尔公司生存下来，为炸药经销商提供硝酸甘油炸药。诺贝尔公司生产的硝酸甘油炸药也可以贴它炸药厂商的商标。这在炸药生产领域是常见的。（见图2.12～图2.14）

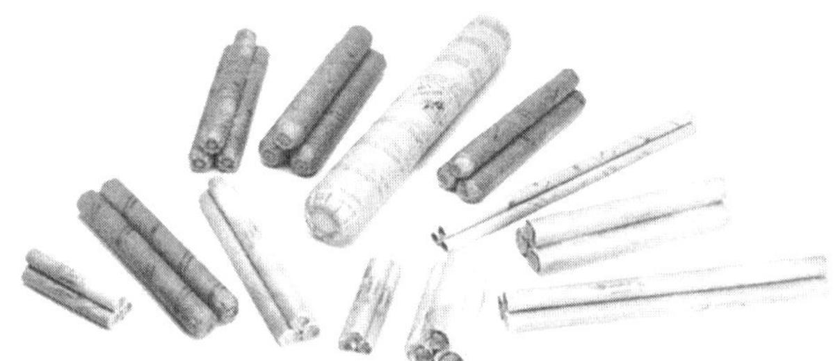

图2.12 硝酸甘油的典型包装，包括螺旋面和23-G包装纸（由奥斯汀火药公司提供）

【知识链接】

值得关注的工业生产的硝酸甘油炸药产品的细节如下：

厂家：诺贝尔公司

产品名称：Helix PNG 80, Apcogel, Red Diamond, Gelaprime, Unimax, Unigel, Iredyne, Irecoal, Petrogel, Powderditch, Power Primer, Giant Gel, Powerfrac, Geldyne, Dynashear, Coalite

成分：硝酸甘油、乙二醇二硝酸酯、硝酸铵、硝化纤维、硝酸钠、填缝剂、花生壳、木粉、锯屑、金属粉末、淀粉、硫黄、酚醛树脂、盐

感度：仅仅是雷管起爆感度

诺贝尔公司生产的贴有奥斯丁炸药公司和奥瑞卡公司品牌的炸药

爆速：5900英尺/秒~20000英尺/秒

包装：螺旋缠绕、蜡涂层、马尼拉纸（缠绕）

带有螺纹连接端口的模制塑料管

包装重量：6盎司~50磅

包装直径：7/8英寸~8英寸

包装长度：4英尺~8英尺

有效期：见包装

图2.13 典型的8英寸×1 1/4英寸炸药的包装（注意包装纸上的生产日期转化代码和厂商信息）

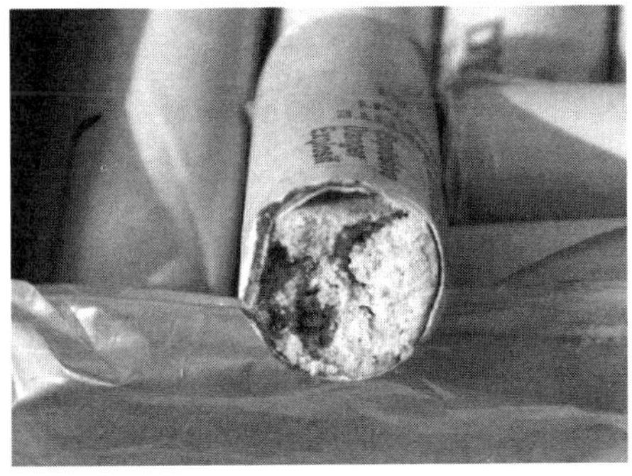

图2.14 粒状硝酸甘油炸药细节特征

2.5 水基炸药

1960年3月29日，库克梅尔文博士因发现一种必须含有水分的炸药而被授予美国发明专利。此后，产生了一种全新的民用炸药行业，直到今天还在继续发展，而且都是以库克博士的水基炸药产品为基础。这些产品与铵油炸药（占有较大的市场份额）和硝酸甘油炸药（其市场萎缩）共同占有市场。水基炸药根据使用环境主要应用于建筑行业、道路建设、地下和地表采矿、开采石头等。水基炸药爆速从14000英尺/秒~22000英尺/秒。有两种不同形式的水基炸

药：（1）水胶或浆状炸药；（2）乳化炸药。

⇨ 2.5.1 水胶或浆状炸药

水胶或浆状炸药一般用氧化剂和燃料混合，呈黏稠状液体，其中添加了额外的固体氧化剂和燃料作为敏化剂，外观和果冻相似。此外，这种类型的炸药，由特定的配方定制，可能具有雷管敏感（联合国1.1D）或无雷管敏感，也可以作为爆破剂（联合国1.5D）。水胶或浆状炸药本质上对撞击，挤压，冲击不敏感，也就是说，他们使用起来比硝酸甘油炸药更安全。尽管通常是相同的炸药，但是有两种类型：水胶或浆状炸药。水胶炸药是加入交联剂后具有抗水性的炸药，如加入古尔胶。浆状炸药更像液体，以确保可以利用水泵将其从散装车灌入钻孔。

水胶或浆状炸药具体配方有所不同。正如在这一节中前面所提到的，是一种加入敏化剂的氧化剂和燃料混合的液体。因为加入胶凝和交联剂（通常加入古尔胶），这种混合物呈黏稠状，具有抗水性。一般的氧化剂是硝酸铵、硝酸钠、和硝酸钙。油（类似于食用油）、燃料油、糖、铝、煤、沥青、和乙二醇是常见的燃料。两种形式的敏化剂可以用来增加炸药感度：（1）化学敏化剂；（2）物理敏化剂。化学敏化剂主要包括TNT、无烟火药、高氯酸钠、乌洛托品、硝化乌洛托品。浮泡、化学反应成长的气泡、空心玻璃球体或酚类成分（微孔）等物理敏化剂单独或结合化学敏化剂使用。

水胶或浆状炸药的包装形式多种多样。基本上，浆状炸药没有包装，因为他们通常用散装车运输到工地，类似于之前描述的铵油产品（章节2.4.2.2）。然而，有包装的产品，重量一般是0.33磅~50磅，装在$^7/_8$英寸×8英寸~3$^1/_2$英寸×16英寸圆柱形塑料管和3英寸×24英寸~10英寸×36英寸的聚丙烯编织袋中。之所以其包装类似于香肠的一个重要原因是：早期的水胶或浆状炸药的包装机器是利用生产香肠的厂家废弃的机器改装的（见图2.9~图2.15）。

水胶或浆状炸药应用于道路建设、采石、地表和地下开采。

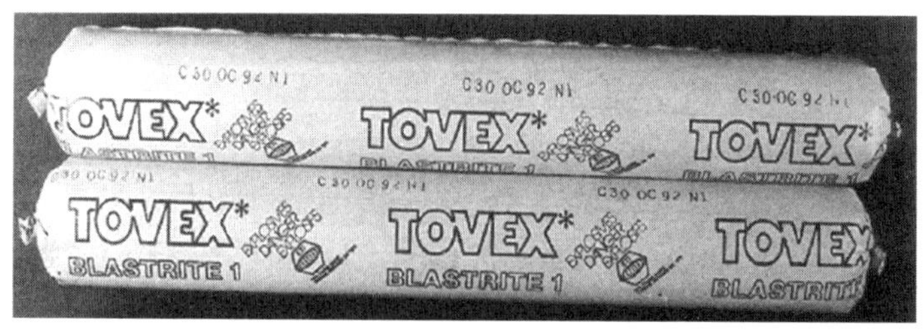

图2.15 典型的水胶或浆状炸药用厚的塑料薄膜包装，像香肠一样

【知识链接】

值得关注的工业生产的水胶或浆状炸药产品的细节如下：

厂家：奥斯汀火药、诺贝尔公司、国际矿业服务公司、澳瑞凯、浆状炸药公司

产品名称：Hydromite, Slurmex, Blastgel, Dynogel, HD plus, Tovex, Tovan Super, Blastrite, Minerite, Trenchrite, Breakrite, Aquamex, Hydromex, Gelfrac, Powermex, Powdesplit, 600&800SLX, Slurran, Detagel

成分：硝酸铵、硝酸钠、铝粉、无烟火药、水、硝酸、硝酸硫胺、高氯酸钠、四氮六甲圜、交联剂

感度：雷管起爆感度及无雷管起爆感度

爆速：14000英尺/秒～22000英尺/秒

典型包装：塑料薄膜筒、有重型塑料衬里的聚丙烯编织袋

包装重量：4盎司～50磅

筒直径：7/8英寸～3 1/2英寸

筒长度：8英寸～16英寸

编织袋直径：3英寸～10英寸

编织袋长度：24英寸～36英寸

有效期：见包装

⇨ 2.5.2 乳化炸药

第二种水基炸药是乳化炸药，诞生于1961年，溶液合成领域的专家理查德艾格利和阿尔伯特内卡尔两人向美国专利局申请了专利，这是一种加入固体氧化剂（硝酸铵）的油水混合乳化物的新型爆破剂。1964年申请成功，他们实际上是在寻找一种抗水性铵油炸药的过程中发现了这种新型炸药。1969年阿特拉斯火药公司的哈罗德布鲁姆申请了一项专利，他发现一个理想的配方，通过分散气泡或空心玻璃微珠等多孔物质调节炸药密度，可以制作出具有雷管感度的水油混合乳化炸药。1977年，乳化炸药取得飞跃性的发展，阿特拉斯火药公司的查尔斯韦德研究出小直径具有雷管感度的乳化炸药并获得美国专利局的专利。韦德的研究结果显示，适量的燃油、水混合的乳化炸药，在一定密度下，可以用普通雷管起爆。此后，在此基础上发展的乳化炸药越来越多。

乳化炸药是什么？韦氏辞典的定义是："不相溶的液体互相混合，其中一种以小液滴的方式分散在其他液体中"。乳化炸药是氧化剂溶液的小液滴均匀分散在油相介质或水油混合物介质中。混合物中没有典型的敏化剂，这种不寻

常的结构和油与水的高比率相混合使乳化炸药具有爆炸能量。

油或燃油相是连续的，因为这种小液滴是分散的，被油包住，形成一种油包水型结构。注意，氧化剂是液态。可燃物可以是普通的食用油、蜡或其他两种混合物，也可以是柴油。氧化剂溶液包含水和氧化剂，称为不连续相。一般的氧化剂是硝酸铵，有时也会加入硝酸钠、硝酸钙、高氯酸纳和高氯酸铵。由于氧化剂和可燃剂混合后需要加入一些成分使其结合在一起，这些物质我们称为“乳化剂”。韦氏辞典对“乳化剂”的定义是：“促进乳化炸药成型并提升其稳定性的物质”。为了阻止这些成分分散，有许多乳化产品用作乳化炸药的乳化剂。以蛋黄酱为例：蛋黄、乳化剂加入油和醋搅拌后就制成了蛋黄酱。乳化炸药中常用的乳化剂是卵磷脂（蛋黄素），其外观类似蛋黄酱、黄油、冷的奶油，有时候呈黏稠坚硬蜡状。

总之，水胶炸药和乳化炸药属于均相炸药。不溶或悬浮在水溶液中的物质通过交联剂结合。乳化炸药有两相——可燃物和氧化剂，通过乳化剂结合。因为乳化炸药有两相，与水胶炸药比较而言具有较好的抗水性、较长的保质期、实用温度范围更广。

正如本章前面所述，乳化炸药中不含有典型的敏化剂，通常呈现黏稠状，在很多条件下难以起爆。在一定程度上，降低密度可以提高炸药的感度。因此可以通过降低密度的方式使黏稠的乳化炸药易于起爆。可以添加一些降低密度的物质，一般有四种降低乳化炸药密度的方法：（1）加入能产生气体的化学物质，称为发泡剂；（2）加入珍珠岩或发泡塑料；（3）加入空心玻璃微珠；（4）加入硝酸铵晶粒。乳化炸药感度差异较大，1.1D雷管至1.5D起爆药柱都可以起爆乳化炸药。乳化炸药主要用于道路建设、采石、地表或地下采矿。乳化炸药的用途、使用限制条件、产品配方和密度不同，其爆速为12000英尺/秒~19000英尺/秒。

乳化炸药的包装与水胶炸药相似，也就是说，销售的乳化炸药有很多种包装形式，也可以利用下悬式搬运车将散装乳化炸药运输到爆破作业地点。包装物可以使硬塑料，纸壳或者较轻的塑料管（见图2.16 ~ 图2.18）。重量从$^1/_2$磅~50磅不等，包含1$^1/_4$英寸 × 8英寸 ~ 2英寸 × 16英寸的螺旋缠绕的马尼拉纸、硬纸缠绕管（#23-G）、2英寸 × 16英寸 ~ 3$^1/_2$英寸 × 16英寸的塑料管（维罗朗）及4英寸 × 34英寸 ~ 9英寸 × 18英寸的有厚塑料内衬的聚丙烯编织袋。一些产品具有雷管感度，一些不具有雷管感度。不具有雷管感度的较大体积的乳化炸药需要起爆药柱引爆。

图2.16 坚硬的塑料包装纸和炸药中白色的硝酸铵晶粒

图2.17 内衬有塑料袋的聚丙烯编织袋条形包装

图2.18 用贝莱隆塑料盛装的乳化炸药，两端用金属箍固定

【知识链接】

值得关注的工业生产的乳化炸药产品的细节如下：

厂家：奥斯汀火药、诺贝尔公司、国际矿业服务公司、澳瑞凯

产品名称：Hydromite, Emulex, Emutrench, Coalmex 14E, Blastex, Iremite, Powdermite, Dyno SL, Irecoal, Tovan Ultimate, Apex, Magnafrac Series, Powermax, Seisprime, Atlas 7D, EMGEL Series, HEF Series

成分：硝酸铵、硝酸钠、铝粉、水、高氯酸钠、硝酸钙、微珠、油、蜡、乳化剂、化学气体、乙二醇二硝酸酯

感度：雷管起爆感度及无雷管起爆感度

爆速：12000英尺/秒~19000英尺/秒

包装类型：螺旋缠绕的马尼拉纸、硬纸缠绕管（23-G）、有厚塑料内衬的聚丙烯编织袋、高密度塑料管

包装重量：6盎司~50磅

包装直径：$1\frac{1}{4}$英寸~$3\frac{1}{2}$英寸

包装长度：8英寸~16英寸

编织袋直径：4英寸~9英寸

编织袋长度：18英寸~34英寸

有效期：见包装

◎ 2.5.2.1 三硝基甲苯（TNT）

1863年，维勒布兰德首次制备出TNT，这是世界上最重要的军用和民用炸药，这种浅黄色的炸药有很强的威力，爆速可以达到22600英尺/秒，即使在很恶劣的环境下，也非常稳定。因此，美国军方将其作为战场前线的毁坏炸药，也成为“炸弹安全装药”。在民用爆破领域，可以用雷管或导爆索起爆TNT。在军用炮弹中，用起爆药柱起爆。另外，TNT不与金属发生化学反应，不受水影响，可以加热后熔铸成型（见图2.19）。因此，是军用武器（炸弹、炮弹、地雷和手榴弹）的理想装药，还可以和其他炸药（前面其他到的泰安和黑索金）一起应用制作起爆药柱及其他多种炸药。

◎ 2.5.2.2 泰安（PETN）

泰安是一种特别重要的炸药。泰安具有较高的威力，但具有极高的感度，因此，在许多民用及军事领域限制了它的使用。泰安会因锐器或锤子击打而引爆。爆速可以达到27600英尺/秒（密封时），通常用于雷管（火雷管）的基础

或次发装药，也用于导爆索装药，可以与低感度的TNT或橡胶类的聚合物联合应用制作起爆药柱或薄片炸药。使用过程中，常用雷管起爆，一些起爆药也可以将其引爆。泰安是一种白色粉末，为了降低其冲击感度，用在雷管中时加入一定量的石墨，因此呈浅灰色。

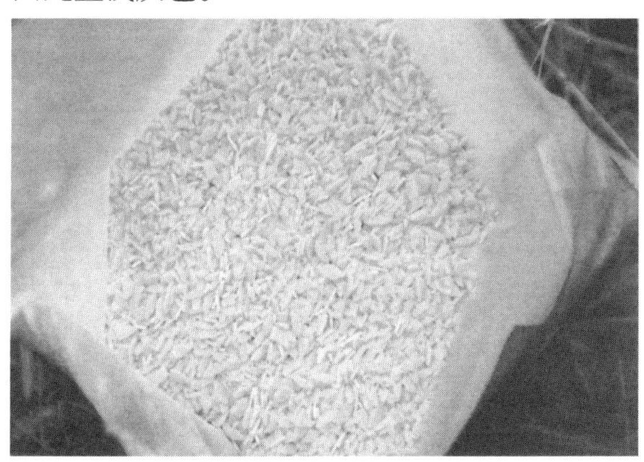

图2.19 典型的散装TNT的颜色和形状，熔化后倒入模具中，可以变得较硬

◎ 2.5.2.3 黑索金（RDX）

黑索金有很多个名字，如高级炸药、旋风炸药或环三亚甲基三硝基胺。但是在美国，常被人称为黑索金。这是一种非常重要的高威力炸药，密封时爆速可以达到28700英尺/秒，敏感度比泰安低。黑索金是一种白色晶体粉末，当它在用作导爆索或线型装药时被染成红色。黑索金是雷管的基础装药，与TNT混合作为起爆药柱的主装药，最著名的是与可塑剂混合成为塑性炸药，典型的美国军用塑性炸药是C-4炸药。引爆黑索金的方法取决于其形态，有时用雷管，有时用起爆药将其引爆。

2.6 起爆药柱

不具有雷管感度的炸药（爆破剂）和低感度炸药的发展为高能量、高爆速的起爆药柱创造了市场。爆破人员使用手册中起爆药柱的定义是："具有高爆速和爆炸压力的炸药，用于起爆序列中，放置在雷管或初级炸药与主装药之间。"起爆药柱像雷管一样能够增大起爆药的爆轰波强度，但主要用于起爆低感度主装药，如爆破剂等不具有雷管起爆感度的炸药。起爆药柱中不使用低速炸药（见图2.20～图2.22）。

图2.20 各种直径和重量的铸装起爆药柱

图2.21 2磅的铸装起爆药柱（注意包装物表面预留的孔用来放置雷管）

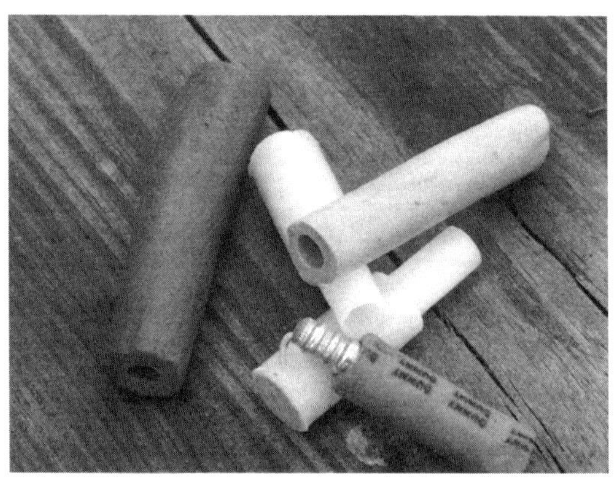

图2.22 用来增加雷管起爆能量的小型起爆药柱

根据性质和感度的不同，一般起爆药柱有以下几种物理形态：

- 浇铸起爆药柱
- 小型起爆药柱
- 硝酸甘油为基础（硝酸甘油炸药）的起爆药柱

此外，尽管不常使用，但一些二元（两种成分）炸药也可以用作起爆药柱，我们将在2.7中详细讨论二元炸药。所有的起爆药柱都需要雷管或者导爆索起爆。浇铸起爆药柱是最常见的，呈固态、圆柱形，主要装药是TNT或TNT与其他高速炸药的混合物。这些炸药主要包括泰安、黑索金和特屈儿。浇铸起爆药柱可以有各种大小、重量、体积，主要取决于其用途，如可以放入爆破剂预先设计的孔洞中。重量从1盎司~5磅，直径从1/4英寸~3英寸，爆速可以达到20000英尺/秒甚至超过24000英尺/秒。制作浇铸起爆药柱时，将TNT或TNT与其他炸药（如泰安）的混合物加热至172 ℉成熔化状态，然后倒入各种颜色的硬纸壳或塑料管中。硬纸壳管预先设计有通过浇铸起爆药柱的小孔，以便雷管或导爆索插入其内部，保证能够起爆起爆药柱。塑料管外部有插孔，用来放置雷管。有些厂商在浇铸起爆药柱内孔周围加入更敏感的炸药，以保证起爆药柱完全起爆。事实上，除非起爆药柱主装药的60%是泰安，否则必须加入感度高的炸药，如纯的泰安、小段导爆索或两者都有。

小型起爆药柱，不是很常见。主要包含三种，第一种是泰安与橡胶物质混合，这种较易弯曲。第二种类似于浇铸起爆药柱，但是比正常浇铸起爆药柱要小，柔软的起爆药柱有斜向手指粗的软管，染成淡红色或淡粉色。第二种类型是圆柱形，比雷管稍大，可以套在雷管上，爆炸时提供更大能量起爆炸药。爆速可以达到24000英尺/秒。第三种是金属材质的小型起爆药柱，铝壳的开口端可以放置雷管，已经停产很多年，有些像大雷管。主装药是纯的泰安。

由于起爆药柱易于用雷管或导爆索起爆，因此广泛应用于爆破领域，硝酸甘油炸药也可以用作起爆药柱。起爆爆破剂所需要的硝酸甘油的尺寸和质量与其他类型的起爆药柱一样。主要有两种硝酸甘油起爆药柱：一种是蜡纸或硬纸壳管常规包装的硝酸甘油炸药起爆药柱，另一种是带有放置雷管孔的塑料管状硝酸甘油起爆药柱，与前面提到的浇铸起爆药柱相似。

2.7 二元炸药

《爆破人员操作手册》（1998）对二元炸药的定义是“二元炸药或两种成分炸药是通过混合两种预先包装好的化学物质（如氧化剂、可燃液体或固体）而形成的炸药，这两种成分各自都不属于炸药，但混合后具有爆炸性”。这些材料具有很多形状，包装从透明的或带颜色的塑料管到衬有铝箔的袋子都可以。二元炸药具有雷管感度，爆速可以达到14000英尺/秒~20000英尺/秒。一般日常的爆破作业不使用这种炸药，这种炸药可以作为起爆药柱或爆破剂应用于农业爆破、回采煤柱及个别的鹅卵石开采。二元炸药的品牌主要有Kine-Pak，Kine-Stick和Helix（见图2.23、图2.24）。

这些炸药通常是粉末状或糊状存在，但有时也可以液体状态，然而现在已经不再生产液状二元炸药。一般情况下将白色的氧化剂与染成红色的液体可燃剂混合。当混合时，透过塑料管或掀开塑料盖，看到红色时说明炸药已经混合好，可以引爆。还有一些二元炸药呈银灰色果冻状。二元炸药具有雷管感度，可以用导爆索起爆。目前，二元炸药已经发生变化。孟菲斯的欧姆尼公司生产一种新型二元炸药包含三种成分，也称“三元炸药”。这三种成分是：（1）硝酸铵晶粒（用透明塑料管包装）；（2）硝酸钾；（3）含有铝粉的火药。产品的商标名称是OmniMAXX，使用说明书中将其称为“堤坝破坏炸药”（见图2.25）。

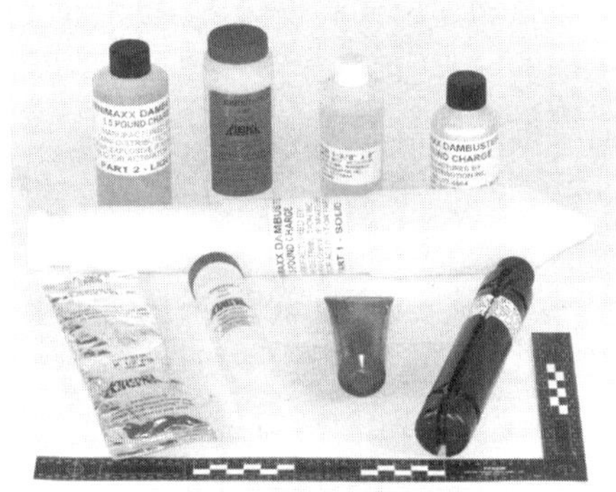

图2.23　Kine-Pak、Kine-Stick、DamBuster和Helix品牌的二元炸药

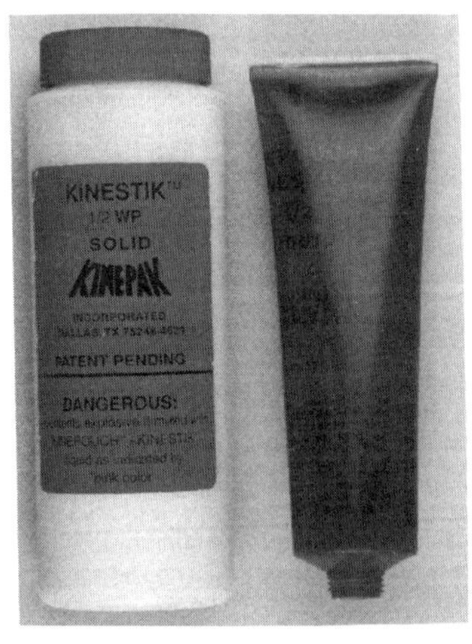

图2.24　粉末状和液体Kine-Stick二元炸药的包装

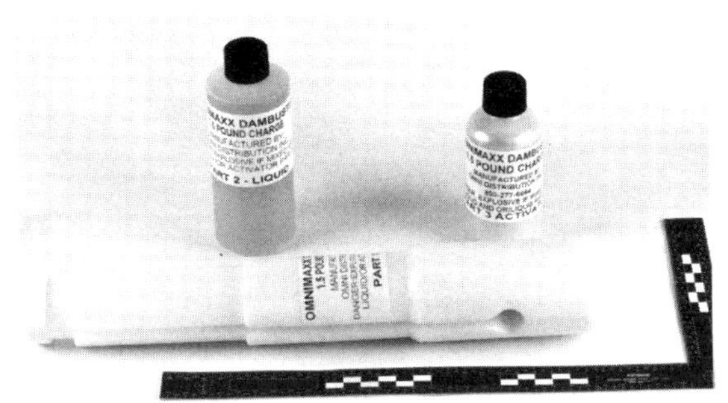

图2.25 Omni有限公司生产OmniMAXX品牌的“堤坝破坏炸药”

2.8 薄片炸药

薄片炸药是可以弯曲的高速炸药，由泰安或黑索金和消化纤维混合加入橡胶聚合物或塑化剂制成，有时含有乙酰柠檬酸三丁酯。用转动的滚轮压制出不同厚度（0.04英寸~0.4英寸）和重量的薄片炸药。这种炸药和C-4炸药一样不能变形，但是不同温度下都可以弯曲，具有抗水性。民用爆破炸药一般是灰色的，但也不是唯一的颜色，美国军用的薄片炸药是草绿色的（见图2.26）。薄片炸药具有雷管感度，爆速大约为23000英尺/秒。一般用于金属的切割、破坏、爆炸成形等，如铁轨的顶部。

图2.26 薄片炸药的颜色

2.9 外国炸药

民用和军用领域，有许多种外国生产的炸药，本章不能穷尽所有，这里着重介绍最受国际恐怖分子喜爱的两种炸药：（1）塑胶炸药；（2）4A号塑性炸药（PE-4A）。

塑胶炸药是一类容易变形的塑化炸药的商品名称，由捷克共和国帕尔杜比采的Synthesia公司生产。炸药主要由黑索金、泰安或黑索金与泰安的混合物（对塑胶炸药样品进行分析，发现存在少量的TNT）加入塑化剂和染色剂构成。H型号塑胶炸药由黑索金和泰安组成，因为加入苏丹红1号、丁二烯和汽油，所以呈橘黄色（见图2.27a）。然而，1998年12月21日发生的洛克比空难的调查报告显示，塑胶炸药的成分发生了变化，仅含有黑索金和泰安。但是这种说法并没有被法庭证实。因为对收集的飞机残骸进行仪器分析时发现只有黑索金和泰安，很多人推测恐怖分子使用了塑胶炸药，一个目击者也证实了这种推测，他看到其中一个嫌疑人持有塑胶炸药。另一种著名的塑胶炸药是1A型号塑胶炸药，是一种以泰安为基础的塑化炸药，因为加入苏丹红3号而呈红色（见图2.27b）。H型号和1A型号的塑胶炸药都是用透明塑料薄膜包装的，重5磅。塑胶炸药的爆速大约为24000英尺/秒。

另一种备受国际关注的塑胶炸药是PE- 4A。葡萄牙是生产特定的PE-4A型号塑胶炸药的著名国家。不是说其他国家不生产这种炸药，仅仅意味着当时的调查人员不知道其他生产厂家。除非可疑炸药的包装物可以直接识别，否则不要将一些炸药当作PE-4A。不仅美国人将PE-4A当作C-4炸药，许多欧洲人也会做出把PE-4当作PE-4A的轻率判断。

葡萄牙PE-4A可用于物体表面、地下或者水下爆破操作。与C-4炸药相同，可以用手捏成各种所需要的形状和尺寸。通常用棕色的蜡纸桶包装（直径32毫米，长度201毫米），每桶含230克炸药，每十个纸桶放入一个硬纸壳盒，每十个硬纸壳盒放入一个木箱中。每个木箱重31千克。民用PE-4A可以是块状和散装。散装的PE-4A用于填充炮弹和手榴弹。PE-4A主要分为两种：（1）E-411A（以黑索金为原料，桶装或块状）；（2）E-421B（以泰安为原料，桶装、块状或散装）。

【知识链接】

PE-4A的特性：
爆速：7000米/秒
密度：1.4
当量（相当于TNT）：110%
步枪子弹试验：未爆炸
适用温度：20℃~60℃
颜色：白色

英国产的PE-4主要用于军事领域。巴基斯坦也生产PE-4，但是主要依据中国的规格。比较起来，英国的PE-4含有88%的黑索金，11%的塑化剂（较著名的是4号油脂，含有9%的液状石蜡和2%的硬脂酸锂）和1%的无铅季戊四醇。尽管PE-4与C-4炸药形态方面有很多相似之处，但在任何条件下PE-4的爆速都较C-4炸药高。PE-4呈白色，易于塑形，比C-4炸药威力稍大，也更敏感，因此可以产生更强的冲击波。

a. 塞姆汀塑胶炸药（semtex-H）呈橘黄色，一块重5磅，用干净的纸包装

b. 塞姆汀塑胶炸药（semtex-1A）呈红色，一块重5磅，用干净的纸包装

图2.27 塑胶炸药

2.10 美国军用炸药

在世界范围内，炸药的应用非常广泛，通常在军事领域用于装填炮弹、炸弹和破坏性装药。正如平时见到的，一些军用炸药用带有军用字样的包装，以便区分及运输，如TNT。民用领域的炸药同样可以应用在军事领域，如美国的C-4炸药和英国的PE-4炸药就是众多塑性炸药中的两种典型炸药。此外，人们发现这些高能量密度的炸药也被不法分子秘密用于恐怖袭击和刑事犯罪。2.10.1 ~ 2.10.4简要介绍了一些具有一定破坏效应的美国制式炸药。

2.10.1 三硝基甲苯（TNT）

按照重量的不同，用于破坏目标物的美国制式TNT有三种包装形式：重0.25磅的炸药通常装在橄榄绿色的圆柱形纸盒中，纸盒的两端采用金属压盖，重0.5磅和1磅的炸药通常装在橄榄绿色的长方形纸盒中，纸盒的两端同样使用金属压盖（见图2.28）。这些纸盒的一端会有一个能够容纳雷管的小孔，只有预先将雷管安插在这个小孔中，才能有效地起爆TNT。这些炸药的爆速约为2300英尺/秒，具有雷管起爆感度，还具有很好的防弹和防水性能。每个包装物上都印有关于产品性质和重量的说明。TNT的颜色是淡黄色的，但如果拆开包装，将其暴露在阳光下，它会逐渐变成深绿色直至黑色（见图2.29）。

⇨ 2.10.2 C–4塑胶炸药（C–4炸药）

众所周知的C–4炸药是自第二次世界大战期间开始使用的系列塑胶炸药中的第四种混合炸药。尽管淡黄色的C–3炸药可能偶尔还会出现，但如今C–1~C–3炸药都已停产。C–4炸药是白色、无味、可塑性强的炸药，与泥胶很相似；它具有极大的破坏性，由黑索金和增塑剂组成，因此也俗称塑性炸药。此外它还具有防水防弹的性能，并且对温度的变化不敏感。

图2.28 盛装1磅和0.25磅的美国军用制式TNT包装盒（图中没有展示盛装0.5磅TNT的包装盒）

图2.29 被染成单一橄榄绿色的军用TNT

C-4炸药在使用上有两个小缺陷：（1）在低温环境下难以塑造；（2）相对来说，感度不够高，商业用途的8号加强雷管无法稳定起爆它。它需要更高强度的雷管，如一些特制的军用雷管，往往含有更多的起爆药。C-4炸药的塑化剂包括2-乙基己脂、葵二酸盐或己二酸盐、机油以及聚异丁烯。C-4炸药有很多用途，从基本的爆破到装进锥形装药容器的特殊切割装药都可以使用，同时在军事上也有很多用途，如克莱莫地雷。C-4炸药的爆速是26377英尺/秒。盛装在0.25磅长方形纸盒中的C-4炸药是M112炸药，其上面覆盖着用黏合剂黏合的橄榄绿色塑料包装（见图2.30）。每个包装表面都印着能够辨识产品属性和重量的说明。如今具有广泛商业用途的M112型号C-4炸药是由欧姆尼公司生产的。黑色塑料包装是M112炸药和0.5磅C-4炸药的标识。C-4炸药或者与它材料类似的炸药现在已被用来制造刑事犯罪或恐怖袭击炸弹。除此之外，在几年前当C-4炸药被藏在小雕像或者陶器中被走私到其他国家时就有人提出美国政府不应该生产这种产品。这里需要解释的是：C-4这一术语的属性十分含蓄，任何以黑索金作为主要成分的白色、可塑性好、高能量密度、高爆速的炸药即可称作C-4炸药。美国政府不是唯一一个生产这种产品的机构或政府（见图2.31、图2.32）。

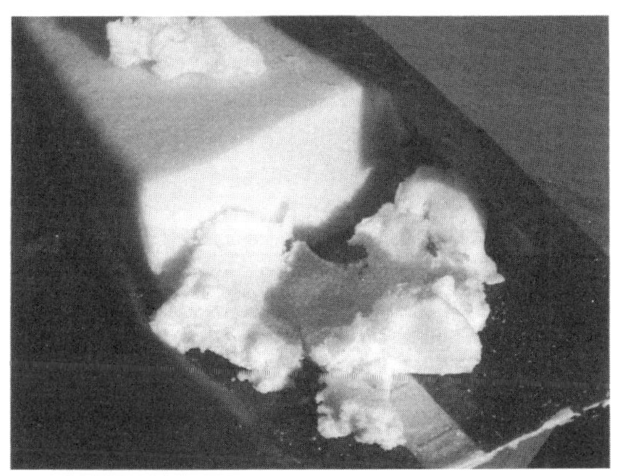

图2.30　美国军用0.25磅C-4炸药（军方使用的标准炸药是白色的，包装物是橄榄绿色的塑料包装盒）

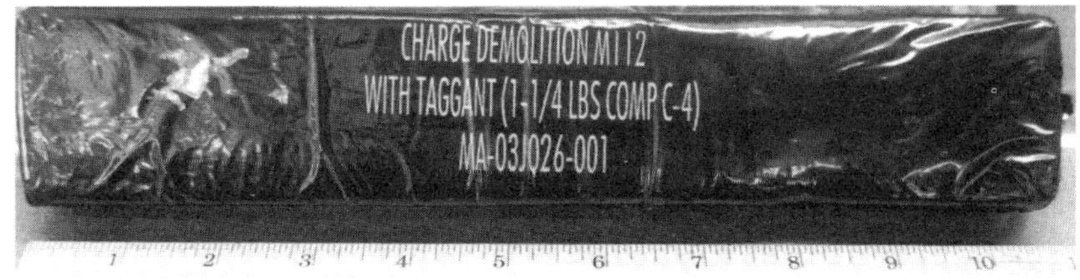

图2.31　美国军用C-4炸药

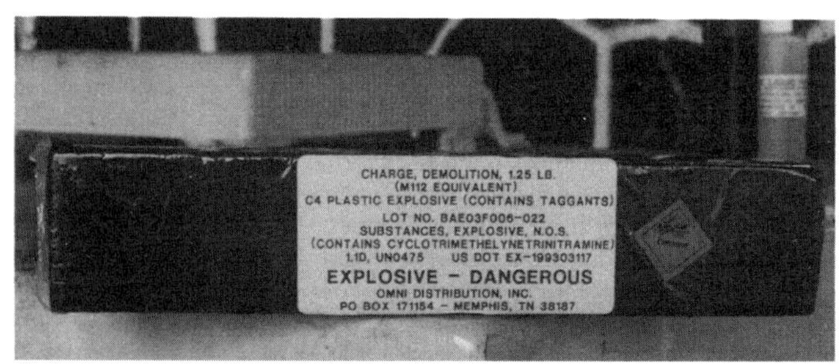

图2.32　美国军方的商用版C–4炸药（由Omni Distribution公司生产制造）

⇨ 2.10.3 薄片炸药

美国军方使用的薄片炸药是M118爆破炸药，它的基础药通常是4个6英寸×0.75英寸的0.5磅泰安或黑索金，这些成分与橡胶聚合物和塑胶剂混合就构成了薄片炸药。通常装在印有产品属性和重量的橄榄绿色塑料包装盒中。每一片炸药都容易与贴近的炸药黏附在一起。这种产品通常被用于拆除、炸裂和切割目标物，特别适用于薄片状的目标物。爆速为23000英尺/秒。

⇨ 2.10.4 军用炸药

军用炸药（M1）不含有硝酸甘油，包装在0.25英寸×8英寸的0.5磅包装盒中，包装盒的外面涂有石蜡，且印有能够识别产品的标识（见图2.33）。它的爆速为20000英尺/秒；由黑索金、TNT、机车油和玉米淀粉组成，具有防弹性能，不吸湿，在水下浸泡24小时仍然能有效引爆。军用炸药常用于拆除建筑和岩石爆破。

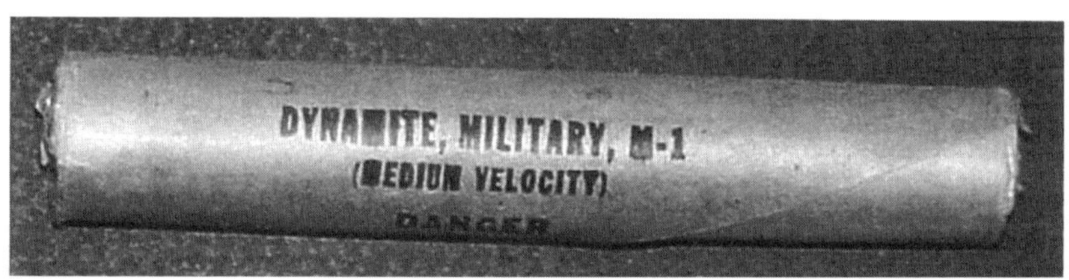

图2.33　美国军用炸药（不含有硝酸甘油成分）

2.11 自制炸药

制造简易的起爆药和猛炸药可能会让人联想到“疯狂投弹手”，他会把炸弹藏在潮湿的实验室中，准备“制造灾难”。尽管这些画面有时会变成现实，但事实表明这种人更有可能是我们的邻居。因为我们通常不会怀疑自己的邻居，却总是怀疑其他城镇或在遥远国度的人。记住美国历史上最大规模和最具毁灭性的自制装置是至关重要的。除了2001年9月11日的惨剧外，还有1995年4月19日在俄克拉何马城阿夫尔莱德·默拉联邦大楼中使用的炸弹。犯罪嫌疑人蒂莫西·麦克维和特里·尼克尔斯看起来就像是住在对方隔壁的邻居，但他们却用自制的硝铵混合炸药杀害了默拉联邦大楼附近的168名无辜的群众。这并不是唯一由自制炸药引发的大规模爆炸案例。1970年8月威斯康星大学麦迪逊校园的军方数据中心因使用了1500多磅的铵油炸药发生了爆炸。随后发生在1993年2月26日世界贸易中心爆炸案，则是使用了以尿素硝酸盐作为其主装药的致命爆炸物。近几年也有类似情况，报道显示在2009年的圣诞节，阿卜杜勒穆塔拉布走私了至少76克的泰安乘坐西北航空公司航班从阿姆斯特丹飞往底特律。当他从洗手间回来后，他试图通过雷管引爆由泰安和未知物质的混合物制成的简易装置来迫降飞机。由此看来由自制混合炸药造成的问题不但没有减少，依据使用情况来看，这些问题反而在不断增加。

自制炸药包括各种氯酸盐或高氯酸盐混合物、硝酸盐混合物和化合物。本节并不会提供关于这些产品制作技术的信息，而是描述这些产品的安全性能和识别标准，这些信息对爆炸后的现场勘查人员和响应人员是至关重要的。

除了装在塑料罐中的酸性炸弹外，黑火药、烟火药以及氯酸盐或高氯酸盐混合物都是在美国广泛使用的自制低速炸药。这些物质对热、摩擦、冲击和静电都相当敏感。由于混合成分不同，自制黑火药看起来可能像复印墨粉粉末，也有可能像带有白色结块的碳粉。它通常不会与商用黑火药的颗粒度一致。此外，自制烟火中通常会使用自制烟火药，这些烟火药或许与商用的闪光剂相似。具体地说，它呈粉末状，颜色有灰色和银色，与它接触的东西上都会有银灰色的残留物。之所以会出现这种颜色，是因为它里面含有铝粉这种物质。自制烟火药可能会有白色的小颗粒状物质，这种物质上面沾满了铝粉。白色颗粒物本身就是烟火药的一种成分，而并未完全与其他物质混合。其他氯酸盐类混合物的外观差异很大，这取决于添加到混合物中的可燃物。这些物质的外观形态从白色结晶体到白色固体不等。这种混合物的感度受多种因素的影响，包括原料的质量、使用的配方、配方比例、准备就绪后的存储条件等。这样看来，混合物可能根本不会发生爆炸，也可能对热、摩擦或静电放电相当敏感。通常来说，烟火药与民用炸药相似，这种炸药对现场勘查人员最具威胁性，他们可能在无意识的情况下接触这些炸药。这主要是源于这种炸药对摩擦（如由开启金属罐的行为引发的摩擦）和静电放电（如尼龙夹克这种纺织物的摩擦产生的电荷积聚）的感度相当大。

为了消灭制造源头或避免出现非法制造氯酸盐或高氯酸盐炸药炸弹的工厂，现场勘查人员应寻找以下这些物质：

- 火柴头
- 氯酸钾或高氯酸钾
- 氯酸钠
- 烟火剂
- 铝和金属粉末
- 硫黄粉
- 伍德合金
- 碳氢化合物（柴油、煤油等）
- 微型灯泡（如圣诞树上的灯泡）
- 凡士林
- 玩具枪帽
- 硬纸管
- 大炮或引信
- 除草剂（如果已被列出包含氯酸盐成分）和漂白木浆

以下这些设备意味着该区域可能存在高氯酸盐：

- 磨床和搅拌机
- 包括眼镜、手套和防尘面具在内的安全防护设备

以硝酸盐为基础的炸药，包括作为主要氧化剂的硝酸铵，其对雷管的感度并不高，但由于制造技术的差异，它们也有可能被雷管起爆。除了默拉联邦大楼爆炸案外，硝酸类炸药还被恐怖分子用于制造1970年威斯康星大学麦迪逊校园的军方数据中心的爆炸案和1993年的世贸中心爆炸案（见下一章关于硝酸尿素的论述）。正如前文论述的那样，这些主装药的制作原料易于获得，它们的起爆感度主要依赖于原材料和制作技术。通常来说，这些混合物总体上对热、撞击和摩擦感度不高。硝酸铵类炸药的识别特征包括：气味特点，柴油或燃料油及其他烃类燃料的独特气味；外观特点，包括那些易于获得的燃料的颜色和结构特点，如银色或灰色粉末或颗粒、白色至灰白色颗粒、粉色至红色的颗粒。

硝酸铵的化学成分如下：

- 氨肥
- 固体燃料（铝、糖和硫黄）
- 如柴油这类的液体燃料

以下这些设备意味着该区域或许会出现秘密生产硝酸铵的情况：

- 磨床和搅拌机
- 包括眼镜、手套和防尘面具在内的安全防护设备

硝酸尿素不是混合物，是由尿素和硝酸按照一定比例共同构成的化合物，它是用于生产工业化肥的原料，能够融化冰雪。尿素的原始形态是白色晶体颗粒，与颗粒状的硝酸铵很相似。区分两者的方法只能是通过实验仪器分析或通过便携式化学检测仪的检测。人们都认为1993年世贸中心大楼爆炸使用的自制炸药是无色到灰白色的晶状物，但却没有人知道它就是硝酸尿素。如果某地存在以下这些物质，那么在这样的地区可能会秘密生产硝酸尿素：

- 尿素和肥料
- 尿
- 硝酸
- 强酸（盐酸或硫酸）
- 硝酸盐（硝酸钾、硝酸钠和硝酸铵）

如果某区域具备下面这些条件，那么这个地区可能秘密生产硝酸尿素：

- 该区域通风良好
- 玻璃器皿
- 搅拌机
- 过滤器
- 冰
- 眼镜、手套和防尘面罩等安全防护设备

用于生产炸药的场所周围区域（墙壁、顶棚和地板）会出现由强酸腐蚀引起的变色或染色现象，这也是生产硝酸尿素的标识。

近几年，人们一直致力于研究防止硝酸铵被用于自制铵油炸药或作为其他混合炸约的氧化剂的方法。联邦政府在肯塔基大学（UK）建立了研究项目，并且取得了显著的成绩。具体来说，通过为期3~5年的项目研究，已有效地揭示出在硝酸铵颗粒表面涂上低含量的钝化物的原理，并具备了制作钝化物的能力，如煤炭燃烧的副产物（CCB，飞扬灰尘或石膏），能够制约铵油炸药起爆能力。图2.34描绘了最终测试得出的一个结果。这个测试由5个300磅的有涂层和无涂层的硝酸铵与等质量的燃料油混合组成，将这些混合炸药装在圆柱形纸管中，再将它们放在钢板上。起爆系统是装有5磅彭托利特加强药的雷管，将其放置在每种混合炸药顶部中心的位置。从左侧开始，图2.34描绘了没有涂层的铵油炸药起爆后遗留在钢板上的物质。紧挨着的呈弯曲状的钢板还残留了少许钙化的硝酸铵（CAN），即民用的肥料，它与肯塔基大学的三个样本具有相同的硝酸铵含量，这可以用于进行爆炸比对。剩下带有轻微凹痕的三个钢板是

由有不同CCB涂层的硝酸铵造成的。这些钢板证明了有CCB涂层的颗粒不支持起爆。钢板的轻微凹痕可能是由高爆速加强药的效应引起的。此外，当采用加强药起爆有涂层颗粒时，这些颗粒会分散到整个测试区域，还会出现纸管碎片这样的显著特征。

图2.34 铵油炸药的测试结果，这是由有涂层的硝酸铵颗粒得出的（测试显示有涂层的颗粒会制约铵油炸药的起爆能力，从左到右的金属板3～5足以证明这一点。金属板1是没有涂层的颗粒构成的铵油炸药爆炸后的结果）

附加的测试也能够证明：当硝酸铵应用在其他方面时，含有CCB涂层的高爆速浓缩硝酸铵颗粒的布局也会发生改变，这将有效地抑制硝酸铵颗粒发生反应。此外，这项研究经历了两个植物成长期，并且在不同的庄稼地同时使用有涂层的颗粒，这样就无需考虑环境对硝酸铵肥效的影响。事实上，相对于无涂层的硝酸铵肥来说，有涂层的硝酸铵肥在降水少的时期能够更有效地促进庄稼的生长。

过氧化氢型炸药是恐怖分子和犯罪分子最新使用的自制炸药之一。这样的炸药包括三过氧化三丙酮（TATP）、六亚甲基三过氧化二胺（HMTD）、甲乙酮（MEK）、过氧化甲乙酮（MEKP）。这些炸药在美国和一些发展较快的中东地区都有发现。

MEKP、TATP和HMTD都是相当敏感的炸药，是常被用于起爆主装药的起爆物质；在许多简易爆炸装置中，TATP也会作为主装药出现。这一发现使问题更加复杂化，因为毫不知情的现场勘查人员和炸弹专家处置这些炸药是相当危险的。单一的TATP与岩石盐相似，呈白色粗糙晶体粉末状（见图2.35），有强烈的过氧化氢气味，可用于填充导爆管，也可用于制作自杀式的爆炸装置。

不管是以单独形式存在，还是完全自制的混合炸药，TATP的冲击、摩擦和静电放电感度都比泰安大。此外，当TATP混合炸药过期或纯度不够时，它的感度会更大。作为主要炸药，TATP易被火花或火焰激发引爆，已被广泛应用在自制起爆器材中，自制TATP产品的私密设备（见图2.36）。经FBI实验室测试发现松散的TATP粉末的爆速为9000英尺/秒。配置TATP涉及以下这些混合物：

- 丙酮
- 酸类
- 过氧化氢

这些成分通常可以通过名称进行识别，但也有可能隐藏在其他名称的产品中，如头发护理产品、清洁剂和指甲油清洗剂。

图2.35 自制TATP的物质（由美国联邦调查局提供）

图2.36 自制TATP产品的私密设备

存在以下这些物质可能代表这一区域会秘密生产TATP：

- 蒸馏器
- 玻璃器皿
- 搅拌器
- 过滤器
- 冰

HMTD炸药对冲击、摩擦和静电放电的感度大，由于它十分不稳定，因此，人们普遍认为它是相当危险的自制炸药。尽管它有许多缺点，但它已被用于制作起爆主装药的起爆器材。实验室制作的HMTD的爆速为15000英尺/秒，与包括铝、锡、黄铜、铜、铁、铅在内的大多数金属都会发生化学反应。与TATP相似，HMTD也是白色物质，但更多情况下呈粉末状物质，很像白色的面粉（图2.37）。与TATP相似，HMTD也采用过氧化氢作为导入物质，再加上乌洛托品和柠檬酸。尽管在贴着标签的产品中通常不会发现乌洛托品，但与其他许多产品固有的特性说明一样，它会隐藏在产品中。

图2.37 自制HMTD的物质（由美国联邦调查局提供）

HMTD包括以下化学成分：

- 弱酸（如柠檬酸、乙酸、抗坏血酸）
- 过氧化氢
- 乌洛托品

存在以下这些物质可能代表某一区域会秘密生产HMTD：

- 通风良好的场所
- 蒸馏器

- 玻璃器皿
- 搅拌器
- 过滤器
- 冰

与前面讨论的过氧化氢炸药不同，MEKP是油状液体，密度比水大，因此，它能够有效地将自己伪装成许多非挥发性的液体，以逃避人们的外观检验。它易于被火焰或火花激发引爆，可直接用于起爆装药。MEKP的成分包括：

- 甲基乙基酮
- 过氧化氢
- 酸类

需要指出的是，自制MEKP的材料与商用的MEKP是不同的，商用MEKP是一种非爆炸性液体催化剂和树脂固化剂。

存在以下这些物质可能代表这一区域会秘密生产MEKP：

- 通风良好的场所
- 蒸馏器
- 玻璃器皿
- 搅拌器
- 过滤器
- 冰

FBI爆炸实验室的报告指出，2009年已有一系列新的高能材料涌入到致力于炸药研究的网络论坛和“厨房化学工作者”的实验室中。这些材料以常见糖转换物为基础，它代替了众所周知的能够引起爆炸的化合物“糖醇”。

人工甜味剂主要可分成两大类：（1）非营养型；（2）糖醇。由名称我们就可以知道非营养型甜味剂没有营养价值，不提供热量。例如，糖精（在低脂糖中可见）和阿斯帕坦（同类物质中可见）这样的化合物都是这类甜味剂家族中的代表。这些零热量的甜味剂很难与新型炸药联系在一起，即使发现也不需要过多关注。然而，如果想使用更“天然”的替代品，如“多元醇”或糖醇这样的化合物已获得了广泛使用。甘露醇，木糖醇，赤藓糖醇三种人工甜味剂是这些糖的典型替代品，可以包装在大袋、壶或小包中。

要想使这些转换后的糖的替代品爆炸，方法之一是在这些替代品中加入硫酸和硝酸的混合溶剂。然而，浓硝酸是很难获得的，正因如此，炸弹制作者通常会选择其他方法。引起转换后糖的替代品爆炸的另一个方法是将其加入到硫酸和硝酸铵的混合物中。这些炸药具有次发炸药的特性，需要雷管将其引爆。它们的物理特性从白色晶体到胶状玉米糊形不等。与其他炸药的特点一样，我们也需要根据它们对热、冲击和摩擦的感度大小采取应对措施。

这些炸药的主要化学成分如下：

- 人工甜味剂，本节的前面已有论述
- 硝酸盐（硝酸钾、硝酸铵）
- 酸类（硫酸或硝酸或这两种酸的混合物）

存在以下这些物质可能代表这一区域会秘密生产这些炸药：

- 通风良好的场所
- 玻璃器皿
- 搅拌器
- 过滤器
- 冰

此外，我们还要对爆炸后可能出现的第二个爆炸装置或可能存在的诡弹保持警惕，当搜索炸弹工厂时，现场勘查人员应避免打开装有未知物质的容器，同时应请法庭科学专家和炸弹专家协助勘查。

2.12 起爆系统及其组成部件

起爆系统是爆炸装置的组成部分，通常用于起爆或引燃主装药。由于民用炸药很难因热、冲击和摩擦引起意外爆炸，并且相关部门通常会严格处置和存储这些炸药，因此，如果想起爆这些炸药，必须有足够大的外部刺激能量。起爆系统的组成部件和附件包括以下这些：

- 导火索
- 药捻
- 拉火管
- 电点火头
- 导爆索
- 点火器
- 火帽
- 导爆管和导火管
- 导爆管雷管
- 电雷管、电子雷管和延时电雷管
- 延时系统和连接系统
- 火绳和火绳连接器

然而，在开始探讨每个组成部件之前，我们应该快速的回顾一下起爆系统的发展历程。最早的起爆系统或安全点燃黑火药、希腊火药和火工品的方法与黑火药自身的发展一样，深深地根植于神秘的民族中。我们能想象一个人试图引燃火药并保证自己的安全。最初的时候这个人可能会用很长的棍子，在棍子的一端点火，并小心地使火势蔓延。然后，在木棍末端的灰烬燃尽的最后时刻，火焰就熄灭了。他可能会去摸这些火药。火药突然快速的燃烧。无论如何，这个实验者幸存下来了，并且头发没有烧光。

起爆系统的发展已经并将依旧与主装药的发展同样重要。如果无法通过严格控制安全起爆炸药，那应该选择哪种炸药比较好？这个问题本身就存在问题。事实上一些人认为起爆方式比炸药本身更重要。当然，它们之间是相互依存的关系，没有其中的一个，另一个相对来说也没用意义。

随着主装药药量的增多，人们可能会发现“棍子”的长度不足以避免其对“引爆者”造成的严重伤害。这就导致了越来越长的专业绳索的出现，这种绳索能够提供适合的延迟时间，直至火焰燃尽长长的绳索后才起爆炸药。这一革新很有可能最先应用在高空烟花上。暂且不提猜想，种类繁多的起爆器材已历经了几个时代的发展。当然最早的就是导火索，在雷管出现之前，人们都是单独使用导火索的。之后还有更多的历史；2.12.1及其分节将介绍多种类型的起爆系统。

⇨ 2.12.1 起爆器材

起爆器材，是指能够达到引爆或引燃目的的装置。雷管是用来引爆高速炸药的装置。能够引起燃烧或爆燃的装置叫点火器。点火器包括电点火头和导火索。美国最常见的自制装置是管状炸弹或用低速炸药作为主炸药的相似装置；最常见的起爆系统是导火索、电点火头、类似的简易火焰或发热起爆器。尽管美国也使用雷管，但相对于其他类型的起爆器材来说，雷管的使用率较低。仅在几个起爆低速主装药的案件中使用过。

◎ 2.12.1.1 导火索和药捻

导火索发明于1831年，是内部装有黑火药的索状物，黑火药能够稳定持续地将火焰由导火索的一端传递到使用的另一端，可以与雷管一起使用，也可以单独使用。导火索引爆雷管的部位俗称“火帽”。在简易装置中，导火索被用于起爆盛装在适合容器中的低速主装药，如管状炸弹就是其中的一种。在爆炸后和爆炸未遂案件的勘查中，自制导火索往往能够得到复原。这对于划定与导火索关联的嫌疑人群十分有价值。正如它的名字一样，导火索会以预期的速度燃烧，通常在30英尺/秒~45英尺/秒，由于在各层包装物和纺织线之间加入了沥青这种物质，因此它具有防水性能。通过带有不同颜色涂蜡的塑料外壳可发现导火索的直径约为0.25英寸。通过观察带有黄色条带的军绿色塑料外壳可发现：美国军方的M700型导火索单个条带的间隔在12英寸或18英寸，而双黄色条带的间隔在60英寸或90英寸。这些条带只需粗略测量即可（见图2.38）。我们一定不要通过外部颜色来识别导火索，因为它的外表看起来与导爆索十分相似。正确地识别程序是从缠绕物开始判别根源或者从断端观察判断。导火索的末端是黑色的，而导爆索的末端是红色或白色。2.12.1.3 将会对导爆索进行更详细的介绍。正如《ISEE爆破手册》（1998）中提到的那样，“导火索的外包装具有如下作用：（1）保护火药免遭水、油或其他能够影响其可燃性或感度的物质的侵蚀；（2）在保持其灵活性的同时，防止核心部位的磨损和滥用；（3）在火焰传递给雷管之前，防止导火索旁边的火苗意外引爆炸药；（4）防止相邻的导火索之间出现火焰交叉的情况。”依据炸药类型（低速炸药或高速炸药）和炸药量，发生爆炸后的导火索有可能会被复原。在法庭科学实验室检验导火索时，可能会发现其生产厂家和品牌名称。

药捻采用的是外部燃烧的形式，即在其燃烧的过程中也消耗了自己。烟花爆竹厂（合法的和非法的）、简易爆炸装置（家庭炸弹）和其他需要引爆低速炸药的情况通常会用到药捻。然而，这种药捻不具备安全机制，它是外部燃烧，而导火索采用的是内部燃烧的形式，因此使用这种药捻会存在安全隐患。药捻的直径约为0.125英寸，外部包装颜色为绿色、红色或黑色，通常采用普通火柴或类似的物品将其点燃。

图2.38　美国军用（橄榄绿色）和民用导火索[绿色（右）和红色（左）的药捻]

◎ 2.12.1.2 拉火管

火柴或任何能够生热的材料都可以引燃导火索，但最常使用的是拉火管或点火器。拉火管是用于引燃或点燃导火索的发火装置，它主要包括两种类型：（1）民用摩擦拉火管；（2）军用撞击拉火管（见图2.39）。

民用摩擦拉火管的外壳是一个一端开口的纸壳，这个开口主要用来插入导火索。民用摩擦拉火管的另一端有一个带着拉线的小手柄，这根线插入到纸壳的内部。这根线的末端或者管体的内壁涂有烟火药混合物，这样当拉动线绳与烟火药形成摩擦时，就会引燃烟火药混合物，从而点燃民用拉火管开口处插入的导火索中的黑火药。此时黑火药不会发生爆炸，但会沿着导火索传递火焰，最终达到引爆的目的，这种类型的拉火管不具有防水功能。

军用撞击拉火管的外壳是塑料或金属的，在其一端有一个小孔，在存储期这个小孔通常会用橡胶塞密封起来。壳体的另一端露出一个带拉环的金属杆。取出保险销后，快速拉动拉环，就会释放重锤打击撞击帽，这就类似于枪弹射击火帽的情景。火帽发火点燃了插入到军用拉火管开口处的导火索末端的黑火药。这种类型的拉火管具有防水性能，能够在水下使用。美国军用M-60拉火管的结构见图2.40。

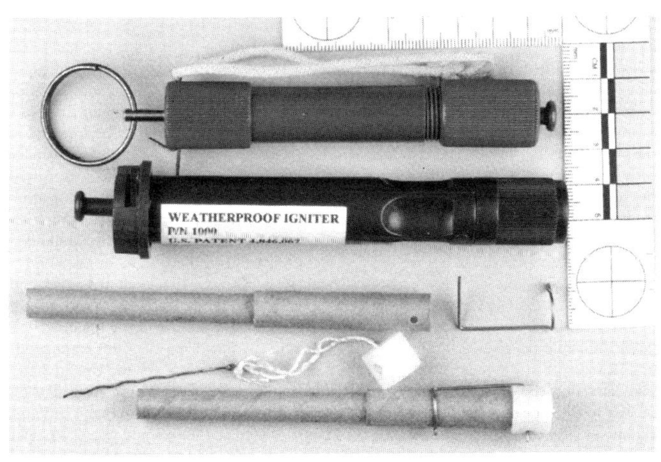

图2.39 民用（纸壳）和美国军用拉火管

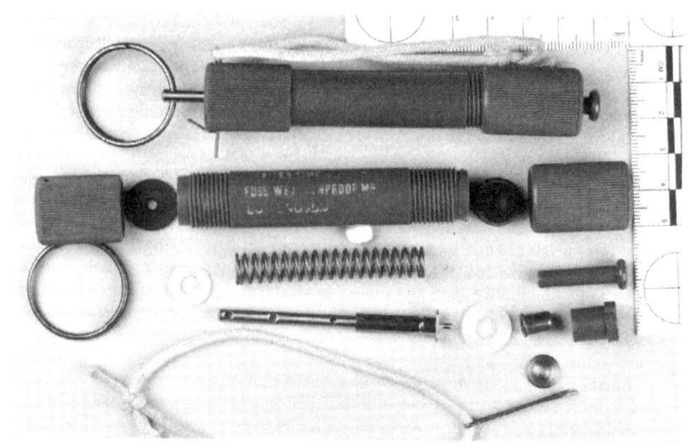

图2.40 美国军用M-60拉火管的结构

◎ 2.12.1.3 导爆索

导爆索具有一定的柔韧性，芯线内含有高速炸药，这种高速炸药通常是泰安，但也有可能是黑索金或奥克托金。泰安是白色的，但当用黑索金或奥克托金作为中心装药时，这些炸药有可能被染成红色。导爆索的外形通常是圆形的，但也可能是丝带状或椭圆形。导爆索最外层为各种纺织物（天然的和人工的）、包裹材料和具有防水性能的混合物，这种结构能够为其提供保护，避免摩擦作用，还可以使导爆索具有一定的韧度，打好绳结的同时保持灵活性，同时导爆索外层的防水剂能够防止液体的渗入。导爆索也叫炸药引信、传爆索，可以起爆炸药，这取决于被起爆炸药的种类，其爆速大约为22000英尺/秒，比4000米/秒快，导爆索在其长度内任意一点均可以引爆，并将爆轰波从一个导爆索传递到另一个导爆索，或是可以利用导爆索传递爆轰波以延迟爆炸。简言之，为了引爆其他炸药，导爆索连接的主装药几乎可以同时被引爆。而且，在某些特殊条件或是临时制作的简易炸弹的情况下，导爆索可以被用作爆炸装置的主装药。装药密度可表达为每英尺的颗粒数（用颗/英尺表示），一般情况下都以雷管或其他炸药引爆。装药密度通常在2.4颗/英尺~400颗/英尺，外部直径为0.100英寸~0.433英寸。导爆索引爆其他炸药后，其本身由于爆炸的作用也被摧毁。

可以通过各种颜色和外层纺织物来区分导爆索的威力和种类。然而，与之前2.12.1.1中论述的关于导火索的知识一样，导爆索的外观并不能作为识别的依据。导爆索索芯和末端切口是最好的识别特征。最近的一项由美国执行的关于导爆索的识别要求导爆索的包装印刷必须含有关于产品种类、厂家名称以及表明其会发生爆炸的标志。美国军用导爆索用无色塑料包装且表面没有任何专业术语（见图2.41、图2.42）。

a. 一卷导爆索和典型的运输包装盒
（由奥斯汀火药公司克里夫兰提供）

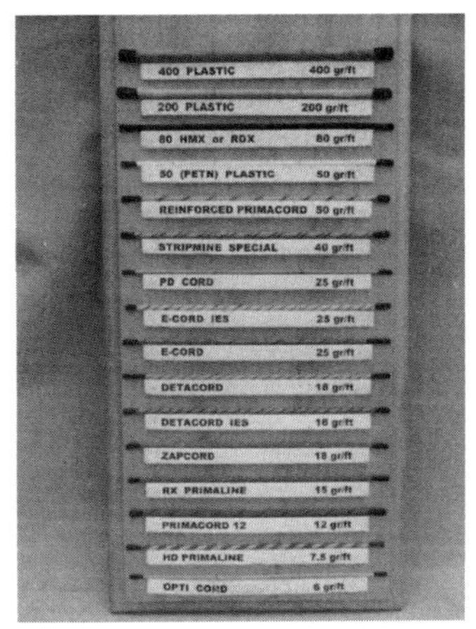

b. 不同颜色、型号以及外包装的导爆索

图2.41 导爆索

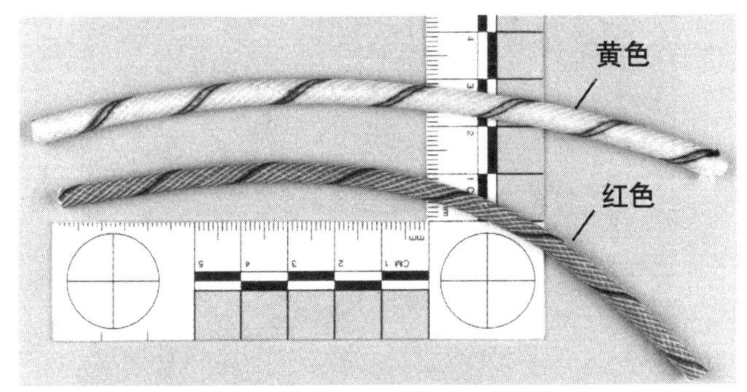

图2.42 两段导爆索的颜色和外层线图案

◎ 2.12.1.4导爆管

导爆管是小直径的塑料软管（有些公司使用由杜邦公司生产的聚乙烯和树脂），在管内壁涂有一层非常薄的具有爆炸性的材料（奥克托金和铝粉），起爆时能传递低能量的爆炸，爆速约为6000英尺/秒（见图2.43、图2.44）。这是一个非电的、无损（管体不破坏）传递系统，炸药附着在管壁上，传播能量机理与粉尘爆炸类似。导爆管的发明者诺贝尔炸药公司的梅·安德斯，获得的专利名称为导爆管。诺贝尔公司是该注册商标持有人。为了起爆系统能够有效地起爆，非电起爆或导爆管出厂时一端有卡口，另一端用来起爆。这些起爆系统采用导爆管与雷管连接，一般从几英尺至数百英尺。此外，导爆管还是多种爆炸的辅助器材，其中包括延时雷管和塑料连接头，连接其他导爆系统（见图2.45）。导爆管对普通热和冲击能量不敏感。可以用雷管、引爆的导爆索、撞击底火、电点火头或专门设计的电火花来起爆。使用后，根据使用环境，大多数情况下导爆管管体留在爆炸现场，特别是民用爆破地点，但爆炸案件中很少出现，主要是由于使用的数量有限。需要强调的是，导爆管残段能够存留在爆炸现场，犯罪现场调查小组仔细寻找可以发现。

对于导爆管的直径，没有标准的规范，不同的厂家生产的导爆管直径会有差异。根据产品的特有用途，生产商可以在0.12英寸范围内适当增加或减少。美国军方使用的“迷你导爆管”，直径可以达到0.085英寸，节省空间和重量。当需要满足额外的强度和耐久性要求时，军方使用导爆管直径为0.150英寸或更大。

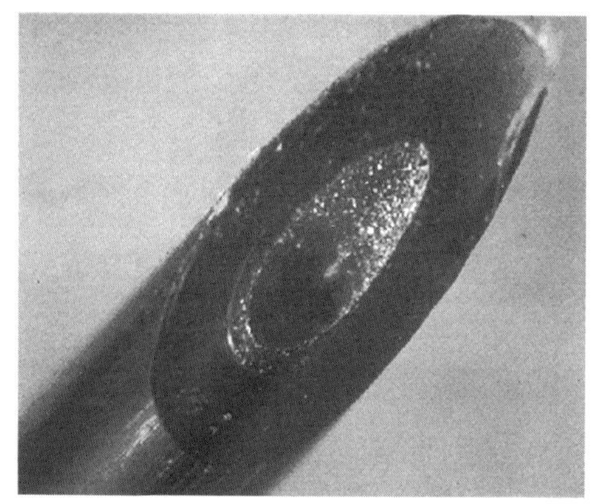

图2.43　导爆管剖面显示管内壁呈现铝粉的颜色

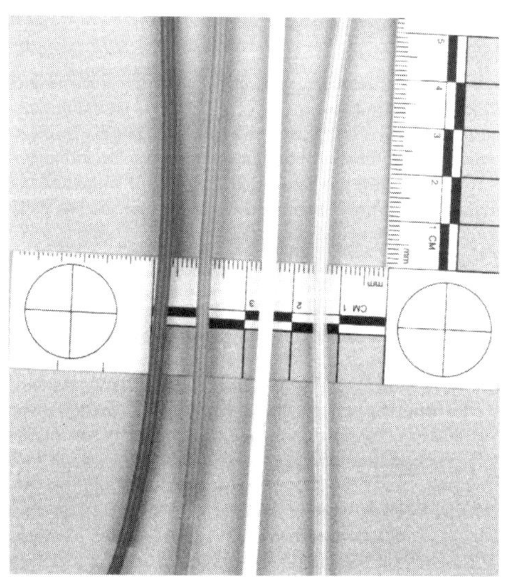

图2.44　图片中从左到右显示光热起爆导爆管和其他三种导爆管

图2.45　导爆管使用的各种情况，非电起爆雷管和连接器中用导爆管来代替导爆索

为了避免与其他管混淆，导爆管在外形上通常有些变化，如采用微椭圆形而不是标准圆形。

◎ 2.12.1.5 导火管

导火管是一种相对新的产品，在塑料管内以爆炸形式传递能量，已被应用到民用爆破市场。这种外表类似导爆管的产品首次在巴西制造，并作为一种“正规的”起爆器材应用在建筑和采矿业中，人们也可以将其应用于引燃烟花。这种聚乙烯管体直径为3毫米，管内是含高氯酸钾和雾化铝粉的混合物，因此可以归类于烟火起爆系统（见图2.44）。

◎ 2.12.1.6 雷管

雷管，外形上是一个圆柱形壳，通常由金属制作，内部装有高强度和高感度炸药，可被用来起爆其他炸药。雷管可以分为五类：（1）火雷管或非电雷管；（2）导爆管雷管；（3）电雷管；（4）电子雷管；（5）爆炸桥丝电雷管。除了爆炸桥丝电雷管，这几种雷管在结构上有同样的功能，其本质也是相似的。火雷管在引爆时要求将导火索插入开口一端，这样可以安全起爆炸药。导爆管雷管要求来自导爆管的冲击波来完成起爆。另一方面，电雷管、电子雷管和爆炸桥丝电雷管通过电能使电桥丝发热或电火头燃烧来引爆。

雷管的起爆能力，是指其引爆特定数量炸药的能力。在过去的30年里，随着炸药的敏感性降低，为了能确保起爆这些炸药，雷管的起爆能力增强了。

现在，大多数工业雷管都是高起爆能力的雷管，其起爆能力是8号雷管的两倍。其雷管底部装药的起爆能力相当于2克的雷酸汞和氯酸钾混合炸药。过去，一枚6号雷管已足够起爆大多数具有雷管感度的炸药。用来起爆军用爆破炸药的雷管比民用雷管起爆能力大。军用爆破炸药起爆感度低，需要更多的能量来引爆。

雷管对热、冲击和撞击非常敏感，必须由合格的爆破工来安全地操作和使用。一枚雷管爆炸的能量足够导致一个人毁容，而金属碎片可以造成人失明甚至死亡。旧的雷管会暴露出其内部结构，对于任何操作都异常敏感。除了合格的炸弹处理人员，没有人能直接处理旧的、变坏的雷管，只能通过远程遥控和机器人进行处置。有人摆弄这些雷管时，被炸死或者受重伤。当孩子无意地“玩”这些雷管时，他们也会被炸死或受重伤。

雷管的起源可以追溯到大约250年前，那时英国皇家学会沃森博士报道了用电火花来起爆（引燃）黑火药。在他的实验中，沃森博士可能用的是一个莱顿瓶，这是最早的电能源之一。本杰明·富兰克林在1750年组织安排了第一个真实的封闭爆炸实验。富兰克林用了与沃森博士相同的电火花原理，但提高了它的效率和可靠性，这种方法是将火药放入纸制弹药筒中，再从炮弹的一端穿入金属丝。富兰克林用以下的方式来描述他的实验，这个方式写在一封1750年7月27日写给他英国朋友彼特·科林森的信中。

“我从没听说过欧洲的电气工程师用电火花来引爆火药。我们用这种方式在这做实验：一个小的充满干燥火药的弹药筒，为了不破坏火药的颗粒用手工压实，然后两条金属线穿进去，一端一条线，两条线的尖端在弹药筒的中间接近，直到有半英寸的距离；然后将弹药筒放入电路中，这时四个瓶子都放电，两条线尖端之间形成了跳跃的电火花，点燃弹药筒中的火药，火药爆炸的同时也在一瞬间破坏了电路。”

因为需要电源，并且有在各种爆破条件下产生和保持电能的困难性，富兰克林的发现在当时并没有被人们重视。然而，在接下来80多年的时间里，还有其他人继续从事雷管的研究工作。这些人包括纽约的摩西·肖和罗伯特·黑尔博士。他们是第一个起爆器的创造者，这个起爆器的目标是为了起爆新研究出来的雷管，他将他的机器命名为“爆燃器”。

黑尔博士研究创造了一种雷管（几乎没有高速炸药），其工作原理与现代雷管相同，材料为白炽灯灯丝。他用了一些细金属线扭成的一股线，将这股线的一段切断只留一根线制成一个桥丝，放置在金属壳内，这条线悬在两个木塞子之间，将桥丝一端插入木塞中并与点火药混合物紧密接触。这些点火药对热非常敏感。

将黑火药放在两个塞子之间，接通电源后，电线因为电流的接通而变热变红，热的电线激发了混合点火药从而导致了黑火药的爆炸。这样的方式便构成了现代雷管的基本结构。

艾尔弗雷德·诺贝尔发明了真正意义上的雷管。他曾经试图通过添加大量的硝酸甘油来加强黑火药起爆药的起爆威力，但这些尝试失败了。在他的发明计划中，他寻找出一种东西代替了黑火药。他发现雷汞很适合他的目的。雷汞是著名的起爆药，曾广泛应用于炮和轻武器中，很容易被热、冲击、摩擦引爆，并且具有非常强的起爆能力。在他的雷管设计中，诺贝尔将雷汞中置入一个有开口的锡制薄板中，从而制作出第一个火雷管，他把雷管用纸膜密封起来，只留一个开口，可以插入一小段导火索。实验结果非常成功，并且他向世人介绍了称为“诺贝尔安全药”的胶质硝酸甘油炸药。这个装置能提供真正意义上的可靠的起爆。1867年他为雷管申请了专利。雷管管体为直径为1/4英寸的圆柱形的铜管，长度足够容纳引爆硝酸甘油炸药一定量的雷汞。现在的炸药厂都是基于诺贝尔对雷管和硝酸甘油炸药的发现进行生产。

下面对五种雷管进行具体介绍。分别为火雷管、导爆管雷管、电雷管、电子雷管和爆炸桥丝电雷管。

1. 火雷管。现在的火雷管或非电雷管一般都由直径约0.292英寸，长度约2 3/8英寸的铝、红铜或青铜作为管体，一端开口并且可以容纳导火索插入。管体内部一般装2~3种炸药，在雷管中基础装药一般有两种炸药（泰安和黑索金），放置在管体底部并压实，上面放置起爆药（起爆药一般选择叠氮化铅或斯蒂芬酸铅等）。具体参照2.12.1.6中的内容，将导火索插入火雷管中，引燃导火索，进而引爆雷管中的起爆药。作为起爆药，可以迅速完成由爆燃到爆轰的过度，将爆轰波作用到基础装药上。接下来基础装药爆炸，金属管体破碎，进一步引爆主装药。雷管中有三种类型的炸药，发火装置引爆起爆药，起爆药引爆基础装药。这种结构是美国军工典型的火雷管的一种。爆炸后，由于炸药量不同，爆炸现场可能找到一部分雷管管体碎片。在美国，无论是军用还是民用的雷管上都会标有“雷管易爆危险”的标识。标识通常采用两种语言，因为这种爆炸产品分布在加拿大和美国（见图2.46）。所有火雷管都是瞬时起爆的，在起爆药引爆基础炸药进而引爆主装药的过程中没有延时，所以都没有延期爆炸的标示。导爆管雷管和电雷管可能会有延期标示，在下面将会详细介绍。

图2.46 火雷管和导火索（注意第二个雷管上的两圈卡口，可以将导火索安全固定在雷管内部）

【知识链接】

延期雷管

1895年，H.朱利斯·史密斯带来了雷管设计的重要变革。他对雷管起爆药和基础炸药进行了短时间的延时设计。小段导火索被置于黑火药和起爆药之间，这样的设计使大部分雷管在爆炸前都能有一段可以预计的延迟时间。在这样的延期雷管出现之前，所有的爆破工人用瞬时雷管，即使是超负荷的目标也只能一次起爆完成。通过延时爆炸，更多的工作就可以在这样一段时间内进行尝试，一次引爆多处较少的药量。利用延时爆炸这一技术，地面震动破坏会降低，同时飞出的碎石及其他物体的破坏效果也较使用大药量更低一些。

2. 导爆管雷管。导爆管雷管是利用导爆管进行引爆的一种雷管，主要用于起爆具有雷管感度的炸药和其他导爆管等。导爆管雷管可以瞬时爆炸也可以实现延期，在爆炸之前有25毫秒的延迟，有的延迟在25毫秒~8000毫秒。这些雷管管体采用铝管（直径大约为0.29英寸，长度为$2\frac{3}{8}$英寸~4英寸）来装一定量延期药（见图2.47）。它们的结构组成与火雷管不同，主要区别包括导爆管、封口塞、加强帽、标示签、延期时间标签，还有一些雷管内部有火帽。所有导爆管雷管都用泰安或黑索金（泰安是最常见的）做基础装药，起爆药通常由叠氮化铅和重氮化合物组成。在有些雷管中，点火药就是起爆药，不需要额外的点火材料。在瞬发雷管中，冲击波通过导爆管传递能量，引爆起爆药进而引爆基础炸药。

图2.47　与蓝色导爆管连接的导爆管雷管（注意连接处卡口和黑色密封塞）

在延期雷管里，冲击波引燃延期雷管中的火药混合物，依次经过预定时间引爆起爆药，进而引爆基础装药。然而，除了依靠导爆管内的冲击波引爆起爆药和延时原件，一些导爆管雷管利用撞针撞击的能量进行引爆撞击式雷管。实质上是从导爆管内产生的冲击波使撞针撞击激发底火，底火燃烧后，引爆延时元件和起爆药。

导爆管雷管的内部组件被固定在适当的位置并且由一个密封塞来防水，密封塞与铝壳部位用卡口固定。不同的制造商制造的卡口方式是不同的，所以在缺乏一些其他的辨认数据的情况下，通过比较不同制造商的雷管卡口，能够确定导爆管雷管的制造商。其他的一些爆破组件取决于在自制简易爆炸装置中所使用的炸药的质量，导爆管顶端的三重卡口和密封塞可能在爆炸后被复原出来。导爆管雷管管体或者是在导爆管的长卷上显示延期和其他标签可以提供用来识别特殊导爆管雷管的有用信息。这些标签包括制造厂商，系列名称和雷管的延期时间（见图2.48）。图2.49描述了典型的延期导爆管雷管的内部构造。

3. 电雷管。电雷管和导爆管雷管的用途一样，用来引爆具有雷管感度的炸药和和导爆管起爆系统。但是，两种起爆系统的起爆方法不一样；导爆管雷管用导爆管引爆，电雷管利用电能起爆。电流通过单股或双股的金属线（通常是铜线或铁线或是镀锡铜线或铁线）输送，双股线（两根线）或长度（4英尺~100英尺）和标准尺寸（20~24，美国金属导线标准尺寸）不同。这种线也称为“脚线”，带有不同颜色的塑料绝缘皮，既防止了磨损又保证了可用性（见图2.50）。电雷管脚线的放置方式被称为“八字结”，较长的脚线可以缠绕在一起（见图2.51）。

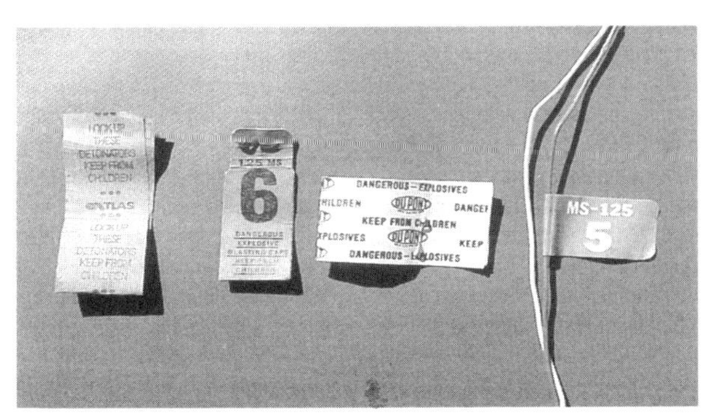

图2.48　用于导爆管雷管和电雷管的各种延迟和可识别标签

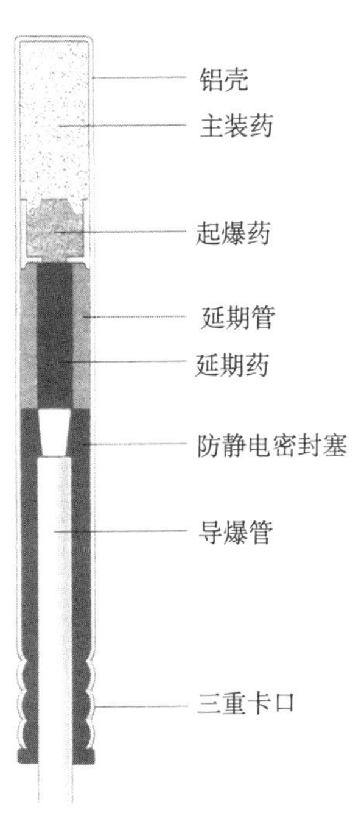

图2.49　延期导爆管雷管的剖面图（由奥斯汀火药公司提供）

与导爆管雷管相似，两根脚线穿过铝壳、铜壳或青铜壳雷管的密封塞，缠绕在恰当的位置来保护脚线以及保证雷管的防水性能。两根脚线通过高电阻桥丝和电点火头连接，电点火头也称为“熔丝头”。远程操控的起爆器提供适当的电流，当电流通过这些脚线时，桥丝的高电阻会迅速变热并且点燃雷管里的点火药。电雷管的内部结构[发火药、起爆药、延时元件（如果需要时）、基础装药]实质上与导爆管雷管是一样的。现在，除了美国军方，其他雷管壳的两侧都有一个警告声明“雷管爆炸，雷管危险”，雷管是军方认定的爆炸物。

雷管内部有一个电点火头，当包含在火药中的桥丝变热时，火药燃烧引爆起爆药、可燃混合物或延时元件。

电雷管有瞬发和延期两种，脚线上的标签标注了延期的时间、级数和装置制造商等信息。

延期时间为25毫秒~8000毫秒不等。注意雷管管体长度与延期时间长度没有必然关系，使用不同类型的延期药实现不同的延期时间，如果雷管壳太长，不方便使用。与导爆管雷管相比，对于特定的制造商生产的金属壳和密封塞是可以区分的（见图2.52）。此外，一些制造商将延期时间和商标等信息印在雷管金属外壳上。在装炸药之前，这个标志就已经印在金属壳表面了。

图2.50　老式雷管（注意包装套管和带有绝缘皮的脚线）

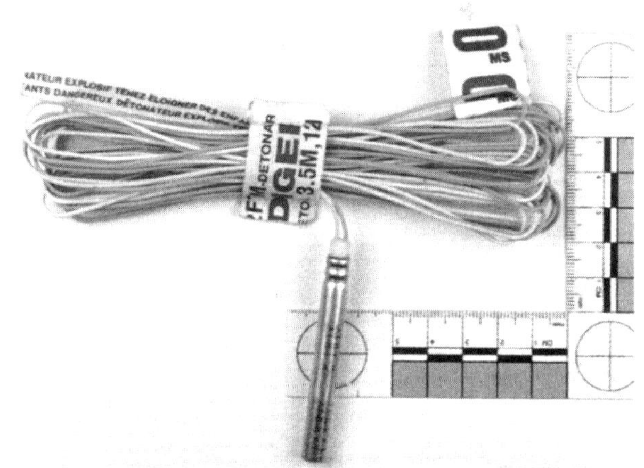

图2.51　电雷管（注意脚线、分流器、蓝色延期线和警告标志）

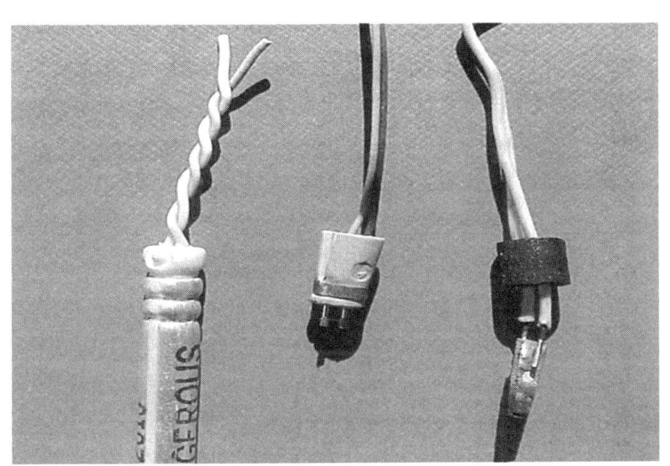

图2.52 用来密封电雷管的封口塞，主要起防潮作用（图片中心脚线的一端，是桥丝发火装置右侧是电点火头，用来引燃火药混合物或起爆药）

所有在北美生产的电雷管都有一个称为“分流器”的设备，用于固定脚线的自由端，但是在世界的其他地区生产的雷管不一定有分流器。分流器在本质上防止意外电流流经导线，从而防止意外的和潜在的致命电流将雷管起爆。分流器有多种形式，也可以用来区分制造商（见图2.53）。图2.54描绘了典型的延期雷管的内部结构。

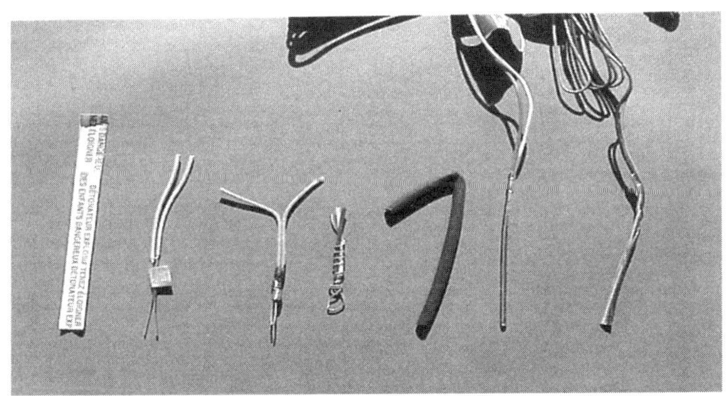

图2.53 用在电雷管中的不同厂家生产的各种类型的分流器

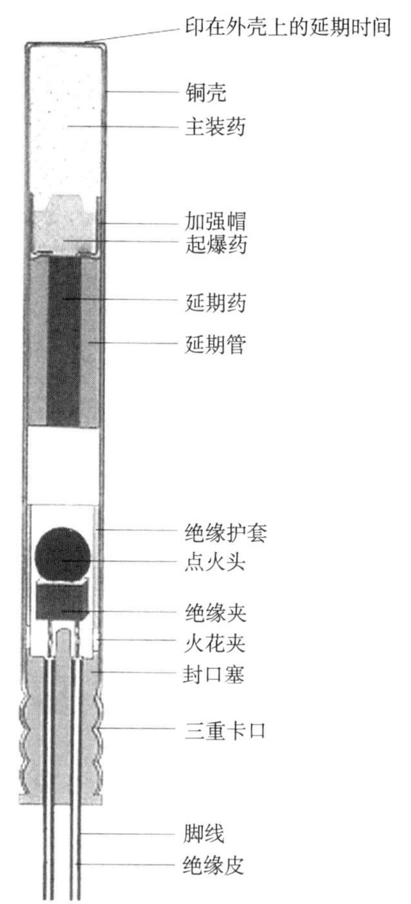

图2.54 延期雷管剖面图（由俄亥俄州克利夫兰奥斯汀分公司提供）

4. 电子雷管。起爆系统领域最新的创新是引入电子雷管。除了雷管金属壳中嵌入了电路板，这种雷管与导爆管雷管和电雷管几乎是相同的（见图2.55）。通过这个非常小的电路板，可以按照爆破人员个人的意愿设计不同的延期时间、起爆序列（见图2.56）。解决了需要特定延迟时间雷管的问题。然而，这种类型的雷管成本增加，可能会妨碍其接受程度。爆炸案件中还没有出现过这种类型的雷管。

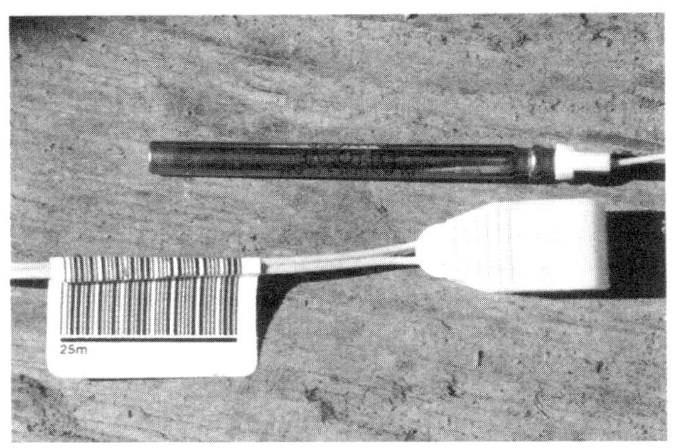

图2.55 电子雷管（注意上面的脚线顶端的塑料配电连接器，它是用来将脚线连接到延时功能的电路板）

图2.56 控制电子雷管延期时间的电脑（起爆前用它来设置特定的延期时间）

5. 爆炸桥丝电雷管。爆炸桥丝电雷管利用高安培电流起爆桥丝进而起爆雷管。这类雷管受冲击能或电能不能起爆。然而，尚未有使用爆炸桥丝电雷管制作简易爆炸装置的报道。这主要是由于专业的起爆器和电缆比较昂贵，必须能提供大于100安/秒的大电流才能起爆雷管。典型的爆破作业中不使用爆炸桥丝电雷管，只有在需要较高安全性的特殊情况下使用。

爆炸桥丝电雷管结构与普通雷管不同，普通雷管可能会有或没有脚线，事实上爆炸桥丝电雷管可能根本没有脚线。炸药装在圆柱形金属壳中（小于雷管），看起来更像一个电子元件（见图2.57）。这些雷管没有起爆药，电能将桥丝汽化后提供足够能量来引爆次级炸药泰安和黑索金。由于没有起爆药，如叠氮化铅，同时又需要高能量起爆，因此，爆炸桥丝电雷管较普通雷管更安全。

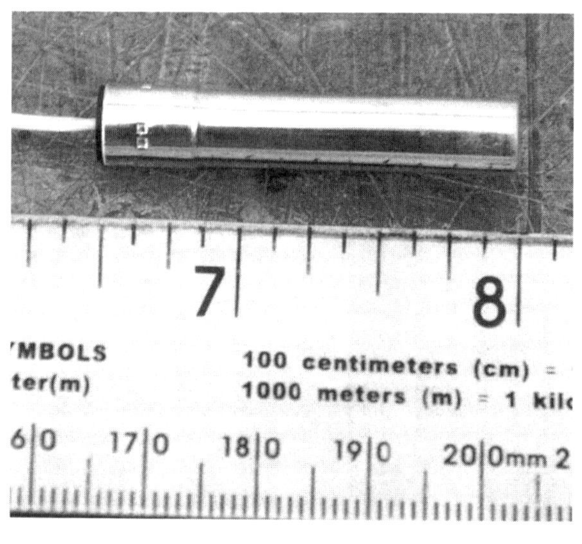

图2.57　EBW雷管（注意它比典型的电雷管小很多）

6. 点火管。科勒和迈耶在《炸药》（1993）一书中定义点火管为“小型爆炸装置，在外观上类似雷管，但装有低速炸药，其输出主要为热能（火花）。通常是电引爆，起到引爆烟火装置和火箭推进剂的作用”。点火管经常应用在需要精确计时的商用焰火中，或考虑到安全因素不能使用导火索时，用点火管起爆发射药或低速炸药。类似雷管，点火管也有脚线，一般是铜线，外层有塑料的绝缘皮，既防止了磨损又保证了可用性，脚线通过密封塞进入铜质、铝质或青铜质的管壳中，并用卡口进行固定。两条脚线通过桥丝连接。点火管接近金属管壳的顶端有一个小孔，存在破裂的危险。本质上说，点火管算是微型雷管，但爆炸只能产生燃烧或火花而不是爆轰波，因此，不能用于起爆高速炸药。尽管不经常使用，有时还是会在以低速炸药作为主装药的简易爆炸装置中使用。

点火管起爆后不像雷管爆炸后那么破碎，这取决于其起爆的引爆低速炸药的药量和使用方法。因此，爆炸现场中的点火管相对较容易复原。

7. 电点火头。电点火头或者点火头与点火管相似，本质上发挥同样的作用，用于起爆低速炸药或烟火药。

另外与引爆雷管中起爆药的电点火头相似。电点火头利用与雷管脚线相似的铜质导线传递低安培电流，桥丝包在烟火药混合物内。引火头可以用也可以不用塑料导管密封。当足够大的电流通过脚线时，桥丝发热引燃火药混合物，进而引爆烟火药混合物形成“发射”的火焰，持续的时间很短。另外，电点火头可以用于引燃低速炸药，也可以用于引爆导爆管。将电点火头与导爆管开口端连接很方便，可以用一个连接管固定电点火头位置（见图2.58）。用这种方式处理的电点火头可以产生足够的火焰能量来引爆涂在导爆管内壁的奥克托金与铝粉的混合物。

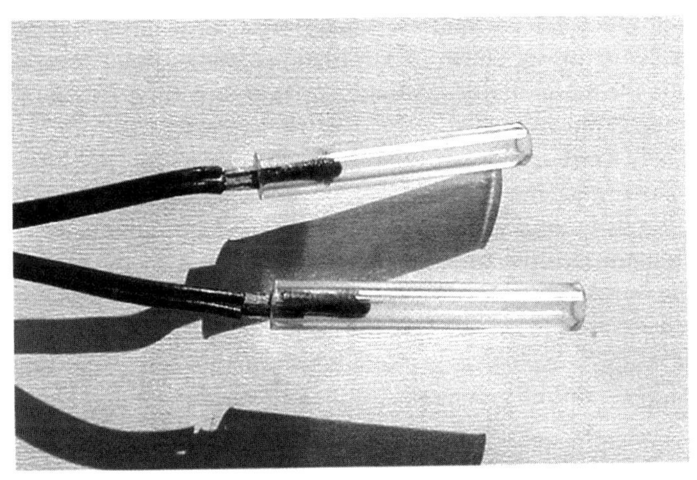

图2.58　用于起爆导爆管或低速炸药的电点火头

电点火头被用于引爆自制简易爆炸装置中的低速炸药。起爆器材中除了导爆管和雷管，其余的不能引爆高速炸药（如硝化胶质甘油炸药、乳化炸药或者泰安）。爆炸后遗留在现场后的自制简易爆炸装置中的电点火头遗留物可以被复原。

小结

本章介绍了民用、军用和自制炸药及可用于识别炸药的物理特征。目前，在美国不仅简易爆炸装置中使用这些炸药作为主装药，低速炸药也是炸弹制作者的一种选择。在美国之外的其他地方的情况不尽相同，大部分爆炸装置中使用的是高速炸药。

炸药包括低速炸药、高速炸药及火工品。低速炸药包括黑火药、烟火药、闪光剂和无烟火药等。黑火药有一种基本的配方，但颗粒有不同的尺寸，用在不同的目标。烟火药是黑火药的替代品，颗粒有四种尺寸。研究显示，商用或非法使用的闪光剂是最危险的一种火药。无烟火药是美国生产的最普遍的低速炸药，至少有100种。这些火药可以归纳为三大类：（1）单基无烟火药；（2）双基无烟火药；（3）三基无烟火药。单基无烟火药由消化纤维和增塑剂组成；双基无烟火药由单基无烟火药和硝酸甘油组成；三基无烟火药中额外添加了硝基胍等成分。

美国每年生产数十亿吨的高速炸药。大部分是民用炸药厂生产的，包括很多品种。这些产品可以分为两类：（1）初级炸药（起爆药）；（2）次发炸药（猛炸药）。起爆药用于起爆系统中，包括叠氮化铅等。猛炸药可以进一步分为具有雷管感度炸药和不具有雷管感度炸药。具有雷管感度炸药包括硝酸甘油炸药、泰安、黑索金、TNT、薄片炸药、乳化炸药和水胶炸药等。不具有雷管感度的炸药或爆破剂包括铵油炸药、不具有雷管感度的乳化炸药和水胶炸药等。乳化炸药和水胶炸药是否具有雷管感度取决于它们的配方。另外，猛炸药中的爆破剂，TNT及TNT与其他炸药的混合炸药，如与泰安混合（彭托利特炸药），被用在起爆药柱中。

所有军用炸药都具有雷管感度，但撞击感度较小。主要包括薄片炸药、TNT、军用硝化胶质甘油炸药、C–4炸药和国外的各种泰安和黑索金混合炸药。

火工品是高速炸药或者低速炸药（起爆药和猛炸药）组合的起爆器材，应用在起爆系统中。这些材料包括导火索、导爆索、各种类型的雷管、导爆管和电点火头等。

简易爆炸装置爆炸后，不论其组件和使用的炸药是否为工厂生产的，大量的残留物会留在爆炸现场，现场调查人员可以对其进行复原分析。现场调查人员有效的复原分析工作可以直接影响案件的侦破进程，可以为侦破案件提供与炸弹制作者相关联的线索。

复习题

1. 在美国最常见的民用炸药产品有哪些?
2. 区分导爆索和导火索的最好方法是什么?
3. 硝酸甘油的发现者是谁?
4. 硝酸甘油胶质炸药的发现者是谁?
5. 什么是导火索、军用导火索和导爆管，如何使用它们?
6. 什么是爆破剂?
7. 点火管和电雷管的区别是什么?
8. 起爆药是什么?
9. 高速炸药中最敏感的类型是什么?
10. 什么是安全炸药? 其印在包装箱上的标识是怎样的?

第3章 简易爆炸装置组成部件爆炸前后的识别

3.1 引言

简易爆炸装置的基本组成部分是炸药和起爆系统，除此之外还有许多其他种类的部件。正如我们在第2章中所了解的，能够制成简易爆炸装置的炸药种类繁多。同样地，也有多种自制的和市场上可以买到的部件用于制作起爆系统。从理论上讲，起爆系统的部件数量比起爆系统的种类多，而且就简易爆炸装置爆炸后收集到的证据而言，起爆系统与炸药完全不同。不同于可以重新找到的爆炸遗留物或未爆炸药的微小颗粒，已爆炸药通常很难在爆炸现场中留存下来，而像包装物等除炸药以外的部件和爆炸装置的起爆系统却一定会留存在现场中，只是形态发生变化，炸药量过大时，甚至会面目全非。研究显示，大约90%的组成部件爆炸后会存留在爆炸现场中。

爆炸现场调查人员除了要具备爆炸动力学、炸药特性及爆炸现场调查方法等方面的知识外，还要具备关于简易爆炸装置组成部件的相关知识，这样才能熟练识别留存在现场中未受损坏和已受损坏的爆炸装置组成部件。爆炸装置组成部件完好无损且保持原始形态是因为没有发生爆炸，而爆炸装置的破碎通常都是由爆炸效应产生的。因此，为了有效地进行爆炸现场调查，调查人员需要找到简易爆炸装置爆炸后的碎片，且能够辨别其是否为证据，是否为重要证据。但是，不能确定现场中某个碎片的来源时，现场调查人员也应对其进行收集。这些碎片之间及其与现场之间的逻辑关系的判断主要凭借于现场调查人员识别爆炸装置组成部件的能力。此外，认识和了解简易爆炸装置的起爆系统及其制作方法能够帮助爆炸现场调查人员识别和收集相关证据。这些认识和了解包括可能用于制作简易爆炸装置的各个组成部件之间的相互作用。如果现场调查人员在爆炸遗留物中发现了带有导线的1.5伏的C号电池，就应该推断出这是个至少由一节电池作为能源，由导线传导电池能量的电起爆简易爆炸装置。但是，要推断出其他组成部件，就需要现场调查人员运用电起爆装置的基础知识来确定（不唯一确定），如电池座、电工胶带、焊料、电起爆开关、电起爆原理等。根据爆炸装置组成部件的相关知识可以为寻找其他组成部件提供线索，最终将现场与这些组成部件联系起来。

然而，本着不教授如何制作爆炸装置的宗旨，本章不会详细介绍炸弹的构造技术，而着重介绍组成起爆系统的组成部件的类型以及其他可能用于制作爆炸装置的相关组成部件。重点根据各组成部件在简易爆炸装置中的作用，讲述完整的和受损的简易爆炸装置组成部件的特征识别。这些组成部件包括：包装物（包括外部包装物和内部包装物）、碎片、胶水和黏合剂、焊料、电池和电池座、电气和机械开关、定时部件、电导线和其他连接线、纸和胶带。

3.2 简易爆炸装置

在开始讨论爆炸装置组成部件前，首先要知道简易爆炸装置的定义。所谓简易爆炸装置，是指将一些不相关的物品或部件加以组装、拼接而构成的可以引发爆炸的组合体，能够导致人员伤亡和财物损坏的装置。通过定义，我们可以看出，只要能组成两个基本的、主要的部分——主装药和起爆系统，几乎任何物品都能构成简易爆炸装置。但是，一些装置也使用了其他的部件，如外部有伪装的包装物等，以掩人耳目，防止被发现。本章在阐述已经发现的不同类型的爆炸装置时会对此进行详细论述。

3.2.1简易爆炸装置制作的影响因素

直接影响简易爆炸装置制作水平的因素有5种：

- 制作者的知识背景
- 制作者的独创性
- 制作者制作简易爆炸装置的熟练程度
- 无爆炸性能组成部件的使用
- 炸药的使用

制作者可以从很多渠道获得爆炸及爆炸装置的相关知识，包括军队、警方或者商业培训，书籍和不公开的文献以及互联网。

制作者的独创性主要是指制作者本人为达成个人目的而设计爆炸装置结构的能力，也可以认为将炸药和各种部件组合在一起的创造力、聪明才智或巧妙的设计。需要注意的是，这并不是指使用常规的一些材料制成各种部件的能力。例如，用起皱的纸张折叠成长度适宜的电池座的能力，而不是使用商业生产的电池底座。同时，这也包括制作者在组装及放置爆炸装置时不伤及自身的能力。当然，也有许多爆炸装置制作者在制作装置过程中不慎受伤的案例。出于严谨考虑，组装爆炸装置的能力也包括第二个因素——制作者的动手操作能力。

有些人可能有制作爆炸装置的理论，但缺乏将理论付诸实践的能力。是否有实际操作能力决定了制作者能否将各种部件拼装在一起组成爆炸装置。这种技能包括常人所不具备的使用各种工具组装简单或复杂物品的技术。调查人员通过调查简易爆炸装置的结构，能够明确制作者的专业水平或精确程度。的确，一个能力有限的人是否能够制作出“先进”的爆炸装置完全取决于制作者个人的制作水平及测试装置的技能。但我们很容易确定的是，一个人很有可能通过制作非常简单的爆炸装置来掩饰其掌握的知识和具有的制作技能。

无爆炸性能材料的实际用途也决定了装置的设计和组装。根据设计，如果是电起爆系统，那就必须要用到相应的电子元件，这些电子元件在“炸弹工厂”或当地的零售商店内买得到吗？如果买不到，就需要根据实际情况改成简单的电起爆或机械起爆系统。组成部件的效用取决于爆炸装置制作者将现有材料改装成爆炸装置部件的能力。如果制作者没有这种技能，则需要妥善处理那些没有经过改装和伪装的部件，而且为了减少在购买部件时被发现或引起关注的可能性，有些制作者则自行设计制作无爆炸性能的部件，即使不是所有，也是绝大部分的部件。

最后的因素是炸药的使用。有些爆炸装置需要较高的临场制作的技术。如果主装药和起爆炸药的方法能够预先获得，则只有组装爆炸装置这一个问题了。如果主装药和起爆炸药的方法其中之一或二者都不能预先获得，制作者将要面对临场制作这些组成部件的任务。对于制作者而言，实现低速炸药和高速炸药的起爆是一个挑战，尤其是雷管的制作。主装药为高速炸药的装置，对于雷管或者起爆药的制作技术水平的要求更高。大量历史事实表明，这些制作技能已被恐怖分子掌握，尤其是那些由国家或集团支持并训练的恐怖分子。

⇨ 3.2.2 简易爆炸装置的基本组成部件

如3.2所述，简易爆炸装置有两个基本组成部分：主炸药和起爆系统。

主炸药是低速或是高速炸药，能够与其他材料结合构成一个更具杀伤力的爆炸装置。这些材料包括能够制成爆燃装置的易燃物，以及可以制成大规模杀伤性武器的化学、生物或核物质。一个小型简易爆炸装置可能不属于大规模杀伤性武器，但是，将装有大量炸药的交通工具驶向摧毁的目标，已成为越来越常见的大规模杀伤性武器，这些大型汽车炸弹已被用于很多汽车爆炸案件中。在20世纪80年代至90年代的英国和北爱尔兰的爆炸案；1983年黎巴嫩海军陆战队军营和在贝鲁特的法国军营爆炸案；1983年至1984年美国大使馆爆炸案；1998年在肯尼亚和坦桑尼亚的美国使馆爆炸案；1993年第一次世界贸易中心爆炸案；1995年4月19日俄克拉何马城的阿尔弗雷德·默拉联邦大楼爆炸案以及最近在伊拉克和阿富汗发生的爆炸事件，等等，都采用了这种方法。

起爆系统为主炸药提供爆炸所需要的刺激或能量。起爆系统无论是简单如一根导火索，还是复杂如电起爆系统，都可以归纳为两种类型：（1）电起爆；（2）机械起爆。为了保证爆炸装置的正常运行，起爆系统不需要非常复杂，实际上绝大多数爆炸装置的起爆系统都不复杂。而起爆系统越复杂，爆炸装置出故障的概率就越大。起爆系统中必不可少的部件是：起爆器材。起爆器材可以是能够实现引爆或点燃的任何装置，本书2.12.1已经提及。这些起爆器材包括导火索、拉火管、电引火头、点火器、火帽、雷管及其他各种简易部件。起爆系统更重要的一个作用是为起爆器材引爆主装药提供能量。

⇨ 3.2.3 不同类型简易爆炸装置的主要影响

我们可以制作出能够实现不同功能类型的简易装置。主要有爆炸装置、爆燃装置、燃烧装置。其中，爆炸装置可以进一步分为六个爆炸破坏效应类型：（1）爆炸冲击波；（2）爆炸碎片；（3）聚能装药；（4）克莱莫尔特种装药；（5）盘式装药；（6）爆炸形成的抛射体。

简易爆炸装置爆炸产生的其他间接破坏效应，也是制作者希望达到的目的。因此，在发生爆轰后（不仅仅是爆炸），现场调查人员应该设法确定爆炸装置制作者所期待的破坏效应，这有助于集中调查，为调查遗留在现场中的爆炸装置组成部件以及外围调查工作提供线索。

由爆炸冲击波造成主要破坏效应的，是在高能主装药在没有硬质外包装（如金属管）或者没有添加碎片时的爆炸所引起。一个简单的筒式装药爆炸就是典型的此类爆炸（见图 3.1）。

爆炸碎片为主要破坏效应的装置，其主装药或者是高速炸药，或者是低速炸药，可能要有硬质包装物，如金属管；或者其他合适的包装物，如放置在交通工具内（大型车载爆炸装置）；或者在主装药内添加弹片，就像自杀式炸弹，将炸药与添加物一起作为背心或腰带穿在身上。这种类型的简易爆炸装置利用炸药造成伤亡，碎片和弹片遍布整个现场。在确定这个装置是否试图利用碎片造成人员伤亡时必须要谨慎，可能会出现一种非常符合逻辑的结论：炸弹制作者将高速炸药放在一个管子内，以达到用管子碎片造成伤亡的目的。结果虽然如此，但一方面制作者可能只是用管子固定起爆系统的各个组成部件，以避免各组成部件在起爆之前发生意外。另一方面，如果有额外的填充物（如钉子等）在管状炸弹或高能筒式装药之外，极有可能这是意图利用碎片造成破坏的爆炸装置（见图3.2）。

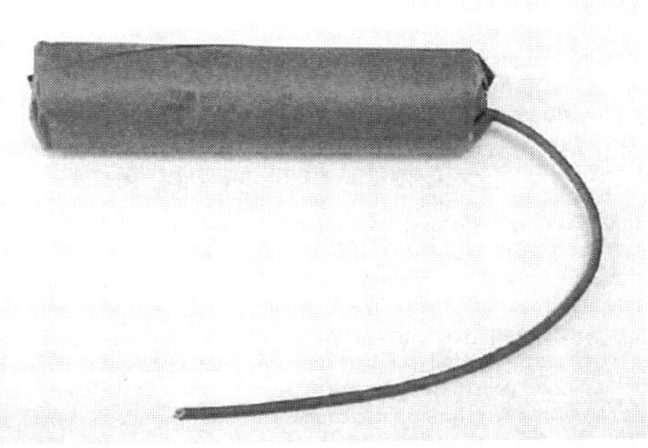

图3.1 筒式装药和导火索（一个爆炸冲击波为主要破坏效应的爆炸装置）

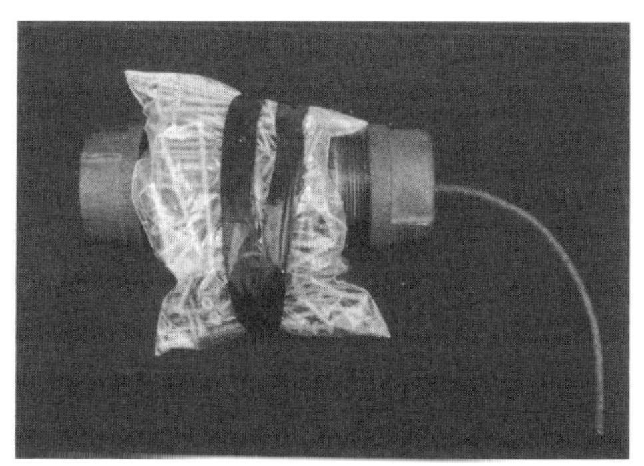

图3.2 能产生爆炸碎片效应的爆炸装置和添加钉子的管状炸弹

聚能装药爆炸装置是为特殊目的而特别设计和制造的，能够在金属或者其他硬质材料上炸出孔洞。由于使用的是高速炸药，根据现场中的包装物碎片很难确定包装物原形。因此，判断使用这种炸弹的迹象可能有两个方面，一是爆炸目标，是否试图接近某物或进入某区域？二是目标物破坏情况，是否有圆形或条状的洞或目标物是否被穿透？但这并不意味着在目标物边有一个巨大的洞就是聚能炸药所致。自制聚能装药爆炸装置通常很小，直径一般小于6英寸，绝大多数直径为2或3英寸，或者更小。将炸药按一定的形状排列（通常是半圆形）可以对目标物造成更大的爆炸破坏。迈克尔和赫贝克在2000年著的《美国恐怖分子》中详细阐述了蒂莫西麦克维用装有高速炸药的汽车炸弹摧毁默拉联邦大楼时炸药的排列情况。而且，2000年10月12日在也门亚丁的科尔号战舰中发生的自杀性爆炸事件，爆炸效应猛烈，可能就是因为将炸药排列成聚能炸药的形状，增强了爆炸效果。在这类事件中，炸药的包装物不一定是聚能炸药的形状。

克莱莫尔特种装药，在第1章中已经详细述及，其利用炸药爆炸产生的能量推动弹片向某一个特定方向抛射，其爆炸效果与爆炸碎片装置相似，只是它是向特定的方向抛射碎片。这类爆炸装置（包括起爆系统）的组成部分包括盛装炸药和弹片的包装物。此类装置大多使用的是高速炸药，很少使用低速炸药（见图1.17）。

虽然盘式装药的爆炸装置出现率较低，但已被用于袭击车辆，特别是装甲车。其中高速炸药爆炸产生金属盘或浅盘形的弹片为射向目标物提供能量，在目标物上或穿透目标物，形成与盘状物大小相近的孔洞。如果金属盘是易碎材质或不能穿透目标物，金属盘可能在爆炸处破碎，形成克莱莫尔定向抛射效应。能够复原的爆炸装置组成部件包括起爆系统、用于包装爆炸装置的包装物，以及为使爆炸装置射向目标物而使用的垫板之类的部件（见图1.18）。

爆燃装置不仅能造成爆炸冲击波和碎片的破坏效应，还能利用主装药引发装置内的可燃物质燃烧。这些可燃物质能够生成一个大火球，从而增强对目标物的燃烧破坏效应。这些爆燃装置由低能或高能主装炸药、促进剂（通常是汽油，但不一定全是汽油）以及盛装促进剂的任意形状的包装物组成（见图3.3）。

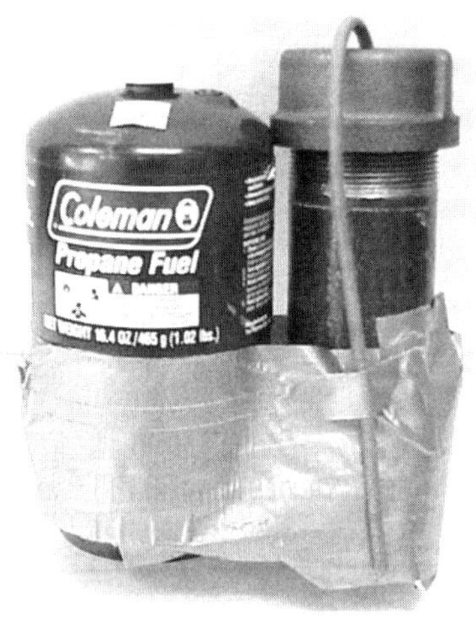

图3.3 爆燃装置（管状炸弹和装有丙烷的露营金属火炉）

燃烧装置中不包含炸药成分，也不一定是在促进剂的催化作用下才爆发，它是由装载促进剂的包装物和起爆系统组成的装置。起爆系统可以像灯芯一样简单，可以点燃之后将其扔出去使装置燃烧，也可以是将两种物质放在一起使其相互作用，产生自燃反应。

⇨ 3.2.4 简易爆炸装置的外观

简易爆炸装置的外观就是装置的物理形状，即装置看起来像什么？是具有突出于底部的导火索的筒式装药，还是两端带有端帽的长管形装药？抑或是公文包或者盒子？根据装置外观将其分为三类：

- 开放型爆炸装置
- 封闭型爆炸装置
- 半开半闭型爆炸装置

所谓开放型爆炸装置，是指制作者没有刻意伪装，可以很清晰地看到爆炸装置组成部件的爆炸装置，如没有盒子、背包或者手提箱等包装物的爆炸装置，装有一根长导火索的筒式炸弹就是这类爆炸装置（见图3.1）。

所谓封闭型爆炸装置，是指内部组成部件被外包装隐藏起来而不可见的爆炸装置，外包装可以是背包、包裹、手提箱、大型汽车炸弹、自杀性炸弹、罐子或者包裹炸弹等（见图3.4～图3.8）。

半开半闭型爆炸装置，是指其组成部件部分可见的爆炸装置，如用管子装主装药，而起爆系统的组件暴露在管子外面的爆炸装置。

图3.4　几乎任何物品都可以作为简易爆炸装置的外包装物（工具箱、双肩背包、手提箱、金属和塑料管、金属罐、冰箱和纸箱子）

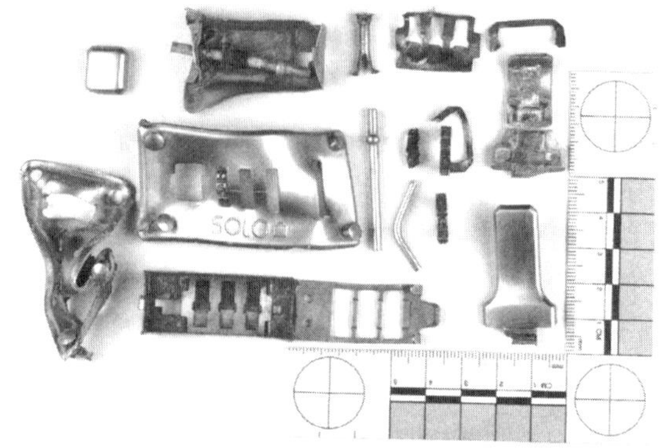

图3.5　类似于图3.4中的手提箱锁的遗留物（图中品牌名字清晰可见，有助于识别包装物）

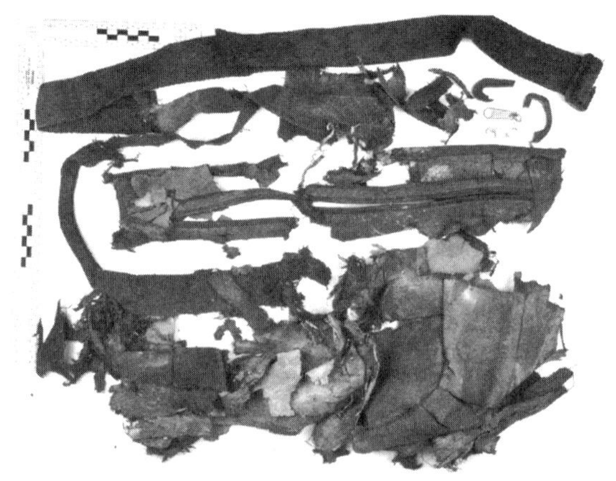

图3.6　双肩背包的碎片

图3.7　金属工具箱的碎片（注意鉴别爆炸遗留物的品牌）

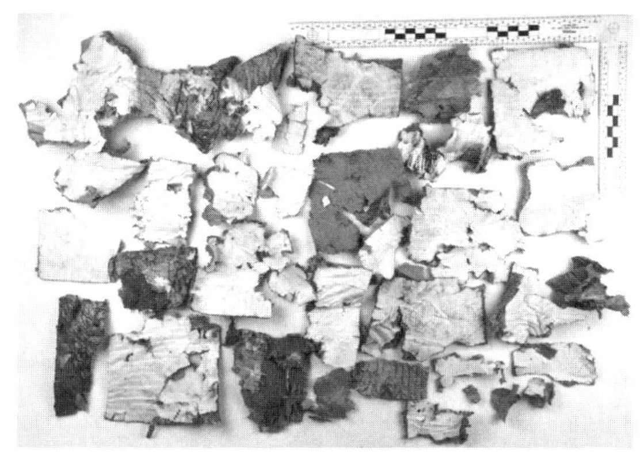

图3.8　瓦楞纸箱子的碎片

毋庸置疑，装置的外观不仅直接影响物证的类型，还影响可提取物证的数量，特别是由导火索和雷管起爆管状爆炸装置后，现场中最易识别出来的组成部件就是破损的导火索。如果爆炸装置使用背包伪装，那么现场中会遗留大量的背包碎片。如果现场调查人员没有想到或意识到为什么现场中会有那么多尼龙材质的碎片，那么将会遗漏掉现场中的重要证据。为什么呢？试想，如果有目击证人能够认定某一款式和颜色的背包在爆炸之前曾被人带到目标处，这将是破案的重要线索。对于调查人员而言，能够意识到掩藏炸弹的外部包装物是爆炸装置的一部分是十分重要的。例如，邮件包裹炸弹是如何被带到住宅这一爆炸现场的？是由炸弹投放者带进住宅的还是受害者以为是包裹，在毫不知情的情况下将炸弹带入住所？如果因为调查人员不知道爆炸装置是如何进入现场的，而无视现场中零散的包装物和瓦楞纸箱的话，他们就会忽略现场中留存的对调查非常有价值的证据，特别是邮件的来源，纸张上可能留有制作者的指纹、笔迹或打印地点等。所以，简易爆炸装置的包装物是识别和描述简易爆炸装置组成部分的第一要素。

⇨ 3.2.5 简易爆炸装置的组成部件

如前所述，简易爆炸装置的基本组成是主装药和起爆系统。然而，这是一个非常简单化的说法，对于爆炸现场的调查人员而言，只知道这些是远远不够的。所以，现场调查人员需要知道简易爆炸装置的起爆系统通常是由哪些部件组成，还要知道在这些爆炸装置中常用的其他类型的组成部件。本文将在3.2.5.1 ~ 3.2.5.11中，介绍一些已经发现并且现在还在使用的爆炸装置组成部件。如3.1中所讲的，本文不会说明如何使用这些部件制作爆炸装置，而是介绍如何识别爆炸装置以及使用这些爆炸装置的条件。爆炸装置中的一些组成部件包括：

- 炸药
- 起爆器材
- 外包装
- 电子元件
- 定时部件
- 弹片
- 黏合剂
- 胶带
- 木材
- 纸张
- 固定部件
- 连线

◎ 3.2.5.1 起爆器材

在第2章中已经详细介绍了起爆主装药的起爆器材，其中包括很多利用机械原理或电力作用而起到引爆作用的装置。这些起爆器材包括导火索、药捻、引信、电引火头或导爆索、导爆管或电雷管、拉火管或自制起爆器等。

关于爆炸后燃烧类引信遗留物的发现复原，一般导火索残段易于在现场找到，但在现场中通常没有药捻的遗留物。我们都知道，导火索是其内部物质燃烧，并不消耗其整体，然而药捻引信是外部燃烧，通常消耗的是其完整体，在现场中基本看不到药捻引信的残段。现场中药捻或导火索的燃烧痕迹是显而易见的。这些燃烧痕迹通常留在引信燃烧时所在的物质上（见图3.9、图3.10a）。能否在爆炸现场中发现导爆管、电雷管、电引火头和拉火管的遗留物可能取决于炸药量。实际上，在爆炸现场中仔细寻找，往往能够发现这些起爆器材的遗留物。图3.11详细展示了在爆炸现场中发现的起爆器材的遗留物。而且，由于导爆管在引爆爆炸装置时不会自我损毁，所以调查人员可以在爆炸现场及周围找到其遗留物。

导爆索与其他起爆装置不同，在爆炸现场中很难找到其遗留物。但也有一种特殊情况，导爆索在比较硬的表面（如金属、地砖或混凝土）上引爆时，在这些硬介质的表面上可以观察到导爆索的外皮编织痕 （见图3.10b、3.10c）。在案件调查中，通过地砖上的导爆索特有的痕迹确定该爆炸装置是用导爆索起爆的。我们可以想象，具有光滑塑料外皮的导爆索是不可能产生这类痕迹的。

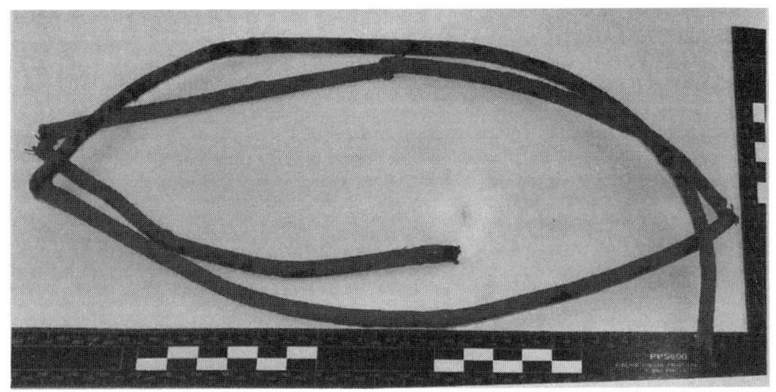

图3.9 在爆炸现场提取的燃烧后的民用导火索

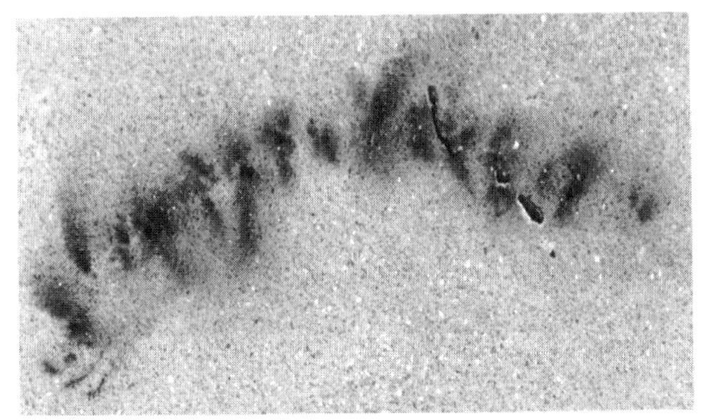

a. 药捻残留物（药捻燃烧后通常不产生碎片，但要注意混凝土上的燃烧痕迹，这可以推断它可能被使用）

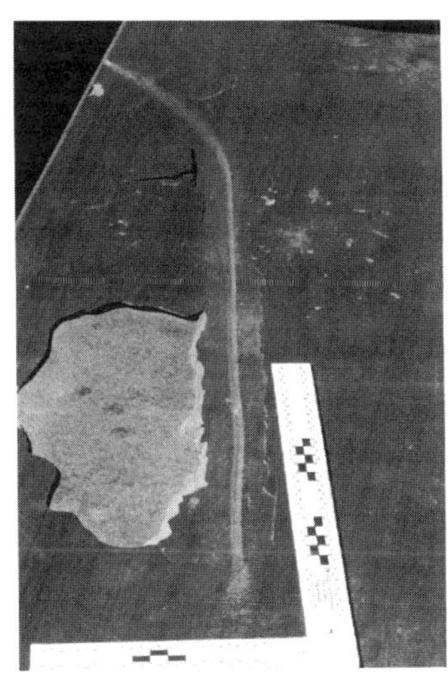

b. 金属板上的导爆索痕迹

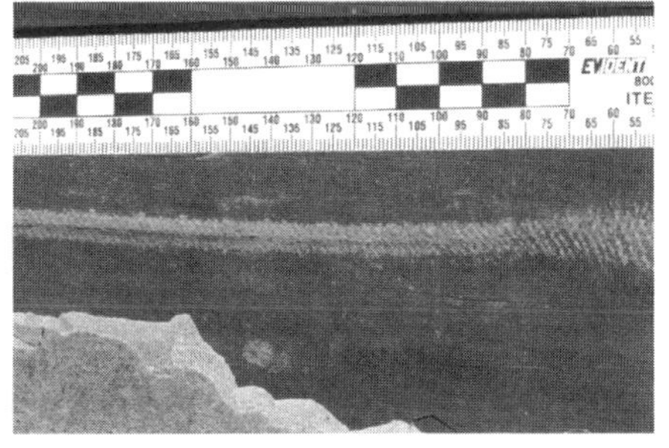

c. 导爆索引爆后，在硬介质表面上的外皮编织痕迹的细节照片

图3.10 爆炸现场起爆器材留下的痕迹

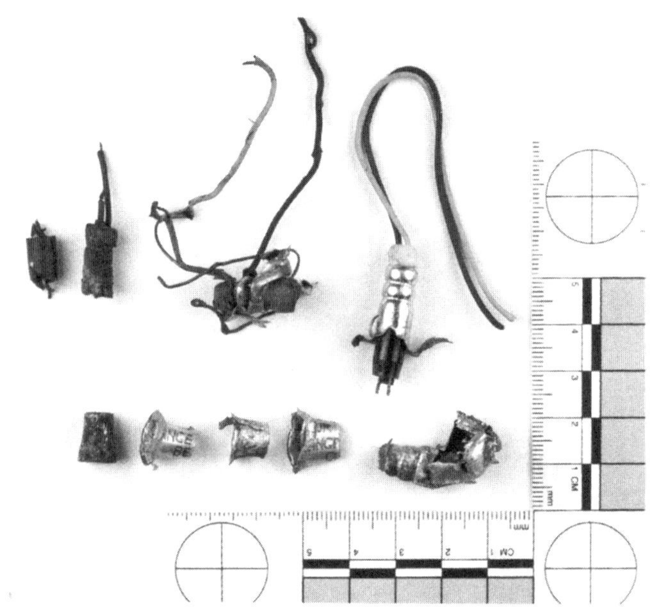

图3.11 现场提取到的雷管遗留物（注意脚线、雷管外壳的变形情况、密封塞以及一些内部元件的遗留物）

◎ 3.2.5.2 包装物

虽然大部分爆炸装置都有包装物，但包装物也不一定是所有爆炸装置必需的组成部分。使用包装物的情况包括伪装简易爆炸装置、配合隐藏爆炸装置、运输爆炸装置、盛装主装药，特别是低速炸药等。在实际案例中，简易爆炸装置的组成部分包含了各种各样的包装物。这些包装物其实就是我们日常生活中常用的盛装物，如背包、公文包、纸盒或塑料盒以及手提箱等。如果没有这些物品我们会迷失调查方向。包装物的产销已经形成一个专业的生产销售产业链。综上所述，可以看出包装物的本质特点。包装物是日常用品，每个人都经常使用且可以作为简易爆炸装置的一部分。制作者使用包装物的最主要目的是掩藏爆炸装置，使其不受关注。炸弹制作者在将其带入公共场所的过程中，能让人们识别出来吗？几乎没有人会这么做。制作者会用一个常见物品将爆炸装置包装好之后放到目标处。包装物也可能只是用来转移爆炸装置的工具，制作者可能在放置好爆炸装置之后，将包装物带走。1996年埃里克·鲁道夫轰炸乔治亚州的亚特兰大奥林匹克公园，使用的背包不仅是运送爆炸装置的工具，还是爆炸装置的组成部分，防止有人看破其真正的意图（在爆炸之前被联邦探员发现）。

奥林匹克公园爆炸案揭示了爆炸装置中包装物的使用。包装物可以用于并且已经用于以下两种情况：内部和外部。制作者将背包作为运送爆炸装置至公园的外部包装物，而其内部则为装有低速炸药的许多管状炸弹。这些管子既是包装物，又有另一个作用：盛装低速炸药。在第1章中讲到，低速炸药爆炸或爆燃需要一些盛装设备。在上述案件中，发生爆炸时，金属管破碎，碎片构成杀伤力。调查人员应意识到现场的碎片不是一种包装物而是两种包装物，且每一种包装物的作用不同。本案中爆炸现场有背包和管状炸弹的碎片两种包装物。经过对这两种证据的收集和分析可以得知破碎的纺织物来源于背包，而金属碎片则来源于多个金属管状炸弹。

本节中讲到，在爆炸装置中可以有各种各样的内部和外部包装物。如何使用这些包装物完全由制作者决定。包装物主要包括但不局限于以下这些物品：

- 管子、管状物和管件
- 丙烷和二氧化碳气瓶
- 金属和塑料罐、桶
- 玻璃和金属瓶、缸
- 军械
- 车辆
- 衣物
- 背包及各种包
- 动物尸体
- 人体
- 鼓状物
- 纸盒、塑料盒和金属盒
- 公文包和手提包

以上大部分包装物的用途一目了然，只解释其中几类包装物。在汽车炸弹爆炸案件中，现场调查人员应该看出车辆不仅是简易爆炸装置的运输工具，还是爆炸装置的伪装物。在默拉联邦大楼爆炸案中，这些伪装物还可能包括许多在汽车内的大型金属和塑料桶。麦克维和尼科尔斯就是在平板运输车内用蓝色塑料桶固定简易爆炸装置的。

低速炸药爆炸装置使用最多的包装物是管子和管状物。原因很简单：第一，管子和管状物通常情况下是金属制品，且密封性好以便于装载低速主装药，使其能够爆炸；第二，价格便宜，且来源广泛易取得，较难追踪来源。管子和管状物要成为密封的爆炸装置还需要一个部件——一些密封包装物的部件，如端盖。本节先介绍管子和管状物，稍后会详细介绍端盖等密封部件。

管子和管状物在技术或工程中的定义略有不同，但是在本章中就其实际用途而言是一样的，都是用来盛装一些材料或液体，将其从一个地点带到另一个地点的空心圆柱。管子有多种材质的，但是用于简易爆炸装置的包装物或主装药的包装物的管子主要有三种材质：（1）金属；（2）纸质；（3）各类塑料。金属管主要有四种材质：（1）钢；（2）铸铁；（3）铜；（4）铝。也有其他材质的金属，但使用率较低，如青铜。所有金属材质中，低速炸药作为主装药的爆炸装置最常使用的是钢管。根据所使用的炸药种类和数量的不同，钢管会破裂成大块碎块或非常小的致命钢片（见图1.4~图1.7）。

研究显示，1998年奥克斯利和1983年瑟曼的管状炸弹爆炸案，两者主装药的种类和数量以及起爆系统不同，产生的碎片数量、大小和形状也就不同。当然炸药的爆速越高产生的碎片越小。也就是说用黑火药作为主装炸药，用雷管或电点火头的火焰作为起爆装置的管状爆炸装置爆炸产生的碎片比用双基无烟粉末作为主装药，通过起爆器起爆爆炸所形成的碎片大。如果黑火药不是商用黑火药而是自制黑火药，则考虑到制作工艺，其产品质量会不甚理想。这些质量略差的炸药爆炸会产生较大的碎块，或者只产生一块大的碎块。而且，一些试验显示即使使用的都是双基无烟粉末作为主装药，但是起爆器材不同，产生的管状物碎片的特征也不尽相同。一个用电点火头起爆的爆炸装置产生的碎片比用雷管起爆产生的碎片大。我们相信这种差异来源于使用的起爆器材的不同。雷管能够从双基药中激发出硝酸甘油成分从而能够产生比用电点火头（见图1.5、图1.6）起爆更高的爆速。其他类型的火焰起爆器起爆爆炸装置产生的效果和电点火头相似。相对于低速炸药装药产生的碎片来说，装有高速炸药（如C-4炸药）的管状炸弹产生的碎片确实很小。

对于调查人员而言，能够识别出爆炸效果很重要，因为这可以为确定炸药种类提供初步的调查线索。粗略检验收集到的金属碎片能够判别是低速炸药还是高速炸药。而只有通过实验室的科学检验才能确定是何种类型的炸药。调查人员根据现场收集到的材料只能作为临时线索，不能作为事实。本文将在第4章相关章节中详细阐述这些初始线索。

与较高爆速的炸药爆炸产生的包装物碎片较小相似，较高强度的包装物产生的爆炸碎片较小，所以，除个别情况外，包装物本身的强度越高，爆炸后产生的碎片越小。

纸质管状物广泛用于非法秘密制造炸弹，许多是由烟花爆竹衍化而来。这个名称不太恰当，这是根据其外观命名的。这些装置表面由厚的红色纸螺旋缠绕，两端封闭，其中一端伸出引信，外观像爆竹。其所装载的低速炸药的数量有限，通常是闪光粉，但产生的爆炸能量至少会炸掉一只手。所以，酒精、烟草和军火管理局根据这些装置所拥有的能量，将其归类于毁灭性装置之列，即炸弹。当这些装置爆炸后，硬壳纸的碎片通常遍布整个现场，这些碎片是确定装置类型的证据：用纸质管状物作为其包装物的炸弹。

塑料管的碎片在许多方面与金属管碎片相同，调查人员能够从现场中找到这些碎片。但是，如果使用的是低速炸药而不是高速炸药，爆炸后塑料管产生的碎片比密封金属管产生的碎片要大，这是由于金属包装物和塑料包装物的强度不同所致（见图3.12）。

为了使塑料管能够在装填低速主装药的情况下发挥更好的作用，必须有效密封管体，这不仅仅是为了防止炸药漏出，也是为炸药爆炸积聚压力。为此，绝大部分管状炸弹用管子端帽或管件来密封管状物。但一些简易爆炸装置的包装物与管状物之间还需要嵌合部件，包括：

- 端帽
- 三通管
- 弯管
- 异径管
- 活接头/管箍
- 端塞

看起来好像拆解的一些元件，而不像是管道工程的组件。严格来说，其中可能有一些短管子像嵌合部件，如“螺纹接头”，但我们认为，螺纹接头只是短的管子而不是嵌合部件。

绝大部分嵌合部件都采用螺纹方式与管子连接。这些嵌合部件的材质范围很广，包括各种塑料、铸铁、铜、铝、高强度钢，有些取决于与其嵌合的管子的材质。调查显示是否使用了嵌合部件不难确定，比较难确定的是使用的是何种类型的部件和使用部件的数量。现场有嵌合部件的标签和碎片表明爆炸装置使用了嵌合部件。端帽拧到管子端口的外侧，三通管连接三个管子，活接头/管箍连接两个不同长度的管子，弯管改变管子的方向，异径管连接两个不同直径的管子，端塞用其内螺纹塞住管子一端（见图3.13）。绝大部分的嵌合部件都有标签，在其表面或内侧标注规格和生产地等。

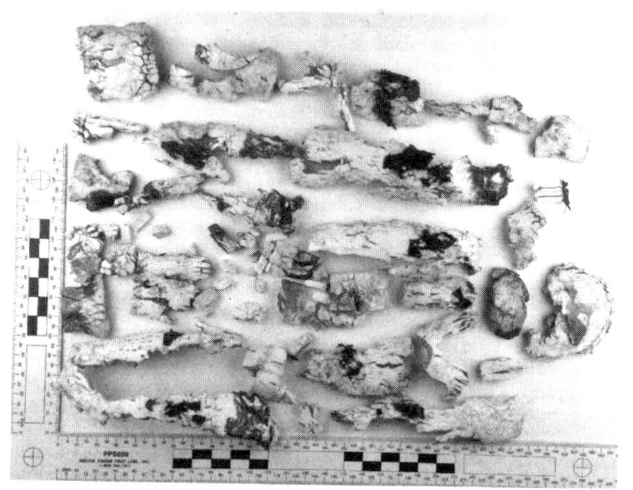

图3.12　装有8盎司炸药的塑料管爆炸后的形态

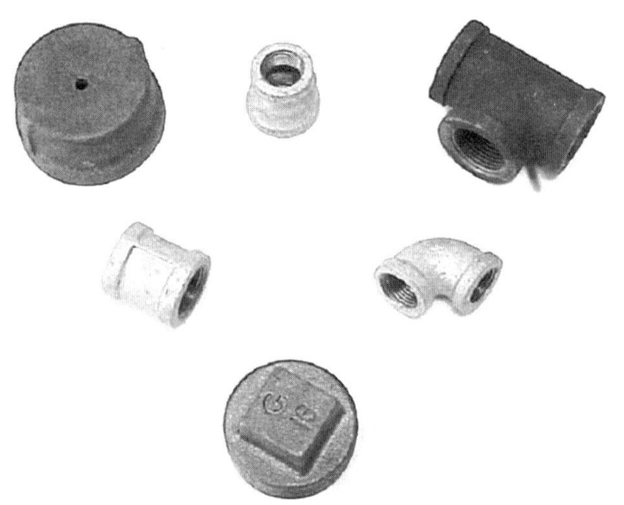

图3.13　嵌合部件种类（从上到下，从左到右依次为带孔端帽、异径管、三通管、活接头/管箍、弯管和端塞）

丙烷和二氧化碳气瓶已被用于低速主装药的盛装物。已使用的丙烷气瓶有5磅小型露营炉瓶。在现场通常能收集提取到包括阀组件在内的许多气瓶的碎片（见图3.14）。因为阀组件比较结实，所以它们能在爆炸后遗留下来。在3.2.3中讲到，这些气瓶与爆炸装置连接在一起组成加强燃烧效果的炸弹。

二氧化碳气瓶是气枪中的容器，与需要空气源的一端相连（见图3.15）。一般是用其作为低速炸药的包装物。在现场常能搜寻到其大部分碎片。在很多案件中，气瓶并没有破裂成很多碎片而是受爆炸作用开裂释放出爆炸能量，形成一个较大的碎块。

当前，各种金属和塑料的罐、盒、桶、玻璃瓶、塑料瓶以及各种大小不同、种类各异的罐子也被作为爆炸装置的包装物。当用作低速炸药爆炸装置的盛装物，绝大部分都有一个早期破裂的趋势，从而导致一个低位爆炸。有些制造者试图用胶带和其他类型的材料提高包装物的强度，但效果并不明显。这些包装物更主要用于盛装高速炸药，但对炸药的限制作用通常可忽略不计，在现场可以发现这些包装物的碎片。现场中碎片的大小取决于装置中炸药的种类和数量（见图3.16）。在阿尔弗雷德摩拉联邦大楼爆炸案中，主装药是4000多磅的高速炸药，根据收集到的足够量的碎片识别出炸药的包装物为蓝色塑料储物桶。

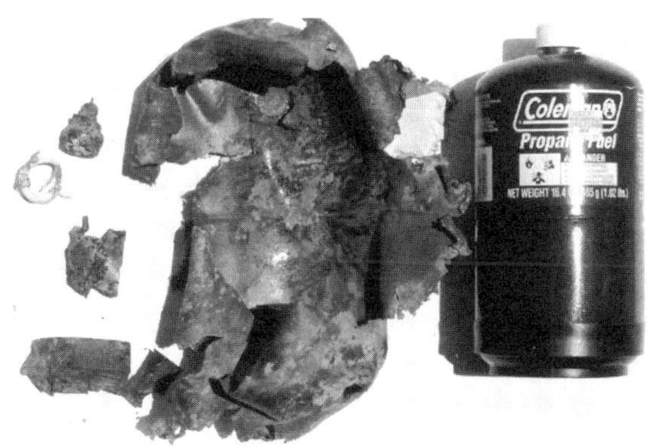

图3.14 丙烷气瓶碎片（它不是作为盛装炸药的容器来使用，因为碎片是向内弯曲，爆炸力来自气瓶以外）

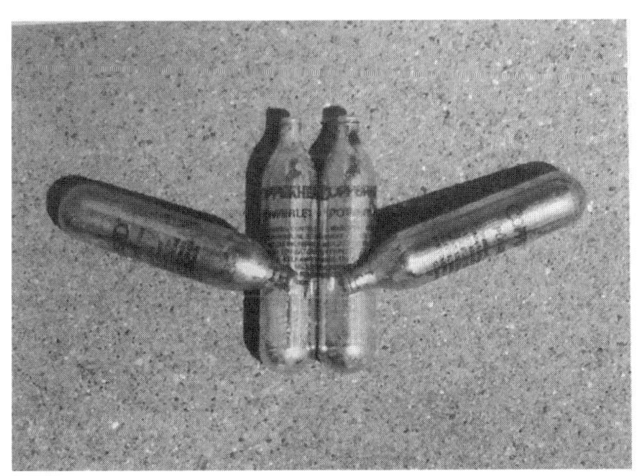

图3.15 通常用于盛装低速炸药的二氧化碳气瓶

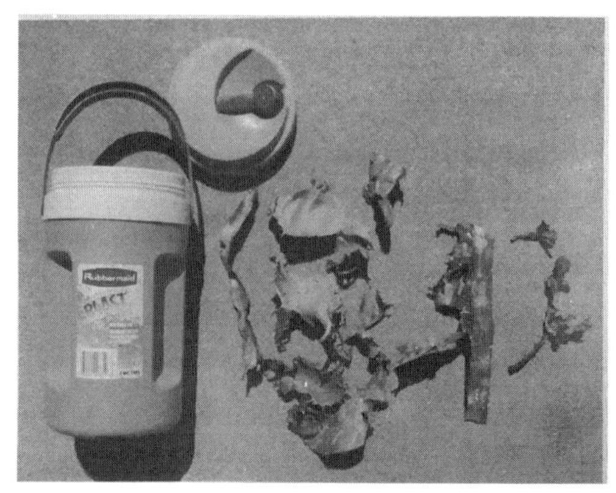

图3.16　装有4盎司乳胶炸药的塑料容器爆炸后的形态（注意收集到的塑料碎片的不同颜色，有助于包装物的复原）

零售市场已允许出售各类没有装药的军械，这些常在军用商品店内出售。最常见的军械是训练用的手榴弹，这种手榴弹是蓝色的，在金属包装物的下方有一个洞，没有引信。炸弹制作者购买这些合法的部件将其改装成具有杀伤力的简易爆炸装置。在爆炸现场中可以看到不同大小的金属碎片，特别是一些手榴弹模型的颈部和改装的起爆系统遗留物。关于使用高速炸药作为简易爆炸装置的主装药的相关信息将在第6章中详述。

制作者通常将背包、包裹、公文包和手提箱作为简易爆炸装置的外部包装物用来隐藏爆炸装置（见图3.4、图3.6～图3.8），而在内部，通常用管子等其他包装物盛装主装药。现场调查人员不能因为已经识别出爆炸装置的外包装物，就忽略了那些可能是内包装物的破碎纸片、塑料或金属。无论是大量高速炸药发生的爆炸，还是在31000英尺高空中飞机货仓发生的爆炸，任何情况下的爆炸现场都会留存下来可识别的碎片。1988年12月21日泛美航空公司103号航班在苏格兰洛克比上空发生爆炸，现场可识别的碎片不仅有手提箱还有装炸药的内部包装物。这些碎片散落在大于845平方公里的苏格兰和英格兰的乡村，实际上是从洛克比东北部到英吉利海峡的所有范围内。爆炸之后通过对地面碎片进行密集搜寻，最后收集到足够多的盛装炸弹的手提箱碎片，才得出手提箱是由新秀丽包改装的，从锁的机制可以看出不是美国制造生产的，而是国外市场制造的。但这不是全部包装物。因为收集到了内部包装物的碎片，而且毫无疑问这个内部包装物是东芝RT-SF16型号的收音机。所以，在许多爆炸现场都可以找到爆炸装置包装物碎片。调查人员必须要有找到它们的信念。

衣物也可以用于隐藏简易爆炸装置，特别是自杀性引爆者可以利用衣物将爆炸装置带至目标处。在这类案件中，要特别注意受伤的或者已经死亡的“牺牲者”可能会隐藏二次爆炸，可能会在应急人员和现场调查人员到达现场后再次进行引爆。因此，在那些已经被炸伤或炸死的人周围时要特别注意。在某些情况下，发生在第一次爆炸周围的事件可能是自杀性炸弹二次攻击的信号。另外，不论是来自于自杀性炸弹的引爆者还是来自于受害者的衣物，都应进行收集并送至法庭实验室检验。因为这些衣物可能隐藏着一些爆炸装置组成部件的小碎片或者主装药的残留物。现场调查人员应该在衣物被丢弃之前进行提取，这些内容将在第4章中详细介绍。

在所有用于简易爆炸装置的包装物中，不论在爆炸前的预防方面还是在爆炸后的调查工作方面，汽车都是最具挑战的一种包装物。原因很简单：车辆，特别是大卡车能够装载数千磅重的高速炸药，用地震仪测量发现这些炸药爆炸产生的冲击作用波及方圆数千英里。1993年发生在贝鲁特机场美国海军陆战队军营的爆炸案中，有240多名海军死亡，数百人受伤，就是12000多磅高速炸药爆炸的结果，这是过去25年里发生的唯一一次大型汽车炸弹爆炸案。然而，通过现场调查能够找到重大的线索，特别是通过汽车碎片可以找到车辆识别码，这可以为寻找车主或者租车人提供调查线索。在大部分涉及车辆的爆炸案中，这基本上不是什么难题，因为车辆不会被炸得粉碎。但当车辆用于运输大量炸药爆炸时，就很难确定车辆的所有权。车辆的零部件能够为调查人员确定车辆所有权提供巨大的帮助。实际上，车辆零部件上的一些独一无二的车辆识别码能够协助盗窃车辆案件调查，特别是当车辆被分割或零部件被卖掉或刻有车辆识别码的仪表板被拆掉或用假冒表板代替的情况。如果汽车被炸弹炸得粉碎，那就很难确定车辆识别码的具体位置。但是一般现场通常比较容易确定“机密”车辆识别码所在零部件的位置。1993年的世贸中心爆炸案和1995年的默拉联邦大楼爆炸案就是很好的案例。在世贸中心爆炸案中，“机密”车辆识别码在汽车炸弹车辆的框架构件上，调查人员据此找到其租车地点。第二天，犯罪嫌疑人到租车地点取回定金时被捕。被捕之后讯问出了作案情节、安全屋的地址、制作炸弹的工厂地点等其他情况。1995年的联邦大楼爆炸案中，莱德用租来的卡车装炸药，在距离爆炸现场两个街区的车辆后轴上找到了机密车辆识别码。通过对卡车的识别找到了承租人蒂莫西·麦克维，最终将其逮捕归案并定罪。

确实，大部分汽车炸弹是中等规模的爆炸事件，是将许多非常小的装置放在车内或车下，以车辆或车辆驾驶员为目标。在这类案件中，被炸车辆像水池一样可以收纳爆炸产生的炸弹组成部件碎片等，根据使用炸药量的多少，这些碎片散布在被炸车辆周围的一定距离内。

◎ 3.2.5.3 电子元器件

对于炸弹制作者而言，无论是商业制造的还是纯手工制作的，电子元器件的可选择范围很大。所以，作为现场调查人员必须能够识别出在现场中的未受损的电子元器件，更要能识别出现场中破损的电子元器件。这是一项艰巨的任务。识别出可能用于爆炸装置的每一个部件或者部件的每一种类型是不可能的。爆炸装置中常见的部件有：

- 导线
- 带有电池座和接头的电池
- 焊料
- 开关

在现场中还能发现一些通常与电子元器件一起出现的部件，但其本身不是电子元器件，如胶带和黏合剂等，后面还要介绍这些部件的识别。

导线是电起爆系统不可或缺的部件。在简易爆炸装置中常见的导线有：单导体/单线导线、双导体/双线导线和多导体/多股导线（见图3.17）。虽然导线中大部分导体都是铜质的，但也有一些在铜上镀锡的导线（在铜导线表面镀上一层锡，防止导线被氧化），还有一些铁和镀锡铁或者其他像金这样的贵金属材质的导线。

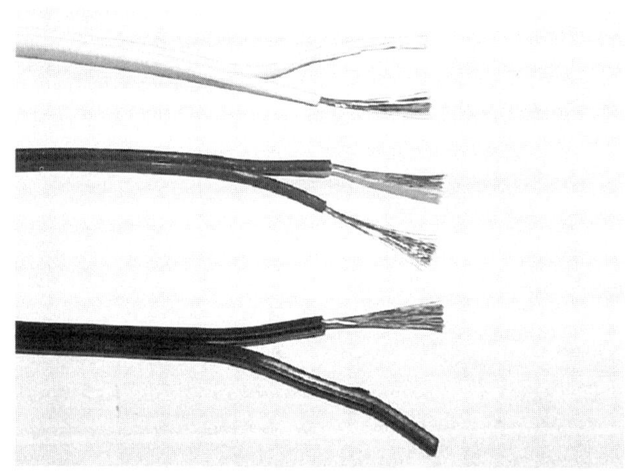

图3.17　不同类型双导体灯或多股铜导线的拉链式电缆

导线的外部都包有透明或有色的绝缘材料，可以帮助确定爆炸装置所用导线的类型和来源。特别是市面上销售的一种将立体扬声器与调谐器或输出设备相连接的扬声器电线，这些导线之间是绝对绝缘的，其中一股导线的材质是铜，其他导线是镀锡铜（见图3.18）。电雷管的两根脚线（单线或双线导线）

都有特定的雷管制造商以及雷管制造系列的色标。照明电路中使用的导线通常有两根颜色相同的多股导线，而且可能是“拉链式导线”。电话线可能由许多“对”电缆护套内的单线导线组成（见图3.19）。根据导线的用途，绝缘材料的颜色也有多种，可能是纯色，也可能是多色的。

如果在简易爆炸装置中使用了导线，那么在爆炸现场中通常能够找到它。逻辑上这些导线与没使用过的导线的物理状态完全不同。简易爆炸装置爆炸后的导线的长度不一或者被炸成碎段，而且可能已无绝缘外层。现场调查人员应该将这些长短不一的导线与爆炸装置的其他组成部件联系起来。

电池为电起爆系统提供电能，是简易爆炸装置不可或缺的组成部件，除非装置使用的是家用电流引爆。一些爆炸装置常使用电池座或插头将电池连接到整个电路中。也有的用黏合剂或焊料将电线与电池直接相连。当在爆炸现场发现电池时，要想到这些电池可能为爆炸装置的多个组成部件提供电能，如定时器。在没有确凿的证据证明爆炸装置的能源是电池之前，即使在现场中发现电池或其碎片也不能假设爆炸装置的能源就是电池。而且，爆炸装置的能源可能不只一节电池，可能是一个电池组，不同种类的电池所起的作用不同。

在简易爆炸装置中常使用的是干电池，干电池由金属壳、位于金属壳中央位置的电极、黑色糊状或粉状的电解质及少量其他物质组成。

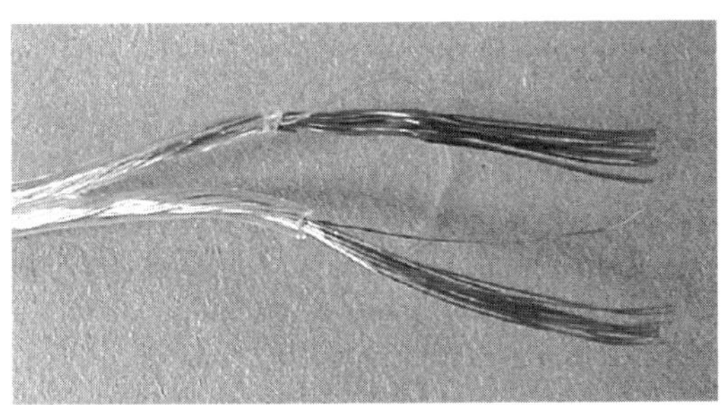

图3.18　一段扬声器导线，有透明绝缘外皮，双导体，多股导线（第一种导线材质是铜，第二种导线材质是镀锡铜）

图3.19　由许多对电缆护套内的单股导线组成的电话线

电池金属壳的外面一般有金属薄皮或塑料薄膜包裹。电池的外表面上标有电池的制造商、品牌种类、电压、型号、产品有效期以及正负极等识别信息。电池有充电电池和非充电电池之分，主要看电池电解质成分是：锂、碱性物质、汞、镍镉、氧化银、碳锌中的哪一种。

如今电池的品牌、类型和制造商标识已在国际上通用。制作简易爆炸装置最常用的是1.5伏、6伏和9伏的电池，按照体积从小到大将其分为AAA号、AA号、C号和D号电池（见图3.20 ~ 图3.26）。在实际案例中我们可以看到很多特种电池，小到如助听器大小，大到车辆和工业用的大电池。这些特种电池不在简易爆炸装置的组成部件讨论的范围之内。

绝大多数电池的外侧包装薄皮上有电池的制造商、类型和品牌信息，这些材料在爆炸现场中大都能留存下来。事实上，在许多爆炸现场中的电池部件碎片足以证实爆炸装置使用了电池，并且能够很容易识别出电池的类型和制造商。在爆炸作用下，电池会支离破碎，分离成各个碎片，散布于整个现场中。所以，现场调查人员应该对这些有待识别的、没有外层薄皮的电池内部各个部分（外壳、内部电极、像钉子一样的芯棒、极片、连接器）了如指掌。

调查人员在调查以电池为能源的爆炸装置的爆炸现场时，应该能够正确判别炭黑粉末和主装药残留物。

图3.20 1.5伏 C号电池情况（一个是原始状态，另一个是在爆炸现场收集到的电池碎片以及拆解的1.5伏电池组件）

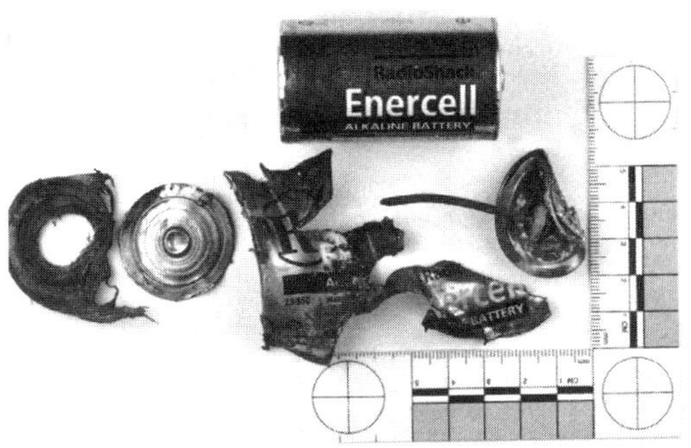

图3.21　1.5伏 D号电池情况（一个是原始状态，另一个是在爆炸现场收集到的电池碎片）

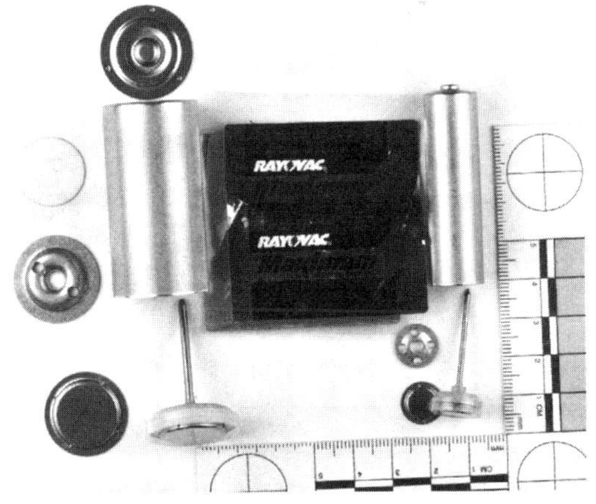

图3.22　D号电池和AA号电池组件

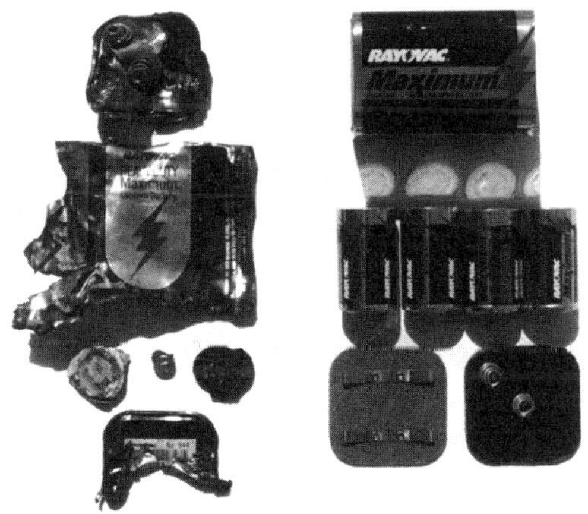

图3.23　6伏提灯电池（一个是原始状态，另一个是在爆炸现场收集到的电池碎片以及拆解的6伏电池组件，包括典型D号电池和平端D号电池）

图3.24　塑料外壳的6伏提灯电池的遗留物（由弗雷德·西森提供）

图3.25　手持收音机内部电池的爆炸遗留物

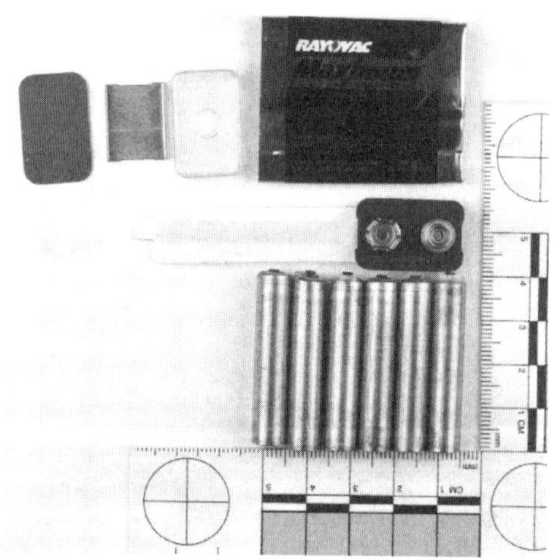

图3.26　9伏电池拆解情况，图中的六节电池是1.5伏 AAA号电池

通常情况下，与炸药残留物相比，电池遗留在现场中的炭黑粉末数量较多且分布面积更广。可以像分析血液飞溅角度那样，通过对散布在现场上的粉末遗留物（见图3.27）的分析鉴定来确定爆炸装置的位置。有时现场调查人员对

搜寻到的碎片会产生瞬间困惑，特别是当使用6伏提灯电池时，电池芯（每个电池有四个）是由四节D号大小的电池组成，同样地，12伏电池内可能包含了两个6伏提灯电池。

在爆炸装置中，电池座或插头可以将电池与电起爆系统连接起来。使用的电池座或插头可能是商用生产的也可能是自制的，也可能是由于制作者直接将导线与电池相连接而没有使用电池座或插头，包括AAA号、AA号、C号、D号以及9伏电池在内，都是需要外部连接的电池类型。在绝大部分爆炸现场调查中，这些电池座和插头确实可以留存下来，而且能够被找到（见图3.28）。

焊料是通过加热融化将各种电子部件连接在一起的合金，通常用于导线等其他部件之间的相互连接。

不论是商用制造还是自制的用于制作简易爆炸装置的电开关，都是一个由多个元件构成的组合体。

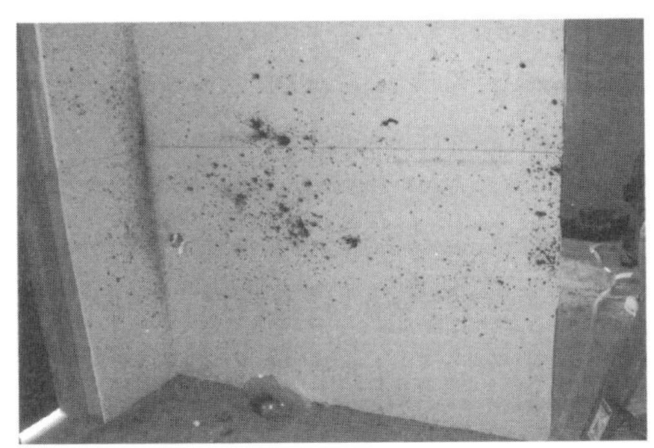

图3.27 墙上的黑色物质是电池的炭黑粉末（炸药的爆炸作用力使电池破碎，组件遍布目标区域，其中一些粉末嵌入墙体，这可能会和炸药的残留物混淆）

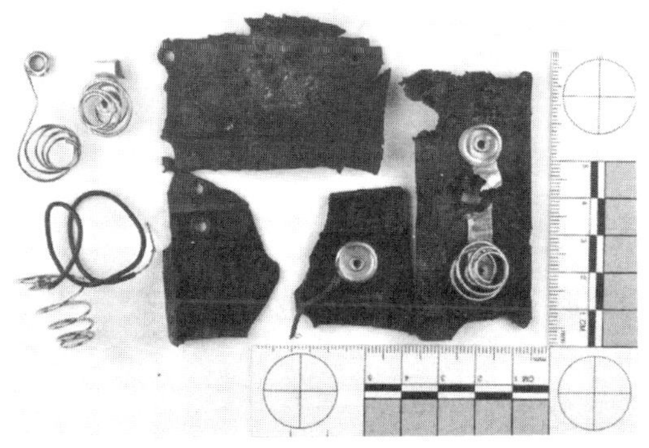

图3.28 黑色塑料电池座（简易爆炸装置爆炸后在现场收集提取到的电池座碎片。当装置的其他组成部分有黑色塑料时，就比较难确定这黑色塑料的来源。但是，带有螺旋弹簧的终端是一个可以提供黑色塑料确切来源的特征）

无论开关多么简单或多么复杂，在爆炸装置中最终都会起到一个作用：控制电源的电能，激发起爆系统，引爆爆炸装置。为实现这一功能，开关可以是电动的或电子的，也可以是机械的。机械控制的电开关有一个可以活动的部件，在开关内控制电流通过或阻断，从而控制电流能否通过爆炸装置的其他组成部件或起爆器材，如用于打开一个固定装置的墙壁开关。电动/电子开关中的一个或多个部件可能包含多种类型的可活动元件，但实际上，电源与其他爆炸装置组成部件是通过电路板或集成电路上的电路连接的。电路板或集成电路包括：汞、导线（磁激活）、继电器、声控或光控元件、可控硅、被动红外开关、主动红外开关等。商用制造的机械开关常用金属、塑料与导线连接组成，包括拨动开关、摇臂式开关、滑动开关、刀型开关、微动开关、旋转式开关、按钮式开关（按照其操作方法命名的）（见图3.29～图3.33）。根据开关在爆炸装置中的位置和爆炸装置炸药量的多少，一般情况下开关能够在爆炸现场中留存下来，特别是全金属的开关。另外，时钟（包括电子钟和机械钟）常用于起爆系统的开关。这就是所谓的“定时炸弹”，当时钟走完预定的时间间隔，电路就会形成回路，从而引爆爆炸装置。

拼接集成电路开关对于调查人员会是一个额外的难题，但这并不是不可能解决的问题。特别是这种开关安装在爆炸装置上时，爆炸后电路板可能被粉碎，有些部件也从电路板上脱落。实际上，调查人员在现场中需要收集很多电路板上的部件。这些部件很小，虽然难以确定其在现场上的具体位置，但是确实可以找到的。调查人员在现场收集爆炸碎片，在实验室检验这些爆炸碎片，特别是电路板，能够为案件的调查提供确切的线索。例如，泛美103航班上发生爆炸后，警察在方圆845平方公里的范围内收集爆炸碎片时，找到一个布片，最初认为是飞机上距炸药很近的地方的衣物碎片。进一步的实验室检验发现布片上有一个非常小（半个大拇指指甲大小）的电路板碎片（见图3.34）。通过对该电路板碎片进行检验，最终确定这是一种特殊的延时电路计时器的一部分。继续开展物证调查，追踪到瑞士的一家制造商。进一步调查发现这个计时器实际上是为利比亚政府制造并运往利比亚政府的。再重申一遍：爆炸装置的组成部件材料确实能够在爆炸后留存下来，而且能够在爆炸现场中找到。

简易爆炸装置可能包含多个开关。已经出现多个开关“武装”的爆炸装置或者有多个起爆系统、多种起爆方式的炸弹。这些开关包括很多小而简单的元件组合，也包括一些很复杂的集成电路和机械装置。实际上，在世界上的一些地方，一些秘密的家庭手工工厂已经能够设计和制造用于触发炸弹爆炸的复杂开关装置。这些开关包括用手机、车辆报警系统、无线电话和无线电控制系统制成的遥控开关（见图3.35）。而且在简易爆炸装置中还出现简单或复杂的集成电路计时器。

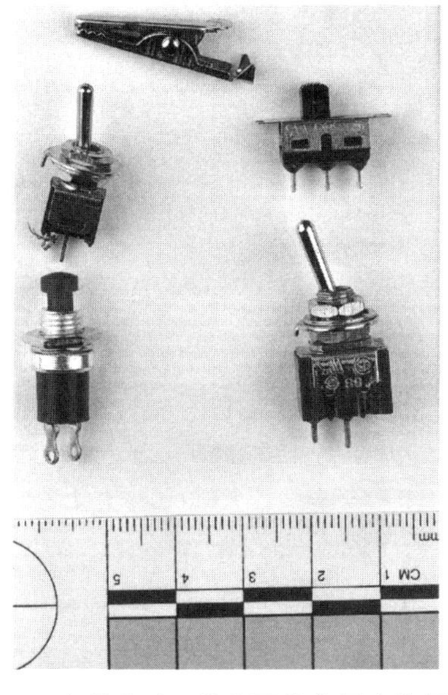

图3.29　各种电路开关和可能会用在简易爆炸装置中的连接元件（上面从左到右依次为鳄鱼夹、拨动开关、滑动开关、按钮开关和拨动开关）

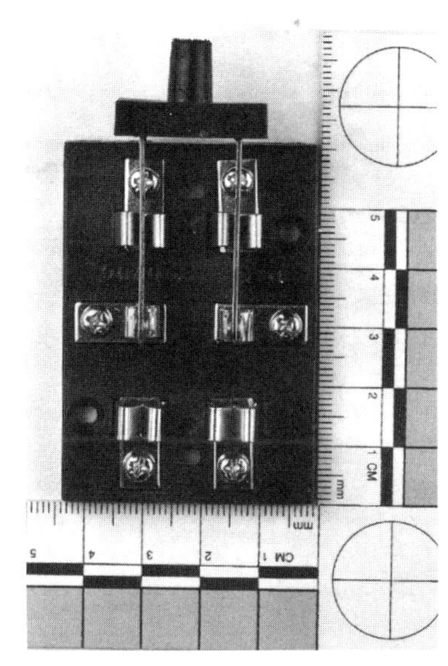

图3.30　常用于组装简易爆炸装置的刀型开关

简单的开关包括各种微型开关、拨动开关和滑动开关。一些开关被称为“诡计开关”，因为是由不知情的受害者激活的，包括那些受冷热、海拔或气压、降压和加压、张力释放、推力等控制的开关。

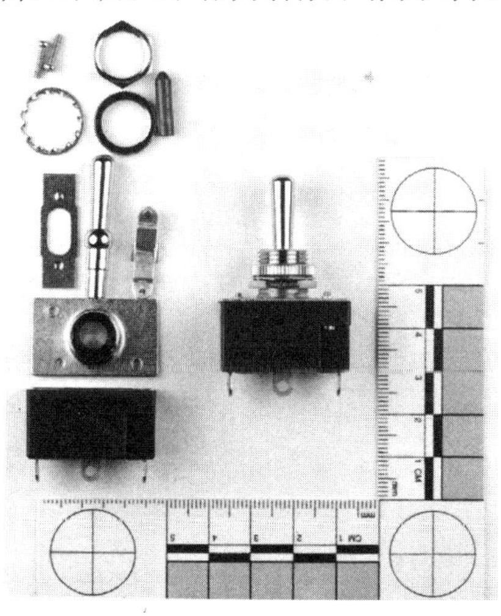

图3.31　拨动开关拆解后的情况

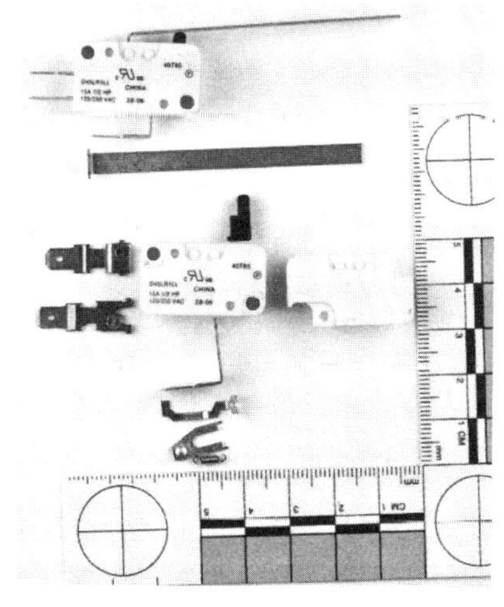

图3.32　微动开关拆解后的情况

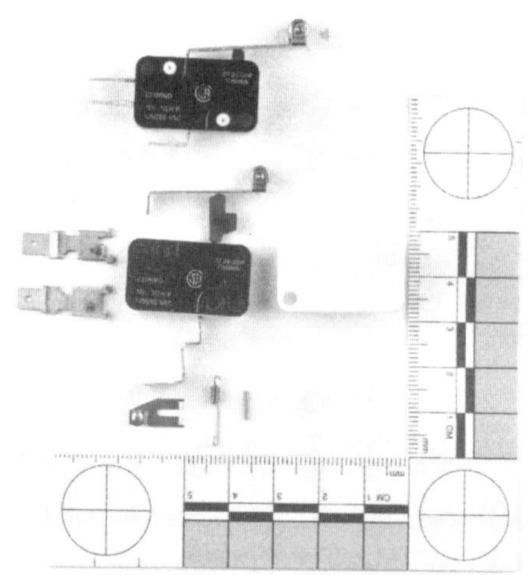

图3.33　微动开关拆解后的情况

图3.34　从泛美103航班爆炸案中收集到的电路板碎片

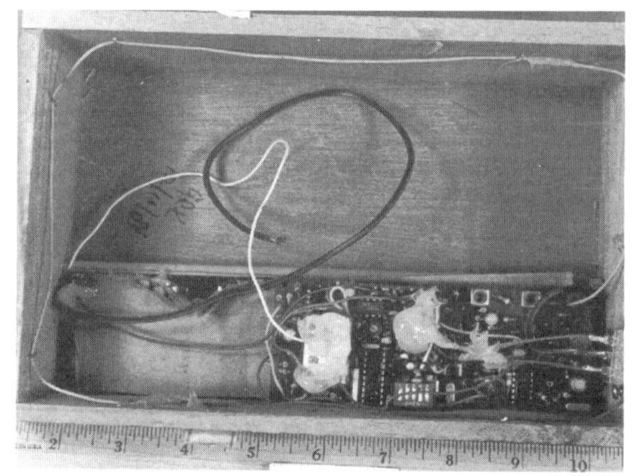

图3.35　遥控起爆爆炸装置（可以看到木箱内一侧的电子元器件组件和能够盛装炸药的大空腔）

现在已经出现了许多种由常见材料改装成的开关，将来也会继续出现这种开关。理论上，要在爆炸现场中识别出爆炸装置使用的改装开关的每一部分，是一项不可能完成的任务。但是，也有很多简易爆炸装置使用的开关非常简单而且改动不大，故不必识别其改装方法。例如，老鼠夹、晒衣夹、金属罐、铝箔、金属球、钉子和螺丝钉等。对这些物品的改装都是非常简单的。虽然现场调查人员或调查组织可能不太理解一个证据与整个爆炸装置的关系，但也要收集这些碎片并送到实验室进行检验，也就是说不能因为害怕实验室被这些证据淹没而不仔细收集来源于爆炸现场或本就在现场的每一块碎片。总之，就是要把握好收集现场中的所有物证和收集那些可能是爆炸装置组成部件的物证之间的平衡。

◎ 3.2.5.4 延时机构

延时起爆是爆炸装置起爆方法中最常用的一种。延时起爆爆炸装置可以实现投放爆炸装置和爆炸装置爆炸之间相隔一段时间，从而为投放者安全撤离提供时间保证。为了实现延时功能，在爆炸装置中需要一个电的或机械的延时机构。电延时器包括使用电池（直流电）的手表、闹钟和电子计时器，或者用交流电（110伏或220伏）的时钟和延时调节器。利用弹簧的压缩原理控制的机械延时包括机械闹钟和机械手表。燃烧型延时是通过点燃一定长度的安全导火索或者药捻引信，抑或改装的引信来完成。为了满足爆炸装置各种功能的需要，简易爆炸装置可能有不止一个延时系统，或是电延时，或是机械延时，或是二者兼有。通常情况下，燃烧导火索延时的装置不再使用其他定时器。

延时机构可以分为：

- 电延时 / 电子延时
- 机械延时
- 化学延时

最常用的延时机构，无论是以电池为能源驱动还是机械驱动，都是在电路中实现。为了完成延时功能，延时器必须要连接在电路中，所以常会用到电导线、与导线相连的金属接头、胶带、焊料或黏合剂。用定时器或钟表来实现延时的时间可以从几分钟至几个月甚至几年不等，延时的长短取决于使用的能源。换言之，就是电池能维持钟表或起爆系统工作的时间。时钟也很少只用机械驱动来延时，如果时钟只用机械驱动延时，必须直接或间接导致爆炸装置其他相应组成部件移动，从而引爆爆炸装置。

一些简易爆炸装置也会采用两个延时机构：一个延时器使装置为电路提供电能；另一个延时器作为开关，进一步闭合电路，实际引爆爆炸装置。在这种情况中，第一个延时器/钟表是保护放置爆炸装置人员安全的，也就是说，是为避免放置装置的人受到伤害而设置的一个延时系统，以防电路出现故障使装置提前爆炸。而且在爆炸装置中使用延时机构还有另外一个目的，设置成诡计开关，直到延时器接通电路才可以起爆爆炸装置。一旦接通，不知情的受害者激活引爆开关，爆炸装置就会爆炸（见图3.36）。

图3.36 厨房使用的定时器碎片，常用于启动简易爆炸装置（由弗雷德·西森提供）

机械时钟类型和配置有很多种，但所有的机械时钟都包含金属或塑料的内部组件，包括主弹簧、齿轮、螺丝或小柱体等。在外部，时钟是由带表针的金属或塑料外壳以及玻璃或塑料罩组成。电驱动的时钟或延时器类型和配置也有很多种，内部组件不仅有弹簧和齿轮，还有由各种电子元件组成的电路板，以精确计时，由直流电源提供电能。用交流电的时钟和延时器需要一根与其他部件相连接的导线。

在制式（军用炸弹）和改装的延时装置中，已经有利用酸的腐蚀性来达到延时目的的装置。典型的军用“计时铅笔”是由一根金属管状体构成，看起来像铅笔，由此而得名（见图3.37）。它的内部由一小瓶腐蚀性液体和击针（竖起的撞针）组成，击针受弹簧拉力作用，并与一根约束导线相连。当小瓶被压碎，内部的液体化学试剂就会按照预定速率与约束导线发生化学反应，从而使约束导线断裂，最后释放击针引爆高速炸药。根据化学液体的腐蚀性强度，延时可达45分钟至24小时不等。

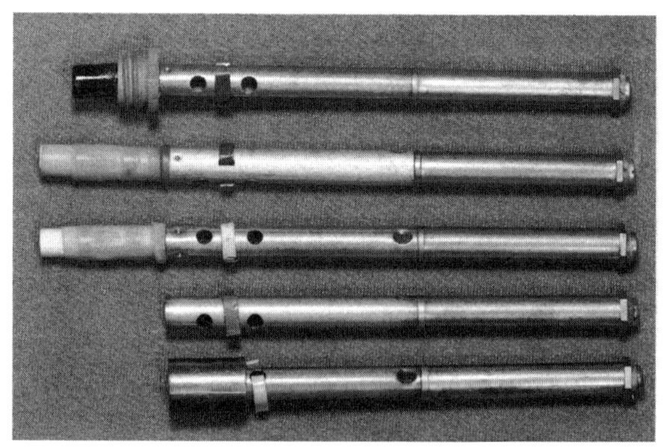

图3.37 各种军用“计时铅笔”

爆炸发生后，时钟和定时器的碎片在现场分布范围很广。在延时起爆爆炸装置的爆炸现场，通常能够找到意义重大的时钟/定时器的碎片。根据使用的定时器的种类，在现场可以找到弹簧、齿轮、外壳、电路板及其他元件、导线以及时钟/定时器的外壳等。如果时钟/定时器的外壳是金属的，那么金属外壳的遗留物会比塑料外壳的遗留物完整。而且时钟/定时器的塑料外壳容易与电池座或装置包装物的塑料碎片相混淆（见图3.38、图3.39）。

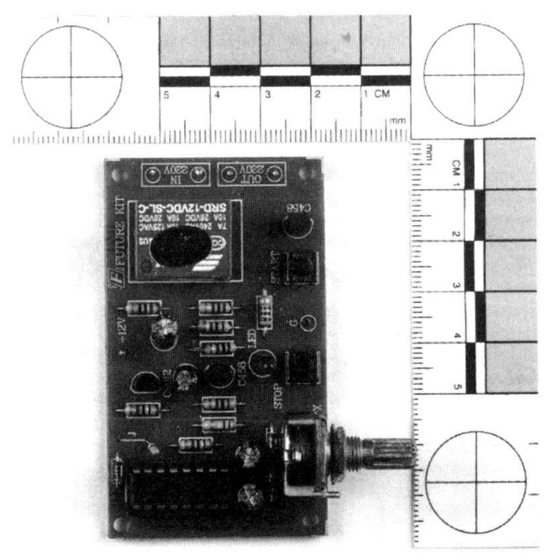

图3.38　电子延时器，可以设置不同的爆炸装置延时引爆时间

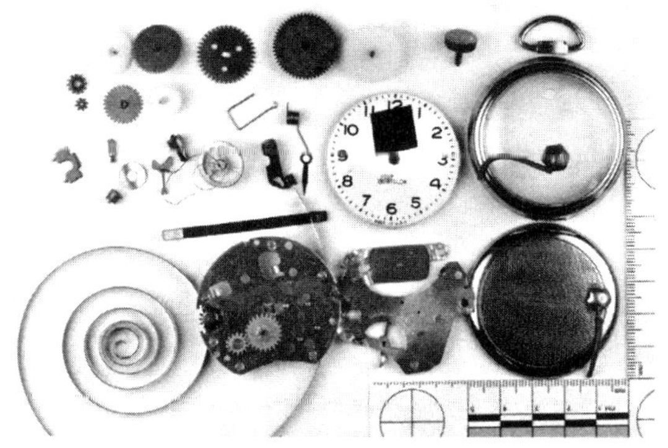

图3.39　怀表拆解后的组成情况（怀表已用于延时起爆爆炸装置的延时机构）

◎ 3.2.5.5 添加物碎片

添加物是制作者为增加人员伤亡和财产损失而添加在爆炸装置中的任何物质，可以包括各种钉子、螺母、螺栓、垫片、玻璃、金属、塑料碎片等。添

加物的具体种类不胜枚举。这些物质可能在爆炸装置的外侧，可能在爆炸装置包装物内，也可能添加在主装药里。添加物弹片不能与被炸碎的爆炸装置的组成部件碎片和目标物碎片相混淆。添加物碎片与其他爆炸碎片相似，在爆炸现场的初步调查中就会明显呈现，且根据炸药量的多少，可能分布于现场的各个角落。在爆炸现场中从墙壁上突出的添加物弹片或者在目标区域内的其他碎片都是特殊证据。如果受害者是爆炸目标，那么添加物弹片通常在受害者的身体上。如果添加物弹片原是固定在金属管状爆炸装置的外侧，那么炸药爆炸后通常会在金属管表面上有添加物弹片的痕迹。这些痕迹类似于擦划痕迹（见图3.40）。

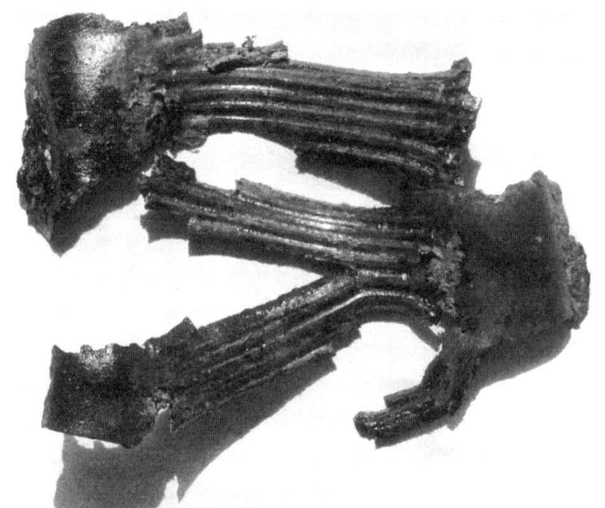

图3.40　现场收集到的带有擦划痕迹的金属管炸弹碎片（划痕由爆炸前固定在金属管上的钉子所致）

◎ 3.2.5.6 黏合剂

许多简易爆炸装置使用了各种各样的黏合剂。黏合剂通常用来固定爆炸装置的各个组成部件，避免组成部件之间或者与包装物之间发生碰撞和位置上的改变，防止爆炸装置变形。此外，在电起爆系统中，黏合剂用于分隔、固定各电子元件。常用的黏合剂有热熔胶、室温可硫化黏合剂、橡胶胶水。

◎ 3.2.5.7 胶带

在制作电起爆系统、包裹爆炸装置时盒子或者包装纸的固定中，经常用到胶带。胶带有不同的宽度、颜色和种类，有电工胶带、透明胶带和管道胶带等。当胶带用于制作爆炸装置时，虽然各种胶带的碎裂情况不同，但均可以在爆炸后存留下来。当在现场中发现有胶带遗留时，调查人员不能将其展开或将其从其他组件上撕下来检查，因为这样可能会破坏制作者留在胶带上的潜在指纹。

◎ 3.2.5.8 木材

虽然木材不是简易爆炸装置常用的组成部件，但也会出现。特德·卡钦斯基被称为“炸弹客”，他邮寄的绝大多数包裹炸弹的组成部件中都有木材。但是，调查人员在进行爆炸现场调查时应谨慎，以免将现场固有的木材与爆炸装置中使用的木材相混淆。

◎ 3.2.5.9 纸张

不管包裹是否通过邮政系统邮递，纸张都是包裹炸弹的重要组成部分。纸张作为外包装将爆炸装置伪装成其他物品或固定爆炸装置的各个组件，以避免装置内的各个组件移动。如果包裹炸弹是通过邮政系统邮递的，那么纸上会有邮票、地址标签和胶带。在发生炸弹客事件之后，美国邮政服务部门已经限制了由邮政系统邮递的未经邮政雇员检查的包裹尺寸。换言之，超过一定尺寸的包裹，且不能确定其数量时，要放入邮箱邮递。在包裹炸弹爆炸现场中，通常能够收集到包裹炸弹内外的碎纸片。纸片大小取决于使用的炸药量多少（见图3.8）。

◎ 3.2.5.10 紧固件

紧固件是简易爆炸装置构成中各式各样的金属或木质的螺栓、螺钉、螺母和垫片等的别称。要想认识这么多种元器件，就需要常去五金商店，熟记这些元器件。一旦有这些元器件的爆炸装置爆炸，这些元器件就变为碎片，在爆炸作用下飞散在爆炸现场周围，还可能造成人员伤亡和财产损失。在进行爆炸现场调查时，容易将制作爆炸装置的紧固件与现场中固有的类似物品相混淆。爆炸装置上的紧固件和现场固有的类似物品可能会、也可能不会呈现出爆炸损伤的痕迹。如果现场调查人员将现场中发现的紧固件收集起来，同时将确定为现场固有的紧固件也收集起来作为已知样本，送到实验室进行检验相互比较，这样就会清楚紧固件的来源了。关于收集已知样本的相关内容将在第4章中详细介绍。

◎ 3.2.5.11非电导线

电线在简易爆炸装置中除了有导电作用外，还用于固定装置各组件，防止组件移动，或者作为诡计开关的一部分。这些电线是由铝、钢、铜和其他金属制成的规格（直径）不同的电线，可能有外壳或绝缘外壳以防止电线被氧化。起固定作用的电线在爆炸作用下破裂，且被抛掷到现场的各个角落。与紧固件及爆炸装置的其他组件相似，破碎的电线可能会与现场固有的电线残段相混淆，所以要提取样本并送至实验室进行比对。

3.3 起爆系统

通过上面的介绍，我们已经能够识别出制作爆炸装置起爆系统常用的组成部件，本章将进一步介绍可能在爆炸现场中遇到的起爆系统。当然，本章不会针对起爆系统的具体组装技术进行介绍，而是为了帮助现场调查人员理解爆炸装置的制作方法，从而帮助他们确定爆炸装置是如何运达爆炸地点，再根据现场环境，确定谁有机会将爆炸装置带入爆炸地点。这个判定复杂吗？说复杂也不复杂。只要了解起爆系统的一般属性，对爆炸装置及起爆系统的种类的确定就会相对容易。例如，当受害者拿起背包时，背包中的爆炸装置发生爆炸。有三种起爆系统可以实现这一要求：（1）延时起爆，设定的时间正好是受害者拿起背包的时间；（2）诡计装置，受害者拿动背包，发生爆炸；（3）遥控起爆爆炸装置，作案人观察到受害人接近背包，然后发送特定的信号引爆装置。根据在现场中发现的组成部件情况，可以确定现场调查的范围。诚然，法庭实验室将最终负责这些组件和起爆系统的识别工作，但这需要几天或几个星期的时间。但是，如果能够确定爆炸装置是遥控起爆，那么就会给调查人员提供线索，这样就不会浪费宝贵的时间，可以直接对现场周边区域及其人员进行调查，以尽最大努力搜寻作案人。需要现场调查人员详细勘查现场，以找到作案人启动爆炸装置时所在的位置，搞清楚是谁在现场引爆了炸弹。

根据3.2.5的介绍，起爆系统可以定义为一个机械的、化学的和/或电子的元器件组合体，为主装药爆炸提供刺激或起爆能量的部件。电起爆系统是用电能（直流电或交流电）启动起爆器材，起爆器材再激发主装药爆炸。机械起爆系统是用机械能启动起爆器材，起爆器材再激发主装药爆炸。化学起爆系统使用一种化学物质或化合物启动电的或机械的起爆系统，或通过化学自燃反应引爆装置。本节稍后将进行详述，首先我们学习几个关于起爆系统的术语：

- 机电起爆系统
- 保险开关

- 预设并保持工作状态的装置
- 预设装置
- 主动装置——定时炸弹
- 被动装置——诡计装置

保险开关是防止意外引爆装置的机构。在电起爆或机械起爆系统中，保险开关可能是一个电子开关或安全销。起爆装置前，取回安全销或闭合开关时，爆炸装置出于正常待发状态。安全销又称为“保险销”，“装备插头”或军械上的“安全臂”。

预设并保持工作状态，是指电的、机械的或化学的起爆系统正在沿着预定时间正常运行，除非受到外力的阻止，一旦到达预定时间，将启动起爆器，从而起爆装药。这些装置即为定时炸弹，通常内部设有定时或延时机构。这类装置也称为“主动装置”。

预设装置，是指电的、机械的或化学的起爆系统能够在无辜受害者有意或无意触动时按照制作者的设计来实现起爆爆炸。这些装置不是诡计装置就是指令激活装置，要么就是自杀式炸弹。这类装置也称为“被动装置”。然而，指令激活装置不被认为是传统意义上的被动装置，或许可以认为是预设装置中的一类。

总而言之，根据操作方式的不同，将起爆系统分为以下几类：

- 延时起爆
- 诡计装置或者受害者触发起爆装置
- 遥控起爆——指令起爆

电的、机械的或化学的起爆系统中可以有延时或定时功能。电延时爆炸装置用电线、电源、电池插座或壁装电源插座来引爆雷管，由机械驱动或电驱动的时钟或定时器控制预定时间的引爆。实际上，有些爆炸装置可能有多个延时器，一个用于延时，一个作为引爆开关。延时机构有许多类型，包括以下几种：

电起爆系统

- 时钟
- 手表
- 电子——集成电路（定时器）
- 手机
- 液体激发机构（见图 3.41）

机械起爆系统

- 时钟
- 手表
- 点燃的导火索

化学起爆系统

- 腐蚀剂
- 自燃式

将机械时钟和电池驱动的时钟或手表改装成定时开关是非常简单的。本质上讲，这是将定时机构转换成自制开关，作为起爆系统中的导线的一个附件。（见图3.39、图3.43）。集成电路和电池钟表的使用是炸弹制造技术上的一次重大飞跃（见图3.38、图3.42）。也就是说，大多数情况下，构建一个定时器的电路，并让它正常工作并不简单。常见的电子电路包括：E-cells、555定时器、可控硅整流器SCR和电容。而且手机已经用作引爆简易爆炸装置的定时器而不是远程控制引爆器，特别是使用手机的闹钟功能。此外，有些定时系统装在盒子或者包裹中，放置在距离炸药几英寸甚至几英尺的地点。由于包裹里有电源和多个开关，包括用来引爆装置的定时器，因此一些人把这看作是“定时器能量单元”（TPU）。这在爆炸现场调查中很重要，尤其是车载炸弹，这种情况下炸药距定时器能量单元可能较远。例如，在司机驾驶区，因此在爆炸后保持得更完整。

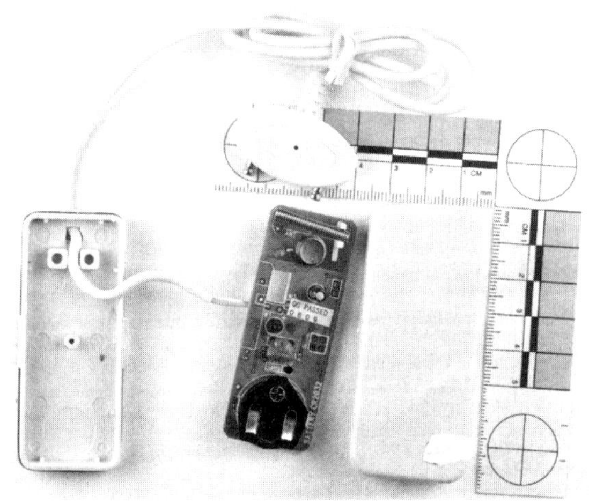

图3.41　液体激活转换装置，可以在接触液体时引爆简易爆炸装置

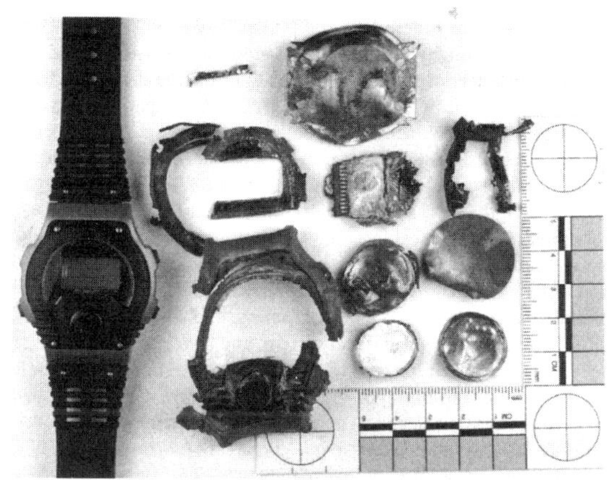

图3.42 腕表碎片（用这种表引爆简易爆炸装置）

图3.43 机械钟（一个是机械钟原形物，另一些是在现场提取的爆炸装置中定时器的碎片。注意观察钟的金属外壳、小塑料片和齿轮）

机械延时起爆爆炸装置使用机械闹钟，通过线或绳与其他部件连接，通过撞针和非电引信或者一段保险丝、药捻或导火索来启动装置。这种类型的起爆系统完全是机械系统，没有电器元件。其中，将低速炸药装在容器中，利用导火索燃烧这类引爆方式实现机械引爆是最常见的一种方式，而不用电器元件，仅用机械钟实现引爆的方式是极为罕见的。

化学延时系统可以使用一种化学物质或者化合物来引爆电起爆或机械起爆系统，或者通过化学物质的自燃反应引爆装置。虽然化学物质混合导致的延时时间的长短取决于使用的化学物质的种类，但它却无法精确定时。这类装置的一个最典型的例子便是使用甘油和强氯基混合，随着它们混合反应的进行，火力加强，从而引爆低速炸药和某些高速炸药。这类化学起爆装置还有塑料苏打瓶中的酸性炸弹和腐蚀性化学装置，3.2.5.4中描述的军用延时笔就是一种腐蚀性化学装置（见图3.37）。

诡计装置是采用多种元器件和构造技术装配在一起的、处于工作状态的简易爆炸装置，这些元器件包括电器元件、机械部件和化学部件，也包括时钟和定时器。诡计装置利用一个或者多个由受害者控制的开关，通过导线将能量从电池传递到起爆器，进而引爆简易爆炸装置。触发开关通过受害者触动或移动达到起爆爆炸装置的目的。也就是说，这种开关需要等待受害者对其施加外力以引爆装置。诡计装置不像定时炸弹，不会自己爆炸。触发方式包括压力触发、压力释放触发、拉力触发、倾斜或移动、感应等。感应包括声音、光、热量的变化（温度的上升或者下降）、主动红外辐射和被动红外辐射等。这些开关也许不是电驱动的就是机械驱动的。对于一个与电路连接的松发开关的操作，如微动开关，解除压杆的压力作用，将使得开关内部电路闭合，这就是对一个电开关的机械操作。然而，关于感应的操作，大部分的原理是通过激活相应电路，如灯光的闪烁激发光敏元件，使电路闭合进而引爆炸弹。

诡计装置：受害者操控类型（电起爆或机械起爆）

- 反能动
  倾斜——移动
  磁性
- 感应
  被动红外辐射
  主动红外辐射
  光
  声音
  热或冷
- 压力触发
- 压力释放触发
- 拉力触发
- 拉力释放触发
- 张力释放触发

反能动开关有很多种，其原理是只要有任何形式的物理移动就会形成闭合电路（见图3.44、图3.45）。反能动开关包括：水银开关（一个封闭的玻璃管中，当导电的水银与两个触点同时接触时，水银与电触点构成闭合回路（见图3.46）；带有电触点的金属球或者类似的一个导电材料，装在有电极的容器内，当容器晃动引起金属球滚动或者内部杠杆移动，使其与两个电触点同时接触相连，构成闭合回路。例如，一个电磁激发开关，当门窗被打开时发出警报声（见图3.47、图3.48）。

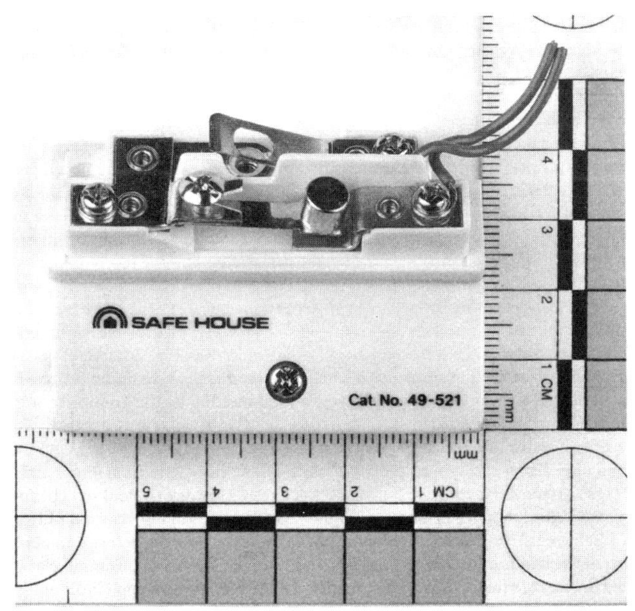

图 3.44 振动开关（常用于由受害者触发的简易爆炸装置中）

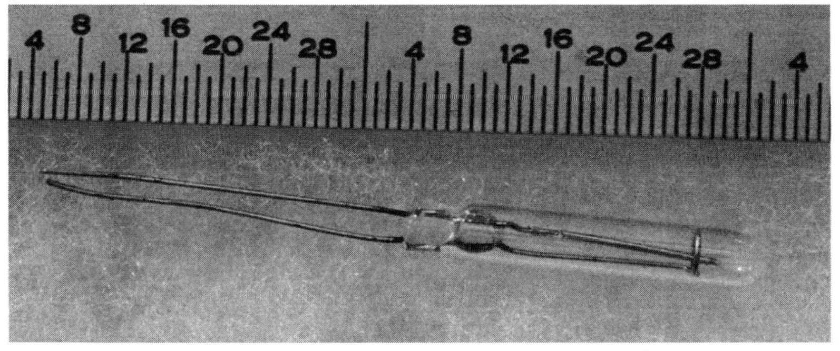

图 3.45 微型振动开关

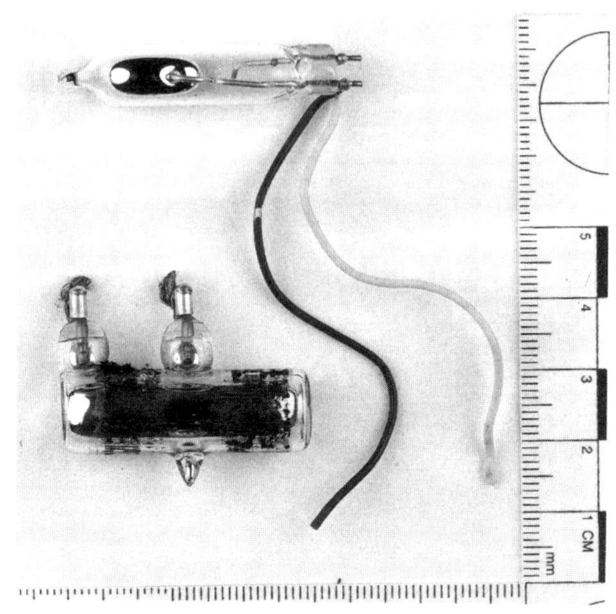

图3.46　特别敏感的反能动水银开关

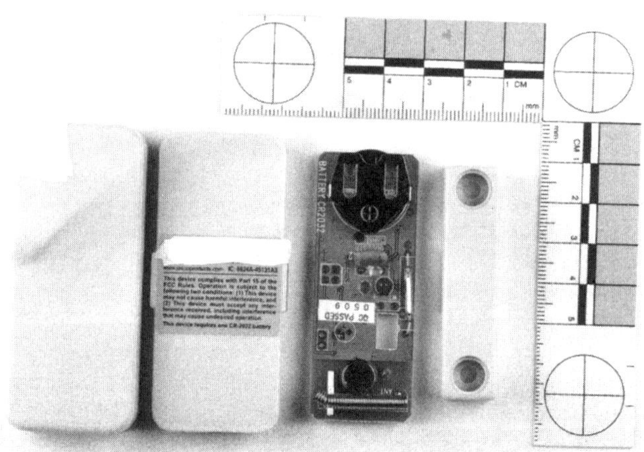

图3.47　由受害者操作的磁控单元（移走磁铁闭合内部电路开关，启动引爆系统）

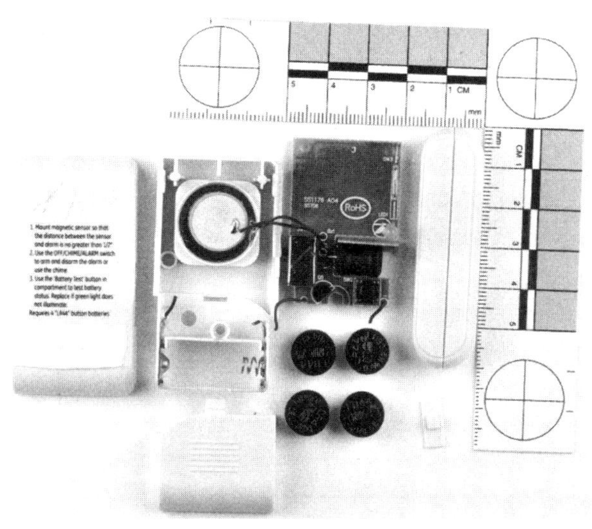

图3.48 由受害者操作的磁控单元（移走磁铁闭合内部电路开关，启动引爆系统）

韦氏在线词典将感应定义为“没有明显施压或直接控制施压行为或力量而产生的作用”。诡计装置中的感应开关，是指没有物理移动或者装置没有受到触碰的情况下，开关被激活或者闭合。这种敏感型开关包括被动红外辐射和主动红外辐射，光控、声控和温度感应开关。红外开关有两种类型：（1）主动型；（2）被动型（见图3.49、图3.50）。主动型红外开关由发射器发射出肉眼不可见的光束，接收器接收光束后，将信号反馈到电路系统中。如果这种看不见的光束被阻挡，如物体或者人移动到发射器和接收器之间，此时红外开关闭合，引爆炸弹。红外开关在生活中应用非常广泛，如当有顾客走进商场的大门时，光线被阻挡（发射器被放置到门框的一边，接收器放置在另一边），同时听到钟响提醒有顾客光临。被动红外系统不发射光线，但是能够“感觉”附近有关热量或者移动的瞬间变化，如对受害者进入特定区域的感知。被动红外系统常应用于自动照明系统，当有人走进房间时，灯亮；当人离开房间经过一小段延时后，灯灭，因为房间里再没有移动发生。光控（光的屏蔽和添加）和声控开关的原理类似（见图3.51、图3.52）：光控开关，由光的屏蔽和添加引起光敏电子元件的变化以完成对电路的开闭控制，从而启动装置；声控开关，一个拍手或是一个简单的声音可以导致某个设备的启动。商用声控装置常用于室内，用来控制家用电器或者灯的开闭。温控开关通常不用于瞬间反应系统中，它有一个延时效果是较难控制的。

图3.49　被动红外控制开关

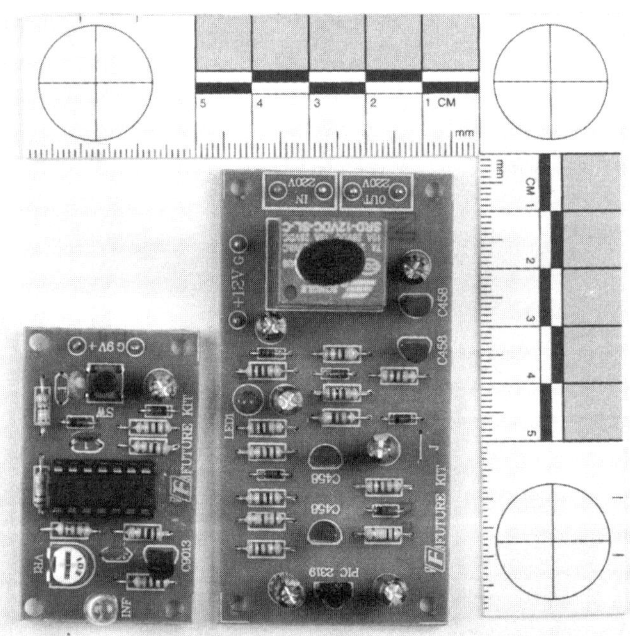

图 3.50　红外发射器和接收器

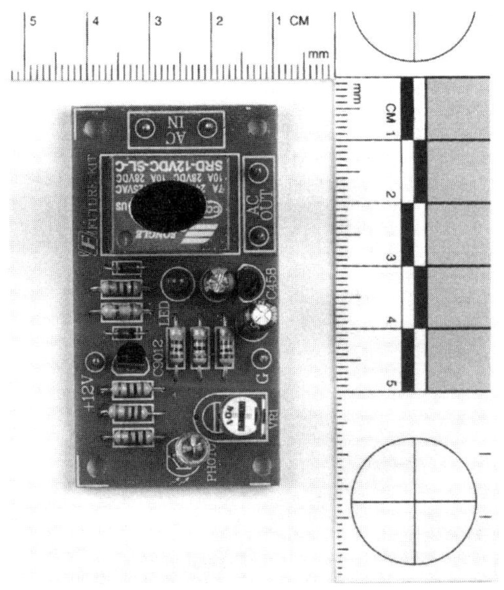

图 3.51 光控开关

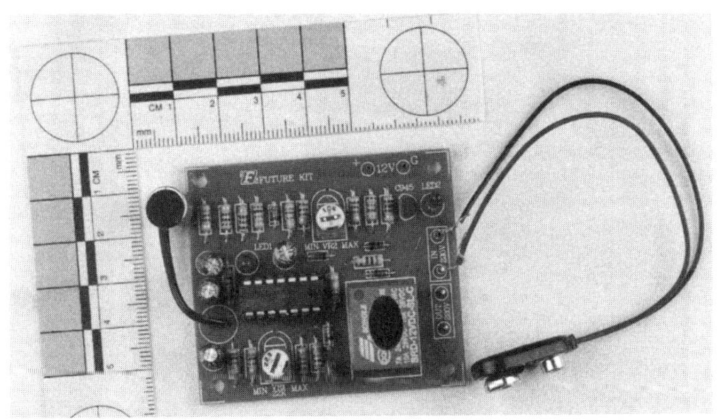

图 3.52 声控开关

专业生产和自制的机电开关应有尽有，包括压力触发、压力解除触发、拉力触发、松发（见图3.53）。微动开关可用作压力触发或者松发开关，其不同在于末端导线与开关的连接方式。微动开关的规格千差万别，其敏感度也就有较大差别（见图3.32、图3.33）。

无辜受害者碰到拉发线的动作就是拉力触发行为。本质上，开关是由两个电触头之间带有楔块或者绝缘体的弹簧制成的。楔块与导线、绳、弹簧或者类似物连接，当受力状态发生变化，两个触头接触形成回路，引爆炸弹。木制衣夹曾被用作此类开关（见图3.54）。

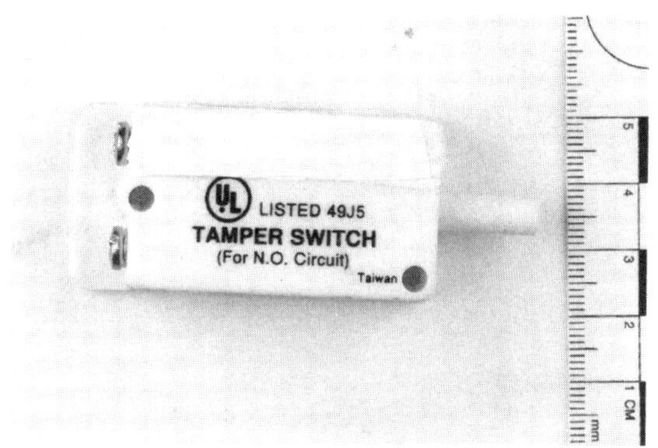

图3.53　松发开关

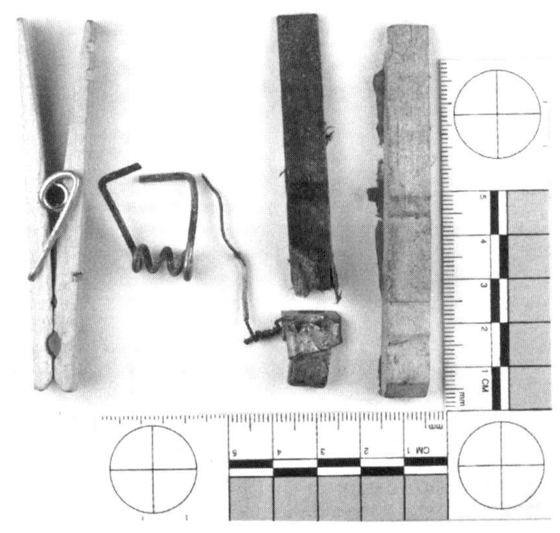

图3.54　爆炸现场上提取到的用作自制开关的衣夹碎片

机械诡计装置利用各种类型的机械开关，让撞针撞击非电引信从而引爆装置。这种类型的起爆系统的任何部件都不需要电能。在这种情况下，撞针在弹簧张力作用下被释放，点燃引信（类似手枪弹壳底部的底火），依次引爆雷管和主装炸药爆炸。机械开关与电开关一样，由受害者触发。触发动作包括：压力触发、压力解除触发、拉力触发、拉力解除触发、松发（见图3.55～图3.57）。许多机械控制系统专为军方制造，因此需要秘密获取，非法使用。机械开关的典型例子是金属“捕鼠器”和M-5松发点火装置（见图3.58）。其原理是当重量从松压金属板上移开时，点火击针在弹簧压力下（竖起的撞针）被释放。击针冲撞火帽（轻武器弹药底火），引爆雷管，从而引爆简易爆炸装置。

图 3.55 美国军用M1AI压发点火装置，是机械控制点火机构

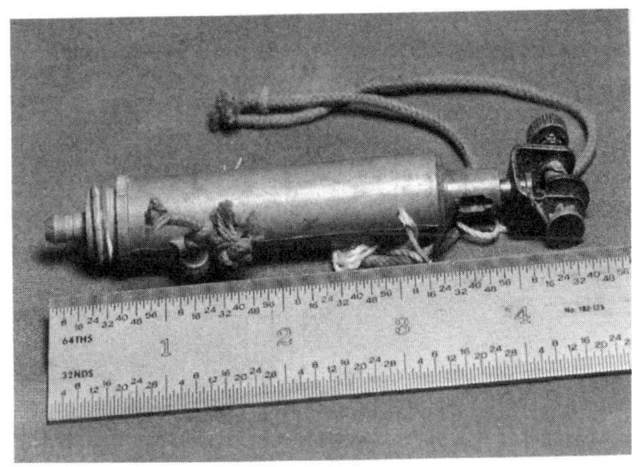

图 3.56 美国军用M3松发点火装置，是机械控制点火机构

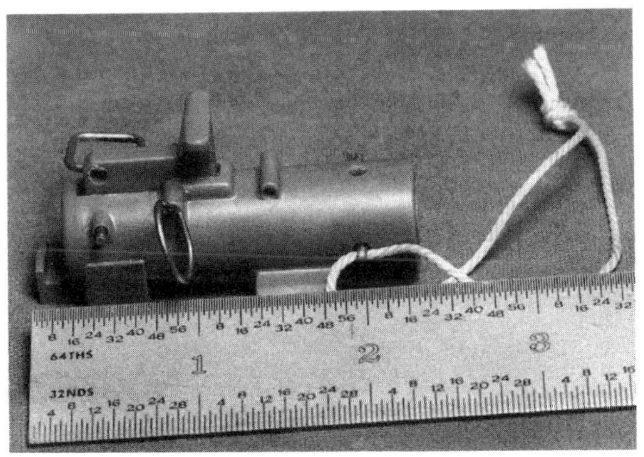

图 3.57 美国军用多功能点火装置，是机械控制点火机构

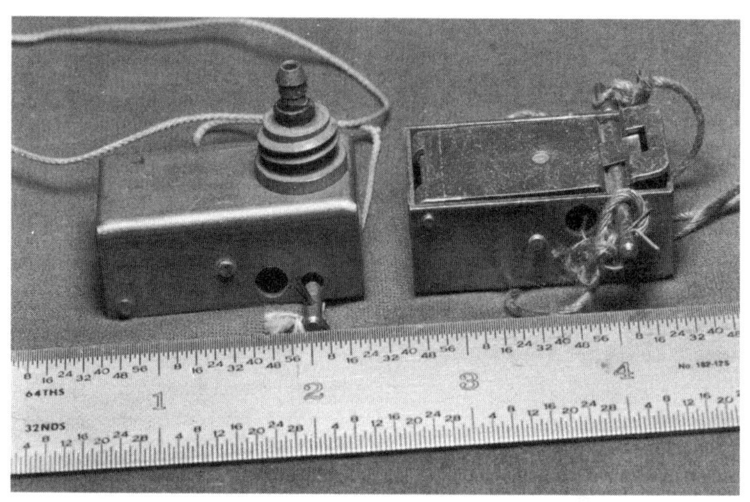

图 3.58　美国军用M5压力释放点火装置，是机械控制点火机构，通常所指的“捕鼠器”

化学诡计装置至少需要两种化学物质，当它们混合时，发生自燃或者爆炸从而引爆炸药，或者两种化学物质本身就可能是炸药或燃烧剂。无辜的受害者移动装置后，引起这些化学物质的混合，导致自燃自爆。

遥控/指令控制的电起爆或者机械起爆系统由爆炸者选定时间，利用以下四种方式之一进行引爆：（1）无线电设备或者无线电发射器向远处的接收器发射电信号，从而引爆装置；（2）用导线向起爆点传递电流，引爆装置；（3）从装置上接出一段线或绳到远处，当爆炸者操控线或绳时，引爆爆炸装置；（4）自杀式爆炸装置，爆炸者或受害者闭合引爆电路开关，引爆装置。

部分指令控制起爆系统的构造特别简单，也有的特别复杂。例如，引爆自杀式炸弹，可以用一个简单的开关，也可以用无线遥控电路进行起爆。遥控起爆爆炸装置（RCIED）的起爆方式包括手机遥控、无线电话遥控、寻呼机遥控、玩具遥控、车辆报警器遥控、车库门锁遥控、无线门铃遥控（见图3.59）和有线遥控及定制设计的远程遥控。

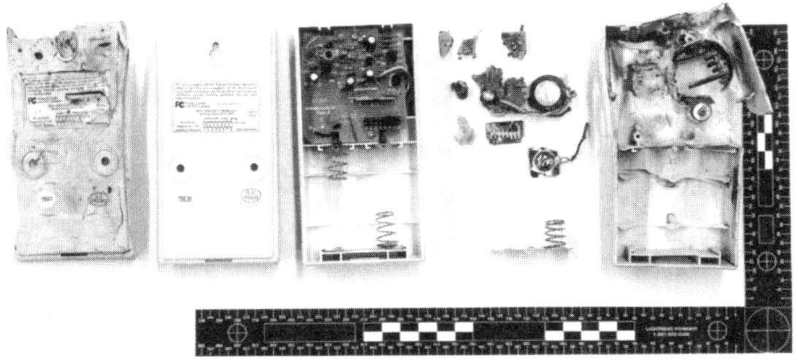

a. 无线门铃碎片（注意那些可识别的部件，对识别部件的型号或厂商信息有很大的作用）

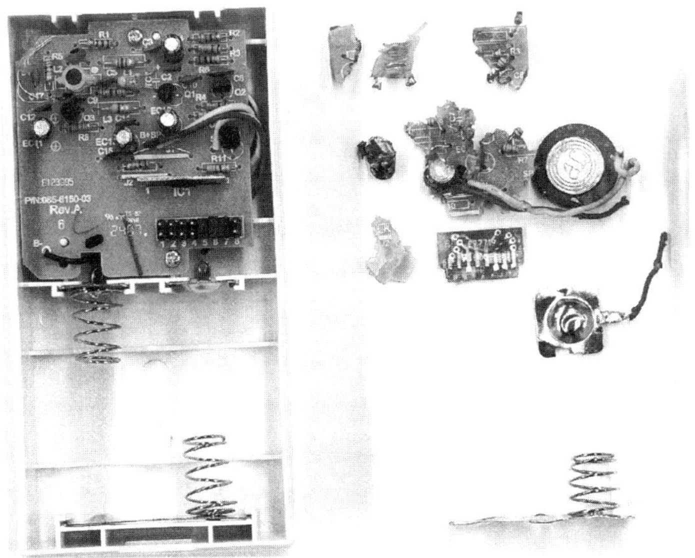

b. 无线门铃碎片（注意那些可识别的部件，对识别部件的型号或厂商信息有很大的作用）

（由弗雷德・西森提供）

图 3.59　无线门铃遥控碎片

遥控/指令引爆系统可以分为：

- 无线遥控
- 手机遥控
- 无线电话遥控
- 寻呼机遥控
- 车库门锁无线遥控
- 无线门铃遥控
- 车辆报警器遥控

- 玩具模型遥控
- 车辆遥控锁
- 定制遥控
- 所有类型的手持无线电设备遥控
- 有线遥控 1
- 导线及电池
- 有线遥控 2
- 电线及绳索
- 自杀式炸弹
- 开关、电池及导线

无线遥控起爆系统需要两套系统分别是：发射系统和接收系统，它们各自还有一些辅助部件。实施爆炸者将发射系统置于能看到爆炸点的一定位置处，接收系统置于爆炸点。当预计目标出现时，爆炸者激发发射系统，向接收系统发射信号，接收系统接收到信号后引爆装置。接收系统除接收器外，还有作为开关的电路板以及为引爆系统提供能量的电源。一般电路板中由电子继电器作为开关来控制电路（见图3.60）。电源为整个起爆电路供电，接收器有单独的电源供电（见图3.61、图3.62）。

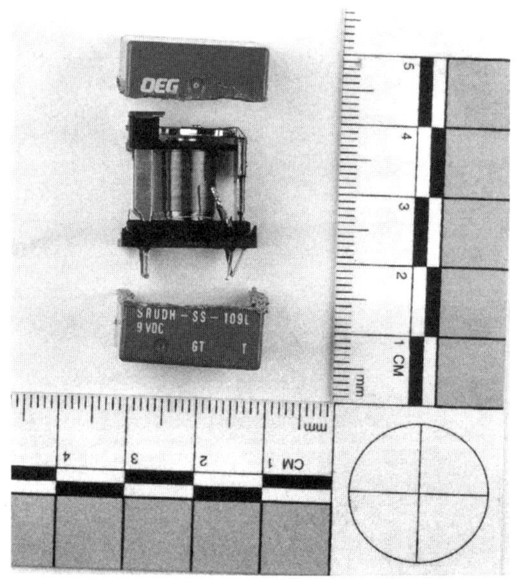

图3.60 电子继电器（用作电路开关，是电路板中的常用元件）

如上所述，有许多装置可以改装成遥控起爆系统，遥控起爆系统的有效遥控距离取决于其使用地点（农村或者城市，在哪个国家）和起爆系统的复杂性。常用于改装成遥控起爆系统的有手持无线发射器、手机、无线电话、车辆报警器和遥控锁（见图3.63）。遥控玩具模型也是比较常见的，通过使用一个伺服机构来引爆装置。这个伺服机构是一种机电开关，可以实现远距离控制，经常用于遥控飞机和遥控汽车。伺服机构由带有印刷电路板的接收器和小马达组成，与伺服机构相连的是电源和接收器。当接收器接收到信号后，伺服机构内的转子旋转，如果将金属触头装在转子上，转子旋转时则与另一个触头接触构成闭合回路，从而引爆装置。家用无线门铃也能有效引爆装置，只是其有效遥控距离有限。

图 3.61 现场提取到的用于爆炸装置起爆系统的收音机碎片

图 3.62 现场提取到的用于爆炸装置起爆系统的收音机碎片，破碎程度更大

图 3.63　现场提取到的用于爆炸装置起爆系统翻盖式手机碎片

现在详细阐明可能出现在无线遥控爆炸装置中的其他部件。一些接收器可能被甚至不在接收器频率范围内的高能“杂散”信号意外激活，为了防止这种意外发生，一些炸弹制造者在传输信号时会在接收器中使用编码或解码系统（见图3.64）。制造者将信号编码传输，只有具有特定访问代码的接收器，如电子密码，才能识别该信号，从而引爆炸弹（见图3.65、图3.66）。例如，在接收器上附一个双音多频（DTMF）解码器电路板。这种解码器可以与收音机、手机、无线电话等组合使用，就像识别人们接听电话的声音一样来解码数据。按下按钮，给印刷电路板上的电子线路发送电压，闭合开关后，引爆装置（见图3.67、图3.68）。常用的不太复杂的系统是可控硅整流器，一些像腕表这样的电子装置，其内部电池的电流不足以引爆装置。在这种情况下，制造者将带有电池的可控硅整流器与手表连接，为装置提供爆炸能量。也就是说，可控硅整流器接收到来自手表的小电流后引爆装置。但对于印刷电路板来说，可控硅整流器可能不够安全，并且可能没有与其联合使用的其他电子元件。

图3.64　音调编码和解码电路板

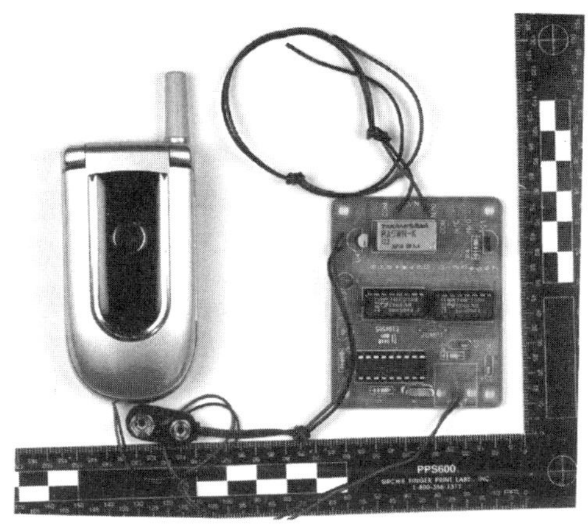

图 3.65 连接解码电路板的手机

图 3.66 爆炸未遂装置中的手机

图 3.67 完整的解码电路板（电路板右边最大的元件为开关继电器）

图 3.68　爆炸后的解码电路板碎片

有线遥控系统是用一根长的电线将爆炸者和远处的爆炸装置连接起来，如本节之前提到的，当目标出现时，爆炸者将电线与电池连接，通过电线发送电流到达起爆器材，从而引爆装置。

这些系统爆炸后留下的物证一般要比使用接收器和发射器的爆炸装置爆炸后的物证多，不仅有电池还有电线。因此，现场勘查人员应该沿着电线的痕迹（如果出现）寻找其他物证，如鞋印、轮胎痕迹和烟头等。同样地，手工控制的电线、绳索、细线也会为调查人员提供额外的有价值的证据。使用这类有线遥控的装置，一般爆炸者距离爆炸点不会太远。

制造自杀式炸弹（或者称“机灵”炸弹）需要的元器件是非常简单的。通常只需要导线、电源、引爆器、炸药和一个由“不想在世界上呆更久”的人完成的启动引爆器（开关）的方法。大多数自杀式炸弹，不论是背带式还是装在包里或是放在汽车里的炸弹，都包括高速炸药、雷管、开关、导线、电池和添加物。有些装置使用两个起爆系统。自杀式爆炸装置一般不使用多元引爆系统用于进一步保证装置的成功引爆。其中有一种情况，使用无线遥控系统和“自杀者开关”同时控制装置引爆，当自杀者尚未引爆即被击毙时将启用遥控功能以引爆炸弹。“自杀者开关”是一个装有弹簧的开关，像一个衣用别针，由爆炸自杀者控制呈开放状态，一旦解除控制，弹簧将闭合开关从而引爆装置。当爆炸自杀者丧失行为能力或者他（或她）放弃自杀时，无线遥控引爆方式将作为备用起爆方式，完成爆炸装置的起爆。自杀式炸弹爆炸的现场可以找到的物证除了自杀者尸体，还有电池、导线、开关、引爆器、添加物、背心、包装物的碎片和炸药残留物。

3.4 勘查程序

详细的爆炸现场勘查程序将在第4章中介绍。根据简易爆炸装置爆炸现场周围的情况可以推断其引爆方式，另外爆炸现场上的碎片的种类也有助于寻找犯罪嫌疑人。此外，根据爆炸现场物证的检验，调查人员要判断实际爆炸地点是否是两个或多个爆炸事件现场中一个。例如，在一个无线遥控起爆爆炸装置的案件，推测可能使用了三种类型的引爆系统，包括定时装置、诡计装置和指令控制装置。根据现场情况可以初步推断爆炸装置的起爆方式，但只有通过现场碎片的复原才能做出最后结论。特别是爆炸当时的环境条件，是什么引发了爆炸装置的爆炸？是有人触碰包裹或者袋子引起了爆炸？是有人打开邮寄包裹，结果发生了爆炸？是汽车、公文包或者盒子在没有任何人靠近时发生了爆炸？还是在军方或者官员的车辆在附近停靠时发生了爆炸？这些问题的答案是无穷无尽的。调查过程将给出关于炸弹采用了三种引爆方式中的哪一种的结论。为了更好完成现场调查，有必要对爆炸前后瞬间进行评估。

调查过程基本可以分为四个部分：（1）调查事件阶段；（2）起爆方式识别；（3）基于起爆系统类型的装置组成部件识别；（4）集中调查。

调查人员在调查事件阶段进行爆炸前后各方面信息的收集，包括询问目击者等。询问目击者的重点是受害者在爆炸前后做了什么或者没做什么。如果是受害者引爆了装置，那么可能是诡计爆炸；如果是爆炸装置自行爆炸，则可能是定时装置或无线遥控装置，如果是无线遥控起爆装置，应立即找到遥控地点。在爆炸现场有可能找到遥控地点，但这可不是一项简单的工作，尤其是在城市内有许多适合爆炸者隐藏的位置。在遥控地点可能会提取到物证，并找到引爆者的目击者，这对现场调查意义重大。

发生在住宅楼、办公楼或者类似场所的包裹炸弹爆炸，可能有也可能没有目击者。在这类事件中往往是受害者打开包裹，结果发生爆炸。结论相当简单，就是说，这是一个诡计装置的爆炸。如果包裹是邮递员配送，那么现场调查的重点是定位查找包裹或者带有邮票的包装纸、邮政服务的注销戳或者货运单据（显示包裹进入邮局的位置）以及收件、寄件地址。在没有目击者或者受害者提供有效帮助时，现场检测的重点不仅是爆炸装置的引爆方式，还有爆炸装置是如何进入爆炸地点的。爆炸装置进入爆炸地点可能有以下四种情况：

1. 由邮递员或者联合包裹服务（UPS），或者联邦快递，或者其他快递配送的。

2. 有人用普通的携带方式带入，并伪装遗落在现场，以此转移视线。

3. 由受害者认识的（朋友、孩子、配偶、亲属）或者不认识的人放置在住所或者办公室。

4. 爆炸现场实际上就是炸弹工厂，并且受害者就是炸弹制造者，因为现场有其他制造炸弹的材料。

现场中的包装物物证，如纸、盒子、公文包、包裹或者书包的碎片，有助于开展排除工作。在邮件炸弹案件中，现场调查人员对所有的外盒或包装纸等进行收集，是完全必要的。这是通过注销戳或者其他识别数据定位包裹收取和邮寄地点的关键物证。

车辆爆炸可能是由指令控制起爆造成的，但这并不绝对，也可能是由诡计装置或者定时装置起爆的。调查人员除努力识别外，如果可能，还要询问受害者，如爆炸瞬间在做什么等问题。询问的问题包括但不仅限于以下几个方面：

1. 爆炸时车辆是否在行驶中，这可以表明是定时引爆装置或是自杀式引爆装置。

2. 爆炸发生时受害者在做什么？例如，他在靠近车辆或者正在上车，或者是他在启动车辆？这或许可以判明是指令遥控控制或诡计装置。

3. 爆炸时车内是否有人？

只有对现场（物证收集、受害者及其他人行为的观察等）进行全面调查，才能明确事件的经过和原因。

对于爆炸发生前后的评估，充分考虑爆炸点所处位置，有助于分析判断爆炸装置的起爆方式。这种判断并不绝对，但有助于现场调查和爆炸现场的重建。关于现场所用爆炸装置的起爆方式的最终结论，还是要通过对现场提取到的爆炸装置组成部件的碎片进行实验室检验而定。

起爆方式的判定有时并不简单，可以从两个方向来完成。一是前面介绍过的评估现场周围情况，二是分析现场物证。注意有些装置可能是二元起爆爆炸装置。例如，诡计装置，它可能还装有延时装置，以便炸弹制作者在爆炸前离开现场。此外，有些装置有多个诡计机构，不仅能保证破坏目标，也能阻碍拆弹人员的排爆。

起爆系统类型的判定直接与现场提取的那些被确定是用于制作爆炸装置的部件的碎片种类有关。分析鉴定爆炸碎片能够证实最初关于起爆系统类型的假设，或是提出一个新的假设。现场可能出现的元器件的情况可以进行如下概括：定时装置中会有一些定时机构，如时钟、定时器、导火索或者化学物质。诡计装置中会有一些受害者触发机构，包括电开关或者机械开关、绊线及化学物质等。无线遥控系统中会有远程起爆装置，可能包括电子发射器和接收器、指令或者拉线。自杀指令控制起爆系统通常特别简单，包括电开关、导线和电池。

如果起爆系统中的元器件可以进行复原分析鉴定，则可以将调查重点放在收集遗留在现场的特定物证上，这并不说明现场勘查只是搜寻这些特定元器件碎片，相反，勘查人员明确了他们的寻找目标将重获信心，他们有了找到这些物证的合理期待。物证搜寻人员之间的交流对物证的分析复原至关重要。物证搜寻人员观察并复原不同简易爆炸装置组件。每个搜寻人员与团队中其他成员进行交流是至关重要的。只有这样，每个人才能知道已经提取到了什么物证，而且知道要寻找什么物证。有时，搜寻人员发现爆炸装置碎片时，可能还不知道碎片的重要性，当他与其他找到类似碎片的人员分享时，这些碎片就可能组成一个完整的元器件或者起爆系统。当爆炸现场范围特别大而且搜寻人员被分开在一个广阔区域时，搜寻人员之间的交流会变得更加困难。这种情况下需要队长这个关键角色与团队成员之间进行信息的交流。更详细的内容将在第4章中述及。

当通过分析复原碎片证实了关于起爆方式判定的假设时，这个假设要与爆炸前后全部信息相一致。如果收集到的物证证实了最初关于事件经过、原因的分析假设，那么可以继续之前的调查路线。但是，如果物证不支持最初的假设，那么要根据新复原的物证重新做出判断。这个调查过程要遵循1.2中详述的步骤。

例如，根据复原的某些特定元器件得到了初步结论，需要进行实验室检验（第7章）得到进一步的证明。

1. 现场找到了电线、完整电池或电池碎片。可能的结论是这是一个电起爆系统，但是至少还要找到开关。

2. 现场找到了一段燃烧过的导火索残段，看起来像从管状炸弹中来，而且现场没有发现电器元件。可能的结论是这是一个由导火索引爆的装置，可能使用了雷管，也可能没有使用雷管。如果使用了高速炸药，就需要使用雷管。

3. 现场找到钟表或定时器两种延时机构。可能的结论是一个用于装置本身的延时，另一个作为装置的引爆开关。

4. 现场找到了时钟碎片和看起来是致伤受害者的自制诡计装置的开关。可能的结论是装置中使用了钟表，被无辜受害者引爆。

5. 现场没有发现可识别的起爆系统的元件。可能的结论第一种是现场有物证，只是没有被发现或有效识别；第二种是装置由药捻引爆，留下的痕迹太少；第三种是由自燃式化学反应构成一个装填高速炸药的雷管，没有使用金属或电器元件。

小结

简易爆炸装置的外观，是开放式、封闭式或半半开闭式，不仅会直接影响物证的数量还会影响遗留在现场上的物证的类型。同样地，爆炸现场调查人员要知道爆炸装置外部或内部都可能有包装物，还要知道这些元器件在爆炸装置中所起的作用。此外，调查人员应熟知能够用于各种类型起爆系统的各种元器件。实质上，电起爆系统需要电能起爆，要有交流电或直流电、电线、起爆器和开关；机械起爆系统使用机械能起爆，机械能来源于时钟、燃烧的导火索或者某种弹簧，通常还有针刺引信和非电雷管。在这些爆炸装置中通常也使用包括胶带、时钟、黏合剂、电路板和遥控起爆附件在内的其他元器件。

理解这些元器件在爆炸装置中所起的作用，有助于调查人员分析确定爆炸装置的起爆方式、放置方式及其进入现场的方式。这些知识可以帮助调查人员展开初步调查，锁定犯罪嫌疑人并揭露其犯罪动机。

复习题

1. 什么是简易爆炸装置?
2. 简易爆炸装置的外观如何影响爆炸后物证的种类和数量?
3. 简易爆炸装置最基本的组成元器件有哪些?
4. 交流电路和直流电路的电能来源是什么?
5. 主动起爆系统和被动起爆系统之间有什么区别?
6. 制作管状炸弹，最常见的配件是什么?
7. 简易爆炸装置中的内部包装物和外部包装物有什么区别?
8. 自杀式爆炸装置中最常使用什么起爆方式?
9. 什么是遥控起爆系统?
10. 通常出现在管状炸弹管体上的三种信息是什么?

第4章

爆炸现场调查与证据收集

4.1 引言

本章所述的爆炸现场评估方法和证据收集方法的提纲主要参考以下三个方面：首先是美国司法部2000年发布的《爆炸和炸弹爆炸现场调查指南》，这是首部由业内评审通过的针对爆炸和炸弹爆炸现场调查的权威文件；其次是作者30多年对爆炸和炸弹爆炸现场调查的经验总结；最后是一些专业人士对现场调查过程提供的深度见解。

神探福尔摩斯认为，在犯罪现场中寻找证据必须按照严格的程序。福尔摩斯的塑造者阿瑟·柯南·道尔在《血字的研究》中写道："我可以想象福尔摩斯急匆匆地冲进房子里，并立刻投入到对神秘事件的研究中去。任何事物都不能逃过他的眼睛，他在路面上来回踱步，凝视着地面、天空、房子的对面。仔细观察之后，他继续慢慢在路上走着，眼睛始终注视着地面。"有一些秘密潜藏在调查事件现场中，决定着是犯罪现场还是事故现场。忽略任何现场上的和现场周围的事物特征，或者忽略被带离、被吹离第一现场的事物，都有可能导致调查失败，这是调查不全面或者没有完全理解调查信息的结果。另外，调查人员对现场调查必须要有仔细的构想和精确的行动计划。本章着重讨论如何科学地进行现场情况评估，如何制订合理的爆炸现场调查计划，如何有效地实施爆炸现场调查计划。

在进入爆炸现场调查第一阶段之前，调查人员必须了解一些基本概念：

爆炸犯罪现场，是指简易爆炸装置爆炸的地点、发现爆炸装置的地点或者是拆弹专家拆除炸弹的地点。

爆炸现场，是指未确定来源或详细情况的爆炸地点，这类现场包括天然气爆炸现场、燃料空气混合物爆炸的现场、固体炸药爆炸现场等。对爆炸现场及其周围环境的调查决定着爆炸是爆炸事故，还是爆炸犯罪行为。就像不是所有的燃料空气混合物爆炸都是事故一样，并不是所有炸药爆炸都是犯罪。

犯罪现场调查，是指对遗留在现场的、被带离现场的或者在现场中改变形态的证据进行提取、固定和识别，为逮捕犯罪嫌疑人以及定罪量刑提供帮助和依据而进行的全部调查。现场调查包括在现场中的所有活动，如对犯罪现场的搜索，对受害者、目击者的询问以及对犯罪嫌疑人的讯问等。

犯罪现场搜索，收集物证可以重建犯罪行为、识别犯罪主体及建立犯罪主体与犯罪现场的联系，为逮捕犯罪嫌疑人和最终定罪提供证据。

物证，是指在现场调查中发现的能够帮助确定事实真相的任何物质（包括微观物质），如固体、液体、气体等。物证不仅要在犯罪现场中收集，还要在整个调查阶段收集。

外围现场调查，是指在事故或者犯罪发生地以外开展的调查，包括对目击者的询问、对事件背景的调查、在医院对爆炸中受伤人员的证据收集等。

4.2 调查提纲

为了帮助调查人员按照一定的调查步骤，在爆炸现场以及从爆炸初始响应开始到外围现场调查的整个调查过程中更好地开展调查，调查提纲应该包括如下方面：

- 初始响应
- 爆炸现场评估
- 进入现场（现场勘查）
- 制作爆炸现场的文档
- 在何处寻找爆炸或炸弹爆炸现场证据
- 如何在爆炸或炸弹爆炸现场寻找证据
- 如何收集爆炸或炸弹爆炸现场证据
- 最后环节的检查
- 解除对现场的封锁
- 外围现场调查

简而言之，调查过程是从各种应急人员的初始反应开始，以救援人员或者第一响应者的目击情况为基础，第一响应者通常为正在巡逻的民警。第一响应者进行快速反应，初步评估现场为“事件”后，调查人员将被通知到达现场。现场调查人员对现场进行更深层次的评估，最终确定是何种类型的爆炸（如是炸弹爆炸，还是燃料空气混合物的爆炸），是否需要请示主管部门，以批准对爆炸现场进行全面调查。如果是炸弹爆炸，就需要集结相关人员、装备、补给等赶赴现场，现场调查组开始按照爆炸现场的调查程序，开展现场调查。现场调查人员会应用诸如照片、现场图、现场笔录、各种表格等方式记录现场情况，现场上的物证将被发现、收集、保存、登记、包装、运输。在解除对现场的封锁之前的最后调查步骤，是调查小组对现场进行最后的检查，以确保现场调查的全面完成，所有的物证均已登记造册，而没有任何的遗漏。最后将向主管部门说明现场可以解除封锁了。紧接着还要开始或者继续进行外围现场调查。外围现场调查涉及利用现场勘查所获得的信息和提取的物证建立犯罪主体与现场的关联，为检察官提起公诉提供证据。

⇨ 4.2.1 初始响应阶段

爆炸现场的初始反应通常开始于市民在听到爆炸响声或者亲眼目睹爆炸后拨打的911报警电话。一般情况下，爆炸现场第一响应者是警察，如果有需要的话，紧接着到现场的是紧急医疗服务部门和消防部门。爆炸现场可能呈现出各种各样的破坏形式，从完全没有破坏到破坏得超出人们想象的现场，更严重的是大规模伤亡的现场。爆炸现场涉及的范围很广，从邮件爆炸、居民小区爆炸、简单的车辆爆炸到像俄克拉何马城的默拉联邦大楼爆炸案（见图4.1）那样的大规模车辆炸弹爆炸等。媒体以具体的图文使我们可以看到，不仅世界范围内的爆炸犯罪日益增长，而且国际恐怖主义制造爆炸的数量也在增长。

图4.1 1995年4月19日俄克拉何马城默拉联邦大楼爆炸后的现场情况
（由美国联邦调查局提供）

新闻媒体不再向第一响应者和公众公布炸弹是由什么组成的，转而公布爆炸现场的立体破坏情况。随着媒体对爆炸的报道，负责对爆炸事件做出快速反应和观察现场异常情况的公共安全官员，一般会得出“这是一个炸弹爆炸现场的结论”。继世贸大厦和五角大楼被袭之后，西班牙的马德里、伦敦以及无数的炸弹爆炸事件均发生在交通系统，得出炸弹爆炸这样的结论并不困难。然而，第一响应者做出一个关于现场种类和爆炸现场是否确定存在的有根据的判断结论是非常必要的，因为并不是所有有爆炸声响的现场都能启动爆炸现场调查程序。

大多数负责爆炸应急反应的警官的主要角色仅仅是第一时间做出快速反应。他们要负责评估现场是否发生了炸弹爆炸，或许现场只是汽车的内燃机发生回火导致的。如果经过判断评估，确定为爆炸现场，那作为第一响应者的警察将要负责请求支援、疏散伤员，如果需要的话还要帮助拯救垂危的生命。按照规定，他们只负责这些初始的任务，不能进行爆炸现场的调查。然而，在一些非常偏远的地区，作为第一响应者的警察不仅是应急响应者，还是犯罪现场的调查人员。虽然这未必是最好的选择，但的确有警察必须独自一人处理现场的实例。在绝大部分案例中，紧急医疗服务部门及消防部门的资源和装备都是整装待命的。现场的初步评估和判断，对于下列人员开展工作非常有利：（1）第一响应者，他们需要对现场做出快速反应，履行其职责；（2）既是第一响应者，又是现场调查人员的那些人；（3）在现场保护完成后到达的现场调查人员，他们需要了解，在他们到达现场前都完成了哪些工作。

为了便于讨论，我们假设第一响应者抵达有爆炸迹象的现场，他们不能马上确定现场是否发生了爆炸案件，以及现场是哪一种类型的爆炸，但是，现场看起来确实是发生了爆炸。在努力确定现场是否发生爆炸以及其发生的原因之前，第一响应者还要履行其他一些职责，即要对事发地点进行现场评估（通常由警察完成）。所有后续工作都是基于初始评估结果，必须快速、全面地确定后续工作内容和程序。

第一响应者的职责包括：

- 保护现场，确保现场的安全，包括危险源的辨识
- 决定是否需要其他应急服务
- 组织营救工作（在 EMS 到达前）
- 识别可能的证人和受害者
- 制作初步的现场材料文档
- 保存潜在的瞬间证据

以上职责需要连续完成，根据现场破坏的严重程度，也可以同时进行。

现场安全和现场保护几乎是同义的，是第一响应者的最重要的两个职责，包括在现场一定范围拉警戒线，以形成一道初始防线阻止无关人员进入现场；积极开展现场受害者和围观者的疏散工作。在进行现场安全保护、疏散群众时，常会出现不仅让无关人员离开了现场，也让一些有积极意义的公共安全人士离开了现场的情况。这也是可以理解的，虽然公共安全人士对救援能够起到一定的作用，但并不是每一个公共安全人士都需要进入事发现场。一个典型的例子就是，当住宅发生爆炸时，即不适合公共安全人士进入现场。几乎每一个发现现场的人都想进入现场亲眼看看爆炸造成的损伤，这不利于现场调查的顺利开展，因为在现场及其周围存在安全隐患，只有那些有授权的人才能进入现场。疏散现场中的无关人员有两个作用：（1）保护无关群众远离危险；（2）保护现场免受污染和发生变动。第一响应者可以根据现场大小和性质为消防部门、紧急医疗服务部门、搜救队及现场调查人员安排特定的工作区域。

必须要准确无误的辨别进入现场的人，不能将穿着制服作为进入现场的凭证，因为出现过有些无关人员偷穿公安、军队、消防等部门的制服混入限制区域的事情，其可能是真的想帮忙，也可能是媒体人员想进入现场一探究竟，也可能是严重的刑事侵权行为。准确辨别通常是通过不同的证件辨别不同的部门。不能将部门徽章作为进入现场的凭证，因为出现过使用假冒的警察徽章混

入现场的事情。

第一响应者负责评估现场的安全性，要求其能够识别爆炸现场周围的危险源。识别出危险源后，应该尽其最大努力移除危险源或降低其危害，避免危及受害者和其他到达现场人员的生命安全。如果不能降低危害就需要立即请求其他部门的支援。如果确定是炸弹造成的爆炸，就需要召集炸弹处置人员到现场搜索“第二个”爆炸装置（未爆装置）。其他部门的支援包括能够关闭现场天然气管道、电力和水管道等的专业人士、确定建筑结构完整性的建筑检查员、能处置现场中的工业化学品等危险物质的人员等。一旦第一响应者发现了危险源，应明确标记出危险物质和危险区域，并立即通知其他现场人员知晓。如果已经识别出了危险源，而且危险源所在区域并不是需要立即进入的区域，则不必将危险源带离其所在的区域。所有到场人员都应该根据现场的具体情况穿着相应的个人防护装备。防护装备主要有杜邦特卫强防护服、皮革和橡胶手套、呼吸道和眼部保护装备。第一响应者以及调查人员必须专注于自己的职责，不能一进现场，就惊呆于现场的破坏情况，而忽略自身的安全以及他人的安全。

可能的爆炸现场危险源包括以下几种：

- 血源性病原体
- 金属、玻璃碎片
- 火
- 建筑结构的完整性
- 公共设施
- 危险物质
- “第二个”爆炸装置

在爆炸现场中出现的明显危险源要格外仔细地分析和识别。这些危险源包括血源性病原体、金属碎片、地面上尖锐的物体、火、危险物质、公共设施、建筑物以及现场可能存在的未爆爆炸装置等。

在一些类似爆炸事件这种有人员受伤的暴力事件中，无论是何种原因导致的流血，对现场人员而言都存在危险。一些致命的疾病可能通过血液传染给未采取防护措施的现场人员，不需要达到一定的数量也能致命。在剧烈的爆炸中，受害者的血会喷溅出来，现场会受到血液的污染。这些疾病包括耐药结核病、肝炎、艾滋病等。防止血液疾病传染的防护措施包括使用眼睛和呼吸系统防护装置、佩戴橡胶和乳胶手套、穿杜邦特卫强连身工作服。

在爆炸现场中应该注意金属碎片，常常造成爆炸现场凌乱不堪。在移动金属碎片时要戴皮革质地的手套。另外，金属和其他物体的尖锐碎片常分散在现场地面上，所以在进入现场前要对脚部做适当的防护，包括穿金属胫甲或厚底鞋。

火是继爆炸之后极大的危险因素，最好是让消防员将其扑灭。如果爆炸现场的火势正在蔓延，则需要足够的水将其浇灭。虽然这是众所周知的，但还是需要强调一下，如果对街上的汽车炸弹爆炸使用太多的水来灭火，很有可能因为高压水枪使现场上的证据冲进下水管道而永远消失。这时可以在下水管道口部周围制作围堰，现场调查人员可以在水中寻找爆炸装置碎片。

对第一响应者和现场调查人员而言，建筑物存在多种可能的危险，这包括建筑结构的完整与否，电、天然气或其他形式加热产生的热气，从破裂粗大的水管中流出的水以及其他危险物质。负责设备的工人可以关闭通向建筑物的水、电、天然气的管道。建筑工程师们不仅能对建筑物的稳固程度做出评估，还可以提供如何加固建筑结构防止其倒塌的建议，这一点在1993年2月26日发生的世贸中心爆炸案中显得非常重要。当时爆炸作用摧毁了维斯塔酒店以及车库中央的一部分支柱，所以在深入调查开始之前要对各个楼层用工字钢筋加固（见图4.2）。

图4.2 1993年2月26日世贸中心爆炸案，为保证进入现场的调查人员的人身安全，维斯塔酒店的楼层用“工”字形钢筋支撑固定的情况（由美国联邦调查局提供）

危险物质包括工业化学物质、气体、石棉等。我们发现工业化学物质一般被存放在大桶或专门的容器里。例如，用于游泳池水净化的液氯一般可以在游泳池附近发现。爆炸和燃烧产生的副产物含有一些无色的气体，如一氧化碳，会危害到现场人员。然而，最难识别的危险物品是石棉，一种不可燃的纤维，用于防火的灰色矿物质。爆炸或燃烧作用造成石棉严重破坏，石棉会以颗粒状物质飘浮在空气中，如果现场人员和调查人员没有采取相应的防护措施，就很容易将这些颗粒吸入肺里。石棉对人体健康会造成持续而长期的损害，而且石棉是一种致癌物质或者说是诱发癌症的高风险因素。

最近在美国和全球发生的爆炸事件说明了简易爆炸装置不仅被用于单独或孤立的恐怖事件中，还被用于连环爆炸恐怖袭击，给人们造成极大的生理和心理伤害。例如，1996年年底，在佐治亚州亚特兰大市的堕胎诊所发生的“第二个炸弹”爆炸案件；1997年1月，在亚特兰大市阿瑟赛德休息室发生的两个爆炸装置的爆炸案件。还有很多例子，如2004年发生在马德里火车上的连环爆炸以及2005年7月发生在伦敦地铁上的连环爆炸，还有在伊拉克和阿富汗地区用来对抗联军的不计其数的爆炸装置。首先到达爆炸现场的人员必须先假设爆炸是由炸弹引起的，假设现场还有其他爆炸装置，可能会在现场聚集更多人之后被引爆。如果现场的具体情况不明晰，则假设成最坏的情况——炸弹爆炸或者有可能产生二次点燃的天然气泄露爆炸。涉及简易爆炸装置时，专业处置炸弹的技术人员应该协助进行现场评估。炸弹爆炸也可能是为其他犯罪活动分散警察注意力而采取的一种方式，如银行抢劫，用爆炸吸引警察到爆炸发生城市的一个地方，而去城市的另一个地方抢劫银行，虽然这套“战术”并不是很成功，但其已经在多个案件中被使用。

在爆炸现场或其他类型的现场还有另外一些可能的危险源，没有必要把这些危险源看成是事件现场。这些危险源包括生化武器、核武器以及有毒化学物质，如沙林毒气等，这些将在第5章中详细阐述。

在急救人员到达之前，为了更好地抢救受伤群众，为他们提供初步治疗服务，第一响应者要负责组织救援工作。开展救援工作之前，首先要确保现场的安全，保证无关人员已经撤离现场。即使确定了现场的安全性，第一响应者也必须要考虑到自己的人身安全，如果现场有建筑物坍塌的可能或者有面临其他危险，则不应进入现场，直到危险解除才可以进入现场。默拉联邦大楼爆炸案中最后死亡人员是一名护士，她在现场为数百名受伤人员提供救治服务，一台电脑显示器从支离破碎的楼层上跌落，砸到了她，结束了她的生命。第一响应者不应该成为事件中的牺牲者。

救援工作应该包括疏散受害者、对受伤严重人员和被困人员的救助、治疗有生命危险的伤员。第一响应者应避免意外死亡，保证所在的周围环境不被破坏。

第一响应者要注意寻找现场的目击证人。当第一响应者履行职责时，要注意从可能是现场目击证人的口中收集基本信息，如他们的姓名、住址、电话号码，询问他们是否看到或听到什么异常等，这对于接下来的现场调查非常重要。因为在绝大多数案件中，随着时间的推移，目击者往往越来越不希望被卷进事件中。如果与其他部门共同研究后，第一响应者认为现场是犯罪行为所致，则现场人员必须找出那些掌握现场重要信息的“证人”。要尽可能关心受伤人员，并尽快确定他们的撤离路线。这些信息对现场调查人员找到伤员以及他们的治疗场所至关重要。安置一个小社区中的受伤人员并不困难，但由于设施数量有限，安置大城市中的伤员就是一个很大的问题。

如果条件允许，应该及早启动现场文件材料的制作，包括现场组成的初步记录、到达时间、请求支援现场的其他部门、目击者和其他现场人员对现场情况的初步陈述、现场拍摄、发案地点方位等，如有必要还需记录现场物证的收集情况。现场人员不能仅仅凭自己的主观记忆来准确描述现场情况，因为对很多人来说，没有当时的现场记录的辅助，时间一长就很难再回忆起案发现场物品确切的排列放置情况。

目前为止，制作爆炸现场勘验笔录还是传统的方法，即将现场情况填写到事先准备好的格式中去，包括记录的内容、拍摄现场情况、寻找和询问现场目击者的情况等。然而，现在有些消防部门引进了一种先进的设备，用于爆炸或炸弹爆炸现场调查上的热成像技术（详见本章附带报道“热成像与紧急服务”），这种设备能够在他们灭火过程中提供额外的安全保护。如果配备了这种设备，在原有安全手册基础上，第一响应者就可以尽早的使用热成像仪对现场的情况进行录像。当现场调查人员到达现场后，可以建议现场调查人员用热成像摄像视频来观察记录现场情况，进而进行现场的初步评估。（见图4.3）

【知识链接】

热成像与紧急服务

热成像系统或者热成像摄像机（红外摄像仪）的工作原理是检测物体发出的红外线能量，并将检测到的红外线能量转化成可视的图像。热成像能够显示现场情况是基于现场上物体的不同温度，通过它可以看到一个物体或一片区域的热属性。在绝大多数的区域里，最热的物体在热成像仪中显示为白色，温度最低的物体显示为黑色，温度介于中间的物体显示为灰色。红外线能量或热量在我们的环境中无处不在，即使检测到的红外线能量或热量很少，不管在什么位置，也不管是否有光线，热成像仍能正常工作。

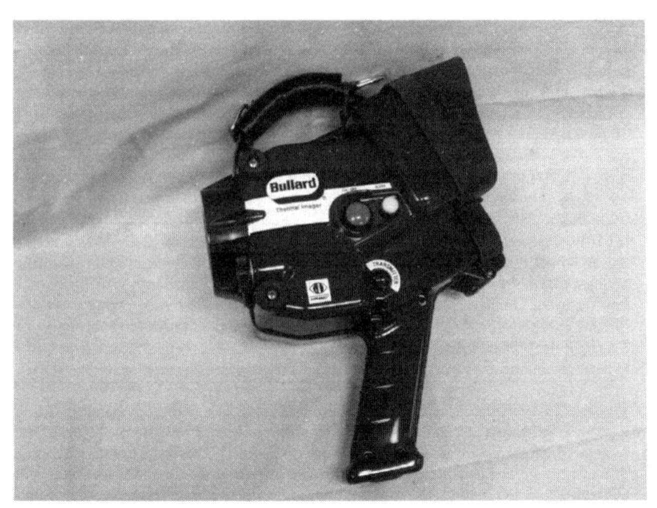

图4.3 热成像摄像机能够用于记录爆炸发生后爆炸碎片是否存在及所在的位置

热成像摄像机或热成像系统有几种不同类型。主要有两大类：制冷型和非制冷型。制冷型热成像摄像机需要红外探测器的温度降到很低温度（-328℉），而非制冷型在常温下就能正常工作。在这两大类型中还可按照其能探测到的红外线长短及所使用的红外探测技术的种类分类。热成像摄像机主要能探测短波段、中波段和长波段的红外线。最近一些紧急服务部门使用的是基于微测辐射热计或铁电技术的能探测长波段红外线能量的非制冷型热成像摄像机，因为非制冷技术能够使热成像摄像机在常温下正常运行，不需要低温冷却系统，而且更适于处理大面积环境温度的变化。这些热成像摄像机能够透过烟雾探测到长波段红外线的能量，使用者可以在零能见度的区域内“看透”这个区域内的物质。

最近，大约有10家制造商为紧急服务部门提供了大约16种不同的热成像摄像机，这些热成像摄像机主要为手提的，重量在2.5磅~7磅，大小和形状与中等大小的视频录像机差不多，它们能在40℉~1000℉的温度范围内正常运行，非常灵敏，能测出温差小于1℉的变化，其价格在10000美元~20000美元。在美国，现在配备在各部门的热成像摄像机总量不少于10000台。

对于不同现场的第一响应者而言，热成像摄像机的作用也是不同的，消防人员用热成像摄像机可以改善其在满是烟雾的建筑物中的能见度，以便于寻找受害人员，找到着火点和热点；执法和安全人员使用热成像摄像机可以在无光的黑暗条件下进行监控；紧急医疗和救援人员可用其在旷野中导航，也可在黑暗环境中寻找受害者。

热成像在爆炸或炸弹爆炸现场调查中的作用

基于东肯塔基大学消防与安全课题的研究工作，研究者发现热成像技术有一个潜在的应用，它可以协助爆炸犯罪现场调查人员进行现场调查。随着更多实践经验的积累，他们还发现热成像技术在整个调查工作中能够直接或间接地帮助调查人员。

热成像摄像机主要从以下四个方面给予调查人员直接的帮助：

1. 在能见度很低的情况下进行监测。应用热成像仪可在没有光照的条件下观察犯罪嫌疑人及其活动。可以在夜间帮助调查人员收集相关信息，如果有犯罪行为发生，利用热成像仪，就不必因为离犯罪嫌疑人太近或者因为使用光源而暴露调查人员的位置。最近的实验表明，热成像仪在完全黑暗的夜间可以探测到250英尺以外的物体。这种技术可以帮助我们了解案发现场建筑物（如蓄意纵火的火灾现场）内正在发生的事情。

2. 进行热点和炸点的确定。东肯塔基大学的研究显示，如果调查人员能够在爆炸发生后的15~30分钟内到达案发现场，他利用热成像仪根据现场的环境温度找到炸点和重建爆炸事件发生的过程。通过确定热点和炸点所在的范围就可以确定物证所在的位置，特别是金属碎片，更容易找到。在最近的许多案例中，许多信息用肉眼观察并不明显，但在热成像仪下现场中炸点的大小和位置都非常明显，因为热成像仪能够探测到爆炸碎片的热量属性。根据在爆炸现场找到的热点，就更容易确定物证所在的位置。

3. 物证的发现。同样地，如果调查人员能够在足够短时间内到达案发现场，他们就可以用热成像仪寻找物证。热成像仪能够很容易识别像简易爆炸装置碎片这类物证。因为在炸点附近，爆炸装置的组成部件会有很高的热量，使其与周围环境温度形成鲜明的对比。在最近的案例中，热成像仪能够很快识别组成和连接简易爆炸装置的金属管碎片。这些组成部件分布在爆炸现场的各个角落，包括嵌在墙壁和家具里的碎片以及在爆炸现场外围发现的碎片等。

4. 热成像仪的间接辅助作用。在实际案例中，调查人员很难在15~30分钟内到达爆炸现场。然而，第一响应者（特别是消防人员）能够在案发后15分钟以内到达现场，所以，第一响应者可以用热成像技术记录现场情况，协助调查人员获取更多的信息。

第一响应者使用的热成像摄像机，有的装有无线传输器，有的装有内置DVD光盘。视频传输器能够将热成像摄像机录制的图像传输到一个接收系统，这个系统能够播放热成像摄像机摄录的视频。如果第一响应者能够用热成像摄像机记录下他们到达后的所有行动，现场调查人员就可以通过回看视频，收集到很多他们到达现场之前的信息。因为灭火的过程中会破坏现场的原始面貌，这些视频可以详细显示现场的具体情况，这对于现场调查非常有帮助。由于在调查人员到达现场后，炸点处和物证的温度已经降低，热成像摄像机不能再发挥作用，而第一响应者录制的视频也可以显示出炸点和物证在现场中的状态。

诚然，热成像仪不能代替可靠的基础调查技术，它只是一门新技术，能够帮助现场调查人员更好地完成爆炸现场调查。

第一响应者应该试图识别和保存现场中随时可见的证据，但这并不意味着第一响应者可以像犯罪现场调查人员和技术员那样在现场中寻找和收集证据，恰恰相反，如果有明显的证据，第一响应者应该尽可能识别和保护好这些证据。保护证据可以有多种方法，一种是将这些物证与其他物体进行简单划分，以防弄混；另一种方法是在不触动物证的前提下，在物证附近放置标识牌。如果存在需要销毁或者带离现场的物证，第一响应者可以收集这些物证。然而，对于收集的这些物证，第一响应者必须要采取有效措施，进行物证归档（标明提取位置 、保护情况以及建立的保管责任链条）。这些物证包括潜在的短暂存在的物证，如那些可能被恶劣天气（如风、雨）毁损的物证，还有那些可能被火烧毁的物证。

不管是第一响应者还是其他人员，确定了是爆炸现场，即使原因不明，只要确定是有爆炸发生，就应该进行爆炸现场调查。通常在绝大多数的案例中，会召集现场勘验人员或侦查人员到现场进行现场调查。现场勘验人员和侦查人员的到来就完成了从初始响应到实际调查的过渡。

⇨ 4.2.2 爆炸现场评估

犯罪现场调查小组或者调查人员需要完成下列任务。首先，调查人员必须确定现场爆炸的类型；其次，调查人员将根据犯罪现场分析得出的结论形成文件；最后，如果确定事件性质为刑事犯罪，就需要开展外围现场调查，建立犯罪主体和现场物证的联系。

现场调查人员到达现场后，首先要向现场指挥官和可能仍然在现场的第一响应者做自我介绍。在有些情况下，现场负责安全的只有一个人，甚至可能没有人。在这种情况下，调查人员应立即与现场指挥官以及在现场的其他相关人员商量判断现场发生的情况并立即对现场进行评估。接下来将根据事件的程度以及第一响应者已经完成的工作情况安排现场调查的程序。

根据对现场的观察以及询问在场人员，现场调查人员得出的现场评估结论主要包括：

- 第一响应者为保证现场安全所做的工作
- 现场是否使用热成像摄像机记录现场情况
- 是否在现场上识别出了危险物，如果有危险物，是否采取了相应措施减轻危险物造成的危害或消除危险物（如寻找“第二个”爆炸装置）
- 是否有受害者，以及受害者当前所在的位置
- 有无找到目击证人
- 是否请求了其他部门支援
- 有无识别出物证
- 是否开始制作一定的现场文件材料

这些问题正是第一响应者应该尽到的责任。与第一响应者会面交谈后，现场调查人员需要亲自对现场进行评估，以便制订下一步的工作计划。

◎ 4.2.2.1 评估现场，确定现场范围、中心现场、外围现场以及现场安全区域

通常，缩小现场范围边界尺寸比扩大更容易。图4.4给出了现场范围边界的描述，中心现场包含了爆炸发生的实际地点以及物证所在的位置。将从炸点到分布在最外面的物证之间距离的1.5倍范围划定为爆炸现场的第一边界，即中心现场区域。而爆炸现场的外围区域是从第一边界至无关人员不能看到现场调查过程（包括收集证据）或者不能听到调查人员讨论的距离范围。

室外现场（田地、街道、建筑物的外面）可能会用街道、其他建筑物或者栅栏作为现场外围区域的天然屏障。室内现场可以用建筑物本身作为中心现场边界，以建筑物产权边界作为外围现场边界。在确定中心现场和外围现场边界时要根据实际情况做出最准确的判断。

◎ 4.2.2.2 确定犯罪现场调查小组指挥所位置

为了掌控现场及有效地收集证据，通常将现场指挥所设置在中心现场的最外层（见图4.4）。进入现场的每个人、每批物资、每个设备以及带出现场的物证都要经过现场指挥组，以确保完成物证收集过程中物证的归档。总之，这个过程需要责任到位，由指挥组组长负责指挥工作的全面运行。

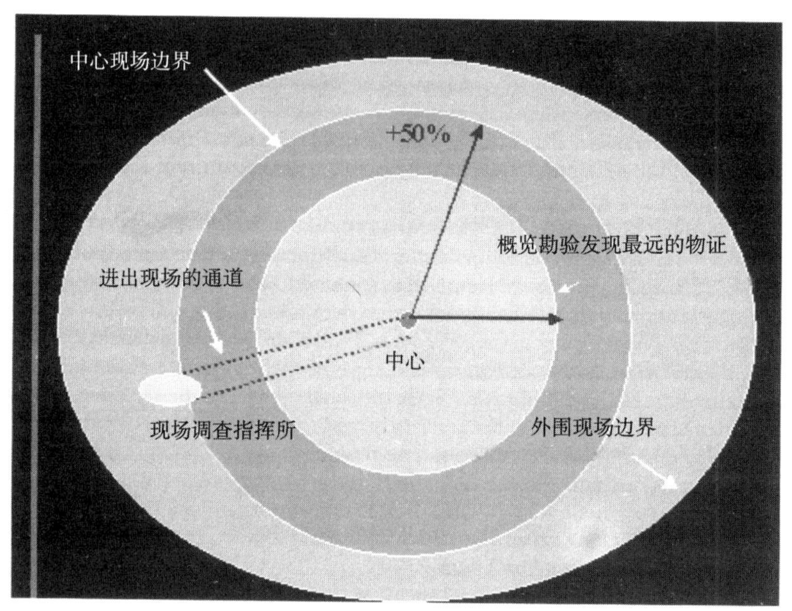

图4.4 在开展现场勘查之前，需要确定中心现场和外围现场范围、犯罪现场调查指挥所的位置以及进出现场的通道（将从炸点到分布在最外面的物证之间距离的1.5倍范围划定为中心现场）

◎ 4.2.2.3 制订人员进出现场程序文件材料

所有进出现场的人员都需要有记录（见附录C），记录工作可以在指挥所进行，以妥善记录进出现场的人员。这个文件材料要包括以下细节：人员进入现场的具体时间、进入现场的目的（如进行现场评估、收集物证、现场照相等）以及他们离开现场的时间。对进出现场的人员进行准确无误的记录至关重要，因为这可以证明只有那些需要进入现场的人员才能进入，从而保证了现场的完整性。

◎ 4.2.2.4 确定现场调查人员进出现场的安全通道

在确定和重新评估由第一响应者划定的现场界限的过程中，应用标示带清楚地标示出进出现场的通道（见图4.4），同时它也标示出了进出现场的调查人员的路线。这条路线的确定是为了在进行大规模的物证收集之前，防止物证可能被毁损，因而先在一个相对较小的范围内进行搜索，提供一条安全的、无危险的或者危险系数较小的进出现场的通道。调查人员最好从一个点进入，而不是从多个方向进入现场。进出现场的起点和终点都要在现场调查指挥所，这一点非常重要，这样能够对进入现场的人员进行有效地控制。进出现场通道确定后，调查人员需慎重考虑如何对待通道上可能是物证的物品，是收集还是对其进行标记。理想的情况是现场有一条没有碎片的通道，但是这种情况在爆炸和炸弹爆炸现场几乎不会出现。如果已经决定对安全通道上的物证进行收集，就需要严格按照本章给出的原则对物证进行收集、记录和包装。

◎ 4.2.2.5 确定现场调查人员的待命区域

在决定需要哪些资源、设备以及其他部门人员支援的同时，要确定这些资源集中的地点，以便随时根据现场实际情况进行支援。为了控制污染、保证现场安全，正在赶往现场的调查人员不要将车停得离现场太近，到现场支援的消防、紧急医疗服务部门的车辆不要在物证上行驶。这就需要在外围现场之外的安全区域集中安置资源，当现场上有需要时即刻支援现场。负责现场的调查人员很容易不堪重负，所以一定要保证支援力量能够立即到达现场。应保证现场处置的有序性和可控性。集结待命区提供了有序控制的方法。

◎ 4.2.2.6调查小组要确保现场入口安全

现场调查人员根据总指挥官或第一响应者提供的信息，可以重新评估现场的安全性。现场是否足够安全以允许调查人员进入现场开展调查工作？在现场中哪些地方有明显的危险物（如正在掉落的碎片等）？在咨询建筑工程师确定入口安全之前应该严格控制现场的入口。在绝大多数小型、中型现场（如室外爆炸现场、车辆爆炸现场、住宅爆炸现场等）中几乎没有明显的危险物，即使有也很容易避免或降低其危害性。但是，千万不能忘记现场中存在着碎金属部件，它们是非常锋利的，可能会使粗心的调查人员受重伤。现场中的另一个危险因素是与爆炸相关的其他危险物质，包括核、生物恐怖武器以及有毒化学物质等，这些将在第5章中详细介绍。

出于安全考虑，到达黑暗环境或接近黑暗环境的野外现场，需要确定是否需要立即进行现场调查，是否可以等天亮之后再进行现场调查。如果不能等到天亮后再调查，要看是否有足够多的光源为现场提供照明。在黑暗中利用有限的照明条件下进行现场勘查是非常难的。即便是在有利的条件下寻找痕迹物证（如爆炸残留物、头发、DNA等）也充满了挑战。现场勘查必须要全面考虑天气条件、爆炸现场所在的位置（如在繁忙的高速公路路口中央位置）、现场保护情况以及调查人员的自身安全问题等。

有个例子很好地说明了这一点。在许多年前的一个偏远地区，逮捕和搜查小组拿到了逮捕证和搜查证，需要逮捕并搜查那些利用简易爆炸装置合伙抢劫武装车辆的人。搜查的区域是所谓的炸弹制造工厂，这种区域需要四轮驱动的汽车长时间行驶才能进入现场。当逮捕和搜查小组到达现场并实施逮捕，进行现场评估时天已经黑了。负责搜查证据的小组给现场调查负责人的建议是，等第二天再收集那些比较明显的证据，这些证据包括数量庞大、类型各异、或自制、或民用的炸药和起爆系统。这个建议是不符合相关规则的，因为当时并不是所有犯罪团伙成员都被逮捕了，对于那些需要整夜守在现场的人员是存在安全隐患的。现场调查负责人必须考虑到那些没被逮捕的犯罪同伙会回来报仇的可能性。在这种环境条件下，证据搜查小组应连夜进行搜查。

◎ 4.2.2.7 调查所需的援助和资源等级

现场调查人员有责任快速而准确地确定现场调查所需援助的等级。因为这不仅涉及现场的公共安全调查人员，也可能涉及那些被请到现场、协助现场调查的专家们。根据现场的规模情况，请来协助现场调查的专家包括重型设备操作员、紧急医疗服务人员、消防员、炸弹处置技术员、法医；如果是需要长时间调查的大现场，还需要请求物流和采购专家到现场协助调查。另外还需要一些调查及处理设备，包括行政办公用品、一般生活用品、手动工具及设备、安全设备、证据收集及包装材料、重型设备（挖掘机及重型起重设备）、水、工作人员必需的卫生设施等，这些将在4.2.2.13中详细阐述。

◎ 4.2.2.8 是否需要搜查证明或搜查许可证

如果不确定是否需要搜查证明，最好详细说明事件的具体情况。关于进行现场调查需要哪种形式的准许，可以向一些地方、州、联邦的检察官寻求专业的法律意见。准许形式主要有三种：（1）不需要申请（根据现场的具体环境）；（2）从授权人那里拿到书面同意或许可；（3）基于问题成因口供而获得的搜查证。一旦有法律授权，进行现场搜查时就不会有人对搜查的合法性提出质疑。

◎ 4.2.2.9 现场证据的收集、控制以及保管链适用的程序文件

现场调查程序文件规定了在现场中如何收集证据、如何保全证据以及在收集结束后对证据负责。基本的程序文件对现场调查人员来说并不是一个可以自由决定的条款，因为他们需要遵循部门的规定。现场调查人员可以决定在概览勘查过程中现场调查文件记录的具体方法。在4.2.4将详细阐述这些程序。

◎ 4.2.2.10 防止现场污染适用的程序

现场调查人员进入现场时，一定不能在他们的衣服、工具或设备上携带任何可能影响到现场调查的痕量物质。特别是在调查疑似纵火的火灾现场时，现场人员一定不能穿着沾有催化剂的衣服进入现场。同样，在爆炸现场调查中，现场调查人员在离开散装炸药处理的地方后，不能立即进入爆炸现场进行现场调查。防止现场污染不仅涉及像炸药残留物这样明显的污染物，还涉及一些较少的证据物质（痕量污染物），如头发、纤维和土壤。其他一些防止现场被污染的预防措施有：不要踩到鞋子或车辆轮胎印，这些都有可能是重要物证，戴棉线手套以防止触碰证据时留下指纹，同时注意不要破坏现场上的指纹。确保现场调查人员不对现场造成任何污染的一种方法是进入现场时穿上特卫强或者刚洗净的衣服；并且使用新的或者完全清理干净的工具。附录D详细说明了清理工具和衣物的最佳方法。调查者可以在清理后用爆炸残留物测试工具测试，确保其没被污染。有关爆炸现场中爆炸残留物的收集在附录M及4.2.6中详细阐述。

◎ 4.2.2.11 概览勘查

现场调查人员应该在现场概览勘查的基础上，对现场进行评估。但这时还不是开始收集证据的时候，而是可以观察爆炸后还留存在现场的东西，如果可以的话，对现场情况进行拍照记录。然而，如果在评估过程中发现一些瞬间的证据（即那些可能被风、雨、雪等天气条件，车辆以及人员毁损或者改变的物质），则调查人员必须在这些物质被毁损之前将其收集提取。（事实上，在重大爆炸现场中现场调查人员在这方面犯过错误，在其后要向法庭解释事件发生的过程及为什么他们的行动直接与本部门的规定相悖时，感受到了压力。）在一些案例中，一些至关重要的证据可能会为法庭审判提供重要线索，但它们可能要经过辩护律师的仔细审查。为了避免不必要的麻烦，最好的方法是记录现场发生了什么以及为什么会发生。

需要注意的是，绝大多数爆炸现场证据收集的程序规定了对现场进行选择性拍照，而并不要求将现场所有的证据在未被移动和混淆前全部进行拍照固定，但是对于那些对现场调查至关重要的证据则必须进行拍照固定。如果在现场概览勘查过程中发现一些只有将其拿起才能意识到其重要性的证据，一定不要移动这些证据，以便于进行拍照固定。不管这些证据看起来多么完整，一旦移动了它，很可能再也不能将其放回原来位置。

在一些案例中常会提出关于现场是否应该被移动的问题。一些室外爆炸现场，本质上通常是相对较小的爆炸现场，但是其发生的位置不能或者难以进行详细的现场调查。例如，发生在繁忙的街道和高速公路上的爆炸现场，以及恶劣天气条件下发生爆炸的现场。发生在公共街道上的汽车爆炸现场，对调查人员来说，有许多关于公众进入这些区域的特殊问题。虽然应该禁止公众进入爆炸区域，但是在一些案件中，爆炸发生在繁华商业区，持续很长时间的现场调查禁止公众进入此区域，会引发一些问题。想象一下，交通繁忙的交叉路口发生爆炸，由于现场调查人员需要收集所有因爆炸而产生的证据，交叉路口被迫关闭数小时（不是一整天）的情况。如果要封闭这种繁忙的交叉路口，必须认真考虑封闭的必要性。调查人员应该考虑使用其他方法，使其既能满足保持证据原始性的要求，又不会给公众造成不必要的麻烦。

有一种观点是将事故车完整地从现场移走，特别是可以用新的、干净的塑料薄膜将车辆包起来，将其装上车辆运载车，并在车辆运载车的底座上铺新的、干净的防水帆布，再移离现场。在事故车辆移离现场之前要详细记录其在街上的具体位置。当事故车辆被安置在一个干净区域（防止爆炸残留物和其他污染物质的污染）时，就可以对车辆进行详细地检查和搜查。要在出事街道及其周围区域彻底搜查由于爆炸而产生的证据和碎片，可以按照本章所述的程序将其分别扫进各个清洁袋或大的垃圾罐中，并详细记录它们的具体方位。在车辆移离现场之后，要对现场中的每一个与爆炸有关的容器仔细检查。事实上这是调查车辆爆炸现场的标准程序。将事故车辆移离街道，安置在一个安全的、有充足照明的地方，使调查小组有充足时间有条不紊地进行调查工作。

天气条件将直接影响到现场勘查的方法。不同于一般犯罪现场，通常爆炸现场范围广，遇到严重的雨雪天气，如果不用防水帆布遮住现场区域度过这样的恶劣天气，就很难正常开展现场调查。在这种情况下，调查人员应该用本章节前面提到的方法快速收集地面上或者街道上的物证，在雨雪妨碍到现场调查进程之前，调查者就要尽力收集现场上的爆炸残留物。

◎ 4.2.2.12 爆炸中心的定位

在现场概览勘查过程中，调查者应该试着给爆炸事件定性。如果第一响应者用热成像摄像机对现场进行了录像，则调查人员可以通过看录像来确定事件的性质；或者如果调查人员能够在爆炸后的15 ~ 30分钟之内到达爆炸现场，他可以亲自用热成像摄像机快速地扫描现场情况，并将现场情况记录下来以备后续使用。

除了上述要求，确定爆炸中心的位置是真正现场调查工作的第一步。这时关于爆炸种类可以有几种假设：（1）爆炸物质（浓缩燃料）爆炸，如代那买特炸药；（2）沸腾的液体蒸汽爆炸（BLEVE）；（3）燃料气体、混合液体蒸汽及粉尘（分散燃料）爆炸，如天然气爆炸。为了确定到底是上述三种中的哪一种类型的爆炸，调查者应该努力确定爆炸中心的位置。爆炸中心是在爆炸现场中物体损毁最集中的区域。在一个爆炸现场中，爆炸中心有时被称为炸点，常常是一个清晰的炸坑，是炸药爆炸后造成破坏最严重的区域。燃料气体的爆炸不会生成炸点，因为燃料与周围空气相对均匀地混合于一定空间内，一旦被引爆，就会在整个空间内形成均匀的爆炸作用。混合液体蒸汽和粉尘爆炸的现场也没有炸点。不管初步得出的结论是何种类型的爆炸，都要确定引起爆炸的原因。绝大部分由燃料气体、混合液体蒸汽及粉尘引起的爆炸都是事故，但也不排除一些是存在犯罪动机的。同样，有爆炸发生并不一定表明使用了爆炸装置。虽然大部分涉及炸药的爆炸都是犯罪，但也有因炸药存储和运输不当引起的爆炸，这就是事故。所以，面对一个爆炸事件，调查人员应该考虑到所有的因素，而不仅仅是他们猜测的原因。

当搜索爆炸现场时，可以通过以下几个方面调查爆炸情况：炸坑或炸点的存在情况、局部损坏情况、炸弹组成部件现场分布情况、爆炸残留物或未爆炸药颗粒在现场上的情况、爆炸发生的地点是否存在燃料（如天然气或丙烷气体）、目击证人的陈述情况等。不同类型爆炸现场调查的特点见表4.1。如果现场是炸药爆炸造成的，则较容易找到炸点（见图4.5）。根据爆炸威力的大小以及炸药量的多少，寻找炸坑的过程或易或难。当使用的炸药数量较少时，其产生的附带损伤不足以产生足够的目标物碎片将炸坑完全填满，因此这种情况比较容易找到炸坑。炸坑类型完全取决于爆炸发生的位置及目标物的属性。炸坑的大小取决于使用的炸药的类型和数量、装置（假设其为炸弹）的放置位置、炸药是否装在容器中（如管道炸弹，通常是将炸药装在密封的长管子中）。在地面或接近地面发生的爆炸，泥土、岩石和其他碎片在爆炸作用下形成炸坑。这些物质散落在现场周围、炸坑上方、有的回落到炸坑里。爆炸物作用在路面、混凝土等较硬的介质上时也会产生相似的效果，但是在其他条件相同情况下，产生的炸坑没有那么深。如果炸药的放置位置与地面有一定距离（如车停在混凝土地面上，而爆炸物置于车的座椅下方），则在路面上就可能没有炸坑。但是，在多数情况下，会有一个非常明显的炸坑洞过车辆底板，这将成为证据。相反，如果爆炸物放置在车底上，路面上就会有更深的炸坑。另外，如果将足够多的炸药放在防火墙上，车辆的一整边会受爆炸冲击作用，在车上形成一个很大的坑，在地面上不一定有炸坑。

表4.1 不同类型爆炸现场调查的特点

爆炸性物质	气体、蒸汽或粉尘
炸坑	无炸坑
局部损坏	整个墙壁被炸出
确定的爆炸中心	无爆炸中心
有炸弹组成部件	无炸弹组成部件
有炸药	无炸药
无气体、蒸汽或可燃粉尘	现场有气体、蒸汽或可燃粉尘
事件发生位置	事件发生位置
目击者的陈述	目击者的陈述

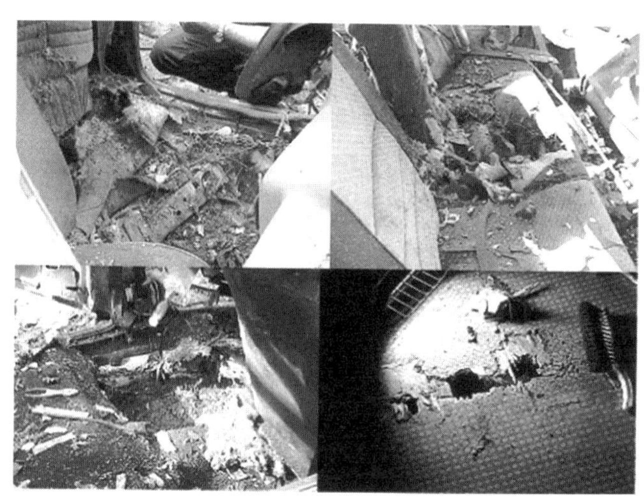

图4.5 常见的爆炸产生的炸坑或爆炸中心

在破坏目标为建筑物的大型爆炸现场（不论是否为汽车炸弹爆炸），寻找炸坑是一项非常艰难的任务。在1995年俄克拉何马城默拉联邦大楼汽车爆炸案的后期工作中，炸坑被坍塌下来的建筑材料填埋和隐藏了（见图4.1）。然而因为炸坑周围受影响区域的垂直楼板已经毁坏了，上层楼板几乎全部坍塌掉落在炸坑中。通过仔细清理这个区域的碎块最终确定了炸坑的位置。在一些案件中，从建筑物上掉落下来的物质实际上可以保护炸坑免受进一步破坏。

1993年世贸中心汽车爆炸案，为现场调查人员进行现场概览勘查提出了另外一系列问题。这些问题包括爆炸现场存在的多重严重的安全隐患（停车场残存的楼板有塌落的危险、屋顶和天花板可能坍塌）；爆炸区域的能源和照明系统被摧毁；停车场内的大量汽车在爆炸发生的同时油箱燃烧，车辆被毁坏；停车场三个楼层的楼板在爆炸作用下发生部分毁损。事实上，调查人员要找的是一个有巨大炸坑的、由于黑暗而几乎看不到的、像坟墓一样的地方。更糟糕的是，未知汽车炸弹爆炸的正下方的巨大空间内安装有世贸大厦空调系统。调查人员必须考虑到这是否为大厦空调系统的电力变压器发生故障导致的爆炸，或者是其他原因导致的爆炸。根据收集到的破碎程度严重的汽车部件碎片（不同于其他类型的爆炸案件）以及该区域特殊的毁伤情况，得出了现场是炸弹爆炸的结论。通过后期调查收集到的更多汽车部件可以证明这一结论是正确的。

调查人员在评估可能是汽车炸弹爆炸的现场时，还有一点需要注意：要试图找到炸弹爆炸时所在的位置。在绝大多数汽车爆炸现场中，根据现场使用的炸药量的情况，可以较容易确定爆炸时炸药是在车内还是在车外。在确定了炸坑之后，要观察金属卷曲的方向。如果车上的金属材料破碎时指向车内，则爆炸物在车外爆炸，反之，爆炸物在车内爆炸。（见图1.27、图1.28）

在爆炸现场（包括炸药爆炸的现场）中不一定总是会出现炸坑。在这种情况下，现场勘查人员应该寻找现场中破坏比较严重的地方（爆炸中心）。当较少量的炸药在硬介质表面上爆炸以及当炸药被置于其他物体（如家具）上爆炸，物体被炸碎，而炸药并没有接触到其他硬介质的情况，都不会有明显的炸坑。在这种环境条件下，现场调查人员应该寻找破坏最严重、最集中的爆炸区域。对于发生在房间的角落里、没有明显炸坑的爆炸，附近的墙壁、天花板、地板和家具会呈现出比这个房间内其他位置更多的碎片，可以推断这个角落就是爆炸中心（见图4.6）。

图4.6 有时我们可以很容易确定炸坑，就像房间中央的这张桌子（注意整个目标区域内桌子的碎片和疑似爆炸装置组成部件的碎片）

有时现场勘查人员在现场概览勘查时可能会发现炸弹组成部件的碎片。根据爆炸装置的组成部件的不同（见第3章），这些碎片主要包括外部包装物和内部包装物、电线、电池、添加物以及各种类型的开关。同时，根据现场目标物的不同，这些爆炸装置组成部件的碎片可能嵌在墙壁里、天花板上、家具里、汽车座椅上或受害者的身体里，或者分布在现场四周那些现场调查人员很容易发现的地方（见图4.7）。

在爆炸现场中很少能找到完整的未爆炸药，一经发现，则表明这个现场使用了炸药。然而除非爆炸装置低位爆炸（低速爆轰），否则现场很难肉眼发现未爆的高爆速主装药。但是，通过对爆炸残留物的收集提取检验可以揭示所使用炸药种类，见4.2.6及附录M。使用低速炸药，如无烟火药，装在管子中制成炸弹是个特例。个人经验表明，在爆炸案件中，不管起爆器多么高效，所有的炸药不可能完全被消耗掉。在现场概览勘查时，调查人员很难发现细小的无烟火药的颗粒，但这并不能证明其不存在。通常可以在现场调查的证据搜寻阶段发现这些颗粒，包括使用真空吸尘器搜寻现场物证。

现场没有适合的燃料（如天然气或丙烷气体）或许可以说明现场的爆炸不是燃料空气混合物的爆炸。然而在推断爆炸发生的原因时，不能将没有燃料作为确定不是燃料气体混合物爆炸的唯一因素。在建筑物和车辆外面以及远离地下管线发生的爆炸，需要强有力的证据证明它是由炸药爆炸引起的。

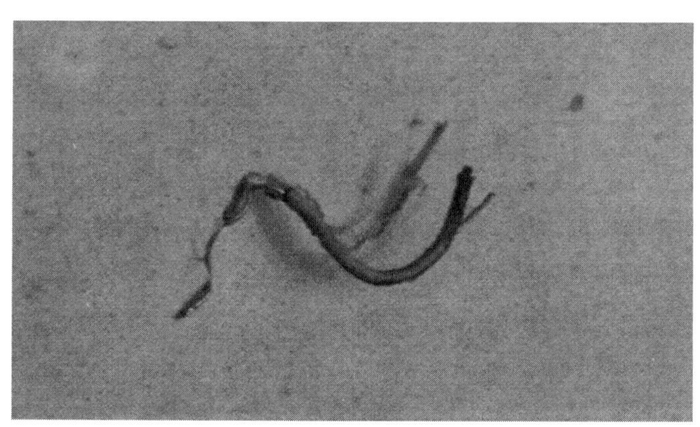

图4.7 破碎的电线残段，在爆炸作用下嵌入石膏板里

沸腾液体膨胀蒸汽爆炸（BLEVE）也是爆炸的一种，会产生明显的炸坑，但是不使用炸药。沸腾液体膨胀蒸汽爆炸是容器的机械爆炸，使容器内的液体在高于其常压沸点的温度（因此导致液体沸腾）下，产生膨胀蒸汽，导致密闭的容器破裂。这种密闭容器的破裂，就像铁路油罐车一样，通常会在容器内形成一个明显的坑或洞。这种爆炸不是由膨胀的蒸汽所引起，而是由外部热源引

起的，无论这些蒸汽是否可燃。2008年美国消防协会指出：“沸腾液体膨胀蒸汽爆炸通常发生在密闭容器暴露在火场的情形，容器内的液体或蒸汽的温度迅速升高，容器内部压力增大，直到容器不足以承受进一步的压力增大，此时容器爆炸。密闭容器破裂后释放高压液体，液体瞬间蒸发。”容器破裂后发生的事件取决于液体是否可燃，如果液体是可燃的，它们可能会被爆炸中产生的许多可能引燃的物质。

为了区分是沸腾液体膨胀蒸汽爆炸产生的炸坑还是炸药爆炸产生的炸坑，调查人员在进行现场调查时要特别关注爆炸发生的位置、爆炸的周围环境、现场物证以及爆炸的目击证人。在绝大多数事件中，很容易区分这些不同类型的爆炸，因为沸腾液体膨胀蒸汽爆炸需要某种类型的容器和外部热源，如一个内部压力超过允许值蒸汽锅炉。

像天然气、混合可燃液体的蒸汽以及粉尘等燃料空气混合物的爆炸，其现场特征与炸药爆炸完全不同。但在具体讨论这些不同之前，我们有必要先简短讨论一下爆炸类型。可燃气体或者混合可燃液体的蒸汽引发的爆炸，是指点燃分散可燃气体（如天然气、液化石油气、下水道气体、工业气体、混合液体蒸汽等）引发的一种常见的燃爆。混合液体蒸汽包括汽油蒸汽、漆稀释剂、甲基乙基酮等。粉尘爆炸也是分散燃料爆炸，但它不是以可燃气体为燃料，而是由分散在空气中的细小固体微粒被点燃导致的爆炸。这些爆炸通常发生在密闭的空间内，如谷物储存仓、电梯、原料加工设施、地下煤矿等。在这些爆炸中引起爆炸的燃料多种多样，像农产品（谷物和加工过的面粉）、煤炭粉尘、粉状化工品和金属（如铝、镁）等。通常，物理位置及设施类型可以说明爆炸发生的原因，但不能说明是否使用了爆炸性物质。

可燃气体、蒸汽和粉尘爆炸现场有以下特点：（1）没有表征燃料燃爆点的爆炸中心或者受损相对严重的区域；（2）没有炸点或者炸坑；（3）现场有燃料源（气体、蒸汽或粉尘）；（4）房屋所有墙壁爆裂；（5）目击者闻到的气体的气味；（6）现场调查中未发现爆炸装置组成部件。发生在建筑物内的爆炸，对于第一响应者和调查人员而言，现场上最容易识别的特征就是现场毁坏的一致性。例如，房屋发生天然气爆炸后，外墙几乎完整地倒在院子里。这些外墙可能是房屋一侧的墙壁，也可能是所有的外墙，剩下的绝大多数内墙支撑着房屋，但也有一定损坏。相似地，若爆炸发生在粮仓内，粮仓可能被爆炸作用完全摧毁，或者粮仓的屋顶被掀掉（见图4.8、图4.9）。根据现场燃料的不同，爆炸可能会引发火情。气体、蒸汽或者粉尘在建筑物内的分布情况决定了爆炸发生位置和波及的范围。几乎无一例外（除室外蒸汽云爆炸），所有这些爆炸都发生在为燃料提供存储空间的建筑物、煤矿等封闭的空间内。室外蒸汽云爆炸通常是由泄漏的液化石油气罐车引起的，因其向大气中释放了石油气、蒸汽或者液体喷雾，与周围空气混合，混合比例达到燃爆极限点，导致爆炸。在随后的调查中，由于气体爆炸造成的全面破坏和众多的可能性，确定现场点火能源是比较困难的。这些可能性包括但不仅仅限于电气设备的继电器发生故障（如加热系统故障）、打火机或火柴打火、电器故障产生的电弧。

爆炸产生的常见后果是起火。现场调查的问题在于试着找出起火和爆炸发生的先后顺序。得出先后顺序后，就可以确定或者可能较容易发现起火和爆炸的原因。在建筑物爆炸中，可以通过检查建筑物爆炸现场被爆炸作用抛出去的窗玻璃来确定爆炸现场中起火和爆炸的先后顺序。一般地，如果玻璃上有烟熏痕迹，则证明先起火后爆炸，如果玻璃比较干净没有烟熏的痕迹，则证明先发生爆炸后起火。原因很简单，因为可燃物在建筑物内，其燃烧时产生黑的、酸性烟尘会在物体表面形成非常容易识别的附着物，尤其是窗户。如果先起火后爆炸，则窗玻璃可能会被烟雾熏黑，即使窗玻璃在爆炸过程中从建筑物上抛出，玻璃上仍然会有被熏黑的痕迹。询问目击证人是确定先起火还是先爆炸的最可靠手段。确实，一旦人们发现起火了，他们首先注意到的就是烟雾和火焰。如果看到火的同时发生了可以观察到的爆炸，就可以很清晰地确定起火和爆炸发生的时间先后顺序。相反，如果先发生了爆炸，则目击者可能不会注意到爆炸源。如果爆炸现场调查人员对调查火灾现场的经验不足，则应该向经验丰富的火灾现场调查人员寻求帮助，以确定起火和爆炸发生的先后顺序。

图4.8 发生在住宅内的燃料空气混合物爆炸后的现场情况（注意大部分外墙在爆炸的作用下倒在院子里，然而部分内部的墙壁仍未倒塌）（由罗恩·霍普金斯提供）

图4.9 发生在下水道内的燃料空气混合物爆炸后的现场情况（所有建筑物的墙倒塌，但屋顶相对完好，落在地面上）（由罗恩·霍普金斯提供）

最后，在现场调查评估阶段，调查人员应该考虑到车辆爆炸的几个方面：在爆炸发生时车辆有没有被使用？如果正在使用，车辆上的人是爆炸的目标还是负责引爆炸弹？是爆炸装置提前爆炸（事故）还是车辆被用作自杀式爆炸的炸弹？如果在前期的调查中发现司机的座位下面放有小的爆炸装置（药量少于1磅），通常爆炸的目标就是人。在其他情况下，如果车内的乘客受伤严重，且受伤部位主要在面部、手、前臂、脚或两条腿的内侧，这种情况下的爆炸通常是意外爆炸，这表明受伤最严重的人将爆炸装置放在其两脚间的地板上，并且试图在交付炸弹之前做最后的联系工作，爆炸时他倾身看向爆炸装置，被炸死了，但他的腰部没有因爆炸而受伤，因为他在腰部做了防护。在这个案件中，车辆地板上有一个穿透的洞（炸洞）。调查静止车辆上发生的爆炸时，调查人员必须确定（1）爆炸的目的是否为敲诈勒索、复仇或者骚扰；（2）车辆是否用来藏匿、运输大型炸弹。在进行现场勘查、医疗报告以及现场调查结束后才能彻底得出受害者与现场情况之间的联系。

在完成现场概览勘查后，调查人员接下来就要制订现场调查计划。有时，在对现场评估后认为不需要进行现场调查，因为事实上不存在爆炸，调查人员应该发出通告然后撤离现场。在对燃料空气混合物爆炸现场进行调查时，要有特别许可。在这种情况下，调查人员可以将现场移交给当地民事调查部门。但是，不论是哪个部门调查，在开始调查之前调查人员都需要考虑两个非常重要的问题：（1）他有无法定的权力或者管辖权进行现场调查；（2）允许进入犯罪现场搜查或证据收集的许可是以搜查证的形式还是以书面同意的形式？如果不确定，则调查人员在开始搜查之前应该向部门的法律顾问或者检察官寻求专业的法律意见。

根据概览勘查时收集到的信息以及对数据的评估，调查人员有责任制订一份可操作的现场调查计划。首先需要考虑的事情就是如何防止现场被污染，特别是防止爆炸残留物被污染。其次要考虑的是申请现场上固定、收集和保全证据所需的资源（人员、补给、设备等）问题。最后根据现场范围的大小及其破坏程度来决定资源种类及其数量。一些爆炸现场需要基本的资源即可，而有些爆炸现场需要众多部门的配合。

总的来说，为了尽量避免爆炸残留物的污染，犯罪现场调查人员应该穿新的或者干净的衣物，并穿戴鞋套、头套等一次性衣物进入现场。穿着特卫强套装是一种非常明智的选择，因为它能防止调查人员在现场上对证据产生污染，同时也能保护调查人员免受现场污染物的侵害，特别是血液的侵害。如果一些现场中不能使用特卫强套装，调查人员可以穿干净的套装，带上鞋套或者穿干净的鞋子（未接触过爆炸现场或者其他有残留物现场的鞋子）进入现场。现场调查之后，离开现场之前，调查人员要将不能任意处置的衣物等脱下来，收集、放于密封袋内以便于送到商业洗衣店清洗。现场调查完成之后，应该将需要处理的衣物（包括手套）统一收集、打包并按照部门规章进行相应的处理。同样的，带入现场的工具和设备都应该是新的或者在上次使用后彻底清理干净的。用水无损清理现场工具和设备的一个有效的方法是使用专业洗车店里的高压喷雾器清理。将工具和设备放在清洗架上用高压设备、多用肥皂彻底冲刷和清洗（见附录D）。

◎ 4.2.2.13 人员、补给和设备资源

现场调查人员还要确定需要哪些人员及相应的后勤资源，使爆炸犯罪现场调查和证据收集能够有效进行。关于人员，在每个现场调查中，都必须有相关职责的人员负责。职责范围取决于现场的范围和复杂程度。简单来说，汽车炸弹爆炸现场调查需要的人员比装有酸性炸药的2升塑料苏打瓶炸弹爆炸现场需要的人员多。当现场调查部门的资源不足时，会要求第一响应者在没有其他援助的条件下参与到现场调查工作中。如果是这种情况，现场调查各小组的大部分责任和职责都要由现场调查人员来承担，这是很常见的情况。在一些特殊环境条件下，不仅要集合现场调查队伍里的队员，还要请求人员增援。像1993年世贸中心爆炸及默拉联邦大楼爆炸这样规模庞大的犯罪现场，调查工作需要多个团队的协作。

职责分工明确能够确保现场调查工作系统地、细致地完成。即使在那些只需一个团队进行调查的现场也不可能让一个人完成现场调查的每一个细节。当有的队员完成了他们分派的任务，可以帮助其他队员。此外，为了使参与现场调查的人员能够调查各种犯罪现场，而不仅仅能够调查爆炸现场，需要对其进行选拔和专业培训。如果等到爆炸案件发生了才临时组建一支爆炸现场调查队伍，其调查的结果一定不是最佳的，不能全面地进行现场调查，这对现场调查及后期的分析研究都不是好的选择。所以，要认真挑选队员，在选拔时要考虑队员的兴趣和态度。对于那些缺乏工作热情和积极态度的人，无论多么努力的给他们灌输责任意识都没有用，所以这些人是一定不能进入爆炸现场调查队伍的。

由美国联邦调查局出版的《建立证据响应小组的指导手册》及其他相关联邦调查局的资料建议，爆炸现场调查小组职责分工如下：

- 小组负责人（队伍领导者）
- 摄/录像人员
- 现场绘图人员
- 证据记录员/证据管理员
- 证据回复人员
- 炸弹处置技术人员

这些分工和职责并不能涵盖爆炸现场调查的所有内容，也不具有强制性，但可以为爆炸现场的调查人员提供一定的指导（见附录E）。

附录E中列出的人员也包括能够帮助进行爆炸现场调查的其他部门或组织的专家，因为对于大中型爆炸现场，可能会有些调查问题，现场调查部门的人员也不具备相关专业知识。这些特殊的资源通常来自于其他负责爆炸事件调查的执法机构，如美国联邦调查局，美国酒精、烟草与军火管理局，美国邮政检查服务以及州调查机构。同时也需要超出现场调查部门能力的专业的司法检验服务。当协调非执法部门的专家时，要考虑（1）专家的能力和可靠性；（2）现场中专家在执法部门指导方针下工作的能力；（3）该专家在法庭上提供专家证词的力度。因此，要认真调查现场看是否需要这些专家介入，同时也要预先计划是使用机构内人员还是使用其他个人，以找到使用这些宝贵资源的最佳方式。

不论是执法部门还是非执法部门，进行爆炸现场调查的专家包括：

- 医检人员或验尸官
- 牙医师
- 指纹专家

- 地质学家
- 建筑结构工程师
- 测绘员
- 法医学专家
- 法化学专家
- 法律顾问（检察官）

在选好相应的人力资源后，现场调查负责人员需要确定和收集现场调查所需的物资和设备。基础物资和设备建议（见附录F）是基于进行爆炸现场调查所需的常规物品，并不包括所有的物品。爆炸现场越大越复杂，需要的物品种类越多、数量越大。为了方便使用现场中的物资和设备，事件发生之前就需要准备这些物资和设备，并将其集中放于耐用的储备箱内。这些储备箱可以防止物资和设备受潮和污染。同时，需要将这些物资和设备置于事先准备好的通道，以备不时之需，有时爆炸现场调查也需要一些重型的设备，现场紧急需要时去买这些重型设备是不可能的，所以要预先确定现场调查需要的资源目录。

没有必要解释现场调查所需资源的用途。通过前面所述的现场调查、证据收集、文档制作就可以明显看出其意义。

物资和设备包括：（见附录F）

- 常规物资
- 证据收集和包装材料
- 安全设备
- 工具
- 特殊材料
- 重型设备

在进行重要现场调查时，有一种特别实用的仪器设备就是微量炸药探测器。当调查重要爆炸现场时，使用微量炸药探测器有助于现场上的法化专家对收集到的各种证据上的炸药或者爆炸残留物进行初步分析。在遵循严格的实验室分析的前提下，这种推定的分析能够为我们提供现场中使用炸药类型的即时信息。这种快速推定的分析可以作为现场调查的一个引导，也可以用于证实现场调查收集到的信息的真实性。像微量炸药探测器这种新型的仪器设备是便携式的，可以作为行李随时放在车船、飞机上。在调查1996年7月17日环球航空公司800号航班爆炸事件时，就在零散客机部件登记和重组的位置建立了一个地面实验室。通过调查可以确定是什么导致波音747客机从纽约长岛的John F.Kennedy机场起飞，在飞到4000英尺的高空时发生爆炸。最初的假设包括确定飞机能否被地对空导弹击中或者是否飞机上有炸弹被引爆。为了找到炸药或者爆炸残留物，这个地面实验室检查了数以百计的飞机零件碎片。不像对于1988年12月21日发生在苏格兰洛克比的美国103号航班爆炸调查，这起事件没有发现确凿的证据是很显然的，也就是说，没有可识别的物证说明飞机上有炸弹。在没有便携式现场实验室的情况下，只能将波音747的难以估量的碎片用卡车装载送到美国联邦调查局实验室进行碎片检验鉴定。然而，地面便携实验室的推定分析表明，碎片上有爆炸残留物。随后的现场调查确定了这些爆炸残留物是爆炸嗅探犬例行训练中遗留的。全国安全运输委员会得出结论：坠机是由该客机中央油箱爆炸所引起。起火源没有得到明确认定，考虑是油箱里面电线产生的电火花。

大多数州和市的调查机构没有这些便携式分析资源或没有调查重要爆炸现场的职责。因此，可能只有像FBI和ATF这样的调查机构，必要时需要这种形式的调查协助。

⇨ 4.2.3 进入现场（现场调查）

在我们讨论调查小组真正进入现场开始调查这个问题之前，我们应该先回顾一下此时我们已经完成了哪些工作。首先，调查人员被通知需要对被认为是爆炸的现场做出反应。调查人员到达现场后，现场指挥官、第一响应者以及安全负责人即为其做现场情况介绍，以确定第一响应者已经开展或尚未开展的工作，收集现场确认的信息和记录的信息。然后，调查人员需要对现场进行概览勘查评估以确定现场是否存在，如果存在，是什么类型的现场。如果确定这个现场可能是真的并且可能是由爆炸装置造成的，调查人员需要组建小组，并确保调查需要的各种资源。如果调查人员拥有充足的人员和物资，应该合理组织分配好，以满足现场调查的需要。

进入现场之前，要注意几个事项。团队指挥人员应再次评估中心现场和外围现场范围，审查安全程序及其相关问题，进行团队分工，设定调查的首要任务，建立或继续进行出入记录和叙述性文件记录，对调查小组做出作战指示。另外，在正式进入现场之前还要决定什么情况下需要用照片、录像带和绘图记录现场。

对现场范围的评估要贯穿整个现场调查过程。调查人员进入现场前的评估，对调查小组和现场安全负责人员是有帮助的。当然，现场搜索范围的大小要以必要为准，以节省人力资源。同样地，如果还有物证或者碎片在中心现场以外，就说明中心现场范围过于保守，应该进一步扩大。调查人员及其他在现场的工作人员的安全是极其重要的。进入现场前以及现场调查的全程都需要评估安全问题。建筑物爆炸的现场，需要关注安全要求的改变，建筑物的结构会继续变弱，甚至整体坍塌；没有燃油泄漏的车辆可能会在现场概览勘查时毫无警示征兆的开始泄漏。恐怖分子和犯罪分子可能不仅会放置第二个爆炸装置袭击第一响应者和调查人员，还会对其进行远程狙击。在进入现场前，应充分考虑好每一条应对措施。如果存在危险，应在爆炸现场部署地面和空中安全部队，不允许疑似射击者或其他可疑人员接近现场对调查人员造成伤害。

确保爆炸现场不发生再次爆炸的重要性无需在此赘述，需要特别强调的是要阻止恐怖分子观察爆炸现场，他们计划等待第一响应者和调查人员到达现场时引爆遥控爆炸装置。在中东及其他地区的很多恐怖事件中，恐怖分子发起了第二次袭击。

进入现场前，调查人员应先进行拍照和制作示意图（如果未完全准备好）记录现场，我们将在4.2.4中详细介绍，也可以通过录像记录现场。进入现场前的拍照是非常有用的，从现场内部拍照，包括进行360度全景拍照。如果有条件，应从直升机、附近的建筑物或加长消防梯等一定高度处进行空中拍照，直升机拍照为场景图提供独特的视角和补充。场景图记录了各客体的最初位置，也就是说某条街道上的建筑物要与其他可辨识的建筑物相关，就像某个地方的车辆与其周围环境相关一样。美国许多部门都开始要求使用录像记录现场。录像时，最好关闭声音信号，因为周围噪声和不相关的声音会让正在记录现场的调查人员分心。在绝大多数现场会同时进行很多活动（车辆、救援队员、大型设备的噪声等），无关的背景噪声将导致调查人员分心，因此在诉讼程序中应该做出相应的要求。

调查小组组长在作战计划中，应给每个队员分配任务并确定调查的重点。清楚每个人做什么工作，各项工作的顺序，以及调查的目的。设想调查小组组长对成员说“你知道该做什么，做就是了”，并放任他们在现场漫无目的地徘徊，那么这样是不会有成果的，不是吗？例如，在住宅旁道路上的汽车炸弹爆炸后，受伤人员被送往医院，这时调查人员应该直接开始执行一系列的任务。将搜寻人员分成几组进行爆炸车辆的初始搜寻，以确定爆炸点以及是否是爆炸装置爆炸（记住，此时我们并不知道爆炸是有意的还是无意的，是事故还是案件，是否与炸药相关）。指派记录小组从警戒范围内做现场图并拍照。给每个成员委派责任，让他们知道该做什么。

团队指挥人员要确保每个队员都穿上干净的防护服，戴上橡胶手套或工作手套，穿上干净的鞋或靴子。另外，使用的工具必须是全新或使用后彻底清洗过的，物证盛装物（物证将被放置并保存其中，如自封袋、金属容器等）必须是从未使用过的。如果所有的这些都没有超出预算，应当使用新的带鞋套的特卫强工作服。其他类型的、干净的、能重复使用的工作服也可以。使用特卫强或其他类型的防护服的目的有两个：一个是防止外来微量物质污染现场，阻止其在法庭程序中被使用，这些微量物质会给整个证据带来质疑；另一个是防止物质尤其是致病微生物，转移到调查人员身体上以及办公室、车辆、家庭等场所。因此，调查人员应该避免穿这些特殊的衣服和鞋子离开现场。想象一下，调查人员在一个到处是人体组织和血迹的爆炸现场穿梭，鞋底上沾满各种物质。如果他们回家前没有换鞋，那么这些潜在的有害物质就会污染他们的家及家人。要保护你自己、你的家人及其他人不受到这些不小心从现场带回的物质的伤害。

另外，调查小组组长应指派一名搜寻人员用拭子收集爆炸残留物（特定仪器将在4.2.6及附录M中讨论）。在爆炸现场会有一些无孔的客体，过大、过重而不能收集提取并从现场移动到实验室进行检验。这些包括汽车组件（车门、大型金属残片等）、附近的车辆、外墙及建筑物外表。建筑物内部结构材料包括墙、天花板、家具、家电以及大片地板。由于提取残留物的目的就是要寻找物证，穿戴好工作服和手套的调查人员应该在现场调查的起始阶段进行残留物的提取。这样能确保提取到的样本没有被外来物质污染。

调查小组组长应提醒小组成员不要忘记最基本的要求。把现场视为一个犯罪现场，而不仅仅是爆炸现场，不能忽视其他因素，包括工具痕迹、轮胎痕迹、足迹、手印以及微量物证（包括帽子、衣物上的DNA和其他可能客体上的血迹）。如果遇到不了解的物证，可以向专业司法人员求助。然而，最好是找出和接受收集、鉴定这种物证的方法。

最后调查小组组长要再次考虑调查小组进行现场调查需要哪些法律权力。这涉及很多问题，包括时间和询问，如（1）从发生爆炸到调查人员做出响应有多长时间？（2）第一响应者到达现场后，有没有保护现场？（3）是发现了现场还是有人打了911寻求帮助？（4）现场是否属于偏远地区？（5）现场是位于州所属土地还是联邦所属土地？调查人员应该了解部门的指导方针，寻求权威的法律意见。如存有疑问，可以申请许可证或搜查令。

◎ 4.2.3.1 进入现场

如果成员组织分工与职责明确，一个调查人员也可以很好地进行现场调查工作，他可能同时是第一响应者。在这种情况下，调查人员将身兼数职，包括物证收集、现场记录等。虽然只有一个人进行调查工作，但是他要完成调查人员所有需要完成的任务。随着调查的进行，这种团队方法将可能或适当被使用。

现在我们可以按照用明亮的彩带标示的既定路线进入现场，对见到的碎片或物证必须进行识别分析。这可能不是一个问题，因为调查小组组长可能在调查小组进入前已经清理了路线。现在我们需要知道如何在爆炸现场寻找物证，特别是在哪可以发现物证，怎样发现、收集和保存物证以及怎样记录现场。

⇨ 4.2.4 爆炸现场的记录

记录爆炸现场通常使用以下三种记录表格：

- 各种形式的书面文件和日志
- 照片（包括爆炸装置的 X 射线照片）
- 示意图、图表

书面文件通常是指现场记录，包括但不仅限于下列几项：

- 进入现场的控制日志
- 行政工作表或日志
- 叙述性描述
- 访问记录（事件的目击证人及其他人）
- 提取证据的记录
- 照相日志
- 潜在印记提取日志

进入现场的控制记录记载了进入现场的所有人员。要记录第一响应者或者第一个调查人员到达和离开的时间。有时还会详细记录允许某人进入现场的原因，如进行初步调查或收集物证。进入现场需要被详实地记录，如需要反映出某个人员的离开是因用早餐，而不是要到外围现场进行瞬间访问。一个进入现场的控制记录要保持调查工作持续的24小时，然后建立新的进入现场控制记录。这些记录将成为现场调查的永久记录的一部分（见附录C）。

行政工作表或日志（见附录G）中包含的信息是现场调查行动的基本组织分工有关的数据采集，还包含关于事件发生时间、地点、发现者以及调查人员到达现场时在场人员的具体细节，他们到达现场时现场封锁警戒了吗？如果已经做了封锁警戒，是谁做的？等等。附录G中的记录表上有详细的数据以确保调查人员不会遗漏那些细节，当然并不是所有的调查都需要使用这种记录表，但要记录那些在全部的现场文件中必要的最基本的信息。另外，部门的报告文件中包含了上述大部分内容。看到这个记录表，你就会发现许多要求的信息一目了然，然而也许还有其他部分并不是很明确。在“因素的一般描述”标题下，要对现场进行简要叙述——适用于发生在建筑物内、车辆内或野外的爆炸。在现场调查时，还要收集其他信息，包括爆炸的地点等。对于建筑物爆炸现场，还需要描述其结构和使用情况，如是用于住宅（家庭、城镇或连排式住宅）还是用于商业经营，或者二者兼而有之；爆炸发生地点的建筑和材料，以及哪些建筑和材料受到了爆炸的影响。调查车辆爆炸需要确定的信息包括但不仅限于：产地、型号、颜色、许可证、车辆编号、车辆所在位置以及汽车周围的附带损害。露天爆炸现场没有建筑结构，但却是爆炸攻击的目标，调查需要确定真正的地产产权。

工作表上标题为“初测/证据评估”部分，是指调查人员的初检结果。表上这部分的空格也许不足以记录所有的初步检测所获得的数据。

标题为“特殊情形或条件”部分适用于炸弹爆炸现场。在此记录的结果包括但不仅限于：是否是爆炸现场、确定的现场危险因素、降低危险的措施、现场入口选择是否合适、谨记现场危险因素、进入现场需要的个人防护水平、第二个爆炸装置或未爆炸药的出现和/或排除、恶劣的天气条件、现场是否应该/将转移到另外的地点、现场转移的原因、人员安全问题（远离尚未确定的危险）等。

标题为“犯罪现场会议”部分，是指小组组长与小组成员之间以及组长与其上级主管之间的会议。在现场调查过程中，有很多正式和非正式的会议。正如前面介绍的，这是小组组长指导小组成员及设定工作目标的机会，也是小组成员了解调查最新进展的机会。调查活动信息应及时记录，以免遗忘。

我们将在4.2.8中介绍现场勘查的最终要求。现场勘查的最终结果需确保所有鉴定的材料都已被收集、记录，在行政日志中要记录物证材料被送到部门或实验室进行保存的情况。另外，离开现场之前要对所有重要信息进行记录。这应该包括现场危险因素的确定（血、身体组织、结构可靠性方面等）以及公布告知。相应地，当所有的调查活动结束时，如果有授权人员，如财产所有人或公共安全官员在现场，应记录他们的名字，作为结束现场调查、解除现场的确认人。

行政日志实际上是执行现场调查活动的时间表，起始于调查人员到达现场，直到他们离开现场结束调查。调查小组组长的职责就是确保调查人员按照这个时间表开展各项活动。如果出现时间差异，即使几分钟也要进行记录。日志的具体情况一般取决于现场调查人员，但是都要记录关于团队到达的相关信息；完成现场评估的情况；调查小组成员和领导之间召开会议的时间和主题；进入现场收集物证的时间；找到物证的时间、周围环境、物证重要性；得到现场调查线索的时间、环境及其结果（如果在现场调查中已经得到）；现场调查的其他阶段性成果。依据相关要求，出于合法性目的，这份日志应该允许调查人员在爆炸现场按照自己的方式重建各项调查活动。

叙述性描述（见附录H）是一个记录表，它能够提供用叙述性格式撰写整个现场勘查报告的模板。模板允许调查人员将所有记录的其他信息全部纳入其中（时间表、行政日志、现场调查的重要性和结果等），整合成一个简明的、容易理解的报告。有人把这种叙述性报告描述为“画图连线游戏”来解释现场调查中完成的工作。这种叙述性报告不是取代其他记录文件而是对其进行补充。

附录I中的证据提取记录是最重要的现场记录表之一。用于记录现场调查中的证据收集，通常会在现场完成，是建立提取、保管所有证据工作链的第一步。要想保持好保管工作链条，这份记录就必须易读而准确。

这个保管链条是每个物证从被发现到最后被安置的按时间记载的一段历程。换句话说，从物证在现场被发现的时刻开始记录，所有经手的人和地点（包括储存处和实验室），直到最后审判时的法庭陈述阶段。审判后，物证有可能又回到储存处，或者遵照法院的书面指示，被销毁，也就是物证的最终处置。

物证保管人负责对保管记录进行登记，要记录物证的发现地点、发现者、包装方法，并简要描述物证的发现过程。如果没有这个记录以及记录上登记的准确信息，调查人员就没有办法对物证进行解释说明，并在官方程序需要前保持其完整性。根据现场范围大小和收集物证所需要的时间，有可能需要多个物证保管员，或者一天的工作结束后，有多个物证搜索小组需要将收集到的物证带到集中位置进行登记造册，如果有多个物证保管员，一定注意不要使用相同的物证编号。很显然，相同的物证编号对于调查人员解释说明物证来说，将意味着一场噩梦。

由于证据提取记录具有重要的作用，该表的每一栏都要有一个解释。表头不需加以说明，有案件地点、时间、案件编号（可能暂时不知道）、编制者（证据保管员）、搜索人员名称和样品缩写。现场物证搜索或提取工作，需要进行连续性记录。但如果需要调查人员离开现场，如去医院提取受害者身上的爆炸碎片，这时要启用新的证据提取记录。不要把这类物证登记到现场物证记录中。

物证编号是物证保管员按时间顺序赋予每个提取到的物证的号码。编号作为说明贴在盛装物证的容器外，或用标签附于单独的物证上。应当指出，盛装物证的容器里面可能有数不清的物证。详细的物证收集或包装程序将在4.2.7中讨论。物证编号并不是指物证的发现地点。实际上是登记造册时具有说明性的一个数字，可以从数字1开始，直到记录完所有物证。物证保管员应使用永久性的标签在物证盛装容器上登记编号，并用透明塑料胶带覆盖，以免污损或丢失。

描述，是指物证看起来是什么，并不一定是准确的描述，包括电线、金属碎片、木质残片、各种各样的碎片以及胶带。某些物证登记时可能是相同的描述，这是允许的。

发现地点，是指物证在现场被发现的具体位置。这通常不是一个地点名称，而是一个字母、数字或一串字母和数字，这是由勘查小组组长、物证保管员或现场绘图人员设计的。“发现地点”由物证发现者记录于物证盛装物上，而不是由物证保管员来记录。关于发现地点的数字字母编码方法将在4.2.6中介绍。

发现者，是指发现物证的人，可以是某人的全名或首字母。如果使用首字母，表头的人事模块会有此人的名字，旁边有其首字母。在现场的每个人都互相认识，因此这不是一个问题。但是，当现场有多个团队时，成员的首字母可能不易分辨出某个特定的人员。有一个好的做法是指派两个团队进行物证的收集，因为在任何法律程序中一个团队的力量可能并不能满足要求。

拍照一栏填写“是”或“否”，即在提取物证前是否进行了拍照。本小节将如何对爆炸现场拍照进行介绍。

标记一栏能够看出物证发现者或保管员是如何标记物证的。直接标记指的是在特殊物证上放置可识别的标记，这一程序可以用于大型物证的标记，但这会破坏该物证上的其他种类物证，如潜在手印。最好的方法是间接标记，即在盛装物证的容器上标记或将标签附于物证上。在容器或标签上的信息至少包括发现者的名字或首字母、发现的时间和地点以及案件编号，这些要用记号笔书写并用透明胶带覆盖。

包装方式，是指带有编号的物证是怎样被包装的。例如，金属盒、罐子、顶部带拉链的塑料袋或纸袋。这有助于在大量的物证中快速找到某个物证，如“我们要找在一个1加仑油漆罐里的401号物证。”

最后，其他注释，是指任何关于该物证的特别说明。不要求每个物证都填写此项，但这有助于从物证的可能的关键内容中缩小查找范围，如雷管碎片。

潜在指纹的记录是关于潜在或显在指纹的提取和鉴定的记录，指纹的提取和鉴定需要进行专业的培训和实践练习，本书中没有做介绍。提取指纹时，应进行记录。附录J是一个典型的指纹提取记录表格。其中大部分信息都是不解自明的，包括编号、提取日期、提取人员及目击者、提取源（或提取到指纹的客体）以及注释。记录的顶部需要写明案件具体信息、日期以及参与指纹提取过程的人员姓名。

访问记录始于对目击者或嫌疑人的访问，随后再誊写到正式表格上。正式表格以部门的或法律的权威指南为基础。被访问人身份的鉴定在现场以及随后的现场调查中进行，这对调查工作至关重要。在此对于如何访问以及询问嫌疑人的技巧不做详述。如同本书中的其他主题，有许多相关的优质资源可供参考使用。

另外两个用于记录现场的书面文件或日志是照相日志和现场示意图，本节中将对此进行讨论。

俗话说，“一图胜千言”，爆炸现场的记录必须使用照相、书面文件和示意图。本章或本书中的其他章节不详述得到高质量照片的各种照相技术或相机操作技术。实际上，许多关于照相的优质教材和文章中都已经介绍了现场照相，相机的类型和格式、光线的运用、快门速度、“f”停止选择等。然而，这种简单化处理的重点在于满足现场照相的一般要求，特别是爆炸现场的要求。

犯罪现场的照片是通过照相机镜头“看到的”，是对于现场相关特征的形象化、系统性描述。简单来说，是一个直观的记录。实际上，照相是一回事，通过照相记录爆炸现场来说服法官和陪审团则是另一回事，必须进行严谨的构思。缺乏组织构思的照片可能对现场调查中的其他工作带来不利影响。对犯罪现场进行拍照的目的不仅仅是记录现场，还可以在随后的时间里唤醒调查人员的记忆。

现场拍照时使用胶卷相机还是数码相机或者两种同时使用，取决于部门的政策及其资源占有情况。小组组长制订的照相任务，将拍摄大量照片，要足以说明原始的、没被污染的现场特点以及后续工作过程和现场物证的收集过程。现场记录完整性的巨大价值远远大于胶卷的成本。在某种程度上，数码照相节约了购买及处理胶卷的成本。通常，当你犹豫要不要照相时，对策很简单，就是选择照相。所有的原版负片、照片以及存储介质（数码相机存储卡）都要保存好，甚至由于光线、快门及其他因素导致没有达到预期效果的照片也要保存。有必要像保存、保护其他类型的物证一样保存、保护照片证据（是的，照片及其相关材料也是证据）。

现场拍摄的所有照片必须禁得起合法准入的检验，本质上就是，这些照片能否准确地描绘现场。更具体地说，公认的用于检验照片可靠性的标准是照片是否满足以下准则：

- 准确地反映现场或某一个客体
- 无失真的
- 实质性的和相关的
- 公正的无偏见的

照片对现场准确的反映，通常是由拍摄者或调查人员通过提供一个关于照片所报告内容的合法证实来实现的，实际上是对现场或客体的详细描述。照片的失真不是指离焦照片，而是指不正确的视点，错误的视角以及色彩或色调问题。事实上，通过改变照片的视角，拍摄者能够得到一系列与被描述的现场无关的不正确的推理。视角问题指的是关于现场二维空间的距离和大小的关系。因此，绘制现场示意图就是如此的重要了。实质性和相关性问题是进入法庭程序前关于现场照片的一个问题。照片与案件有关吗？公正的无偏见的照片可能也会落入过度渲染的范畴，以动摇陪审员最终形成错误的信念。如果一张照片只是描绘了爆炸现场的恐怖以激发观众的情感，那么它使观众产生偏见的潜能可能就超过了它的价值。

通常，需要拍摄者及其助手两个人完成照相文件的记录，助手负责记录照相日志。照相日志（见附录K）提供了照相的组织安排。事实上，如果从每个角度拍摄上百张照片的话，几乎不可能记得或分辨出每一张照片。因此，必须依靠一个日志用来列出现场照片的清单。另外，准备一个示意图，图解和场景是独立的，标示出相机的视图点及照相的地点，这些都是好的经验。为了区分特定的视角点，必须使用彩色油墨进行标记。示意图应当与日志分开，但是还要与日志配合。（见图4.10）

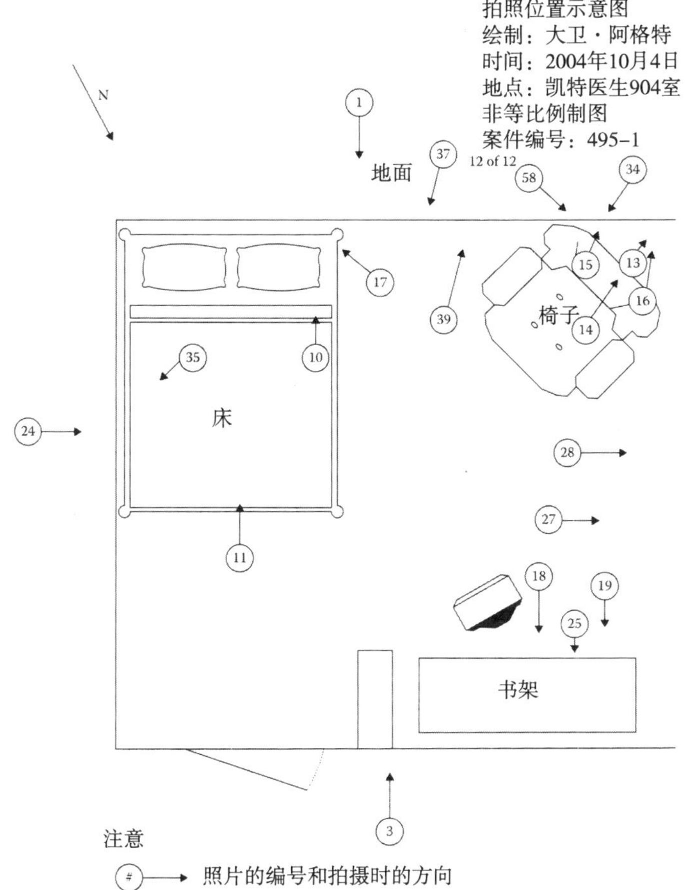

图4.10 描绘每张照片拍摄的视角点所在位置的示意图（圆圈内的数字代表照片的编号，箭头的方向是照相时相机镜头的朝向）

日志上方的信息不解自明。“照片#”一栏指的是照片的数字序号，从1开始。如果使用了胶卷，应从数字1.1开始以区分胶卷#1和照片#1，依次类推直到此卷结束。卷2为2.1，2.2，依次类推。每一个胶卷都要使用一个独立的照相日志以防止混乱。数码照相可以从单个数字开始直到结束，除非使用了多个存储卡。

比例尺的选择取决于照片的类型。如果照片是从远处拍摄的，那么比例尺的刻度是不可见的。但是，描述炸坑大小和深度的比例尺可以用于中或近距离的炸坑照片中。使用比例尺时要拍摄两组照片，一组有比例尺，另一组没有比例尺。这种奇怪的程序是因为有些法院规定使用比例尺的照片不是“准确描绘的方式。”当要求所有照片都要进入法庭证据，这些照片必须能准确描述现场和客体时，拍摄两组照片可以提供可测量的文件照片。并不是每一张照片都要有描述，描述部分只用于引起对特定的照片的关注。不必记录每张照片使用的光源、相机与拍摄客体之间的距离、镜头焦距、快门速度以及镜头光圈，除非部门政策有要求。但是，必须要标记相机以及胶卷或存储设备的类型。

照相记录开始于进入现场前的概貌摄影。照片包含现场外的所有人员及车辆。作为一个基本准则，要用一系列照片记录这些素材，从概貌到细目，或者从远距离到中距离，然后是特写。不仅需要对现场照相，而且需要对现场调查的每个环节进行拍照。当然，随着拍照者接近爆炸现场中心，现场照相的三个阶段也在不断地变化。例如，在进入一个车载炸弹爆炸现场前，应在警戒线外对现场进行360度远距离照相，在室外现场应进行空中照相。随着相机镜头变焦或进入现场，在距目标车辆大约10英尺~20英尺的范围进行中距离照相。接着在距离车辆5英尺甚至更近的范围内进行特写照相。随着景物的不断变化，一旦拍照者接近车辆，就很容易发现现场中心或弹坑。例如，为了描绘车辆内炸坑的位置并为观众提供照片，应在车辆的一侧进行远距离照相以展示车辆损坏情况，在车辆前面的座位区进行中距离照相，在车辆地板进行特写照相以描绘弹坑。同样地，对于建筑物爆炸，描述建筑物、建筑物的街道地址、相邻建筑物及车辆、建筑物周围的附带损害等的外部摄影（远距离）也非常重要。中距离照相描绘了发生爆炸的建筑物，特写照相描绘爆炸发生的具体位置（见图4.11）。此外，在景物的变化过程中，一旦进入现场，需对发生爆炸的房间和爆炸的目标区域进行远距离拍摄。某些特定区域需要采用中距离拍摄的方式，爆炸的中心或弹坑则需要近距离拍摄。另外，对各种物证以及目标区域损坏情况的记录也需要进行特写照相。

爆炸犯罪现场调查过程中的拍照特点与其他犯罪现场不同。二者都寻求准确地描绘现场，但是，因为爆炸现场的特点是现场及其周围有上百甚至是上千个爆炸装置残片，而实际上在移动或提取爆炸碎片前不可能对每个碎片进行拍照。因此，在现场物证被移动之前要对爆炸现场进行详细的拍照。这些照片可以描绘很多物证而不需要进行任何一个特定样本的隔离（见图4.12）。不管怎样，在爆炸现场调查中是不必要的，除非有部门政策规定，要在物证被移动之前对每个物证进行拍照。当然，在对现场调查有重要作用的物证被移动之前，必须进行拍照，特别是容易产生变化的物证。有一个很好的例子，当爆炸现场伴随有火灾发生时，模型爱好者的无线控制系统改装成的无线遥控起爆装置，其燃烧残留物在燃烧的建筑物残骸中被发现，相对完整爆炸装置组成部件在烧焦前被移走，关于系统结构及其所在位置的细节照片被拍摄。另一个例子是爆炸装置被排爆专家安全拆除的现场，在收集装置组成部件前，应对各组成部件之间的相互关系进行拍照以展示装置的结构特点，因为在运往实验室途中，装置组件可能分离或结构发生变动。拍摄细目照片时，物证保管员应与绘图人员协调起来，提供一个关于复原组成部件的完整记录。

a. 在一个重要的现场中从观察者方向远距离照相

b. 展示其他细节的中距离照相

c. 描绘炸坑的特写照相

图4.11　爆炸建筑物的远距离、中距离、物写照相

图4.12　在开始收集物证之前，应对整个现场进行全面的照相（这可能需要不同角度和场景的许多照片）

此外，以下是爆炸现场照相的一般规则：

● 拍摄抛射得最远的物证或碎片，展示其飞行路径

● 拍摄现场固有物质的发现和提取的不同阶段

● 与绘图人员协作，用照相记录搜索模式和物证搜索网格（见图 4.13）

● 在有比例尺和无比例尺的两种情况下分别拍摄弹坑和某些物证，以描绘爆炸的方向和爆炸装置的放置位置（见图 4.14）

● 拍照记录爆炸对目标的破坏以及对目标周围区域的附带破坏

● 结束现场调查工作，离开现场之前对现场进行拍照

图形表示（见附录L）是现场记录的第三种类型，包括图表，绘画或示意图，这是现场视觉表现，可以提供文字和照片无法提供的细节描述。图表是照片的补充，因此应与照片相结合，而不是替代照片。特别是照片无法展示各客体之间的距离、位置等相对关系。图形表示的重点不是制作图表的技术，而是图表的设计，包括图表内容以及在描述爆炸现场中绘制者的职责。

图表的使用及其目的包括下列几项：

● 记录各物证与周围环境的位置及其相互关系

● 唤起调查人员的记忆

● 对书面报告的补充

● 协助访问目击证人和袭击目标

● 为没有到过爆炸现场的人员提供印象照片

● 记录距离、破坏程度等不容易记录的状态

● 使法官和陪审团可以更好地理解呈上法庭的物证

图4.13 一种最有效的搜索爆炸装置组件和碎片的方法是网格搜索模式（每个网格中的编号对应物证提取记录中的物证样本编号）

图4.14 物证照片应该反映有、无比例尺两种情况

图表记录始于调查小组进入现场之前，由绘制者及其助手在外围现场绘制的现场示意图（见图4.15）。按照规定，现场记录要使用多个图表，这需要根据爆炸现场的规模和复杂程度来确定。通常简单的小型现场，如邮筒或苏打瓶爆炸，只需要一个简单的示意图，记录爆炸位置与周围环境的关系以及碎片和装置组件在现场的相对分散程度。完成这类图表所需时间取决于调查人员的能力水平，可以在较短时间内完成。但是其他类型的爆炸现场会需要多个示意图来描绘目标现场及其周围环境，如车载炸弹及建筑物爆炸现场就需要绘制大量的示意图。

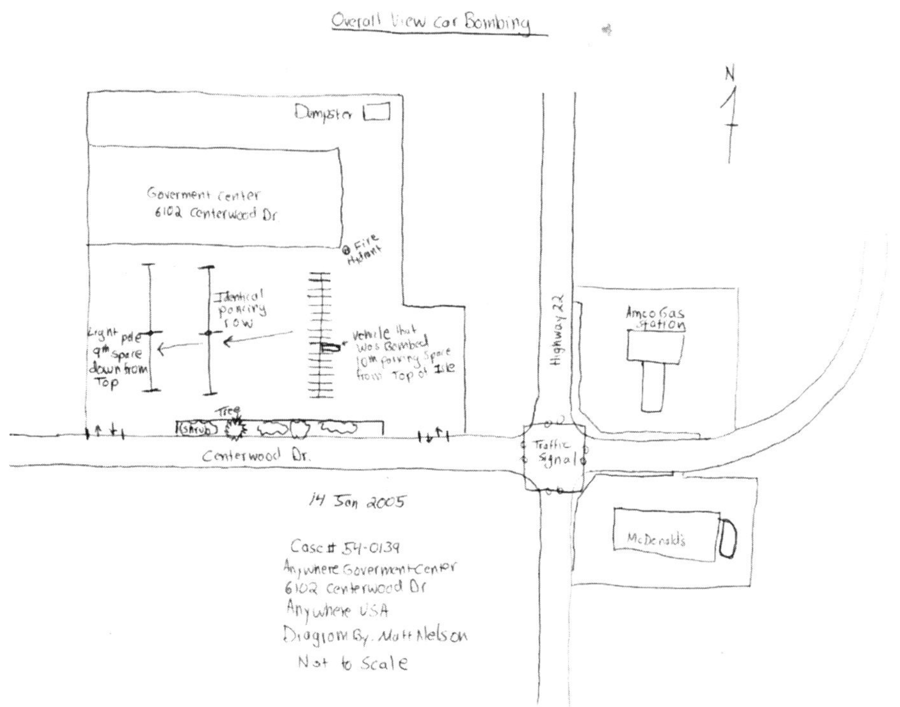

图4.15　在爆炸现场绘制的初步的现场示意图，随后还要重画为正式的现场图（见图4.18）

绘制建筑物示意图之前，要询问是否能拿到建筑物设计的结构图，专业制作的结构图对任何现场图的制作都是极其重要的，并且可以减少制图时间。但是根据结构图或平面图制作的现场图必须进行实地核实，因为现场可能会发生变化，而在结构图或平面图中却没有标示。如果没有结构图，与建筑师合作也有助于现场示意图的绘制。

一个人也能绘制图表，但是进行测量工作时会非常困难，因此推荐采取两人及两人以上的方式完成。作图者进行测量工作时可以向物证搜索人员寻求帮助，测量完成后物证搜索人员继续其本职工作，除非现场大到像联邦政府大楼爆炸或者飞机爆炸那样。作图需要的工具既简单又便宜。基本作图工具包括黑白及彩色铅笔、无线条和有表格的空白纸、有纸夹的笔记板、各种长度的尺子和卷尺、磁罗盘、比例尺及橡皮。其他材料包括各种绘制模板（包括车辆、器具、美化及建筑）、测量轮及电子测量工具。另外，做好现场示意图后，绘制者应参考现场示意图制作正式的现场图，这是用于法庭的现场图，可以用上述基本作图工具和电脑作图软件来绘制。

每个图表必须包括标题和图例等条款。图表的标题和辨识信息至少要包含下列几项：

- 事件日期
- 绘制者姓名
- 罗盘指示的北方，标示为“N”
- 事件发生的地点
- “非等比例绘制”表明图标未按比例绘制
- 图表的标题

除非有部门政策或法律授权，否则爆炸现场不需要进行特别的比例绘图。比例绘图能表达现场和图表信息之间的正确尺寸关系。鉴于大部分爆炸现场的实际情况，通常不需要像比例图那样记录各物证之间及其与周围环境之间的准确关系。图例是对图表中任何符号及描述性线条的解释，包括特定物证的符号、装置或碎片的轨迹、炸坑标示等（见图4.16、图4.17）。

大部分爆炸现场需要许多图表记录各种类型和特定的信息，而不只是一个图表。多个图表的使用有利于展示收集到的信息，避免一张图表上信息过多的现象。一张图表上的信息过多时，各种信息集合在一起，描述混乱，该图表也就会失去价值。作图时，先作整体图或鸟瞰图，吸引使用者的注意力，然后是爆炸现场周围区域图，要有助于描绘整个现场。[注意：该图描绘的是爆炸现场附近区域，为调查人员展示建筑物的位置、爆炸发生的位置（室内或室外）、街道及重要标志以及犯罪嫌疑人放置炸弹的可能路线]。图表通常不要求标注尺寸，但是由于爆炸现场破坏非常严重，需要记录破坏程度及其与目标的距离。

接下来的图表主要凸显的是爆炸目标。例如，如果爆炸发生在公寓内，图表应描绘公寓大楼内受到影响的房间之间的相对位置（见图4.17）；如果一套住宅或整个建筑物都是目标，那么鸟瞰图的重点应关注该建筑物及其周围建筑结构；在车载炸弹爆炸现场图表中，应绘制出车辆发生爆炸时的位置（见图4.18）；如果爆炸发生在无建筑物的地面上，没有具体的爆炸目标时，参考该区域已确定的固定目标绘制爆炸地点和弹坑（见图4.19 ~ 图4.22）；根据爆炸发生的具体环境，以下是除前面所述信息外，还需要描绘在图表上的信息：

- 弹坑到中心现场、外围现场边界的距离
- 对于弹坑或爆炸目标，如室外发生爆炸的车辆，要至少标出其与三个固定客体的距离，这就是通常所说的“三角测量”
- 物证收集指挥所的位置
- 对目标附近严重破坏区域的描述

在住宅内发生爆炸时，应绘制住宅平面图，包括受到破坏的各个房间、弹坑位置。另外，对所有结构性破坏都要在平面图上进行描述，如被炸出或打破的墙壁和窗户。从炸点抛出、穿透墙壁的碎片的飞行路径，包括建筑内的和建筑外的，都要在平面图上予以描述。平面图通常不需要记录各房间的尺寸，但是如果调查人员需要这些信息，也可以进行记录（见图4.23）。

下一步是详细绘制发生爆炸房间的平面图（见图4.24），这将是最详细的图表，包括下列内容：

- 详尽的房间尺寸
- 房间内炸坑的绘制
- 如果有炸坑，要标出炸坑的长度、宽度和深度
- 尽可能地描绘出爆炸的破坏情况，爆炸后房间陈列品的位置

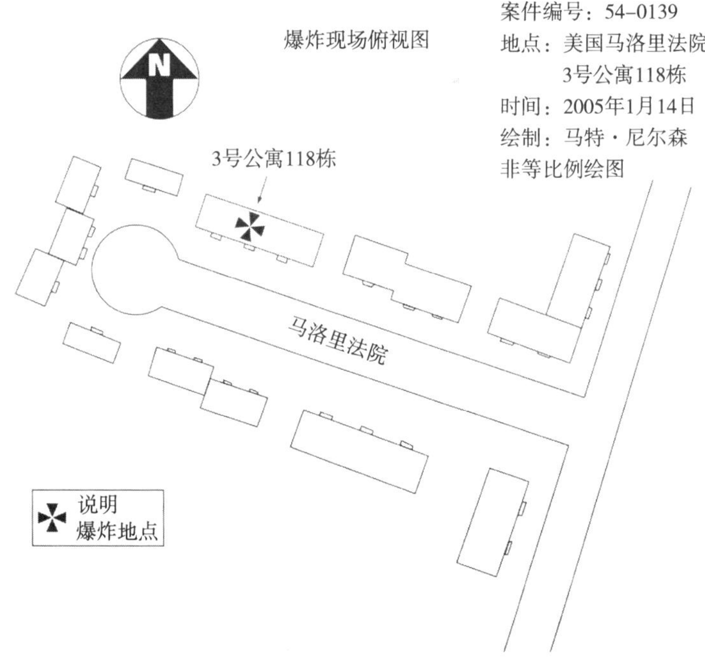

图4.16　现场周围区域图有助于观察者确定发生爆炸的具体位置

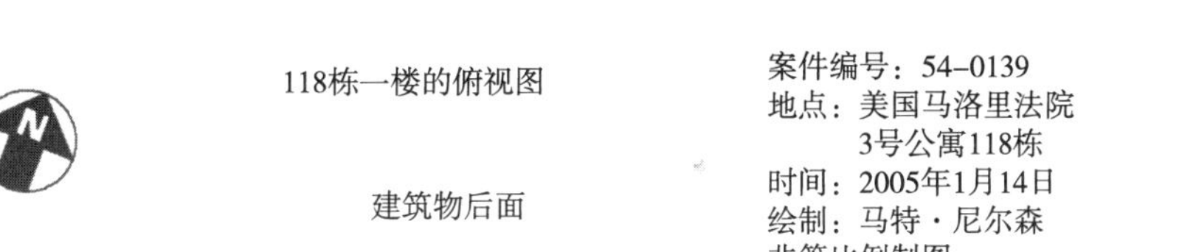

图4.17 公寓或建筑结构图有助于观察者确定爆炸现场的位置

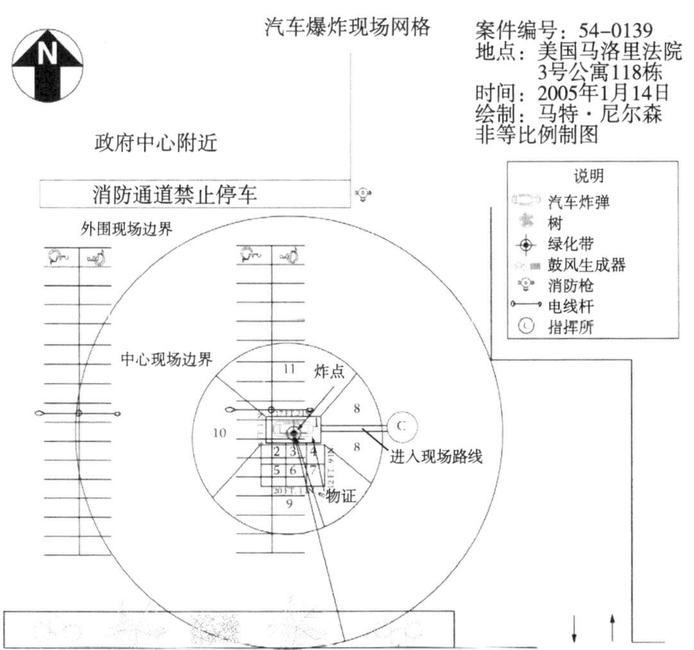

图4.18 停车场内车辆爆炸案现场图，为我们提供了许多参考（注意目标周围的网格设置、内外边界、图例及图表的标题）

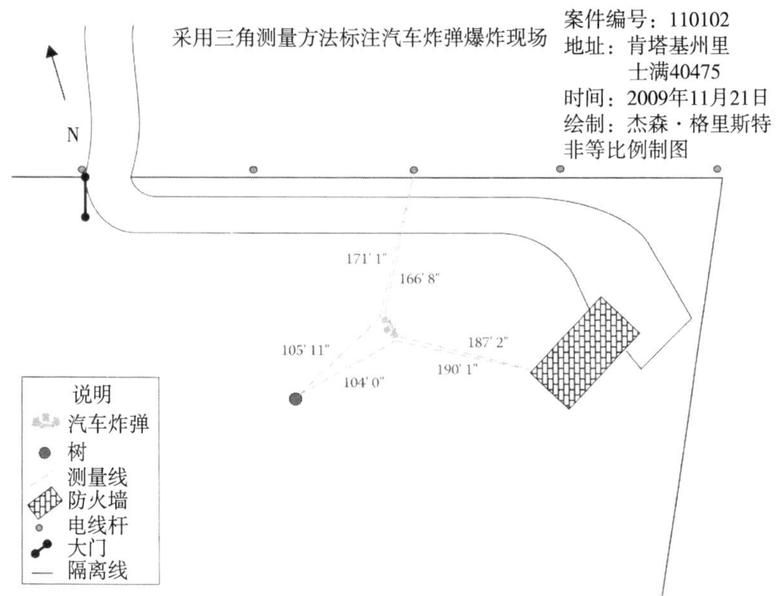

图4.19　野外或偏僻地区的爆炸现场（这里以车载炸弹爆炸为例）（需要标出目标与现场内几个固定客体之间的距离。这就是“三角测量”。由杰森格里斯特提供）

当炸坑穿透地板进入另一个地方（房间、地下室、泥土地面）时，需要另一个图表描绘出破坏情况。此外，绘制者应考虑到不论是房间构图还是所有的尺寸都不是“绝对的”，也就是说，尺寸都是近似值，允许有1/4的偏差。

第二个详细的房间视图用来记录某个搜索模式下的物证收集工作，通常是网格式搜索（见图4.25、图4.26）。4.2.6中将详细指导如何设置搜索网格，但是现在要根据物证的分布情况，在照相人员、物证保管人员及搜索团队成员的帮助下建立网格。在搜索网格内，即使是微小的碎片也会很明显。绘制者有责任与团队其他成员合作绘制网格内的重要物证。对每个物证进行拍照是不可取的，同样也没有必要对每个物证进行绘制，每个物证的编号都会记录在图表上。重要物证，如完整的连接系统或组件，可以进行绘制，包括纸片、雷管残片、导线、电池残片等（见图4.26）。此外，该图表要明确记录炸坑或爆炸中心的位置。

最后，发生爆炸的房间或目标区域图有助于记录破坏情况及碎片抛射到墙壁和天花板上的分布情况。这个图是关于目标物的平面图和立体图的结合。墙壁和大花板画成展开图（见图4.26、图4.27）。

车载炸弹爆炸或室外爆炸现场的绘图比具有完整无缺的外墙的室内爆炸现

场的绘图更复杂。在建筑结构内爆炸，减弱或阻止了爆炸装置碎片和目标物碎块的飞散。室外爆炸，爆炸装置和目标物的碎片飞散受到更少的障碍物阻挡。设想1磅高速炸药放在驾驶座位下，在爆炸初始阶段，爆炸裂纹通过车辆前部，在地板上炸出一个洞，座位被向上抛起并穿透车辆顶部，司机位置处的车门被撕开，所有的车窗玻璃被击碎，部分仪表及防火墙被推进引擎舱。是的，只有1磅高速炸药，如TNT，就可以产生如此大的破坏。现场见证了爆炸过程，车辆及爆炸装置的碎片落满现场。如果没有障碍物，碎片落地前可以飞行相当远的距离。由于爆炸碎片分布的广泛性，在图上展示的爆炸现场是非常复杂的，但并不是不可实施的。在图上清楚地绘制车辆的具体位置（街道地址、公路编号及固定客体的三角测量）、炸坑的位置、车辆的破坏情况以及周围区域情况等（见图4.18、图4.19）。

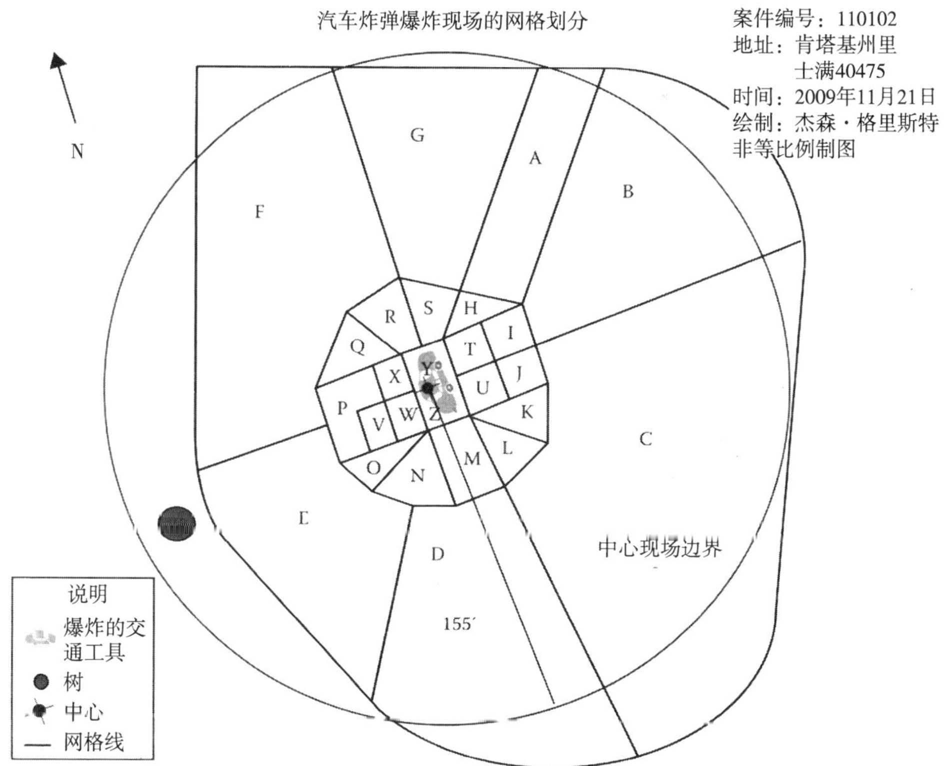

图4.20 目标或车辆进行三角测量后，划定中心现场和外围现场，将现场分割成数个搜索区域或搜索网格（由杰森·格里斯特提供）

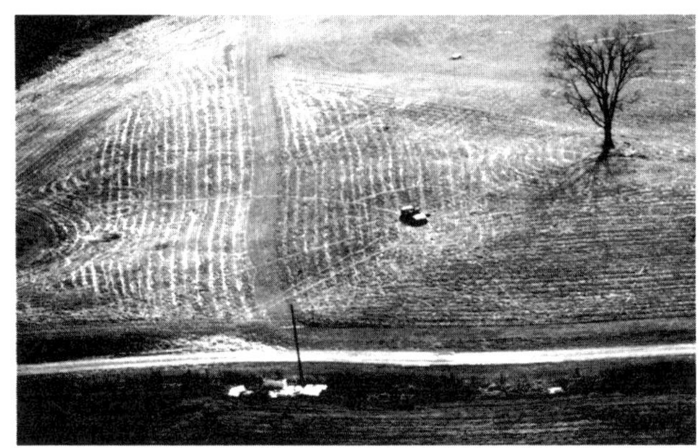

图4.21　在图4.20中描绘的中心现场、外围现场以及网格划分模式的鸟瞰图（由杰森·格里斯特提供）

图4.22　在图4.20中描绘的中心现场、外围现场以及网格划分模式的鸟瞰图（由杰森·格里斯特提供）

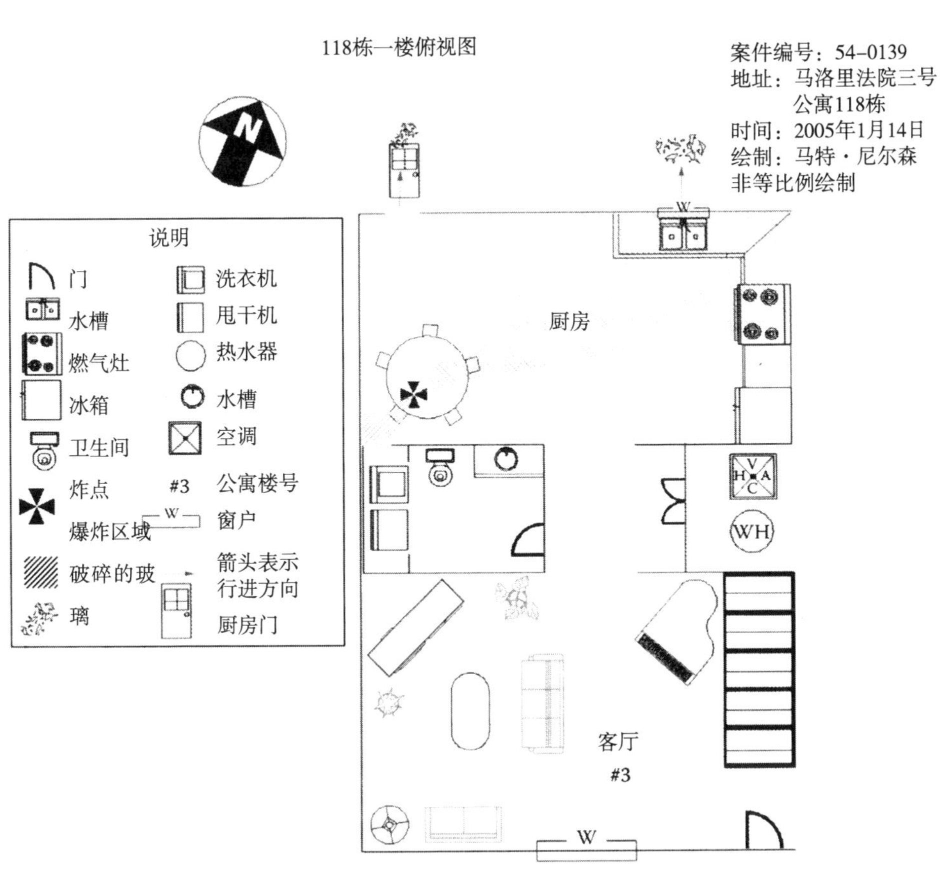

图4.23 特定目标及受爆炸影响的目标周围区域的平面图（注意爆炸碎片的飞行路径、被破坏的门窗以及解释图表内容的图例）

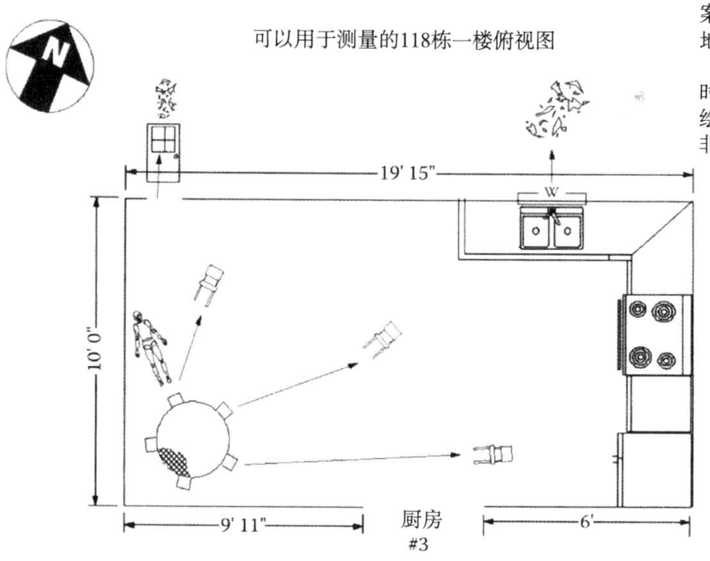

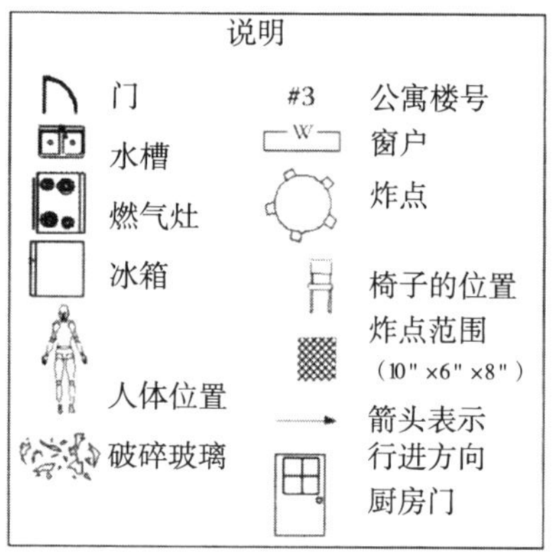

图4.24　更详尽的现场图，包括目标破坏情况、房间尺寸、炸坑具体位置及受害者的位置

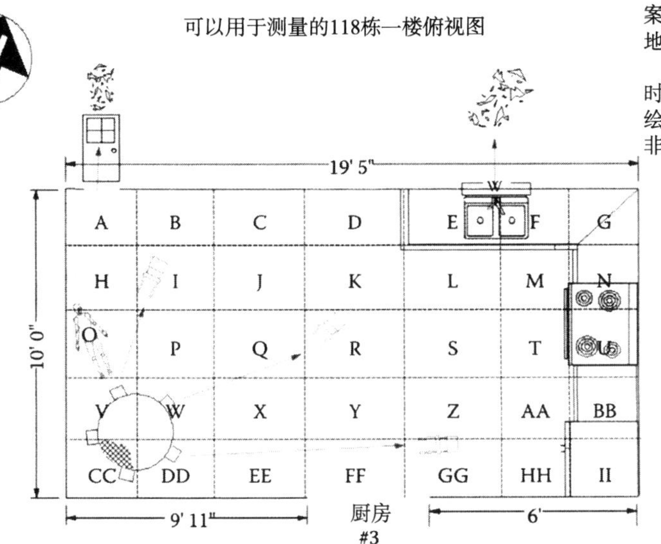

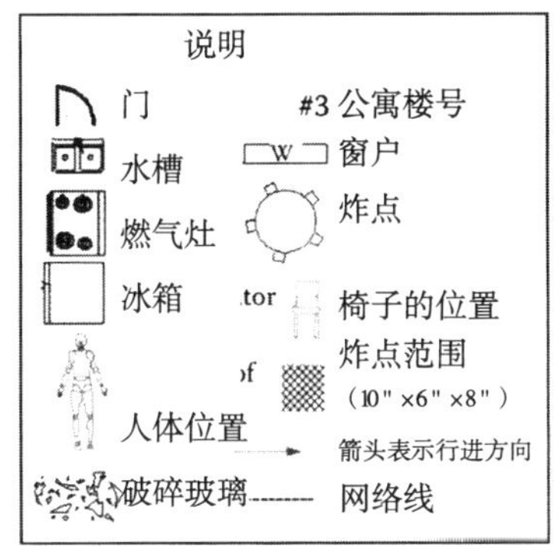

图4.25 图表上网格搜索模式的绘制是物证样本提取、移交前准确定位的可视化表达（在建筑物内爆炸时，该网格可能会延伸到目标房间外的区域以及相邻区域，甚至是建筑物外）

类似的问题是绘制没有明确目标的随机的室外爆炸现场。这类爆炸的特点是发生在森林或炸点附近没有界标、建筑物的乡村地区。当然，这类现场的现场图也是调查记录的一部分。通常，最困难的是根据周围环境在图表上准确地绘制炸坑或爆炸中心的位置。一般会采用三角测量法（见图4.19）。在此过程中全球定位系统（GPS）极其有用，但是除非现场没有固定客体作参考，否则全球定位系统不能用作固定客体的替代物。

可以理解的是，室外现场搜索网格的尺寸通常比室内现场的大得多。但是，可以想象，足够多的炸药在室内爆炸，会破坏部分或整个建筑物，无论从现场记录的角度，还是爆炸装置碎片现场分散程度来说，都是对调查工作的一个挑战。而且，像摩拉联邦大厦及世界贸易中心爆炸案这样的大型爆炸，对调查人员来说是一系列独一无二的挑战。最后，除了使用三角测量法定位物证、炸坑及爆炸目标外，依据目标区域还有四种测量系统可以使用，分别是矩形、直线、基线及网格方法。

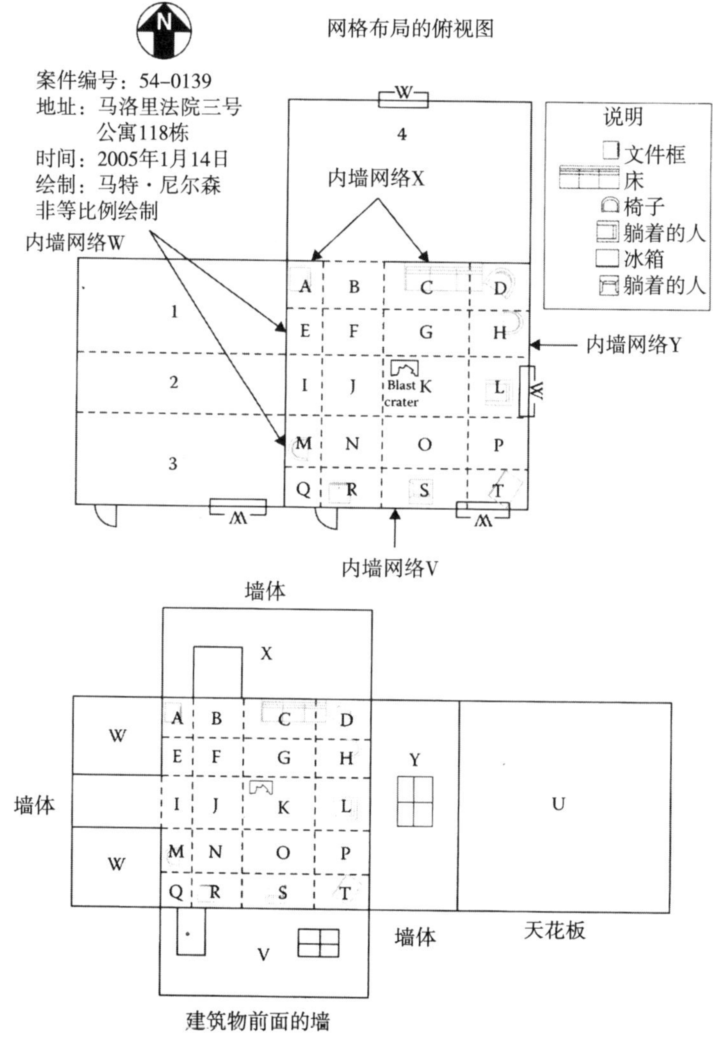

图4.26 描绘房间发生爆炸后的碎片在墙体和天花板上的分布情况（在这种图表中，墙壁和天花板绘制成平面展开图）

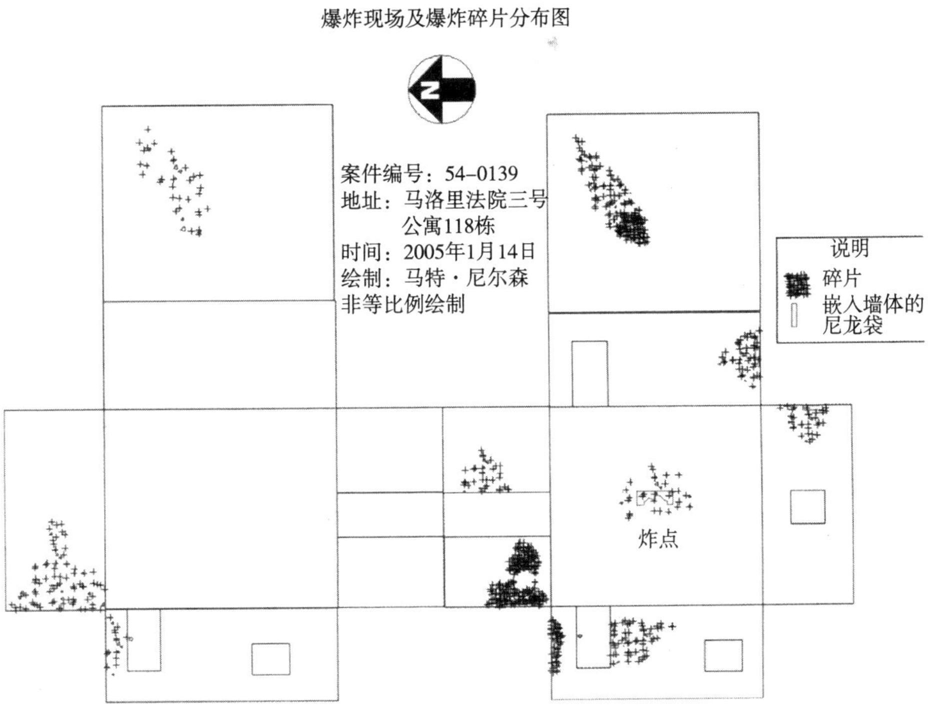

爆炸现场及爆炸碎片分布图

案件编号：54–0139
地址：马洛里法院三号公寓118栋
时间：2005年1月14日
绘制：马特·尼尔森
非等比例绘制

说明
碎片
嵌入墙体的尼龙袋

炸点

图4.27 图表举例：没有参照网格及其他目标特点的关于爆炸目标破坏及爆炸碎片抛掷方向的详细图表

矩形测量法通过一个合适的角度来测量与每两面墙之间的距离来定位一点。墙壁及墙壁上的测量点必须要进行仔细的确认。直线测量法是测量固定点到客体任意一侧的距离，可能需要进行一次或两次测量。基线测量法是在两个已知点之间测量一个客体，参考线称为基线。基线可以是一面墙或已知的房间中心线。测量方式如下：以基线一端为起始点，测量该点与客体的基线垂足之间的距离，然后测量客体到基线的距离。该方法对于没有符合要求的自然基线的、形状不规则的大型室外现场非常有效。网格测量法将在4.2.6中介绍。

绘制现场图还有其他方法，但通常用于特殊类型的现场，包括笛卡尔网格系统，它对从墓地挖掘尸体的这种情况非常有效，该方法绘制参考点的准确度非常高，还能提供物证的三维平面图。全能测量仪是一种自动测量系统，可以与GPS配合，用于如大型车辆爆炸或客机空中爆炸这样的大型爆炸现场物证的绘制。将现场收集的数据输入测量平台和手提电脑后，通过计算机辅助绘图软件（CAD）按照比例进行自动绘制。

描述现场调查前先进行简短回顾：调查团队要在现场找到什么？物证？是什么物证？第一步，建立爆炸事件，记录爆炸的中心，中心可能有炸坑也可能没有。下一步，搜索爆炸装置组成部件碎片。记住我们在第3章中学习的爆炸装置的两个基本组成部分：（1）起爆系统：电的或非电的；（2）主装炸药。同样的装置组件有许多种形式，尤其是发生爆炸后，现场除了水管组件、导线、电池、制式或自制的雷管及开关等通常还有其他材料。谨记即使现场可以看出是炸药引发的爆炸，该事件也有可能是意外事故。

⇨ 4.2.5 爆炸现场寻找物证的区域

一般在爆炸现场上的三个区域寻找物证：目标区域、受害者及现场周围区域。对于爆炸目标，在弹坑或爆炸中心、见证材料及弹坑周围的现场范围内可能会发现物证。现场范围的大小主要取决于使用的炸药量的多少及目标本身。当目标是一栋建筑物时，建筑物会极大地影响现场的大小，因为大部分碎片被阻挡在建筑物的墙壁内。相同药量的炸药在室外爆炸时，碎片的飞散范围会更大。

- 目标区域
- 弹坑
- 见证材料
- 炸坑周围区域
- 受害者
- 爆炸直接作用以外的区域

任何客体都可以成为爆炸目标，但是，有时“真正的”目标难以捉摸，让调查人员也很疑惑。无论如何，碎片和物证散布于整个目标区域。首先是弹坑。弹坑就是炸药爆炸形成的洞（见图4.5、图4.6）。炸药或盛装炸药的容器不一定与形成炸坑的表面直接接触。另外，现场可能会有主弹坑和次弹坑。主弹坑通常位于地面或距炸药最近的地方。次弹坑由炸药爆炸形成或装置碎片穿透其他客体形成的，如家具、墙壁及天花板。车载炸弹爆炸时经常会穿透车底板及在车下的客体。在这些情况下，两类弹坑里都会有物证，其数量取决于形成弹坑的物质类型（见图1.26、图1.27、图4.28）。如果弹坑是穿透某客体的一个洞，那几乎没有任何物证。大部分弹坑有可提取的物证，特别是地面弹坑。泥土和沙子是很好的弹片受体，寻找装置碎片的方法将在4.2.6中详细介绍。形成弹坑的汽车坐垫也能很好地隐藏碎片。

图4.28 车载炸弹爆炸中，其弹坑中的碎片数量远远少于弹坑周围材料中的碎片数量（这些材料是指见证材料或见证了爆炸的物品）

见证材料，是指目标区域内受爆炸破坏或影响的介质物体。根据爆炸目标的不同，包括汽车坐垫，地毯，家具（纺织物、坐垫、建筑结构材料），平坦表面（墙壁、天花板，其他车辆及陈列柜）以及设备（现场内的任何设备）。这些材料“见证”了爆炸过程以及爆炸装置碎片的侵入过程，这些材料上可能还包含爆炸残留物。爆炸周围介质物体上有或者没有明显的破坏痕迹，不能作为排除炸弹碎片侵入可能性的根据（见图4.29）。

图4.29 在车载炸弹爆炸中，见证材料可能包括汽车座椅、地毯、仪表盘、顶部、车门以及由受害者带入车内的任何材料

弹坑周围爆炸直接作用的区域及见证材料的区域通常是爆炸装置碎片分布最多的地方，如地板、汽车地板或后备箱以及室外爆炸的地面。提供一个关于这个区域应该由什么构成的准确指导几乎是不可能的，因为这取决于炸药量和爆炸目标的类型。然而，这个区域通常是由弹坑延伸到爆炸碎片发现的最远距离，这可以帮助我们确定内部现场的范围。

受害者和无辜者也是证据的来源。爆炸装置爆炸后，组成部件的碎片会侵入到受害者的皮肤和人体组织中。调查人员必须派遣专人到医院提取受害者身上的物证，无论是已经死亡的还是仍然生存的受害者，并对受害者进行全身X射线检查，以确认其体内是否有其他的爆炸碎片物证。此外，还要全面检查受害者的衣物、救护车以及轮床上是否有碎片或爆炸残留物。有一个很好的案例可以说明上述问题。1982年秋天的泛美班机爆炸案中，一个年轻人被炸死——炸弹放置在他的座位下。法医检验发现了一小段来历不明的金丝。仅一周后，在另一泛美班机上发现了一个完整的爆炸装置并安全拆除。该装置被立即送往FBI实验室进行检验，将其组件与先前爆炸案中复原的组件进行对比。通过相互比对发现，从死者身上提取到的金丝与完整爆炸装置中的组件完全相同。随着调查的深入，犯罪嫌疑人被确认，审判并定为利用爆炸装置的谋杀罪。从受害者身上提取到的物证是侦破此次案件的关键。

爆炸直接作用之外的区域与其他房间、建筑、车辆、树木、灌木丛以及在中心现场内的其他介质物体相接壤，这些介质物体并不被认为在直接作用区域。特别是在室外现场，碎片极易被抛离现场，落到不相关场所，如房顶、雨水排水沟、大树、壁架、浓密的灌木林等，应进行全面搜索。

上述场所的搜索顺序完全取决于现场环境以及执行该任务的人员数量。最好是调查团队有充足的资源，能够同时搜索各个区域。当然这是不可能的，一个合乎逻辑的方案是：从中心现场的边缘向目标及弹坑搜索。这是因为在未搜索区域走动越少，越不容易破坏或改变未发现的物证。一个有组织的、有条理的搜索方法对于定位和保护证据是绝对需要的。单纯依靠搜索可能不足以发现爆炸碎片。

⇨ 4.2.6 如何在爆炸现场寻找物证

现在我们知道了寻找物证的地点，那么调查人员用什么方法和技术寻找物证呢？本质上来讲，有四种提取物证的方法能够确保提取到所有相关物证，但是，需要注意的是，在一个爆炸现场中，不是几千个也是数百个爆炸碎片布满整个目标区域，其中很多只有微观量级，所以发现所有物证是不可能的。现场调查小组要努力完成的是广泛提取大量的物证。事实上，这个目的是与尽量减少对爆炸现场的破坏是相冲突的。因此，调查人员或者将在法庭上陈述证据收集情况的人员对于做出物证的识别和详解原因是有责任的。此外，作为复勘现场，搜寻人员还要寻找爆炸装置组成部件的碎片（如第3章中的识别问题），选择提取可能反映爆炸效应的目标材料、可能含有炸药残留物的材料，以及能够为识别制作、设置爆炸装置的人员提供调查线索的物证。如果犹豫要不要提取某物证，答案是提取！如果没有发现该物证与爆炸装置有关，或者这个东西对于现场分析并没有用，则可以先不做处理。但是，一旦调查团队离开现场，就很难重返现场进行再次调查和物证的提取。

在爆炸现场找到物证的四种方法如下：

- 拭子擦取
- 有组织的搜索
- 筛取
- 用真空吸尘器吸取

拭子擦取方法是一个收集炸药爆炸产生的有机、无机爆炸残留物的系统程序，用于由于体积过大、数量过多而不能运往实验室的无孔隙非渗透性客体，这些客体，本质上是在4.2.5中提到的见证材料，包括金属、玻璃、油漆过的木材、路标、石头、混凝土或塑料。渗透性客体，如纺织品、座垫及未上漆的木材等，要进行爆炸装置组成部件的检验，并送往实验室进行炸药残留物的检验。现已制造出工业炸药残留物拭子收集箱，已经进行了测试并由联邦炸药检验人员使用。同样地，通过提供一个在残留物的提取现场上的被证明的未被炸药污染的中间物，发现这种拭子收集箱是能够满足炸药残留物收集标准的。在密封的、瓦楞纸包装箱内，有6个密封塑料袋。这些袋子里有特卫强防护衣、袜子、头巾（罩）、手套、牛皮纸、各种收集瓶、棉球、记号笔、物证胶带、一次性镊子及物证袋。使用特卫强防护服是非常重要的，可以防止工作人员在擦拭时将外来物质带入现场、污染现场，以及在随后的法律程序中证据被排除。收集工作开始于打开收集箱，共有十个步骤，最后将可能留有爆炸残留物的擦拭棉球用玻璃瓶密封起来。这十个步骤的程序及收集箱内完整的组件清单在附录M中介绍。

虽然一个工作人员也能完成残留物的收集工作，但是有助手进行物证瓶的密封和标示工作会更好。此外，要先完成残留物的收集工作，然后再进行一般物证的收集。残留物的收集不能代替一般物证的收集，相反，残留物的收集是对一般物证收集并在实验室检测炸药残留物的补充（见图4.30）。

有组织的搜索本质上包含了一个详细的目视检查过程，以找到和保护证据材料。搜索过程中可能需要搜索人员用手甚至是膝盖来辨识出爆炸装置组成部件及爆炸碎片。搜索工作可以由一个人完成，这取决于现场的大小和复杂程度。由受过专业训练的搜索小组进行搜索。鉴于搜索的系统性和协同性要求，有三种搜索模式，不仅适用于爆炸现场，也适用于其他犯罪现场。这些搜索模式的使用和特定区域的标记，或者使用数字，或者使用字母，以为现场物证收集记录提供一个可数的方法。在爆炸后调查中常用的搜索模式包括以下三个：

- 网格式搜索
- 线型或条式搜索
- 螺旋式搜索

这三种模式中，网格式搜索是最系统、最有条理的爆炸现场搜索模式。可以用于大型及小型、室内及室外现场那些需要搜索的系统性强的现场。这并不是说其他模式不系统，而是说网格式搜索是更精炼、更受控制的搜索过程。网格模式实际上是由线、绳索或测量员的塑料卷尺划分形成的一系列相互连接的自然形成的正方形、长方形格子。预先确定步长间距的测量在水平方向和垂直方向被标记出来，以划分网格，从一个固定点开始测量，通常是弹坑为固定点开始划分。网格的大小取决于现场及其周围环境。例如，在车载炸弹爆炸现场建立网格时，应按照调查人员的设想，将车辆划分成尽可能多的区域。通常，需要搜索的碎片越多，网格越小。可以在车辆周围的地面建立另一种网格，以车辆网格为基础向周围辐射。注意在图4.18中，距车辆越远，网格越大，车辆一侧的网格比另一侧的网格小。这是因为不在车底或车内的那些碎片在一个方向上的分布比在另一个方向上的分布数量多。这与之前提到的关于要寻找提取的材料的数量是一致的，材料的数量越多，网格也就越小，因此，有着少量碎片的车的一侧，可以将网格划分得大一些。在条件允许的情况下，可以利用天然网格，如街道、城市街区等。同样的网格划分方式也适用于建筑物内部的爆炸现场。有爆炸装置爆炸的房间内的碎片比其他房间的碎片多，网格要相对小一些，反之其他受爆炸影响的房间可以每间一个网格（见图4.25、图4.26）。

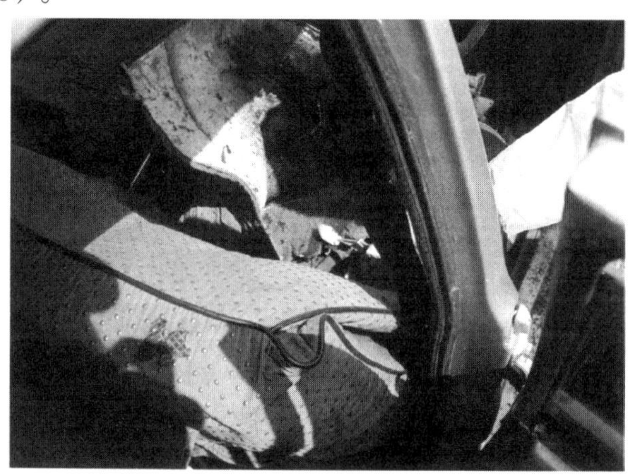

图4.30 炸药残留物的擦拭提取需要使用带手套和鞋套的特卫强防护服及无污染收集材料，图中能看到的一次性镊子和棉球

在默拉联邦大楼爆炸案的调查中，以俄克拉何马城的街道为搜索网格，因为爆炸的破坏以爆炸目标为核心辐射了许多街区。在围绕摩拉联邦大楼的街区内，要另建搜索网格以确保建立系统的搜索，以搜索到现场大量的碎片。1988年泛美航空公司103号航班在苏格兰洛克比上空发生爆炸的规模更大，碎片分布范围超过845平方英里，其用于搜索、物证收集记录和飞机碎片确定的搜索网格是根据土地勘测坐标建立的。

建立网格后，在摄影人员和物证保管员的帮助下，分别对每个网格用数字或字母进行标记（见图4.31～图4.33）。不同网格有不同的物证记录方法。在4.2.4中已做过介绍，在移动每一个物证之前不必详细测量其尺寸。但是，必须记录物证确实来源于现场，以及其在现场的具体位置。绘制现场示意图、搜索物证及用数字或字母标记物证等都是物证记录的一部分。此外，物证提取记录中的“发现地点”一栏要增加网格编号（数字或字母），以表明物证来源于哪一个特定的搜索网格或具体位置。

线型或条式搜索与网格式搜索类似，只是线型或条式搜索建立的不是块状，而是窄条。窄条不必特别划分和测量，可由一条或几条测量带划分，这取决于搜索区域的大小。通常该模式用于中心现场外碎片量较少的大片区域的搜索，作为在大片区域或者划分好的大型网格内的搜索，以便指挥边界的划定和现场的快速评估（见图4.34）。这种搜索，需要搜索人员以两臂间隔排成一排，直线前进搜索直到终点。当搜索区域过大，搜索人员不足时，应先搜索一个区域，再进行下一个区域的搜索。碎片越多，搜索需要的时间就越长。如果有很多碎片，应将现场再细分成网格而不是窄条。另外，当搜索草地，尤其是草地上草很高时，一定要放慢速度。在这种情形下，为了有效搜索，搜索人员甚至会趴下或跪下。磁铁，特别是有轮磁铁以及条状磁铁有助于搜索铁类金属，如自制铁管炸弹产生的铁质碎片。但是滚动磁铁不利于进行几英寸高的草地搜索，条状磁铁适合于草地的搜索，而滚动磁铁特别适合硬地面的搜索。

线型或条式搜索不仅适用于设计好的条形区，也适用于大面积的网格模式。从本质上说，在搜索网格内进行直线往返搜索直到完成全面搜索。是的，搜索模式需要相互结合使用。

螺旋式搜索由一名搜索人员从现场中心或弹坑开始沿越来越大的圈搜索，直到完成整个现场区域的搜索，或从现场最外侧开始向弹炸坑方向螺旋搜索。该模式不易保持，但是对于快速确定大面积现场是否留有物证、是否需要其他搜索模式非常有用（见图4.35）。

图4.31 搜索网格由绘制者、物证保管员及摄影人员共同建立，然后在每个网格内放置数字或字母编号

图4.32 搜索网格由绘制者、物证保管员及摄影人员共同建立，然后在每个网格内放置数字或字母编号

图4.33 搜索网格由绘制者、物证保管员及摄影人员共同建立，然后在每个网格内放置数字或字母编号

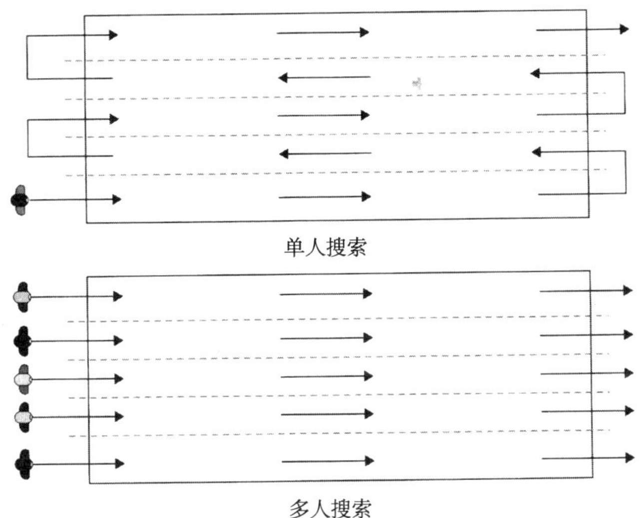

图4.34 线型搜索可以由一个或多个搜索人员在划定区域内进行（线型搜索可以在一个网格内进行，也可以在一个小的或者大的搜索区域中进行）

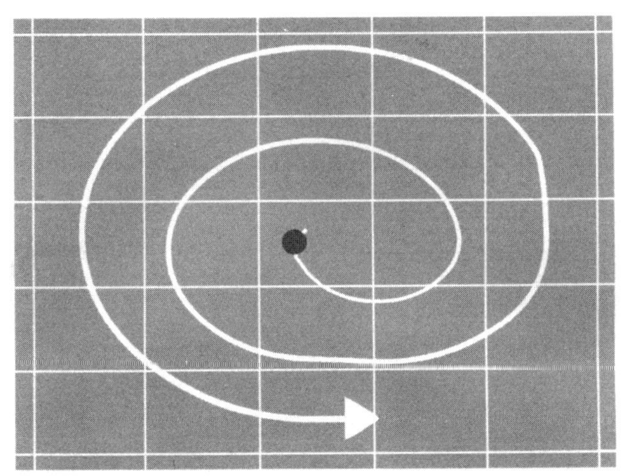

图4.35 螺旋式搜索不易保持但有助于评估是否进行其他模式的搜索

当开始一种搜索模式前，必须考虑搜索人员发现物证和碎片后，他们应该做什么。采用网格模式搜索到物证，物证一般在一个比较小的区域，应立即进行提取并放入一个合适的容器中运输和妥善保存。我们将在4.2.7中介绍物证存储容器的类型。像建筑物材料、汽车零件、污垢、草、家具等这些不是物证的材料，应该将它们从中心现场转移至不干扰现场调查的其他区域，这样更容易进行现场勘查和寻找物证。但是，丢弃任何材料之前必须确保其与调查无关。

调查人员应仔细检查每个碎片，观察其是否为爆炸装置组成部件的碎片或者残留有炸药残留物，很多时候，碎片呈黑色斑点状，有时黑色斑点状物质也可能是电池的碳棒。目标物的碎片呈现出显著的破碎特征，通常可以表明爆炸时瞬间目标物是接触炸药或者离炸药非常近，因此，目标物碎片上可能有隐藏物证。即使目标物中没有发现爆炸装置组成部件碎片，但是也可能据此推算出炸药量及炸药的放置的准确位置，这将直接影响整个调查结果。例如，在泛美航空103航班爆炸案调查过程中，爆炸装置放置在货舱的行李箱中，这是通过对大量的飞机机身碎片的检验、复原确定的。通过寻找机身碎片与炸药的联系并进行机身碎片拼接，发现了一个长方形的洞。该洞紧靠着一个特殊的来源明确的行李箱，所以得出结论，爆炸物放置在该行李箱内（见图4.36）。困难在于调查人员必须要知道哪些物证需要保存，哪些可以丢弃。通过适当的训练及足够的爆炸现场调查后，调查人员能够做出判断。调查人员可以自行判断，如果有任何疑问，可以将物证提交给实验室或更博学的人进行鉴定（如爆炸专家或老练的调查人员）。

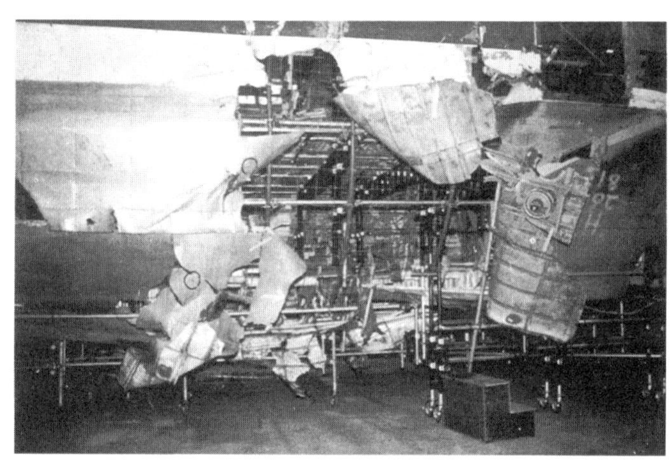

图4.36　泛美航空103航班机身上因爆炸形成的洞被一个10英尺×10英尺的减压孔隐藏起来（由美国联邦调查局提供）

另外，通过线型或螺旋式（根据现场勘查需要）搜索到的物证可以立即进行收集，也可以先作标记，随后进行收集。随后收集和评估可以达到几个目的。首先，标记物证的位置后（不论是目标物碎片或爆炸装置组成部件的碎片），搜索人员可以迅速进行其他区域的搜索，而不是停下提取物证，把它放到一个合适的收集容器中。如果物证是由一名对爆炸装置组成了解有限的搜索人员发现的，可以请调查团队领导或炸弹专家进行提取和鉴定。标记方法根据搜索区域而定。对于土地面，我们发现由顶部有小旗的细金属杆组成的标杆非常有用。对于坚硬表面，可以使用有字母或数字的纸片或塑料卡片。

筛滤是从各种各样的碎片中分离出物证的极其有用的方法，可以通过滤网或两套细筛进行。一套细筛有两种尺寸构成，1/2英寸和1/8英寸（或1/16英寸）筛孔，两个细筛都固定在四角台座上保证离开地面一定高度，大网格细筛在小网格细筛上面，两个细筛相互独立（见图4.37）。筛滤时，将现场材料放在上面的大网格细筛上，小型碎片透过大网格细筛落到小网格细筛上。使现场材料透过两个细筛进行过滤，以找到爆炸装置碎片。仔细观察筛子表面，将提高发现物证的能力，特别是在透过大网格细筛到达小网格细筛的物证（见图4.38）。在第一层大网格筛子上，不需要的碎片被丢弃，移走第一层的大网格细筛，开始用同样的方法寻找下面小网格细筛上的物证。该方法不能用于像岩石之类的大型碎片的筛取，适合于土壤之类的大量颗粒型材料中不易用眼睛寻找到物证的情况。特别是在土壤、岩石和泥土中挖洞时，土或沙子很容易透过滤网，从而将爆炸装置组件显露出来。手持磁铁在用筛子提取物证的过程中非常有用，可以在筛子中全面搜寻铁质金属，特别是水管炸弹爆炸时。在筛取过程中如发现任何的物证，应马上进行提取并将其放置在合适的容器中保存。这样可以避免在随后的筛取中物证被丢弃或丢失。

图4.37 带有手持磁铁的一套细筛，对于从土、沙子或其他细小颗粒材料中寻找物证是极其有用的

图4.38 筛子提取物证时必须戴手套（一方面是要保护物证不受污染，另一方面是保护提取人员）

设计成矩形筛，对于筛滤提取过程是非常有帮助的，它只有两人操作，通过减小拉动距离减轻疲劳。筛子使用后用于下一个现场之前，要进行彻底地清洗（见附录D）。

清理检查炸坑之前要进行目视检查及爆炸装置碎片的收集。目视检查后就可以开始炸坑清理检查了。我们发现在清理检查炸坑时挖掘花园的小工具比大铲子有用。小工具更容易控制和检查评估炸坑区域铲出来的介质材料。但是从炸坑中挖出的每一铲土都要放到筛子上进一步检验。铲土量取决于真实炸坑的大小及所使用的炸药量。有些炸坑深达8英尺，直径达20英尺。有一个经验法则：挖土清理后的炸坑至少是原始炸坑的3倍，根据挖掘过程中爆炸装置的碎片量也可以增大或减小挖土量。需要注意的是，土、沙或碎石堆中的爆炸装置碎片侵入口不明显，因此，调查人员即使看不到侵入口，也不能确定其中没有碎片。挖掘过程中发现物证后应马上提取并放置在合适的容器中保存，这个容器应该是在物证发现记录中注明的。这样可以避免在随后的挖掘清理中物证被丢弃或丢失。

对于土介质炸坑，应在勘查炸坑、在炸坑中寻找爆炸装置组成部件之前提取土壤，并保存在金属罐中，以便进行炸药残留物的实验室检验。土壤是非常好的炸药残留物和未分解的炸药颗粒的载体，特别对于那些用低速炸药作为爆炸装置主装药的情况。此外，还要从现场外提取已知土壤样本作为控制比对样本进行单独保存。这个控制样本表明，在炸坑材料中识别出炸药，而在爆炸前的地面上是没有的。将这些样本记录在物证提取记录中，并标明是土壤样本，一个是从炸坑中提取的，另一个是控制比对样本。在大型爆炸现场，最好提取多个土壤比对样本。

真空技术对于因面积过大而不能运往实验室的材料上物证的提取非常有用，包括地毯（特别是车里的地毯）、地板及工作台。从爆炸后现场提取完可见物证后再进行真空吸取操作，因为真空技术用于收集裸眼不可看见的物证。但是，炸药残留物的拭子擦拭应该在真空吸取之前进行。物证搜索也包括制作爆炸装置而没有爆炸发生的地点搜索，此时，真空吸取应在常规物证搜索前进行。在爆炸现场调查过程中，真空技术是最后进行的物证收集程序之一。联邦调查局波士顿分部的一名爆炸后调查人员曾说过关于真空吸取的结果：物证提取完毕后的爆炸现场要比爆炸之前更干净，特别是地板。

真空吸取时，真空软管开口端必须使用一次性过滤器（见图4.39），以避免污染物证。使用后，不要打开或者检查，应先进行物证编号和记录，然后送往实验室进行检验。在一个具体案例中，爆炸分析检验员将送到实验室的过滤器打开后，发现了未消耗尽的无烟火药颗粒。

图4.39 真空吸尘器末端连接一个专用的真空过滤器，用于吸取现场的痕迹物证。吸附后，过滤器不能由搜索人员打开，而是由实验室检验人员打开

⇨ 4.2.7 如何在爆炸现场收集物证

爆炸现场物证的收集工作是一种记录现场的方式，包括正确地选择和使用盛装物证的容器。根据物证的种类选择能够足以保护物证的容器，确保物证的提取、保存、运输至实验室进行检验的过程，并能在随后的任何法律程序中使用。表4.2是用于盛装爆炸现场物证的各种容器及盛装的物证种类。

表4.2 盛装爆炸现场物证的各种容器及盛装的物证种类

容器类型	物证类型
顶部有拉链的聚乙烯袋	不需要进行爆炸残留物分析的一般的爆炸装置组成部件
顶部有拉链的尼龙袋或热封袋	需要进行爆炸残留物分析的物质
有、无内衬的金属罐	需要进行爆炸残留物分析的物质和土壤样本
有、无内衬的金属罐	液体
有、无内衬的金属罐	未爆炸分解的高爆速和低速炸药
顶部有拉链的防静电聚乙烯袋	未爆炸分解的低速炸药
玻璃罐	液体，未爆炸分解的高爆速和低速炸药
纸袋或高密度聚乙烯合成纸（特卫强）袋	干衣服或含血迹的衣服

有各种尺寸的容器可以被利用，这要根据物证样本的大小和数量进行选择。物证的收集、记录的方式取决于其被找到的现场位置——一个网格或指定的收集区域。网格式搜索时，同一网格内的相似物证可以放置在同一个容器内。这取决于该网格内的物证数量及其所需要的实验室检验的方法类型。结合上述容器盛装物证的一般原则来选择容器的类型，物证收集容器（见图4.40）。例如，搜索人员在某网格内发现的不需要进行残留物检验的物证，可以放置在顶部有拉链的聚乙烯袋中。将爆炸现场的物证混合是一种可以接受的做法。在另一个网格中，有管体碎片，逻辑分析，曾经盛装了炸药，现场有大量的各种各样的碎片。管体碎片需要进行炸药残留物检验，所以要将其放置在金属罐或尼龙袋中，其他物证放置在顶部有拉链的聚乙烯袋中。有必要将需要进行炸药残留物检验的物证放置在尼龙袋、罐或玻璃容器中，以保持挥发性残留物不容易渗透出来，防止挥发。一般的尼龙袋或纸袋不适合盛装挥发性物质。例如，用于盛装毒品的热封袋可以为挥发性物质提供充分保障。如果没有尼龙袋可以用金属罐或玻璃瓶代替。需要注意的是，用尼龙袋盛装尖锐物体时，要用干净衬料护住物体的尖锐边缘，以防止刺破尼龙袋。联邦调查局实验室2003年修订出版的《法医服务手册》中，详细介绍了各种类型物证的包装方法。

一般来说，同一网格内的同类物证放置在同一容器内，使用不同容器将会加重物证保管员对大量不必要的容器的保管和安全所承受的负担。但是，如果提取的物证数量过多或前面所述的基于残留物检验的原因，可能会使用多个容器。

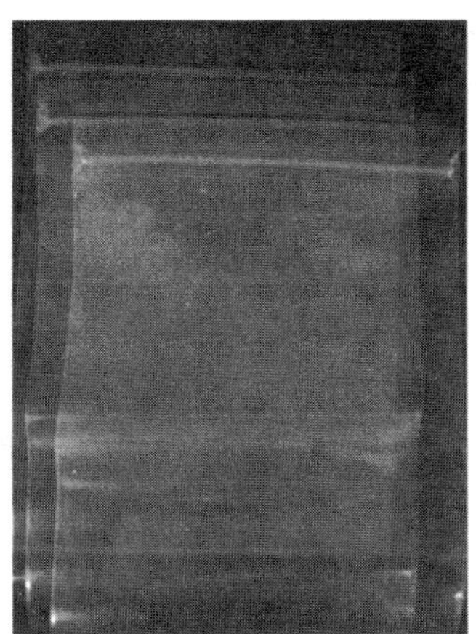

a. 防静电聚乙烯袋

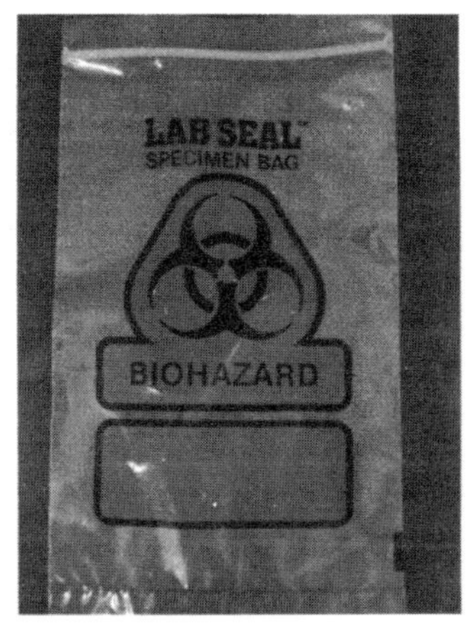

b. 生化危险品袋

c. 金属罐

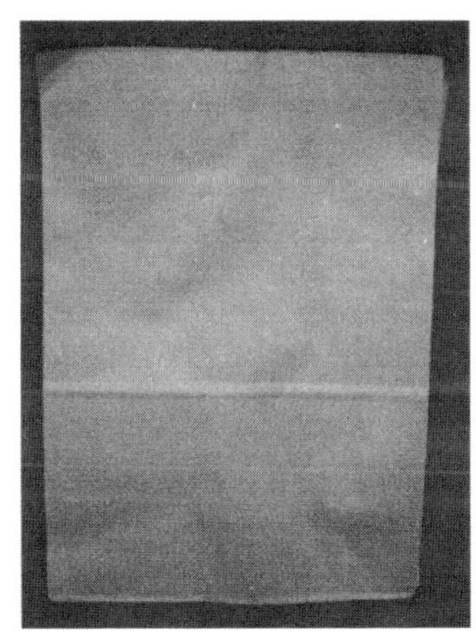

d. 纸袋

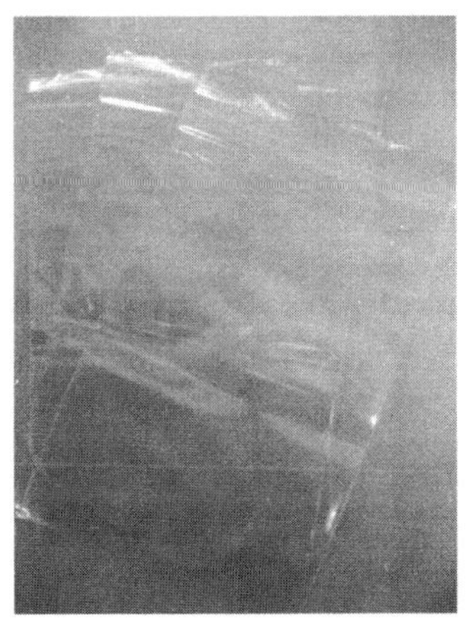

e. 顶部有拉链的聚乙烯袋

图4.40　物证收集容器

由物证搜索小组成员将物证放置在合适的容器中后，要对容器进行适当的标记以便识别和说明（见图4.41）。在物证容器上标记，至少要包括以下信息。

- 证据记录清单——证据编号
- 物证发现位置（网格编号或字母）
- 发现者姓名或首字母
- 发现日期

图4.41　不论何种类型的物证容器，必须包括物证发现者姓名、发现日期和位置及物证编号，并用防篡改胶带密封

根据部门政策，可能还包括像具体街道地址、案件编号、发现时间等其他信息。用记号笔书写这些信息，并用透明胶带覆盖以防止不小心被移动。尼龙袋没有拉链封口，所以使用尼龙袋时，必须进行热封，以防止残留物的蒸发。使用聚乙烯袋、纸袋、罐及玻璃瓶等容器时，要用防篡改证据的胶带密封（这种胶带被移动或改变后，肉眼能够发现）。体积过大而不能装进一般容器内的物证，根据其类型，可以用塑料或纸张包裹或放置在定制的木盒内。证据的可说明性需要在证据或其盛装的容器上利用证据标签来标记。

根据部门政策和现场的复杂程度，物证保管员可以改变物证收集和登记的程序。一种方法是将要标记的物证容器放在物证发现处的地面上。物证保管员步行穿过现场，将物证编号及其名字的首字母放在每个容器上，将编号及描述信息登记在物证记录清单上，然后收集容器和物证。重复进行该过程直到收集完所有物证和容器。另一种方法是发现物证并将物证放入容器，物证搜索人员将物证和容器交给物证保管员进行登记。这两种方法都是物证保管员将物证清单、编号及其首字母、详细数据登记到记录中。第一种方法是物证保管员、发现者及将物证放入容器的人是同一个人，这有助于法律程序的进行，因为只需要同一个人将所有物证登记到法庭记录中，而不是让所有物证发现者分别登记，这简化了程序。

在爆炸现场调查过程中，不需要在示意图上绘制出每个物证。但是如果调查小组组长要求绘制某些物证时，要在提取物证前完成绘制。因此，在物证识别和收集阶段，需要调查小组组长（指示哪些物证需要照相并在示意图上绘制出来）与绘制者、摄像者及物证发现者之间的协调配合。调查小组组长想要在示意图上标明某些物证，不是标识物证的特殊性，而是物证的编号、类型及其发现的区域。而且，这不是对某个特殊物证的识别，而是对物证的一个通用设计，以便从示意图上直观看出物证和碎片在现场某一特定区域分布的方向、种类和数量。在示意图中有时会用到扇形效应，即物证从爆炸中心开始出现，弧度逐渐增大。拍摄者也要标记这个扇形效应。

在容器上进行标记而不是在物证上标记的方法是间接标记，我们反对直接在物证上标记。无论物证大小，间接标记是优先选用的标记方法。损伤物证外观的方法，可能会破坏有价值的不可见物证，如潜在手印。

根据提取到的爆炸装置组成部件的类型，以及已知的现场材料的标准和样品，包括车辆和建筑物爆炸后产生的电子元件、开关、导线、纸张、盒子、金属部件等，要收集和编制目录清单。这些爆炸后现场收集到的材料碎片与目标区域附近的装置碎片相似，作为排除和比对标准样本，这些材料碎片在实验室检验中非常有用，用于与现场提取到的物证进行比对，不仅包括爆炸装置碎片，也包括现场固有的材料。通过识别这些爆炸发生当时存在于现场的物品，可以排除现场碎片是否来自爆炸装置组成部件。例如，在车辆爆炸现场调查过程中，可以识别和提取到各种类型的电线，调查人员需要从车辆线束中收集一些电线，提交至实验室作“已知样本”。检验时，将从车辆中收集的样本电线与提取的电线物证进行比对。该项检验发现部分提取的电线与样本电线存在关联性，有效地排除了这些电线是爆炸装置一部分的可能性，提取到的其他电线最终被证明是爆炸装置电引爆系统的一部分。如果没有已知样本和比对标准，实验室检验人员的工作将更加困难。

◎ 4.2.7.1 物证收集中的特殊情况

当调查小组需要处置爆炸装置已被炸弹专家拆除的现场时，很显然存在特殊的情况和危险需要特殊考虑。

第一种情况是在炸弹专家的帮助下从爆炸装置主装药和起爆器中找到未爆炸药。调查小组要确保将爆炸装置各组成部件分开并进行适当的保护以防止意外。在收集和记录物证之前，应先对爆炸装置进行详细的拍照。这些照片形成了拆解过程爆炸装置外观形态的精确记录，可以帮助我们记录爆炸装置的结构特点，这对于实验室检验有参考价值。应详细询问炸弹专家关于拆除爆炸装置的具体手段和炸药破坏系统是怎样的。如果发生了爆炸，要确定弹药筒的类型和用法，并收集未使用的弹药筒作为实验室检验样本。必须要联系实验室人员以确定是否需要将弹药筒的炸药和爆炸装置中的炸药进行比对检验。通常已完全分解的没有爆炸的爆炸装置不需要比对检验。但是，在试图分解爆炸装置过程中发生爆炸时，需要将炸药样本或起爆药样本与爆炸残留物进行相互比对检验。

第二种特殊的收集类型是对装置组装地点和装置运输车辆的搜索。在任何情况下，都需要特别强调确保搜索人员的安全，确保搜索过程不污染现场。炸弹专家进入现场搜寻为调查小组设置的诡计装置，增加了现场的安全程度。此外，炸弹专家还可提供必要的意见以及关于现场找到的炸药的固定、识别鉴定、提取到的组件之间可能的关系等方面的专业知识。进行此类搜索的任何人员必须确保不污染现场，确保现场只能找到痕迹物证。方法之一是为每一位参与搜索的人员提供带靴子、帽子和橡胶手套的特卫强防护服。现场在进行常规物证提取前要用特殊的真空物证提取设备进行真空提取。当仅有的一些物证被找到时，就需要利用真空设备来搜索现场，因为，用裸眼已经看不出可识别的物证了。

调查过程中提取到未爆爆炸物时，有必要与实验室进行沟通交流，询问将爆炸物运往实验室的方法及实验室检验所需要的炸药量。即使看上去像是爆炸物，只有经过实验室检验确认后，才能用于法律程序。此外，如果发现大量爆炸物，调查人员也不能随意破坏直至有法律的授权。即使是影响调查人员及其团队安全的特殊情况，在没有起诉人或法庭的允许时，调查人员也不能破坏发现的爆炸物，因为这有可能连带更多的爆炸物。如果允许拆解爆炸物，所有的盛装物，如盒子、容器、弹药筒等，必须留在实验室检验，特别是要检验潜在的指纹。爆炸物的拆解过程要用录像机做好记录。

⇨ 4.2.8 对现场进行最后的巡视

在总结物证提取和记录基础上，爆炸现场调查团队领导对爆炸现场进行最后的巡视。最后的巡视是对搜索的各个方面的严格审查，以确保现场调查的所有任务都已完成。在所有团队成员的帮助下完成此项工作，内容包括但不仅限于下列几项：

- 巡视现场，评估现场调查过程完整性
- 确定对现场物证进行了全面的搜索
- 确定对所有能够识别的物证都已进行提取、包装、标示以及登记
- 找回并说明调查过程中使用的设备，必要时进行清洗
- 确定已全面完成现场记录工作
- 离开前要进行摄影或录像
- 商讨现场调查后的工作（如实验室检验）以及总结现场调查存在的问题

上述几点多数一目了然，不需要进行说明。需要说明的是录像工作，现场调查后的录像可以证明现场的破坏不是调查人员的责任，特别是可疑制作简易爆炸装置的地点，调查人员完成搜索任务离开现场后业主破坏现场，就会造成调查人员在搜索危险品过程中破坏现场的假象。如果业主召集当地电视台摄制组和记者并向他们展示破坏结果时，调查团队可以将离开之前拍摄的照片或录像展示给记者，这样，这个“故事”就不会成立。现场调查后的实验室物证检验及后续的复勘现场等问题将在解除现场警戒部分详细介绍。

必须清洗现场使用过的设备，避免将现场的物证带入下一个现场。如果使用一次性工作服，根据污染的类型（如果知道的话），将其放置在塑料袋内并根据相关要求进行处理。沾有血液、人体组织或其他体液时，应放置在专用的容器中并根据相关要求进行处理。如果不确定如何处理某种类型污染，可以向当地的医疗组织寻求帮助。对于普通防护服，必须进行彻底的清洗，如果沾染到血液，可以用处理生物危害品的专用设备进行清洗。

必须用温肥皂水清洗用过的非一次性工具，然后用大量的水冲洗干净，高压洗车工具是不错的选择。清洗后放置在干净地点以备将来使用（见附录D）。

⇨ 4.2.9 解除现场警戒

只有完成对现场进行最后的巡视后，在业主、公共卫生官员或保险公司代表的授权的情况下才能解除现场警戒。解除的文件材料和向谁解除，如现场勘验笔录或现场活动记录，应在签订协议后登记。调查人员要明白，一旦解除现场警戒，再次进入现场就需要业主的允许、授权或搜查令。因此只有全面搜索

完现场并完成各项调查任务后才能解除现场警戒。

解除的文件材料应包括下列几项：

- 解除的时间和日期
- 向谁解除
- 由谁解除

根据现场和部门政策，解除现场警戒之前，应通知其他市政部门或联邦当局现场存在的危险因素。从本质上说，生物病原、建筑完整性或环境问题等的危险因素必须对当事人或权威部门公开。除此之外，如果通过搜查令进入现场，应将现场查封物品清单交给业主。如果没有业主在现场，应将查封物品清单放置在显眼的位置。

解除现场警戒标志着现场调查的结束，同时也开启了全面调查的下一个阶段，即向实验室提交需要检验的物证。离开现场前，必须要考虑物证的运输问题。如果提取到了很容易识别的未使用的炸药（如被拆弹专家人员拆除的爆炸装置），应向爆破技术人员寻求关于运输炸药的帮助。不能将未使用的炸药带入警察局，也不能与其他物证一起保存，这样做有很多原因，最主要的是安全问题。炸药必须存放在专门的炸药库内，不能放置在公共场所，爆破技术人员通常有用来存储炸药的专门设计的建筑物或容器。如果爆破技术人员没有提供有效建议，可以联系炸药经销商寻求存储炸药的方法。另外，运输过程中必须遵守州或联邦的法律，如果不确定所需条件，调查人员可以向政府监管部门、炸药经销商或民用爆破部门求助。

由于安全因素，炸药不能呈上法庭，实验室的检验结果可以证明炸药的真实性。

不能将散装炸药与其他物证一起保存的第二个原因是炸药很容易污染其他物证。

离开现场之前，将收集到的所有物证保存到盒子或大塑料袋内，以确保运输过程中不被遗漏、不被污染。

从可疑炸弹制作工具或嫌疑人衣物上提取的物证，绝对不能盛装在运输散装炸药的袋、盒子或容器内。采用不同的包装可以避免不同现场或不同调查阶段物证的相互影响。需要提醒的是，同一现场的物证可以混合在一起，而不同现场物证不能混合。此外，当物证存储在物证存储室准备运往实验室时，不同现场的物证应独立保存在容易辨认的、合适的容器内。详细的包装方法可参考联邦调查局《法庭科学服务手册》。

◎ 4.2.9.1 提交物证至实验室

除非有特殊原因，所有从现场收集到的物证材料都必须提交至实验室进行检验。大多数实验室有专门规程用于管理物证的接收。如果不明确规程内容，特别是关于炸药的运输问题，调查人员必须向实验室咨询。向实验室提交炸药前，必须先打电话征得同意并咨询检验所需的炸药量。我们将在第7章中详细介绍法庭科学实验室的特殊功能。同时，调查人员还可以向实验室提交简易爆炸装置组件碎片进行检验，检验项目包括确定主装药的种类、识别起爆系统及分析起爆原理，根据以上信息为侦查工作提供线索。调查人员必须为实验室准备一封要求检验现场物证的信函，即“检验委托书”，其中至少包括以下信息：

- 调查人员的姓名
- 联系电话、邮箱及电子邮箱地址
- 简要案情，包括时间、地址（州、城市、街道）、受害者姓名和嫌疑人姓名
- 检验要求
- 紧急的检验需求
- 所提交物证的清单
- 检验完成后，实验室如何处理物证，是否需要返还给送检人
- 是民事案件还是刑事案件
- 其他实验室是否检验过此物证，复检的理由，之前的检验结果

通过对上述列举信息的简要解释，联邦实验室开始对简易爆炸装置碎片进行检验。FBI、USPS及ATF不接收民事案件物证，只检验刑事案件物证。是否有其他实验室已进行过检验是一个非常重要的问题，如果进行过检验，那么第二次检验的检验人员必须要知道第一次检验结果。

检验要求必须明确。送检的物证上可能包括潜在手印、烟蒂上唾液中的DNA、电线上的工具痕迹，因此提出明确、具体的检验要求非常重要，特别是手印，大部分检验人员如果在“检验委托书”上没有看到关于手印的检验要求时，通常会给调查人员打电话询问是否需要手印检验。

必须列出送检的具体物证。每一个物证袋、金属罐、玻璃瓶都要记录在“检验委托书”上，确保调查人员向实验室提交所有物证。接收到物证后，在进行检验之前，要对物证进行分类整理、列出物证清单。物证清单可能会很长，但是最后会发现这些麻烦都是值得的。

除非是亲自送检，提交物证时要附带签字的收据。这延续了由物证保管员在现场建立的物证保管链。检验完成后，附带另一个签字收据交还物证。

⇨ 4.2.10 现场分析

现场分析是现场调查的一部分，将现场复原的爆炸装置组件及其他物证与爆炸实施者关联起来。详细的调查技术是现场分析的基础工作，这里没有任何企图描述调查过程中涉及的所有的方法。爆炸案件的复杂程度，如目标类型、死伤人数及破坏程度，将最终决定分配资源的种类和数量。

现场分析开始的工作是三管齐下的调查访问，即谁有实施爆炸犯罪的动机、时机及技能？通过这几个简单的问题，就可以将调查集中于某个人或某个组织。作案动机说明了犯罪嫌疑人为什么实施爆炸犯罪；芬克与瓦格纳词典和学生词典对动机一词的解释是“让人采取行动的一种需求或欲望”。除了自杀式爆炸，邮寄炸弹或事先放置炸弹都能够使犯罪嫌疑人发生爆炸时不在现场，因此很难确定作案动机。寻找作案动机的第一步是确定目标物。目标物是否为生产有争议的产品设备？如果目标是人，是否为家庭内部矛盾还是三角恋导致？政府设施在国内或国际争端时期有没有被袭击？还有企业家和劳工之间的劳工问题、儿童或青少年时期“叛逆期”、犯罪分子随机的暴力行为等其他可以考虑的因素。爆炸犯罪动机多种多样，表4.3是部分犯罪动机：

表4.3 部分犯罪动机

恐怖主义	政治上的极端主义
报复	家庭内部争端，三角恋
故意毁坏	公民权利
恶意破坏	敲诈勒索
吸引注意	钱财动机
爆炸试验	劳工纠纷

时机是爆炸装置放置方式的时间和环境的组合，环境决定了采用哪种起爆系统制作爆炸装置。如果是延时引爆，那么炸弹制作者或投递简易爆炸装置的人是什么时间放置的炸弹？这需要了解延时机构延迟时间的长短，几分钟、几小时还是几天。放置过程的周围环境如何？谁可能目击了放置过程？调查人员在判断作案时机时必须要“回到过去”。锁定了某个具体的人后，确定放置爆炸装置的时间他在哪，不需要知道爆炸时他所处的位置。此时，调查人员必须明确：（1）受害者是否是特定目标还是在错误的时间站在了错误的地点；（2）在第一个问题的答案的基础上，了解受害者引爆炸弹时的动作进而判断谁有可能知道受害人一定会出现在指定位置并触发炸弹爆炸。确定遥控起爆爆炸装

置的放置过程有更多困难，如第3章中描述的，起爆者发射信号起爆爆炸装置时，目标一定在其视线范围内。无论是将炸弹放置在沿着受害人行走路线上还是放置在受害人的车里，调查人员需要解决的问题是放置炸弹的人（与引爆炸弹可能是同一个人，也可能不是）何时有机会放置炸弹。需要重申的是这些问题很简单，但是会为侦查初期提供线索。

调查人员需要明确的第三个重点是谁可能具备制作炸弹的方法和条件。这个人不仅有爆炸装置组件还掌握组装爆炸装置所需要的知识和技巧，此外，制作爆炸装置需要房间以及各种工具。在爆炸现场收集物证过程中，有些装置组件碎片很容易识别，有些很难辨认。调查人员可以将难辨认的碎片送到实验室进行分析检验。根据这些信息，调查人员查找销售爆炸装置组件的地点。如果是简易爆炸装置，其组件会很常见。调查必须集中于爆炸装置结构两方面：炸药和起爆系统。不仅起爆系统可以完全由常见的难以追踪的材料制作，炸药也可以由常见的物质制作。事实上，这都增加了调查的难度。

制作炸弹的人必须具备一定的知识和技术，能够组装炸弹同时确保装置不会意外爆炸伤及自身。这方面知识可以从书籍、宣传册及互联网中获得。美国“9·11”恐怖袭击事件之后，部分网站删除了关于爆炸装置制作的内容，但在很多网站还可以看到。然而，即使具备了知识还不够，必须具备一定的技术水平才能将设计的装置做成真的装置。一个熟练的制作炸弹的人可以对炸弹进行伪装，使其看起来像普通人员制作的，但是一个技术不熟练的制作炸弹的人一定做不出高水平的装置。所以有时候根据炸弹结构确定制作炸弹人的技术水平是存在一定线索的。

◎ 4.2.10.1现场分析从何入手

确定谁有作案动机、时机及制作炸弹的技术，提供调查的最初线索，接下来应启动其他线索的调查工作，调查的渠道主要包括：

- 爆炸现场周边的人
- 医疗救治机构
- 第一响应者
- 与受害者相关的人员
- 爆炸装置组成部件的来源
- 资料库

爆炸现场周边的人中有许多观察到关键信息的目击者。调查人员负责找到这些目击者并通过有效的询问获得相关信息。由于一些原因，部分目击者认为自己对犯罪调查没有有用的信息，一般情况下，这并不是事实。必须要询问以下问题：爆炸发生时你是否在现场，在现场停留多长时间，爆炸发生前后你看到了什么，是否看到有人将东西放到目标物上或其周围，受害者在做什么？还有很多类似的问题。对现场周围区域挨家挨户检查以找出目击者，不仅要询问以上问题，还要掌握爆炸时不在家的人的身份。根据现场环境，还需要寻找爆炸发生时或爆炸发生前后路过现场的目击者，包括邮递人员、出租车司机、公交司机、上下班的路人、垃圾收集工及警察等，还可以通过排查现场周围地区车辆违章和停车的记录寻找目击者或嫌疑人。在20世纪80年代早期的内华达州和加利福尼亚州的爆炸案调查中，通过放置炸弹后离开现场途中的超速罚单锁定嫌疑人。本质上来讲，他们出现在该区域的原因也经不起深入调查。

在许多地区，视频监控是很好的调查信息来源，包括安装在自动取款机、银行、便利店、交通监控点（公交车站、机场及地铁站）等建筑物内部及其周围的摄像机。获取此类信息时，一定要及时，因为大部分视频监控记录装置是按一定的时间周期工作，一段时期后新数据将覆盖旧数据。

参与救治工作人员包括所有参与救治受害人的医生及制作医疗报告的人员。询问急诊室医生以确定从受害者身上脱掉的衣物、身体上取出爆炸碎片的位置、全身X射线照片及治疗记录。由于隐私的原因，查看治疗记录必须要经过受害者的同意，除非受害者死亡或有法院的指令。如果受害者死亡，应找到死亡证明的复印件、法医报告和验尸报告。如果可能的话，验尸过程中要有一个调查人员在场。用医疗器械清洗从人体中提取出来的碎片，清除碎片上人体组织和血液，然后将碎片送至实验室进行爆炸装置组件检验，碎片不做残留物检验。

应询问第一响应者（警察、医疗急救人员及消防队员）下列问题：刚到达现场时看到了什么，做了什么，现场环境如何及4.2.1中介绍的其他问题。询问第一响应者非常重要，可以将现场事件关联起来，同时还可能发现其他掌握关键信息的人。第一响应者了解受害人可能是谁以及救治过程中转移受害人的信息。换句话说，现场调查人员到现场时，如果警察在现场，他们是调查现场物证信息最好的来源，如现场的手印，他们可以帮助判断是受害者的还是急救人员的。

调查人员应记录使用过和留在现场的鞋、手套及到达现场人员车辆轮胎的种类，关注现场中足迹、潜在痕迹、轮胎印痕。

全面调查受害者背景，应考虑对其同事和亲属进行询问。通过关注受害目标（可能是人也可能是机构）信息确定作案人的作案动机。调查手段包括但不仅限于以下几项：受害者是否为特定目标，是否感知到敌人，在爆炸之前是否有暴力事件，受害者是否有宗教或政治信仰等。特别是受害者死亡的情况下，询问受害者的同事至关重要。因为在任何调查中，询问一人后会牵连出另一个人，另一个人又会牵连出其他人，所以说这是非常耗时的任务。

根据使用的爆炸装置组件结构特点寻找组件的来源也是调查线索之一。在部分调查中，现场勘查总结之前就已经开始调查爆炸装置组件的来源，有一部分在实验室鉴定之后才开始调查。对于装置组件的识别，不论是现场调查人员还是实验室检验人员鉴定都涉及一个问题，即及时出具检验报告。在一些装置严重破碎的爆炸案件中，取得检验报告后，才能开始调查装置组件来源。从提交物证到取得检验报告有时需要一个月的时间，这样不仅对调查无益，反而阻碍了调查的进展。当调查人员不确定碎片是否是爆炸装置组件时，应与实验室检验人员沟通交流，随着实验室检验的进行，检验人员可以给调查人员提供一些非官方的线索。在任何有物证提交至实验室的现场调查中，必须在现场调查人员与实验室检验人员之间建立联系。

简易爆炸装置组件大部分都是日常用的商品，以下是常见组件来源的清单：

- 五金——家居装饰商店
- 电子器件商店
- 体育用品商店
- 炸药经销店
- 大型超市
- 邮购和网购
- 农业用品供应店
- 药店

现场分析开始时，调查人员不一定能够识别各种各样的爆炸装置组件及用途，事实上，调查的目标之一就是识别爆炸装置各种组件，必须明确破碎爆炸装置组件是什么商品。当然，如果做出明确的分析，调查线索将更集中在某些商店。商店营业员不仅能够识别组件还能够确定该组件是否在本店购买。以往的现场调查显示，制作炸弹的人在他的居住地附近购买组件，也有部分制作炸弹的人从外地购买或从多个商店、多次购买组件以摆脱嫌疑，还有人利用工作之便得到组件。调查人员应询问商店相关营业员，了解购买者是否有与组成部件不一致的用法，如有人在买散弹枪弹药的同时购买了重组手枪的组件。然后，调查人员向营业员询问该购买者的特征。

2001年的“9·11”恐怖袭击事件之后，炸药、雷管及各种制造炸药原料的销售受到严格控制。但是，仍然可以合法购买到很多能够用来制作炸弹的材料。因此，应询问这些原料的销售商并查看其销售记录，让销售商提供第一次来店购买的顾客或可疑顾客的信息。有人可能会认为，反恐力度加强了，销售商向个人销售可疑物品时会极其小心。实际上，大部分销售商会非常谨慎，但还有部分销售商没有安全意识，甚至会问调查人员："为何千里迢迢来到这里问这样的问题？"

有些制作炸弹的人企图逃避当地的侦查，会采取邮购的方式购买爆炸装置组件。需要联系的销售商过多时，可以询问美国邮政服务公司、联合包裹运输服务公司及联邦快递的邮递人员找到具体的销售商或其地址。

最后，联邦调查局、烟草酒精轻武器管理局及美国邮政检查服务所建立的爆炸案件数据库有助于确定在过去的爆炸案件中是否出现过类似的爆炸装置。通过数据库查寻到多个爆炸装置中使用了同一种常见组件，这可能表明一系列爆炸袭击是一人所为。另外，制作炸弹的人会被逮捕、审判、定罪、送往监狱，但行动自由后还会制作类似的爆炸装置。通过研究以前的爆炸装置，可以帮助调查人员识别爆炸装置是现在制作的还是较早制作的，将在第7章中进行详述。

调查结束时，评估一下你是否完成了调查的三个目标：你是否已证实发生了爆炸而且爆炸是犯罪行为？你是否已提取、识别了爆炸装置碎片？你是否已找到犯罪现场和犯罪嫌疑人之间的联系并为审判提供有把握的起诉书？

调查人员要进行"富于想象力的"调查、"走出思维框架"、在现场和犯罪嫌疑人之间建立联系。大部分案件中的犯罪嫌疑人不想被逮捕，他们可能将炸弹放置或送至目标处后逃离现场，在爆炸前不会引起任何怀疑。隐姓埋名再一次实施爆炸是他们的座右铭。在犯罪现场调查中，调查人员要有侦破案件的信心，从而阻止其他爆炸案件的发生，保护人民生命和财产安全。在道德和法律边界内的这种信心应成为调查的驱动力。

◎ 4.2.10.2 确定简易爆炸装置炸药量

简易爆炸装置爆炸后，许多人首先问的问题之一是："炸弹有多大？"也就是说，使用了多少炸药？在大部分案件中，炸药量是一个无关紧要的问题，关键是使用了炸药及炸药的种类。但是，在一些案件调查中，大型车载简易爆炸装置爆炸往往会造成巨大破坏，伤亡严重，因此必须要确定其炸药量。确定炸药量的原因有很多，主要包括以下几点：

- 在国际上，爆炸发生的国家不能获得大量某种炸药时，通过物流跟踪确定"那么多"炸药如何走私到这个国家
- 评估从情报部门获取的信息
- 核实关于炸药量的目击者或调查的信息及关于自制炸药的购买、盗窃

的信息

例如，默拉联邦大厦爆炸案调查中发现，作案人在堪萨斯州购买了4000磅硝酸铵，3个55加仑桶装燃料，盗窃了400多磅的高速炸药和起爆系统。利用购买硝酸铵和燃料信息直接确定了作案人是蒂莫西麦克维和特里尼科尔斯。问题是：默拉联邦大厦及其周围的破坏程度与4000多磅硝酸铵燃料混合物的爆炸威力一致吗？为了找到答案，必须对爆炸地点进行详细的分析，需要掌握以下三方面的信息：（1）炸坑的尺寸；（2）中心现场周围停车场内汽车受到爆炸空气冲击波超压作用的破坏情况，即有多少辆车在距装药中心多远距离发生了翻滚；（3）联邦大厦及其周围玻璃的破坏情况。保罗·库珀在2004年4月18日的运用工程测量分析俄克拉何马城的默拉联邦大厦爆炸案的报告中，对上述信息进行了分析。概括起来，在爆炸现场收集到三方面的数据：（1）“真实”炸坑的最大直径31英尺，最小直径21英尺；（2）未翻滚的车辆与炸坑的最近距离是97英尺，已翻滚的车辆与炸坑的最远距离是78英尺；（3）基督教青年会大厦中大约50%玻璃破碎，玻璃尺寸是8英寸×41英寸，厚度是1/8英寸。俄克拉何马城爆炸案的直接结果见图4.42。库珀根据这些信息，利用窗玻璃破坏标准和贝克等人1983年出版的《爆炸危险性评价》中的车辆翻转数据以及从美国陆军工程兵团、水路交通实验中心、维克斯堡、密西西比州中得到的关于玻璃破坏的数据推算出所使用的炸药量。使用以上不同方法分别推算炸药量，最后取平均值，得到结果是5943磅炸药。这个结果非常激动人心，因为麦克维和尼科尔斯认为他们携带了5957磅炸药！

图4.42 俄克拉何马城爆炸案的直接后果

不仅俄克拉何马城爆炸案进行了现场信息的收集和炸药量的估算，1983年10月23日，发生于黎巴嫩贝鲁特机场的美国海军陆战队兵营爆炸案（15000多磅炸药）以及1996年6月25日，发生于沙特阿拉伯达兰胡拜尔塔的美国空军军营爆炸案（5000多磅炸药）也进行了现场信息的收集和炸药量的估算。

为了保证估算炸药量结果的准确性，需要详细分析、记录现场情况。获取估算炸药量所需信息有两种：第一种是玻璃破坏情况、车辆推翻情况及炸坑的分析；第二种是路牌信息的收集和记录。本质上来讲，爆炸造成的可见特征是估算炸药量的依据：

- 炸坑的详细分析
- 车辆翻转情况的记录
- 玻璃破坏情况的记录

在大部分案件调查中，获取玻璃破坏数据是一个长期和艰巨的任务。不仅要关注破坏的玻璃还要关注未破坏的玻璃。信息收集从另一张记录有玻璃破坏的建筑物与炸坑之间的相对关系的图表开始。该表格涵盖了4.2.4中介绍过的所有数据，包括以下几点：

- 炸坑与建筑物之间的距离
- 炸坑与建筑物之间角度

可以用三脚架安装测量设备，利用量角器测量角度，利用卷尺测量距离。然后，计算每一个建筑物中面向炸点的窗户的数量。也就是说，现场周围有多个建筑物时，不必详细记录每个建筑物中玻璃的破坏情况，由调查人员自主决定。但是必须知道的是，在大部分情况下收集的数据越多，通过分析得到的信息就越多。

在列出玻璃破坏情况清单后，调查人员应记录以下几点：

- 破坏及未破坏窗户的数量
- 窗户的类型，如单层或双层玻璃，窗户上的覆盖物
- 破碎及完好的玻璃的大小和厚度

大部分案件中，不建议收集玻璃样本。但是进行上述记录时，如果调查人员对玻璃的结构不确定时，应收集样本。

记录翻滚车辆信息相对简单，主要明确爆炸压力作用下翻滚和未翻滚的车辆，收集和记录以下数据信息：

- 车辆型号
- 翻滚车辆位置及翻滚车辆与炸坑的距离
- 炸坑与每个未翻滚车辆的距离

另外，需要一张附有照片的表格记录爆炸压力的作用。该表格应包含前面介绍过的除车辆位置的所有数据。

炸坑的勘验是爆炸现场调查的主要任务之一。勘验炸坑的目的是寻找爆炸装置碎片和爆炸残留物。炸坑的大小（直径和深度）及其在整个现场的位置要记录并绘制在现场图上。但是，当需要推算炸药量时，需要更深入的调查。需要记录的第一项是炸药的放置位置，炸药可能放置在地面、车辆上、浅埋在地下（无土壤覆盖）、深埋在地下（无土壤覆盖）及埋在地下（有土壤覆盖）。事实上，相同药量的炸药埋入地下并用土壤覆盖时爆炸产生的作用比相同药量的炸药放在地面爆炸时大的多，也就是说，会形成更大的炸坑。非专业人员在不了解情况时，可能会认为，埋入地下的炸药量更大。另外，当同等药量的炸药埋入地下太深时，可能不会形成炸坑，因为爆炸产生的能量不足以抛起上方介质。

为了准确地测量炸坑的深度，必须要考虑炸坑可见深度和炸坑真实深度（见图4.43）。炸药爆炸后，产生的气体压力作用于土介质，将上方土介质抛向空中，没有被抛起的土介质形成的是真实炸坑。通常，被抛向空中的土介质回落到真实炸坑形成可见炸坑。可见炸坑和真实炸坑的深度都要测量记录。

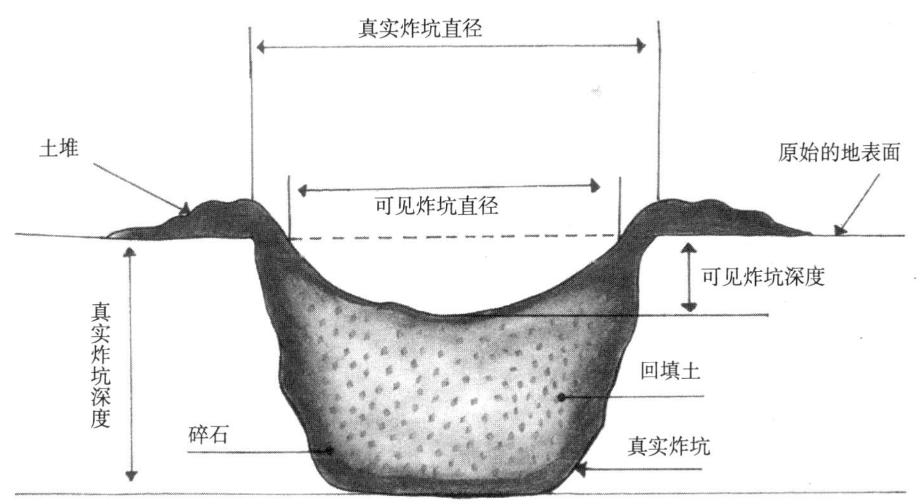

图4.43 描绘的炸坑横截面图（由斯特特芬·斯李文斯基绘制）

如上所述，估算炸药量时，需要对炸坑进行更详细的测量和记录。因此，需要收集以下信息：

炸坑直径：炸坑的形状不规则时，需要多向测量。例如，直径大约是6英尺×8英尺而不是7英尺。

真实炸坑直径和可见炸坑直径：从炸坑中挖土时要极其小心，避免使用金属工具，以防破坏真实炸坑。另外，测量真实炸坑时，应考虑炸坑的边缘是否是真实边缘还是有土壤堆积，有土壤堆积时，必须进行清理以测量炸坑深度。

爆炸装置的位置：应确定发生爆炸时，爆炸装置的放置位置，是在地表面、悬空还是埋入地下。如果装置放置在车内，不仅要确定炸药与地面的距离还要确定炸药在车内的具体位置。如果装置埋在地下，应确定埋入的深度。

介质状况：检验介质表面，确定有无装饰材料，如人行道和混凝土路。如果有的话，应确定并记录其种类，厚度，钢筋（混凝土中）和地下垫层（如碎石）的使用。

土壤分析：除非现场有地理学家，应对土壤进行分析。确定土壤的类型，如松软土壤、岩石、沙土或黏土。需要注意的是当炸坑特别深时，随着炸坑深度的增加，土壤的类型可能会发生变化。

完成所有记录后，将数据交给专家、爆破工程人员及估算炸药量的相关专业人员。此时还要记录关于炸药及炸药的购买、盗窃的相关信息，这些信息可以提供接下来发生爆炸的某些地区（市，州或联邦）相关管理部门，他们可以进行比较。我们建议采用合法意见，因为律师也不希望案件侦查中的信息影响针对爆炸破坏结果的分析。有些人可能不认同我的观点，他们认为，估算出的炸药量与嫌疑人所用的炸药量一致，是因为已经知道嫌疑人有多少炸药。

联邦调查局爆炸装置实验室的柯克耶格研究发现金属交通标识弯曲变形的数量与炸药量之间存在一种关系。

开始收集和记录之前，调查人员首先要确认爆炸区域中，金属或街道交通标识发生弯曲和未发生弯曲的数量。靠近炸坑标识的弯曲程度要比远离炸坑标识的大，破坏程度随着与炸坑距离的增加而减小。一些标识及其支撑杆甚至被炸飞，这也是需要记录的。需要收集的信息还有以下几项：

- 通过记录标识与炸坑之间的距离和角度将每个标识绘制在现场示意图上，包括被炸飞现场的标识，如果可能的话，记录其原始位置
- 对每个标识进行编号并标记在现场示意图上
- 移动之前先提取爆炸残留物
- 标识上有爆炸残留物需要提取时，要先进行提取，再移动标识
- 提取发生弯曲变形的标识

收集完所有的金属标识并进行登记后，将其送往相关的机构，如位于弗吉尼亚匡蒂科的FBI实验室进行检验。但是，送检前，调查人员要先联系该机构

以确定是否能够完成指定的检验鉴定。

综上所述，关于爆炸破坏特征的记录和提取有助于炸药量的推算，要尽可能多地收集破坏痕迹数据，多处痕迹数据分析比单一痕迹分析估算的炸药量更接近真实情况。实际上，爆炸现场不可能只出现一种痕迹，因此不能遗漏现场特征也不能随意添加。

◎ 4.2.10.3 现场调查：调查报告

完成现场调查及确定装置组件来源的相关调查后的下一项工作是制作调查报告。该报告是对现场物证提取和现场综合分析的全面总结，必须呈递给检察官，否则调查团队的努力都是无用的。调查人员乃至整个调查团队耗费上百个工时处理现场并将物证送往实验室，依据实验室反馈回的有价值的信息开始现场分析，进而确定与爆炸犯罪相关的人。遵循这一思路，如果调查报告写得不全面、清楚，那么检察官就不能“证实”案件，这时不仅调查人员会失望，调查人员所服务的相关单位以及相关的案件受害者都会不满。调查报告的作用有两个，一个是确保与调查相关的任何信息没有遗漏；另一个是作为调查人员与检察官之间的通信媒介，这一方面将在后边的章节进行详细说明。

以下是调查报告需要的基本材料的大纲：

- 有案件信息的封面（标题）
- 有页码的目录
- 报告的目的
- 简要案情
- 调查大纲
- 适用的法律行为
- 整个调查过程的详细叙述
- 现场调查的结果
- 嫌疑人信息
- 目击者名单及其陈述内容
- 检验鉴定书

保存好调查过程中的所有的笔记和记录（如调查笔录、图表、照片等），将其放置在调查文件中以便将来参考，并且要便于查阅。

封面信息应包括案件时间、地点（街道、城市、州）、爆炸目标（人、建筑物、车）、嫌疑人姓名及犯罪性质。目录应包括报告中的所有标题及其页码，方便查找到各个部分的调查报告。当然有些调查报告中的目的也许不会那么明显，一份调查报告的准备工作通常要在现场调查结束之后才能做好，或者是在冗长的多次调查中完成。它应包含以下内容：

- 向检察官传达所有调查的结果来取得大陪审团认可的起诉书
- 在一定时间内满足其他部门准备报告需求的准备工作
- 如果调查结束未找到犯罪嫌疑人，就将该案件调查转入“平稳”的状态

简要案情是对整个案件的概括，包括案件过程、发生时间、目标、伤亡情况等。调查大纲是对整个调查过程的概括，重要的是，调查大纲可以让读者在不阅读所有调查细节的情况下了解到整个案件的基本情况。在调查大纲后的应该是整个调查过程的详细叙述，包括对现场调查工作的全面思考、现场调查负责人对爆炸现场的评估、作案过程、现场调查过程，理想状态可以再加入犯罪嫌疑人的个人信息。在爆炸现场调查工作中，调查内容也许只有寥寥几页，为了让读者，也就是检察官易于理解，可以在文本中添加关于现场、物证及现场调查的照片，不能以附件的形式添加。一张图片往往能胜过万语千言，比文字性内容更加直观的让人了解现场情况。在附图的同时还应附上该案件犯罪嫌疑人违反的相关法律细则，有助于减轻检察官的工作负担。与此同时还应附上现场调查的结果，应包括以下几项：

- 现场调查详述
- 进出入记录
- 管理记录
- 物证记录及保管交接记录
- 照片及照片记录
- 现场示意图

我们在4.2.4中，已经详细介绍过上述几项，但是，要将其放在正式的报告中。这意味着将现场示意图提炼成一系列全面的描述现场的图片并保存在电子数据库中。在合适的条件下，添加关于犯罪嫌疑人的详细调查信息，应包括所有的犯罪嫌疑人的生物信息。然后是询问结果，不仅包括每个询问笔录的复印件，还包括询问次数及每次询问的主要内容。概括每次询问的主要内容非常重要，因为实际询问的内容涉及特别广，而读者需要知道询问与调查的关联。询问应包括以下信息：

- 询问内容
- 受询问者姓名
- 询问日期
- 询问地点
- 询问原因
- 询问人员及在场人员姓名

鉴定报告包括但不仅限于以下几项：实验室检验鉴定、医疗记录、重大损害的工程报告。调查人员应与检察官建立一种相互尊重的关系，这与制作一个全面的调查报告同样重要。因为是检察官将调查报告呈递给陪审团，最终到法庭，如果调查人员与检察官之间没有牢固的工作关系，很可能会导致案件调查的失败。因此，要获得检察官的尊重和合作，调查人员应考虑以下几点：

- 让检察官从初始阶段开始参与调查，而不是呈递调查报告时才介入。爆炸现场调查对于检察官来说是新事物，因此他们需要理解整个调查过程
- 坦诚讨论调查的优缺点
- 不要夸大或遗漏细节，除非这些细节微不足道
- 专业化，着装要与具体环境相适应。也就是说，根据所做的工作着装，在现场工作时，要穿防护服，与检察官开会时，应穿西装戴领带
- 对调查的各个方面征求意见

检察官的任务繁重，他们需要根据调查报告及调查人员的情况决定该案件是否值得进行起诉。调查人员一定要理解检察官必须“起诉”案件，让检察官确信他们会胜诉。

小结

爆炸现场调查初始阶段需要确定现场是否存在物证及评估爆炸类型。爆炸可能是由弥漫性燃料引起，如天然气、丙烷或其他可燃气体，或浓缩燃料。在确定爆炸类型的同时要确定爆炸的性质，即爆炸事故或爆炸犯罪，以决定调查的力度及方向。爆炸现场调查的目的是证实爆炸已经发生，收集并鉴定爆炸装置组件以及寻找作案人。

由于爆炸现场有第一响应者及调查人员等很多工作人员，因此，最重要的是保护现场。调查团队到达现场后，对现场人员进行疏散，随即进行现场调查，对现场物证进行保护。调查团队必须由精心选拔的装备齐全的专业人员组成，或由一个精明强干的调查人员完成所有任务。

调查记录由现场记录、各种日志、照片及图表组成。随着现场调查的进行，调查人员可以采用多种手段，包括收集残留物、筛选、有组织搜索及真空处理等，逐渐在目标物、炸坑或炸点、受害者及现场外发现物证。然后提取物证并保存在适当的容器中，根据现场情况及物证的特点，将相关物证送往实验室进行检验。解除现场警戒前，对现场进行最后的巡视确定所有任务是否完成，所有物证是否全部提取及登记完毕。

现场分析的目的是确定有作案动机、作案时机及制作爆炸装置的犯罪嫌疑人。可以通过调查附近区域，询问第一响应者、医务人员等，追查装置组

件来源以及在国家爆炸装置结构数据库中查找相似结构特点等方法寻找犯罪嫌疑人。

成功的爆炸现场调查需要对细节的绝对关注，以及即使面对严重挫折和人身危险也要寻找爆炸装置碎片的坚定态度。完成调查、认定作案人并将其绳之以法后，调查人员会为他的努力没有白费而感到欣喜。

复习题

1. 如何区分炸药爆炸现场和燃料空气爆炸现场？
2. 爆炸犯罪现场调查的目的是什么？
3. 在爆炸现场中，第一响应者或调查人员的首要任务是什么？
4. 记录爆炸现场的方法有哪三种？
5. 物证一般分布在爆炸现场的哪三个区域？
6. 发现物证的方法有哪些？
7. 需要进行爆炸残留物检验的物证应用哪种容器保存？
8. 什么是“检验委托书”？“检验委托书”应包含什么信息？
9. “动机—时机—技能”有什么意义？如何影响调查的进行？
10. 完成爆炸现场调查后，还应考虑哪五个方面？

第5章 爆炸现场调查人员和大规模杀伤性武器

5.1 引言

对爆炸和爆炸现场做出应急反应之后，第一响应者和调查人员已敏锐察觉到这些现场存在的危险性。火灾的危险、建筑物的坍塌、炸药的存在以及第二枚炸弹，这些都是显而易见的。随着近几年这类事件数量和破坏范围的逐渐增加，危险性也在增加。其中的一些危险因素是可以避免的，但是由于科学、技术手段以及理解能力的局限性，这些危险因素还没有被完全了解。这些因素包括与受害者血液和体液相关联的疾病、爆炸产生的气体、工业上的化学物质以及以石棉形式悬浮的小颗粒等。

然而，随着核武器与核能源以及生物化学武器的全球化发展，直接致使越来越多的人不计后果地、更加肆无忌惮地利用大规模杀伤性武器杀害无辜生命，造成了史无前例的灾难性后果。事实上，恐怖袭击中已出现了生化武器，人们普遍认为这些物质毫无疑问会被再次使用，但人们关心的是这些武器何时会被使用，会有多少人遭到袭击。未来发生的恐怖事件中恐怖分子将如何利用这些潜在的危险武器？我们只能通过即时发生的爆炸事件来回答这一问题。这完全取决于恐怖分子的个人能力、获取原材料的途径以及他们是否诡计多端。总之，没有人真的知道答案！一些人认为核能源、生物化学材料的利用将会被其他事件掩盖，如一场重大的爆炸。是的，事实上爆炸的确可以作为一个私密的传输方式在更广的范围内传播这些武器。并且，炸药爆炸产生的火球会削弱这些大规模杀伤性武器所释放的一些破坏潜能。炸药的爆炸可以在某个区域内以“脏弹”的形式传播离子化能量，但这仅仅是被开发出来的众多传播方式中的一种。

鉴于当今有关这些“新发现”危险因素的事实，无论应对何种事件，公共安全负责人以及调查人员都需进一步提升责任感，做到及时安全地评估事件现场。特别重要的是对上报的爆炸案件的反应以及后续采取的行动，这些行动不是由第一响应者独立完成的，还包括现场调查团队，他们主导着整个现场的调查工作。然而，在进行科学评估前，我们必须充分掌握附加的危险因素以及发现这些因素的方法。本章将为爆炸现场调查人员和应急人员处置上报的爆炸事件提供指导。值得注意的是，本章将会规定和辨识五种主要的大规模杀伤性武器，列举他们的主要危险，阐述辨识大规模杀伤性事件的方法以及用于保护现场处置人员免受大规模杀伤性武器影响的程序，确定能够为大规模杀伤性武器事件处置提供帮助的机构，以及检验关于大规模杀伤性武器犯罪现场收集到的重要证据。

5.2 大规模杀伤性武器的类型

任何能够引起大规模财产损失或人员伤亡的物质都可以称为大规模杀伤性武器。这一宽泛的定义包含了所有物质或武器的类型，如生物、核能、燃烧、化学和爆炸物质（简称BNICE）。

- 生物
- 核能
- 燃烧
- 化学
- 爆炸

生物武器是一种活的有机物，被用于故意引发疾病或危害人类、动物或植物的药剂。核物质是那些能够产生电离辐射或放射性物质的物质，这些物质能够引起人体、动物或植物等活体组织的细胞发生改变（损坏）。化学试剂是指能够引起活体不适的固体，液体或气体，如果吸收或摄入过量，可能导致严重的伤害或死亡。尽管有少数提炼的化工材料被用作日常的杀虫剂和水净化，但生物和化学药剂没有有效的商业运作程序。然而，核物质却被有效地应用在电力生产和药品研发上。

对于大规模杀伤性物质来说，火药或燃烧弹以及炸药（炸弹）是新增加的。以前它们被称为核、生物和化学（简称NBC）危害。然而，由于众多汽车炸弹和飞机炸弹遍布世界各地，装满大量炸药的可移动炸弹导致了大量的恐怖死亡，因此使用的炸药属于大规模杀伤武器。当今的大规模汽车炸弹（简称LVBIED）事件始于1970年8月24日发生在麦迪逊威斯康星州大学校园的美军数学研究中心的爆炸，但它并不是第一起汽车炸弹爆炸事件，北爱尔兰和英格兰的临时爱尔兰共和军（简称PIRA）也发生过此类爆炸事件。美国驻黎巴嫩贝鲁特大使馆的爆炸及黎巴嫩机场的爆炸，这两起事件造成240多名美国士兵的死亡；1993年世界贸易中心爆炸；默拉联邦大楼爆炸等。其实过去30年发生了不计其数的其他重大的汽车炸弹事件。无论剂量大小，能够引起爆炸事件的炸药都被划分为大规模杀伤性武器，因为只需很少炸药便能使大型客机在空中爆炸，这会导致成百的无辜人员失去生命。当然，2001年9月11日世贸中心双子塔的毁坏、五角大楼的大规模坍塌以及第四架坠毁到宾夕法尼亚州郊区的客机，造成了3000多人死亡，这次爆炸事件没有炸药，但事实上客机本身就是炸弹。

大型火灾可以在短时间内摧毁数百人的生命。历史表明火灾已成为城市发展的灾难。试想一下1871年10月9日发生在芝加哥的火灾和1906年圣弗朗西斯科大地震之后发生的火灾。地震摧毁了建筑和开放式的街道，但火灾却摧毁了整座城市。人们眼睁睁地看着肆虐的大火吞噬有限的出口，这致使大多数居民在事件中丧生。另一方面，试想一下有人在人口密集的建筑中设计一起可怕的纵火事件，这将会造成很大限度的人身伤亡。毫无疑问，火灾已成为一种武器，它还可以用于掩盖其他犯罪，也是一种大规模杀伤性武器。

从这些被发现的武器中，现场调查人员和应急人员能够合理推测出即将遇到的状况以及这些状况将产生什么影响。简单问题的答案并不简单。关于核物质和核武器的问题，这主要取决于人类已掌握或已认知的相关因素，这些因素包括核武器设计技术的扩散、恐怖分子的需求、完整武器系统的实用性以及组建材料和原材料的获取途径。例如，一个国家构建的核设施，带有相关核威力的设计方式决定了核设施的功能，而相关的核威力必然会导致灾难性后果，包括百万生命的直接消亡、长期的辐射致使辐射区域内数百年都无法居住。庆幸的是，人们获得这种武器的概率非常低。然而，类似于巴基斯坦这样潜在动荡的中心政府也拥有核武器，未来这种情况可能会发生重大改变。一些人认为前苏联已不再占有所有核武器。另外，分析人士认为起爆核武器的恐怖分子可能会远离他们的支持者而选择牺牲自己，因为除非是国家提供的武器，否则他们最终都将为这种行为付出代价。同样，其他人认为一些恐怖分子可能根本不在乎这些后果，这只是他们需要完成的“日常工作”。

自制核装置（IND）的起爆是最有可能出现的，但它的影响可能没那么大。假设恐怖分子不仅能够获得足够的裂变材料（钚、铀），而且还具备制作这种装置的技术知识和设计蓝图，那么他们就可能会使用自制核装置。从理论上讲，这种装置的影响可能会很小，因为自制装置会减少核威力或毁伤效应。

然而，人们认为自制核装置的核威力会促使它的影响变小，这还只是一种假设，它可能会杀死成千上万的人类，与国家制造的核武器一样，也会产生长期的影响。这是一种假设，并不会马上发生，因为制造具有有效核威力的核炸弹仍旧是一个巨大的技术难题。然而，引爆脏弹或放射性扩散装置（RRD）的可能性更大。脏弹利用传统炸药将放射性材料传播到目标区域。没有核武器，炸药爆炸的影响是局部的，它取决于风速和风力。医疗机构和发电厂使用的核物质可能会成为脏弹的原材料，因此需要严格控制这些材料，但没有任何一种控制系统是完全可靠的。对于炸药的使用我们一直是严格控制的，但每年都会有数百磅炸药丢失。

恐怖袭击中更有可能使用的是有毒的工业化学品、自制化学药剂或盗用的制式化学药剂。首先考虑的是制式化学药剂。当然，大多数国家的化学药剂是为战争做准备的，而并不是为了展现自己有“炸弹”。尽管美国和俄罗斯之间有销毁化学药剂储备的协议，但这些国家尚未销毁其所有的药剂。其他国家，如朝鲜和伊朗仍旧存在私自储备化学药剂的情况，而对于伊拉克化学药剂被摧毁这一事件也尚未得到证实；相反，它们很有可能已被运送到其他国家。一些人认为化学药剂的安全性很难得到保障，这便于恐怖分子利用它实施恐怖袭击，也便于他们从违法商贩手中购买。另外，秘密生产有毒的化学药剂并不是难事，如果缺少生产技术或原材料，工业化学品通常与化学药剂一样，在某些情况下具有致命的特征，这些化学品同样可以用于战争。使用化学药剂可能会对常规目标区域产生潜在影响，而这种影响持续的时间是由化学品的类型决定的。在一段时间或现场被净化之后，这片曾遭受化学污染的区域的生命将重返常态。与核武器和生物武器相比，化学药剂更易于从现场中清除，而且它们也可能会受天气状况的影响发生降解。然而，化学药剂带来的毁灭和人员伤亡都是惊人的。

在所有大规模杀伤性武器中，恐怖分子使用炸药的可能性最高，它的威力主要取决于炸药量及其使用方法。由于全世界每天都在使用简易爆炸装置，所以它们等同于武器的说法是毫无争议的。然而，它们是否能够完全划分到真正的大规模杀伤性武器中，这完全取决于前面提到的两个因素——数量和使用方法。那么，“大规模杀伤”的真正定义是什么——是成百上千人的死亡吗？我认为应该具体问题具体分析。炸药爆炸确实能够造成上千人的死亡，作为大型的炸弹运输工具，目击者认为它们所造成的伤亡率通常不到1000人，其中会有几百人死亡。对于死者和他们的家人不会有太多的慰藉，当然与其他惨剧相比还算不上可怕。

火灾没有爆炸发生的频繁，但火灾的潜在影响范围更大。这个说法是在目击世界上一些毁灭性的火灾得出的。一旦火灾发生，让它停止的原因通常有两个：消防员将其扑灭或燃料烧尽。许多地方都有可能发生火灾（或纵火事件），消防部已开始着手限制它向“武器”方向发展。这并不是说人们不会因此失去生命和财产，而是由有效的消防监督网来降低这些损失。另外，像乡村或林地这样的地区，并没拥有像城市那么多的消防人员，人们甚至可能会忽视火灾对这些地区人类生命的影响。因此，火灾成为大规模杀伤性武器的路还很远。

众所周知，生物武器能够摧毁人类生命。生物武器的使用仅受到原材料获取途径和未知因素的影响。纵观历史，在欧洲大瘟疫时期，还有全国流行性传染的天花、流感等传染性疾病夺去了上百万人的生命。这些疾病的爆发并不是因为有人蓄意释放微生物，而是由那些生活在卫生设施差的拥挤城市中的无知旅行者传播的。是的，疾病通常选择性地在欧洲的中世纪或中世纪之前爆发，但这种影响是局部的。如今，整个世界都有可能面临这种灾难。基因剪切研究的出现已经从本质上打开了潘多拉的盒子。依据这些“设计好的”病原体，我们难以想象出暗处到底隐藏了什么。生物武器几乎是完美的，它可以迅速有效地通过感染秘密地传播到数百万人的体内。然而最糟糕的是，人们还不知道如何治疗这些疾病，防止疾病蔓延的唯一方法就是将感染人群隔离，让他们等待死亡。幸运的是，与核武器一样，这些类型的病原体也会受到严格安全的监控。

然而，国家支持的生物学研究项目是不可能作为传染疾病的大规模杀伤性武器的。众所周知，世界上还存在一些其他的疾病，如流感、瘟疫和埃博拉病毒等，不法分子也有可能选择这些病毒进行培育，并最终将它们作为武器来使用。同样，肆无忌惮的医学研究者也有可能在实验室培育各种微生物，然后将这些微生物释放到目标区域来制造人间惨剧。事实上，制造生物武器的技术和原材料并不像核武器那样具有极大的挑战性，但它的影响却是全球化的。此外，生物武器已被使用，并给人类带来了疾病和死亡，但幸运的是它的使用范围很有限。这样看来，我们不难推断出，在可识别武器中使用生物武器的可能性和影响都是最大的。显然，将它作为大规模杀伤性武器来使用只是时间的问题。

5.3 核物质、生物机体和化学药剂

本节将详细论述能够被用于大规模杀伤性武器的各种不同类型的核物质、生物机体和化学药剂。这将通过每种材料的历史回顾和与它们相关的危险因素

的识别来完成。此处不会对作为大规模杀伤性武器的炸药和燃烧弹进行论述。

⇨ 5.3.1 核物质

1942年12月2日，意大利裔物理学家恩里克·费米和芝加哥大学冶金实验室的其他几位科学家制造了世界上第一个能够依靠自身维持核反应的核反应堆。这项试验由美国军队在代码为“曼哈顿”的计划下执行，在最具西方代表性的大学运动场——施塔格场下的一个拥挤的球场中进行管理。这项试验是在1938年德国化学家奥托·哈恩和弗兹·斯特拉斯曼发现了核融合之后开展的。显然，这项发现和随后芝加哥大学的试验将世界带入了核能源和原子弹时代。第一个核武器的诞生是由1941年由富兰克林·罗斯福总统授权的，此时的德国已开始着手制造用于战争的核武器。

在第一个依靠自身维持核反应的核反应堆制造完成之后，仅两年半的时间第一个核武器“小玩意”于1945年7月16日上午5：29在新墨西哥的阿拉摸戈多地区附近的三位一体的试验场被引爆（见图5.1）。不到一个月时间，1945年8月6日，飞行员保罗·蒂贝兹驾驶的名为伊诺拉·盖伊的B-29轰炸机在日本广岛市上空投下“小男孩”（见图5.2）。“小男孩”是第一个被用于战争的原子弹。它彻底摧毁了广岛市，其威力等同于15000吨~20000吨的三硝基甲苯炸药。当时日本没有投降。1945年8月9日美军在长崎投下了第二颗原子弹“胖子”（见图5.3）。“胖子”所产生的威力相当于21000吨~22000吨三硝基甲苯炸药的威力，它搭载的是由查理斯·斯威尼少校驾驶的名为伯克之车的B-29轰炸机（见图5.4）。自这三颗原子弹爆炸之后，科学家们又进行了数百次的起爆试验，产生了应对不同战术和战略目标的数千种不同型号的武器，这些武器目前给我们带来了问题：核武器可能扩散，核物质可能落入到政府支持或非政府支持的恐怖分子手中，一些人认为这些将是不可避免的。

图5.1 “小玩意”原子弹（1945年7月16日在三位一体试验场中的试验塔的顶端最先起爆）

图5.2 “小男孩”的完整模型（1945年8月6日在广岛投下的原子弹）

图5.3 “胖子”的完整模型（1945年8月9日在长崎投下的原子弹）

图5.4 来自查理斯·斯威尼少校驾驶的名为伯克之车的B-29轰炸机的“机头艺术”

无论何种类型的核物质，调查人员主要关注三种放射性物质：α粒子、β粒子和γ射线，这些都是放射性物质衰变产生的。这些随着原子核放射性衰变释放出来的物质产生的辐射拥有很强的能量。衰变是指原子核自发进行的由一种不稳定的元素转变为另一种同位素或元素的过程。释放出来的辐射程度可以用盖革计算器这种辐射测量仪器测量出来。盖革计算器是以发明这种测量工具的科学家名字命名的。

α粒子在空气中的辐射范围非常小，而且它贯穿其他物质的能力也非常弱，即便是人体皮肤上一层已死亡的薄薄的皮肤细胞层也不能贯穿，因而它们对外界没有什么辐射危害。然而，当α粒子被人体或动物体摄入或呼吸进入体内就会具有极大的辐射危害，因为它们拥有很强的电离能力，而且会让被电离的物质也拥有辐射性。一旦摄入，α粒子就会电离内脏器官，如果α粒子的剂量充足的话，一段时间内就会发生死亡，而这个时间与剂量成比例。钚属于α放射体。剂量是以给定时间内吸收辐射的多少来衡量的。

β粒子是在放射性衰变期间一个原子核放射出来的具有高能量的电子。它们比α粒子小，运动速度更快，但也会被皮肤或衣物之类的东西阻挡。与α粒子一样，β粒子的最大危害是摄入后会电离人体和动物体的内脏器官。钴-60、铀和铱都是β放射体的代表。

γ射线与X射线很相似，是一种由正在衰变的原子核释放出来的高能量光子。它们可以深深地渗入到机体组织以及多种物质中，甚至如果剂量比较大的话，对人类和动物来说是一种潜在的致命体。钴-60，铀和铯-137都是比较强的γ射线发射体。唯有将生物体置于距发射源头较远的地方或利用诸如铅这样较厚的密集材料将其隔离，才能保证该生物不受γ射线的危害。

当探讨核能时，我们还需要掌握一些概念，如半衰期、致死剂量（50/30）和人体伦琴当量（雷姆）。半衰期，是指放射性元素的原子核有半数发生衰变所需要的时间。致死剂量（50/30），是指在30天之内能够使暴露在核衰变范围内的50%的个体在没有药物治疗的前提下死亡的辐射量。通常来说，个体在短时间内接受致死量的范围在300雷姆~500雷姆。雷姆是吸收剂量的单位，它反应了能伤害人体健康的放射性物质产生的相对影响力。本章5.6中将会论述如何保护第一响应者和勘查人员免遭核物质侵害。

核物质来源包括两大领域：公共或工业领域以及军事领域。公共或工业领域来源包括核能发电站、研究设备和反应堆、医药诊疗设备、工业操控设备和特殊产品等。放射性物质的公共领域源头不仅仅遍布美国的各个地区，而且在全世界的各个角落都可以找到，其中还存在着这些材料的获取途径的问题。大部分地区会依据实施的操作类型对这些材料提供足够的安全保护，而有一些地区可能没有这么做。现实情况是，据发电反应堆和支持这些反应堆的工厂的完全数据显示，我们不可能完全对这些材料进行全面的保护。特别是应用在反应堆里面的燃料棒，它需要在某个地区制造，然后再被运送到其他不同反应堆中。当燃料棒被用尽后，人们会把它们移走并换上新的燃料棒。那些被用过的燃料棒还有其他废弃的材料都具有很强的辐射性，在大部分情况下，它们不会被用作武器装备的材料，但却可以被用作恐怖袭击，如放射性散布装置或脏弹。在某些情况下，核反应堆的副产品事实上是可以用作武器的材料。一些国家声称他们利用核反应堆只是为了合法地发电，但其他国家又如何知道这是不是事实呢？我们都不知道！放射性物质的其他用途是用于医药治疗设备，特别是用于治疗癌症的领域。这些材料可以再次被用于制造脏弹但并不适合武器生产。事实上，尽管只使用一个小小的脏弹，其里面仅由几磅炸药连同微小的放射性物质共同组成，但当公众获知消息时，便会引起大规模恐慌。我们可以在运动会和摇滚音乐会中见识到这种大规模恐慌导致的结果，即由于大量过分激动的崇拜者互相推撞导致的死亡事故。这里有事件可以证明：几年前，一个工程承包商从一个设备中拿走了许多罐子，这些是装有大量低级（低辐射性的）、粉末状、废弃铀的5加仑的大罐子。随后，他尝试着向一个中等城市敲诈一大笔钱，他扬言要从飞机上往城市中扔下一罐罐铀。由于粉末状的铀的辐射程度十分低，所以即使他真的执行了计划，对人类健康的危害也是十分微小的，但也并不是完全没有危害。最终，他在实行他的恐吓之前就被逮捕了。然而，如果公众真的知道他在筹备或者正在实行他的计划，就会引起巨大的恐慌，这才是最危险的。有时候，仅仅是这些暴力威胁或者使用大规模杀伤性武器产生的恐慌就能够帮助恐怖分子或犯罪分子达到目的。在1995年就发现了这一规律，一个名叫泰德・卡辛斯基的人恐吓说自己在一架即将离开洛杉矶国际机场的飞机里放置了炸弹。这立刻引起了高度关注，相关部门立刻全面采取安全措施，这当时几乎导致整个机场的关闭。

从逻辑上看，最令人担忧的应该是自1945年“小玩意”被起爆以来已经制造出的核武器的数量。谁获得了这些武器？从可用库存里拿出这些核武器后将会发生什么？而最应关注的前苏联的核武器不仅仅是导弹和炸弹，还有那些小型的战术武器，这些小型的战术武器小而轻，可以让步兵部队携带到战场上使用。下一步是升级自杀式炸弹吗？确实，前苏联不是唯一将小型核武器应用在水坝、发电厂等类似领域的国家。美国也制造过这类装置。由于核武器的体积和重量过大，只能由导弹或飞机进行运送，恐怖分子使用核武器的可用性稍微减弱，但也并不表示他们使用核武器的可能性被完全消除。除此之外，全世界都对不可控制的高浓缩（放射性）物质深感忧虑，这不仅是从自制核装置组成部件的稳定供给来源考虑，还与高度放射性的脏弹有关。

一个更为积极的看法是，核武器里面确实装有很多安全机理装置以防止其意外爆炸释放核威力。这些安全装置在导弹弹头和飞机运送炸弹中的作用尤为突出。在这些安全系统中，如传统的高能炸弹这样的一些系统，需要在特定时间内维持加速才能达到相关的高度参数，如果不能达到特定的参数，就会令装备无法启动，以致无法发生爆炸或无法产生核威力。进一步说，这些包括便携式武器在内的核武器，都含有一条允许操作链，为避免一些人不经意或者未经批准就去使用它，控制操作链的锁既不是单纯的电子锁也不是机械锁。此外，我们应该将这些武器设计为独立的“点”安全模式。这就意味着即使装有其他炸药的装置发生爆炸，如当恐怖分子放置的装有其他炸药的门外装置爆炸时，将不会引起核武器爆炸，但可能也会产生糟糕的结果，这些核武器可能会变成扩散装置或脏弹。

综上，国家制造的核起爆装置、自制核装置（IND）、放射性扩散装置（RDD）脏弹都属于大规模杀伤性武器。尽管核武器发生爆炸的概率最小，但是它却能够导致几百万人的直接死亡，还会在不知情的状况下导致几百万人的间接或延迟死亡。RDD是使用概率最大的装置，它对使用者的技能水平要求是最低的，它造成的直接和间接毁伤程度都比较低。使用RDD能否摧毁一座大型城市，这完全取决于其炸药量和放射性物质。这种摧毁并不是指对建筑物的物理破坏，而是对城市的污染。污染可能要延续一段时间（几年），直到城市被完全净化，而这往往需要投入大量的金钱和资源。在最糟糕的情况下，我们不得不将城市的局部地区进行封锁，并且不再对外开放。从本质上说，这种情况是恐怖分子想要达成的目标。

⇨ 5.3.2 生物机体

大多数人认为二十世纪美国和苏联之间的军备竞赛导致了第一个“细菌战剂”产品的诞生，并考虑不仅要利用生物来对抗敌军，并且还要对抗那些毫无准备的平民。事实上，没有什么可以进一步还原历史真相。古代军队不仅设计了一些生物武器，而且还有效地利用了它们。艾德里安·梅尔的《希腊火、毒箭和蝎子炸弹》一书中，详细论述了远古时代生物药剂的使用，具体来说，弓箭手将蛇的毒液、有毒的植物和细菌物质用在他们的箭上。正如使用昆虫将病毒带给那些被迫驻扎在有蚊虫感染沼泽地附近营地的敌军一样，提供有毒的食物和水是最普通的战术。梅尔指出《圣经》的第二卷《出埃及记》中详细阐述了使用生物战给埃及带来的灾祸。

较粗糙的生物战可以追溯到更近的时代。中世纪的时候，可以看见人们越过城墙向入侵的敌人投掷带有病毒的动物残骸，动物残骸和其他物质引发的水中毒以及利用被感染的老鼠引发的瘟疫，这些都会摧毁敌军的战斗意志。

过去60年发生了什么，这么多年已趋于完善的生物战中并没有那么多敌军遭受感染，感染更多的是平民。同时，这种完善的研究也正在被其他研究所取代，如让世界摆脱大多数传染性疾病的研究。这些疾病包括天花、脊髓灰质炎以及现在流行的获得性免疫综合征（AIDS）。故意传播疾病的关键在于材料根源——即疾病本身。它易于被发现，甚至可以在简易的实验室中进行制造。所有的疾病形式都会在自然界中发生，通过自然界某种疾病可以传播给其他人。例如，在19世纪，死去的昆虫动物向西部扩张，人们认为炭疽仍存在于整个中西部到西部的土壤中。然而，病毒战中最令人感到恐怖的是基因变异疾病，它几乎能够免除所有已知抗生素或免疫血清的功能。

自1969年以来，国际条约禁止军队使用或生产生物战剂。事实上，从长远来看，现代军队利用疾病对抗外敌并没有太多好处。是的，这种方式的影响较大，战后使用这种方法的军队、国家和国土会发生什么？正如古语说的那样，积恶之家必有余殃。因此一定要控制！正如一位军师说的："一旦妖怪从瓶子里跑出来了，谁还能把妖怪收回去呢？"类似萨达姆政权下的伊拉克这样的一些国家，积极开展生物武器发展项目已经有很多年了。此外，恐怖分子也有可能下定决心研制和使用属于自己的病原体库存。当今面临的问题是恐怖组织不考虑他们的行动会导致的长期后果，任意使用自制生物病毒。这难道不会导致数百万人死于无法治愈的疾病吗？这一切都是为了完成一项"伟大"的事业！

有效生物体的一般属性包括以下内容：（1）具有非挥发性，且不易被环境破坏；（2）属于气雾，能够通过呼吸或口腔进入到人体；（3）相对容易传播。然而，无论是传染病还是流行病，都是由释放的某种能够导致疾病的微生物引起的。公众一旦知道这些疾病是有人故意释放的，就会产生极大的心理负担。2001年9月和10月恐怖分子在伯克莱屯、佛罗里达、华盛顿特区、纽约及其他地区释放了炭疽，这是显而易见的。

第一响应者和调查人员如何应对这种威胁，这是一件既有挑战性又困难重重的工作，首先需要搞清楚对方使用的病毒类型。随后在5.7.2将会提供可能会发生的生物事故的指标。然而，在探讨那些指标之前，5.3.2.1将会给出几种可能会用到的最臭名昭著的微生物，以方便仔细查验。

◎ 5.3.2.1 微生物的分类

微生物可分为四类：

- 细菌

- 立克次氏体
- 病毒
- 毒素

每种分类中都包含了不同种类的致病药剂，这种分类方法便于将这些药剂作为武器使用。

1. 细菌。细菌是通过细胞分离进行繁殖的单细胞生物，能够在人体、动物和植物中引发疾病。属于此类的疾病有：

- 炭疽（炭疽杆菌）
- 霍乱（霍乱弧菌）
- 瘟疫（如腺鼠疫和肺鼠疫）
- 兔热病（土拉弗朗西斯菌）

炭疽是最常见的农场动物寄生虫，如牛等动物都是它们的寄主。然而通过生产微细孢子，炭疽已演化成能够对抗阳光和热量破坏的武器。这些微细孢子按照小于5微米的尺寸进行有序排列，当它们开始传播时，不仅能够凝结在一起，而且能够在空气中停留较长时间。炭疽有以下三种感染途径：（1）呼吸；（2）皮肤感染；（3）胃肠道感染。潜伏期取决于人接触到的孢子的数量，通常是12小时~5天。除了可以通过皮肤感染实现人与人之间炭疽的传染，目前还未发现其他途径。人们普遍认为皮肤感染只是指表皮感染，至于这种途径能否致命还未可知。可以采用包括使用抗生素在内的治疗方法。呼吸感染通常会致命，除非在第一症状出现前就开始采用抗生素进行治疗。症状包括发烧、打寒战和头痛，接下来发展到肺积水、呼吸困难和休克，最终就会呼吸衰竭。腹痛、出血、严重的腹泻和发烧这些症状即可认定胃肠道感染。食物上的孢子和吸入的炭疽都是胃肠道感染发病的途径，在症状出现前采用抗生素即可恢复健康，否则这种发病形式通常以死亡告终。

霍乱是一种急性胃肠道疾病，当饮用水被人类粪便污染时，就会发生这种疾病，它偶尔发生在洪水过后的发展中国家。症状包括恶心、严重腹泻、呕吐以及因体液流失产生的无力。潜伏期通常是12小时~5天。如果病人没有及时医治或继续引用被污染的水，就可能会发生死亡。

几个世纪以来，腺鼠疫和肺鼠疫（鼠疫耶尔森氏菌，通常会在啮齿动物、其他动物及其跳蚤身上发现的细菌）或“黑色死亡”一直是祸害天下的罪魁祸首。中世纪整个欧洲有几百万人死于这种疾病，甚至在21世纪它仍侵害人类。它通过类似跳蚤这样被感染的寄主对人类的叮咬将病毒传播到人，然后再通过呼吸的途径在人与人之间进行传播。症状包括发烧、打寒战、头痛、淋巴结（腺）肿胀疼痛、皮肤出血和肺炎。潜伏期是1~6天，感染后立即使用抗生素治疗是可以恢复健康的，否则也会发生死亡。腺鼠疫可通过被感染的跳蚤的叮咬（最常见的传播途径）以及直接接触感染组织和体液进行传播。肺鼠疫是一种能够引发肺炎的气雾状物质，它能够通过呼吸器官进行传播，人们会吸入被感染人周边的空气，所以这种疾病容易在人与人之间传染。肺鼠疫是最严重的形式，因为被感染人群的死亡率高达75%。此外，腺鼠疫形式可能停留在肺部，这同样会引起肺鼠疫（见图5.5）。

兔热病或兔热症的潜伏期通常是3~5天，但也有可能达到14天。虽然还不知道这种疾病会不会在人与人之间传播，但可以知道的是它会通过接触已感染动物的组织或血液进行传播，或者通过已感染的鹿蝇、蚊子和扁虱对人的叮咬进行传播。症状包括发烧、发冷、关节疼痛，严重时出现身体无力，嘴唇或皮肤溃疡和肺炎。如果早期采用抗生素治疗，则有完全康复的可能。然而只依靠受害者体格健壮、控制感染途径及加强锻炼的方法，感染就可能会致命。

2. 立克次氏体。我们通常会在动物中发现Q热（立克次体），这是立克次氏家族内最常见的形式。它的潜伏期延长2周~3周，它的特点是发烧、发冷、大汗、幻觉和肝炎。它通过气雾形式或被污染的食物进行传播。尚未发现人与人之间可以传播。作为一种武器，Q热被认为是可以使人失能的疾病，因为一旦释放，它便很容易传播蔓延。人们可以采用抗生素进行治疗，甚至不治疗也可以康复。

图5.5 南达科他州与瘟疫相关的路标和草原犬鼠

3. 病毒。病毒以粒子的形式存在，它不是一个完整的细胞，因此它是最简单的微生物。粒径可达到20纳米~400纳米（1米的十亿分之一）。病毒缺少新陈代谢系统，并依赖活细胞维持自己的生存。因此，它们无法再生，也无法在宿主细胞（人类或动物）体外生存。人类遇到的所有由病毒引起的传染性疾病无不显示出了剧毒和传染性的特点。因此，为了生产终端生物武器，它们已经成为了人们的研究对象。它是一种无法治愈的生物武器。每年都有由病毒引起的各类流感横扫世界；它们很难控制，且能够实现人与人之间的传播。其中包括：

- 天花
- 委内瑞拉马脑炎（VEE）
- 病毒性出血热

纵观历史，死于天花（天花病毒）的人可能比其他任何疾病都要多（见图5.6）。据统计，过去100年的时间里死于天花的人多达1亿，其中有1/3的受害者没有接受防疫注射。天花在感染初期容易传播的一个原因是宿主（人体）并不知道自己已经被感染。发病时口腔和咽喉的背面会出现很小的脓包或水泡。呼吸和咳嗽都会牵连到病毒或细菌，导致脓包破裂，并将病毒或细菌通过感染者呼出的气体释放到环境中去，无辜的受害者会呼吸到这些空气。感染这种疾病只需3~5个病毒。为了便于人们知道一个病毒到底有多么微小，可以说1000多个病毒大约仅能跨越一个正常毛囊的宽度。众所周知，天花是最危险的潜在生物武器，特别在目前这种可以通过改变基因链对抗所有已知疫苗的情况下更是如此。此外，媒体已明确强调当今世界大多数人并没有接种天花疫苗，许多年前人们接种这种疫苗。时至今日这种保护几乎已不复存在。

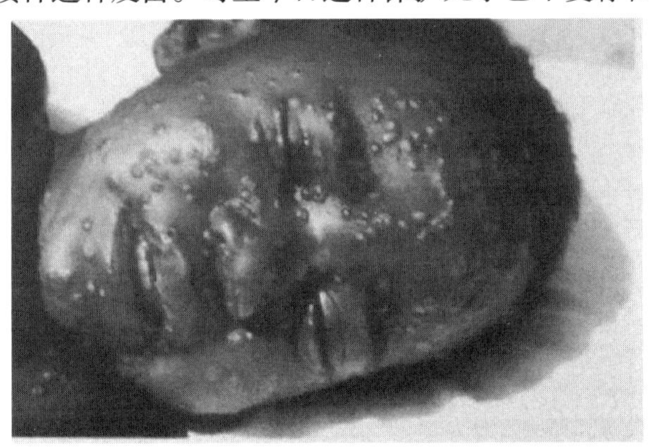

图5.6 “典型”的天花受害者长出的痘或脓包（注意眼睛周围的脓疱数量，这有可能会导致失明）

在世界卫生组织（WHO）的巨大努力下，1980年宣布天花从世界消失。这之后大约有15年的时间，他们认真跟踪每起天花病例，为社区的每个人注射疫苗，杜绝这种疾病的蔓延。此外，该组织还对以前或可能有这种疾病的地区的整个乡村和城镇普及疫苗注射。这些地区包括非洲、印度和孟加拉国。

天花已被有效地用作生物武器。不是目前，而是1763年法国军队应用它将美洲变成了殖民地。在法国和印第安战争期间，法国获得了许多天花受害者接触过的毛毯，他们将这些毛毯作为和平的信号送给敌军印第安人。这之后不久，天花造成了印第安部落人的大批死亡。历史上也描绘了未知疾病大肆传播的严峻画面，其中最主要的就是天花。

一旦接触病毒，天花的潜伏期是7~19天，这取决于病毒株和接触程度。紧接着在咽喉和口腔的背面会出现小脓包（裂开的水泡）（见图5.7），在2~3天脸上出现皮疹，并逐渐蔓延到四肢。皮疹的严重程度也取决于病毒株。大量裂开的脓包覆盖了整个身体，包括嘴、呼吸道和眼睛，这将是非常可怕的景象。大多数情况下，胀大的眼睛通常会引发失明，但也有可能得到恢复。其他症状包括由脓包引起的发烧、头痛、背痛、呕吐和黏膜出血。在接触病毒前或接触病毒后的三天内注射疫苗是唯一的治疗方法。简单地说，支持疗法、水化和预防二次感染，这些是唯一可行的方法。能否康复也取决于病毒株类型、受害者的免疫系统和接触水平。一些病毒对没有注射疫苗的人具有100%的致死率。

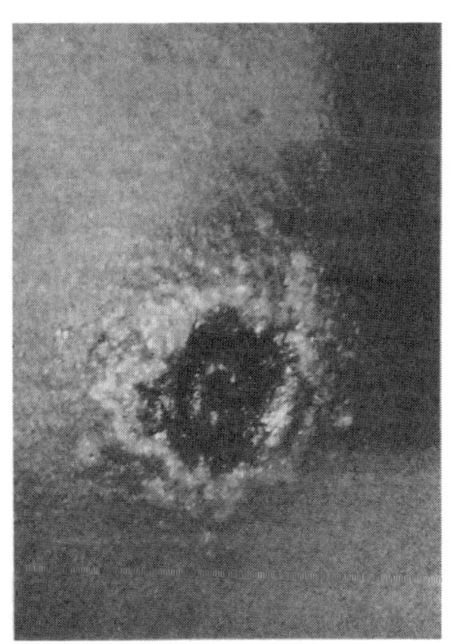

图5.7 脓包的初级阶段

有三种显著的天花病毒株是已知的：

- 轻度假性天花皮疹
- 传统病毒株
- 出血性病毒株

轻度假性天花皮疹是最弱的形式，人体初期会长有轻度皮疹。皮疹不会发展成典型的脓包，大多数病人会完全康复。

天花的传统病毒株有以下两种形式：（1）分散型；（2）融合型。分散型病毒株的典型标志是脓包，它像水泡一样长在皮肤外面。尽管这种病毒株可以致命，但相对其他形式来说，染上这种病毒株的病人有更大的生还希望。融合型病毒株会出现成片的水泡，它通常来说也是致命的。

出血性病毒株几乎都是致命的。它有两种形式：（1）普通型；（2）平型。普通型病毒株会造成免疫系统休克、眼睛充血和毛细血管大量出血。平型病毒株通常是指“黑疹”，它是由于组织出血使皮肤变黑引起的。这种病毒株毒性如此强烈，以至皮肤无法长出水泡，而是仍旧保持平坦，直至最终整片脱离身体。

顾名思义，委内瑞拉马脑炎（VEE）最初是一种马的疾病，但后来也影响了人类。首字母的缩略词可能会使人误以为这种疾病起源于委内瑞拉，但事实上委内瑞拉马脑炎起源于其邻国哥伦比亚。几年后，它由美洲中部传播到美国，特别是德克萨斯。全美国马的拥有者都会为他们的马定期接种疫苗，以防止这种致命的疾病危害他们的牲畜。幸运的是，大家都知道委内瑞拉马脑炎并不会导致人类死亡，但会引发Q热。从其能够使人失去行动能力的角度来讲，Q热被认为是潜在的生物武器。委内瑞拉马脑炎的潜伏期在1～6天，症状包括发烧、头晕、颤抖和缺乏肌肉协调。人与人之间的传播很罕见。无须特定的治疗方法也会得到完全康复。

众所周知，病毒性出血热是各种疾病的一个广泛的类别，如黄热病，还有新兴疾病埃博拉和马尔堡，还有包括拉沙、阿根廷、玻利维亚、克里米亚—刚果和登革热在内的其他疾病。

埃博拉病毒的潜伏期从几天至12天不等，通常是9～12天。初期症状包括发烧、头痛、疲劳和腹泻。在一个星期内，患者会出现胸部疼痛和出血症状，包括内部和外部出血。由于身体组织和毛细血管大量内出血，受害者开始变黑。在疾病的最后阶段，受害者的器官形状会发生改变，变成糊状物质。死亡率达到90%或更高，这取决于受害者在患病初期的健康状况。无论感染者是死是活，直接接触他们的血液、体液和器官都会引发埃博拉的传播。因此，前苏联进行了广泛的研究，试图努力将埃博拉转变成武器。这就意味着他们需要让这种病毒在宿主体外存活，并确保它能够以气雾的形式进行传播。然而，在非洲爆发该疾病的初始阶段，人们事实上并没有找到病毒的出处。一个人接触了病毒，然后传给了其他人，这就是原始的传染病。据说埃博拉受害者的一滴血能够让数百万人受害。原始的埃博拉病毒株并不能在空气中传播。然而有一种变异型的埃博拉，现在称作埃博拉—莱斯顿，它能够在空气中进行传播。值得庆幸的是，这种变异不会对人类构成威胁，当人类接触到这种病毒株时，并未发生任何症状。但对猴子来说，这是致命的。不难想象，至今还未发现埃博拉的治愈方法。因此我们必须采取预防措施，以确保他人不会感染这种疾病。

4. 毒素。毒素是活的动物、植物或微生物产生的物质。毒素与之前考虑的那些物质不同，它们不是活的生物体，而是由活的事物产生的物质。包括以下这些种类：

- 肉毒杆菌
- 葡萄球菌肠毒素 B（SEB）
- 霉菌毒素（T2）
- 蓖麻毒素

肉毒杆菌是由一种最著名的有毒物质（肉毒杆菌毒素）引起的。它通常发生在土壤中，在没有严格密封和合理消毒的菜罐中产生。潜伏期很短，仅有12小时~72小时。初始症状从口干开始，到说话和吞咽困难，直至恶心和呕吐。除非使用抗毒素治疗，否则肌肉麻痹和呼吸困难的症状可能会导致死亡。在不治疗的情况下，肉毒杆菌患者的死亡率大约为60%。它可以通过事物和土壤进行传播，尚未发现人与人之间可以进行传播。然而，它可能会被用作武器，并以雾状形式进行传播。

葡萄球菌肠毒素B是一种快速传播（几分钟至几小时）的毒素，它可以通过被污染的食物或水进行传播，也可能以雾状物的形式进行传播。这种毒素是引起食物中毒的常见因素。症状包括发烧、寒战、头痛、呕吐、腹泻和肌肉疼痛。由于腹泻流失了液体，所以通常需进行补液治疗。这种疾病的死亡率较低，大约为20%，因此人们可能认为它是有效的令人失能的武器。

霉菌毒素是一种能够异常迅速传播的毒素。它们能够渗入皮肤，能够以雾状形式传播，通过人们的吞咽和呼吸也可进入人体，并且感染人群咳嗽或打喷嚏都可传播这种毒素。霉菌毒素来源于发霉的谷物，具有很高的致死率，通常为80%~100%，这取决于接触程度。治疗方法相当有限，只有依靠抗毒素治疗。症状包括皮肤灼烧、疼痛和红肿，这可能会被误诊为初期的芥子气中毒症状。其他症状包括鼻痒、流鼻血、呼吸困难、眼痛、视力模糊、失去平衡和全身乏力。20世纪60年代后期和20世纪70年代早期，老挝、柬埔寨和阿富汗曾使用过霉菌毒素（未经证实），造成了数千人死亡。

蓖麻毒素是相当强大的一种毒素，是蓖麻籽加工的副产品，这是全世界都易于获得的毒素。国家支持和非国家支持的恐怖分子都可能考虑将蓖麻毒素作为武器使用。它的致命率为80%~100%，这取决于它进入人体的途径和接触程度。与其他毒素进入人体的途径相似，蓖麻毒素进入人体的途径包括飞沫、注射以及已经感染者打喷嚏和咳嗽。1978年在伦敦街头一名保加利亚持不同政见者格奥吉·马尔科夫被注射的方式暗杀，这起暗杀是由保加利亚情报服务处操纵的。进入途径是通过使用设计好的雨伞枪将含有微量蓖麻毒素的金属颗粒射入马尔科夫的腿部肌肉中。这枚金属颗粒被装在雨伞边缘的尖端，这样当它接触到毫无防备的受害者时，雨伞枪就会射出弹丸。马尔科夫认为自己只是在走路时被一个没有礼貌的人“撞”了一下。然而，第二天他就因注射效应死于非命。起初，死亡原因还是个谜，但尸检却让人们偶然间找到了死亡原因，人们发现马尔科夫腿上有一个小伤口。在这个伤口中，人们发现了还有蓖麻毒素的金属胶囊，由此，马尔科夫的死亡原因大白天下。接触毒素的早期症状包括发烧、寒战、咳嗽、身体乏力和呼吸困难，然后会出现肺积水和呼吸衰竭，直至死亡。

传统的生物药剂传播方式是被污染的食物和水源。然而，造成大规模污染的有效方式是使用含有能引发微生物疾病的大量雾状物。从逻辑上讲，任何生物物质的传播都需要利用设计好的、能够造成伤亡灾难的多种微生物。事实上，使用的微生物种类越多，可能感染的疾病种类也会越多，相对于单一疾病来说，这种情况的致死率更高。此外，人体本身在一定程度上会对一些疾病的病毒株有耐受性。但多种疾病共同摧毁受害者免疫系统的可能性是非常高的。这样，人们免于患病的概率会大大减少。很有可能出现人体自身携带即可传播的疾病，如天花。感染像天花这样易于传染的疾病携带者还未诊断之前就已向全世界迅速传播病毒了。利用飞机这种交通工具使传播方式更发人警醒。同样的，人们不仅对病毒携带者小范围内的传播进行了理论研究，而且还通过采用自杀性爆炸事件大肆传播病毒，爆炸实施者是已被疾病感染的人，这样由爆炸产生的尸体残骸携带的病菌会污染整个区域。

⇨ 5.3.3 化学药剂

化学药剂也被称为“战争气体”，用于军事或恐怖事件中杀死、重伤或令人身体失能的物质。这种药剂可能会以蒸汽、雾状物或液体的形式出现。人们可能认为一些药剂本身并不是大规模杀伤性武器；它们是控制骚乱的药剂（刺激物）和能够产生烟和火的物质。失能性毒剂是指能够产生暂时失能效应的化学药剂。失能状况通常会在接触药剂后持续几个小时至几天（与控制骚乱的药剂不同，它通常只能短时间有效），这种药剂不会造成永久伤残。

化学药剂可以通过几种路径进入人体。当人吸入气体时，气体、蒸气和雾状物都有可能被呼吸道的部位吸收。鼻腔和嘴巴内黏膜以及肺泡这些部位都可能吸收它们。液滴和固体小颗粒可通过皮肤、眼睛和黏膜吸收。隐藏在食物或者饮料中的化学药剂会被胃肠道吸收。伤口或者磨损的地方比完好的皮肤更易吸收。

尽管化学药剂可以作为大规模杀伤性武器使用，它们能够产生大规模伤亡，但破坏能力却没有核物质或生物机体那么强大。恰恰相反，这种论调并不是故意要忽略化学药剂在无辜民众身上的使用。化学药剂的使用不仅会造成大规模伤害，也会在伤害者中造成痛苦。

化学药剂在20世纪迅猛发展，主要用于战争、种族杀戮和恐怖主义，使用率远远高过核物质和生物机体。第一次世界大战期间第一次使用了化学药剂。为了打破沟槽战争的僵局，德国第一个使用了氯气。英国紧接着生产了自己的化学药剂，并开发了新的物质，如光气和芥末（糜烂性毒剂）气。这次战争结束后，人们广泛研究和开发更致命的药剂。这促使人们在20世纪20年代发现了神经性毒剂，它实际上就是高度提纯的杀虫剂。第二次世界大战中并未使用神经性毒剂和糜烂性毒剂，但战后发现德国存有大量此类药剂。化学药剂持续发展和生产，直至1993年3月，130多个国家一起签署了化学武器公约。事实上，该公约制止了一些包括美国和俄罗斯在内的大国生产和存储有毒的化学药剂。美国和俄罗斯正在逐步销毁他们的库存。然而一些国家还没有签署这项公约，并且还在研制化学武器。

20世纪后半叶，开始广泛应用的高度提纯的化学药剂有糜烂性毒剂和神经性毒剂。在两伊战争中，两个国家都使用了神经性毒剂和糜烂性毒剂。而且据报道称，萨达姆·赛因已私下授权采用神经毒气袭击伊拉克北部的库尔德人，这次袭击导致几十万手无寸铁的人员丧命。第一次记载的化学武器的使用是在1994年6月爆发的一次非国家支持的恐怖主义行动。日本邪教奥姆真理教通过行驶的货车向日本松本地区周边的住宅区释放沙林毒气。这次事件导致7人死亡，600多人受伤。在随后的调查中，发现这起事件的起因可能是这处居民区居住着大量需要对该邪教的领土争议做出裁决的法官。随后，1995年3月20日，五个装有沙林毒气的装置被安放在东京地铁里。其中的两个装置在地铁隧道中释放了沙林毒气。这起事件导致12人死亡，这种毒气释放数小时之后都很难被辨识，袭击人数超过5000人。第一响应者没能找出这么多通勤人员感到不适的真正原因，并在第一时间将其送往医院急救，这直接导致了毒气的大量交叉感染。然而在没有事先预警的情况下，第一响应者又该如何知道自己面对的是什么呢？鉴于此次事件的教训，美国继续承担扩展性培训和教育，并积极开展科技发展项目，不仅为第一响应者和调查人员如何应对化学武器给出指导，而且还对他们如何应对核、生物、炸药和可燃物质做出了指导。

东京袭击事件表明，准备化学药剂并不是件难事。在核、生物和化学这三种物质中，化学药剂是最容易被秘密生产的。工业中很容易得到有毒的化学药剂，就像前面提到的一些化学药剂，如氯和光气都是容易得到的成品。还有一些化学药剂只适用于军用武器。此外，一些用于生产各种消费品的工业化学品有剧毒，当它们应用在恐怖袭击事件中时，会导致大量人员伤亡。在全球范围内，普遍存在的问题是国家运营的设施正在生产化学药剂，如神经药剂。事实上，生产杀虫剂和生产神经性毒剂之间的区别是非常小的，本质上生产这两种物质使用的是同种类型的设备。

通常来说，可导致大规模死伤事件的有毒化学药剂有五种：

- 神经性毒剂
- 糜烂性毒剂
- 窒息性毒剂
- 血液性毒剂
- 失能性毒剂

此处不包括控制骚乱的药剂或刺激物。神经性毒剂是一组有剧毒的磷酸衍生物的有机酯（有机磷），它能够抑制乙酰胆碱酯酶（AChE）的运作。事实上，神经性毒剂破坏了乙酰胆碱酯酶从神经末梢向全身各处肌肉传递神经冲动的功能，所以说这种毒剂抑制了正常的身体功能。症状可能会以眼睛“刺痛”开始，到最终的窒息死亡或中枢神经系统彻底衰竭而亡。与其他化学药剂相似，症状的严重程度和对身体的影响与身体吸收的药量及入侵途径直接相关。神经性毒剂的类型（不是完整清单）如下：

- 塔崩（GA）
- 沙林（GB）
- 梭曼（GD）
- V 系列药剂（VX）

神经性毒剂都是黏稠的液体，本身并不是神经毒气。然而G系列药剂的蒸汽压非常高，足以让这些蒸汽迅速致命。挥发性是至关重要的物理因素。沙林的挥发性非常好，从飞机滴下的液滴可能永远都不会落到地面。完全挥发意味着沙林通常是危险的蒸汽，但也并不完全是这样。梭曼主要也是危险的蒸汽，然而塔崩却是通过长时间感染接触面带来的相关危险。在梭曼或任何一种G系列的药剂中添加增稠剂，当它们形成液滴时增加其稳定性，这样它们达到物体表面时浓度会更高。G系列药剂是无色至浅棕色的液体，基本上无味，但可能会有淡淡的果香气味。一旦接触蒸汽，衣服释放G系列药剂的时间大约是30分钟，这取决于当时的天气状况。此外，包括马拉硫磷、西维因和二嗪农在内的普通杀虫剂具有相似的效果。

V系列药剂是低挥发性的油状液体，因此稳定性较高。它们在初期接触就会有危险，并且含毒程度远远超过了G系列药剂。此外，它们产生的有限的蒸汽量足以构成吸入危险。

这些药剂在水中和土壤中的相对溶解度是很重要的，因为这涉及处理它们的方法。沙林和梭曼在水中的溶解性意味着用水能将沾染它们的表面冲洗干净，但如果没有合理控制，这些药剂可能会污染冲洗的流水和土壤。此外，沙林和塔崩不像V系列药剂和梭曼那样易于渗入皮肤。肺部潮湿的表面易于吸收所有的药剂。

神经性毒剂可能会以液体、雾状物或气体的形式传播，通过包括皮肤在内的身体表面被吸收。当以水沫或雾状物进行传播时，皮肤、眼睛和呼吸道会吸收这些小液滴。如果吸收了足够的药剂，就会由局部反应发展到全身效应，这取决于吸收的药剂和所涉及的时间。液体神经性毒剂可以被皮肤、眼睛、口腔和鼻子的黏膜吸收。感染的早期症状包括瞳孔刺痛、眼睛刺激和疼痛、胸闷、局部出汗或因抑制乙酰胆碱酯酶造成的肌肉抽搐。根据神经病毒的集中程度和进入人体的途径，可能在接触药剂一分钟后就会出现症状。感染的晚期症状包括呼吸困难、肌肉失去控制、极度疲劳、头晕、抽搐、瘫痪，最终导致死亡。并不是感染就意味着死亡。然而，如果这种感染是势不可挡的，如在一个封闭的车厢内，可能不会有循序渐进的症状，短短的几分钟就会发生死亡。

糜烂性毒剂或发泡剂是一种稳定的化学剂，它会造成严重的灼伤，还会使皮肤或与之接触的人体的其他部位起水泡。这些药剂包括芥子气[硫芥子气（H）和精馏芥子气（HD）]、氮芥（HN）、路易氏剂（L）和光气肟（CX）。它们可能会作用在眼睛、黏膜、肺和皮肤上，当这些药剂被吸入时，会损害呼吸道，当它们被消化时，会引起呕吐和腹泻。一些药剂有淡淡的果香味，而另一些则根本没有味道。接触路易氏剂和光气肟都会立即引起疼痛，但芥子气却隐藏的很好，在刚开始接触时很少或根本没有疼痛反应。在某些情况下，可能需要几个小时才会出现接触症状。此外，由于糜烂性毒剂稳定性好，所以很容易造成人与人之间的传播，这会在症状出现之前产生大量受害对象（见图5.8）。防护面具和透气的防护服可以预防蒸汽或小液滴形式的糜烂性毒剂或发泡剂的入侵。此外，戴面具和穿防渗透的防护服还可以避免大液滴和泄漏带来的危险。

糜烂性毒剂的类型

- 硫芥子气（H）
- 精馏芥子气（HD）
- 氮芥（HN）
- 路易氏剂（L）
- 光气肟（CX）

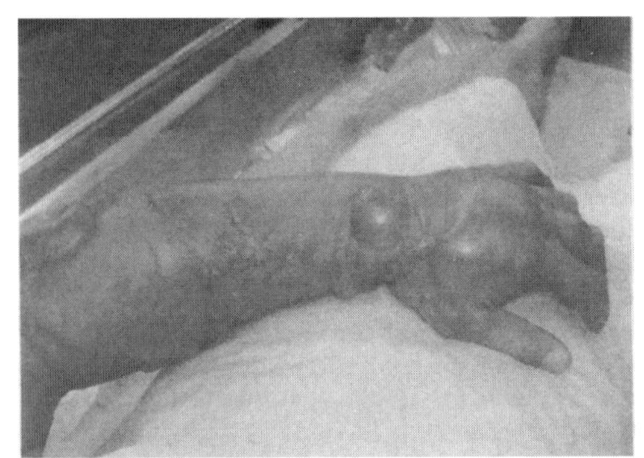

图5.8 “典型的”糜烂性毒剂受害者

硫芥子气和精馏芥子气（H和HD）是油状液体，颜色范围从无色到黑棕色，比水重（见图5.9），气味像大蒜、芥末或山葵。无论在土壤中还是在草本和服装材料中，芥子气都相当稳定。事实上，稳定性持续的时间取决于天气状况和年代。在寒冷的状况下，土壤下的芥子气可以留存3年，而在其他材料中可能仅能保持几个小时至几天。因此，它很有可能会在被发现之前就开始在人与人之间或目标与目标之间进行传播。接触到芥子气的人通常并不知道已被感染，通常会在感染后的几分钟甚至几小时（大多是这样的）之后才知情，这主要是由他们的注意力集中程度和天气状况决定的。炎热潮湿的天气会增强芥子气的活跃性。早期症状包括眼睛发炎、皮肤和口腔灼热与瘙痒以及咽喉发炎。然而我们有可能错误地认为这些症状是由其他植物刺激或常规感冒引起的。后期症状包括早期症状的加重、皮肤起水泡，眼部肿胀和青光眼，还有由呼吸道处的糜烂性毒剂引起的呼吸困难。对于那些暴露在芥子气中的人来说，需要特别注意肺炎和二次皮肤感染情况。尽管死于芥子气的人群并不多，但它确实能够损害和破坏组织细胞，最终对DNA和骨髓造成破坏。

图5.9 这是用于传播糜烂性毒剂精馏芥子气（HD）的一个方法（采用爆炸的方法将1加仑HD扩散到目标区域）

芥子气受害者的治疗包括清理其感染部位，如眼睛，可使用不同种类的固醇脂类药膏和喷雾来清理。在没有遭受大范围感染的情况下，我们首先需要做的就是防止二次感染。

氮芥（HN）是无色或淡黄色油状液体，可能会有果香味。与芥子气具有相似的稳定性和效果。其作用具有延迟性，延迟时间取决于温度和天气情况。它会对眼睛、皮肤和呼吸道造成影响。初级治疗方法就是清理感染部位，预防二次感染和炎症。

路易氏剂（L）是以砷为基础，颜色从无色到棕褐色，有果香或天竺葵气味的液体，其挥发性比芥子气强。人们一旦接触到这种液体，会严重灼伤眼部和皮肤。蒸汽不像液体那样危险，可能只会促使人们打喷嚏或上呼吸道感染。皮肤通常会在接触的10秒~20秒之后出现疼痛的症状，之后就会急剧疼痛。接触5分钟之后，接触部位的皮肤像被腐蚀灼伤一般麻木。一旦这种药剂接触到眼睛，人们马上就会感到十分疼痛，并且随后会引发眼部整体发炎。路易氏剂的蒸汽形式对人们的呼吸道刺激性很大，因此一旦遇到，人们就需要马上离开这个区域或带上面罩以避开这种蒸汽。治疗方法与芥子气类似：清理感染部位，控制疼痛，预防二次感染和炎症。

光气肟（CX）是一种用于灼伤皮肤和黏膜的化学药剂，但与芥子气不同的是，它会使人立即产生疼痛。这种疼痛可能是从轻微的疼痛到类似蜜蜂的叮咬。光气肟具有令人生厌的刺激性气味，液体形式是无色的。接触它的皮肤会在1分钟内变白，然后大约在1小时内产生水泡。眼部感染后会变红，可能会感到刺激，呼吸道会发炎，有咳嗽的症状，根据接触程度的不同，可能还会引发严重的呼吸问题。治疗方法与芥子气类似，另外还需要使用医用小苏打。

窒息性毒剂

- 氯气（CL）
- 光气（CG）

窒息性毒剂会损害肺部，因为一旦引入它，就会对支气管、气管、喉咙和鼻子产生极大刺激。在极端的情况下，肺黏膜膨胀，肺部会积水，这样人就会因缺氧而死亡。氯气和光气是典型的不够稳定的窒息剂。接触光气或氯气会不会立即引起咳嗽、窒息、胸闷和恶心的症状，这主要取决于吸入量。戴防护面具可以预防窒息剂。处理方法包括立即将感染者从感染区域转移出来，再依据感染等级判断是否需要就医治疗。在第一次世界大战期间，就有大量美军死于光气感染。

血液性毒剂

- 氢氰酸（AC）
- 氯化氰（CK）

血液性毒剂能够干扰或阻止细胞对氧气的利用。事实上，它们阻止了血液与组织之间的氧气和二氧化碳的交换。氢氰酸和氯化氰是典型的血液性毒剂。它们都不稳定，尽管氯化氰的挥发性要比氢氰酸稍稍低一些，但它们都属于高挥发性的物质。它们在液体状态下都是无色的，氢氰酸具有轻微的桃核味或苦杏仁的味道。与氢氰酸不同，氯化氰有刺激性气味，会刺激眼睛。氢氰酸和氯化氰诱发的症状取决于毒剂浓度和持续接触时间。通常来说，在几分钟内脱离有毒环境的人有可能很快死去，也有可能获得康复。如果是强度感染，感染人群可能会在20秒~30秒内产生强烈惊厥，接着在1分种~2分钟内发生死亡。如果是适当感染，人体可能很快就会出现腿部无力、恶心和头痛的症状，接着就会惊厥，也可能会昏迷。氯化氰可能另外还会刺激眼睛、肺和喉咙，从而引起咳嗽的症状。防护面具能够防止血液性毒剂的入侵。处理方式是迅速将感染人群从感染区域中转移出来，并马上采取药物辅助治疗。然而，除非感染者能够迅速恢复过来，否则通常很快便会死亡。

失能性毒剂

- 毕兹（BZ）
- 麦角酸二乙基酰胺（LSD）

失能性毒剂是一种能够暂时（从几小时至几天）对人的生理、精神或两者同时产生影响的化学药剂，导致个体无法合理完成指定任务。例如，催吐剂、催泪弹（控制骚乱）、中枢神经系统抑制剂和刺激剂。通常来说，药物治疗不会起到本质性作用，但可以加速康复。恐怖分子和犯罪分子可能会使用失能性毒剂对抗无辜群众。在这种情况下，我们就可以将有毒药剂看作大规模杀伤性武器，包括失能性毒剂毕兹和麦角酸二乙基酰胺。毕兹是一种中枢神经系统抑制剂，它能够影响人的记忆功能、注意力和理解力。麦角酸二乙基酰胺是一种可以造成犹豫不决、幻觉和一些更剧烈后果的迷幻药。戴上面具可以有效地预防这些药剂。

典型的化学药剂散播方法包括雾化或起爆与装有药剂的容器紧密接触的炸药。从逻辑上讲，雾化释放的方法可能更有效，但对于装载释放药剂的人来说可能会有危险。然而，可以通过远程遥控或志愿者自杀式袭击来达到释放药剂的目的。使用延时引爆装置或陷阱式触发装置可以在成功释放药剂的同时将设置装置的人的危险系数降到最低。但炸药起爆产生热量的时候需要消耗一定量的药剂。

5.4 大规模杀伤性武器的危害

大规模杀伤性武器相关的危害包括以下几个方面：热量方面的危害、放射性的危害、窒息的危害、化学方面的危害、病源方面的危害和机械方面的危害。热量方面的危害源于化学危害的存在，无论是工业的还是化学的药剂、核能以及可燃性材料都属于这类危害。这是因为它们与类似液氮这样的工业化学品一样，具有能够产生热量（火）或产生强冷的特性。放射性方面的危害只与来自 α 射线、β 射线和 γ 射线的核能有关。窒息方面的危害与化学物质、工业药剂或化学药剂有关，通过化学药剂的反应阻碍身体和细胞获得氧气。化学药剂对身体机能造成重大影响的能力是众所周知的。这些影响包括腐蚀和中毒，这两种影响都是十分迅速和系统的。病源（引起疾病的原因）的影响在于感染性病毒在人群中的传播。对于大规模杀伤性武器的来说，疾病明显是公众面临的最危险的因素，它能够毁灭世界上的大量人口。最后，从第1章~第4章可以发现，拥有强大力学威力的炸药能够产生冲击波和碎片效应，这些会造成财产损失和人员伤亡。

5.5 大规模杀伤性武器存在的确定

既然我们已经对能够造成灾难性后果的多种武器进行过检查，那么现在应急人员和调查人员应该如何确定爆炸现场中的危险因素？事实上，有以下四种指标可以帮助我们全面理解大规模杀伤性武器。

确定大规模杀伤性武器存在的方法

- 感官
- 情报
- 探测和监控设备
- 间接标识

感官包括视觉、嗅觉、味觉、听觉和触觉，换句话说，其实就是身体组织对来自周围环境信息的接收和理解。然而，由于我们对发生在大规模杀伤性武器的事故中的信息并不熟悉，因此我们的感官并不能识别和理解这些接收到的信息。这不是一种罕见的情况，特别是当现场应急和调查人员没有“预见”到这种特殊事件时更是如此。这恰恰是恐怖分子将策划的大规模杀伤性武器事件：现场应急和调查人员无法预测到他们即将面临的突发事件的类型。我们所能接收到的数据或信息的类型绝大部分取决于大规模杀伤性武器事件的类型。这与公共安全回应官对安全的感知和人身保护的协调性十分相似。例如，法律强制实施官对“枪袭事件”报道的反应将会是对他周围事物、人和其他事物的活动保持高度警戒状态。接下来，无论这位官员是否看到枪械出现，他都将会对来自于他们观察的相关人员做出的突然举动或者那些可能会突然出现的人做出相应反应。突然的举动或许会促使实施官立即对周围环境进行评估，以此来确定这个举动是否有威胁。如果有威胁，该官员就会采取相应的措施。自卫本能！我们都知道，要使反应者对潜在的大规模杀伤性武器危机与每天出现的众多 “常规威胁”表现得一样敏感，这实属不易。这样看来，应急反应人员和调查人员能够识别这些大规模杀伤性武器威胁的警告标识，并能够采取合理的措施是十分必要的。再者，防护的关键就是要能识别可能已被使用和即将被使用的大规模杀伤性武器的标识。就如应急人员或调查人员通过感官获取信息一样，探测到的使用大规模杀伤性武器的危险性可分为下列三个方面：化学方面、生物方面和放射性方面。

化学标识（无论在事故还是犯罪现场中，或是恐怖行动中，事件地点都可能会至少会出现一种以上标识）包括：

- 毫无逻辑解释的在同一区域出现大量死亡的动物
- 缺少供昆虫活动的正常的土壤、空气和水。这样看来，下一步的行动就是要调查该区域导致地面昆虫或水中昆虫死亡或即将死亡的原因
- 大部分地区的人们普遍出现无从解释的呼吸困难、皮疹、视力问题或对阳光极度敏感，有的还出现相反的情况即无法看到消失的光源（准确地找到瞳孔），有的还会出现皮肤灼烧且形成水泡
- 不计其数的死伤人员的死因不明。人们可能会出现呼吸极度困难、恶心、幻觉和死亡症状。这确实是真的，只要应急人员接触到毫不知情的“疾病”受害者，不久之后他们也会开始出现这些症状。与大量人员伤亡相关的是这些感染人员的分布模式，这可能会揭示出特定药剂的传播方式，如喷雾还是液滴形式
- 疾病，可能与某个受限制的区域、某个室内或某个通道相关。这可能会揭示出疾病的扩散方法，是通过室内、室外还是两者都有
- 可观察到的不寻常液滴，它通常是油状的薄膜，并且与雨水、早晨的潮湿或露珠没有关系
- 草地、树木、灌木丛或谷物都会毫无原因地死亡、没有生气或枯萎
- 这些无法解释的独特气味脱离了周围的环境特点。这些气味可能是果香味、花味、刺激或辛辣味、山葵、苦杏仁或新割的干草味

● 无法通过周围环境、天气状况和时间段来解释的低压云和多雾状况

● 无法解释的事件发生地周围出现的金属残片，特别是与最近雨水无关的油质金属碎片

可能生物药剂袭击带来的生物标识是存在质疑的，特别是对接触后引发初期症状所需的时间问题更是如此。尽管一些人在前几个小时就会出现初期症状，但也会存在几天至几周内都没有初期症状的情况。出现症状前潜伏的时间取决于使用的药剂和接受的剂量。也可能会出现其他症状，如无法解释的胃肠疾病和与感冒或流感相似的上呼吸道问题。

事件中使用的放射性物质可能引发的放射性标识取决于所使用的放射性物质和被接受的剂量。一旦接触某种放射性物质，任何一类症状都可能在几天至几周内出现。这些标识包括如下：

● 会造成大量的人员和动物伤亡。如果第一响应者没有在初始反应阶段就发现这种状况，那么反应人员和调查人员也会成为受害者。事实上，这种大规模的感染逻辑上并不存在，因为第一响应者可以充分利用日益增加的放射性探测设备。但放射性物质引发的一些症状与接触化学药剂的症状是很相似的：皮肤发红，严重时会出现呕吐

● 特殊的金属容器或碎片和类似炸弹的金属残片都是放射源

● 没有可见热源却能够散发热量的物质可能都是放射源

● 高辐射物质以及能发光的材料。这里的发光指的是放射性荧光

关于可能使用大规模杀伤性武器的情报或警告的资源是大量而多样的，包括政府和当地公共安全部门、联邦机构和承担国际责任的组织，如中央情报局（CIA）和美国政府部门。许多政府拥有相似的情报收集能力，动用的方式或明显或隐蔽。此外，尽管没有得到认可，但媒体确实是情报收集和发布的重要载体。在某些情况下，媒体可能会更快速地向公众提供情报信息，这样应急人员和调查人员也会比“官方”渠道更早获知情报。情报机构与大规模杀伤性武器作战的角色是多层次的。然而，为了有助于确定大规模杀伤性武器的存在，情报机构通常是作为信息传递者的角色出现的，他需要警告公众和需要处理可能出现的大规模杀伤性武器的应对机构。例如，以下这些情景都可以有效地应用这种机制：（1）为防止不经意间接触危险，这种危险可能是某种隐蔽的武器，要促使公众和应对机构对危险保持敏感；（2）要使公众和公共安全机构对已报道的可疑活动保持警惕，并采取措施阻止进行中的恐怖活动；（3）大规模杀伤性武器使用之后，要督促公众和应对人员采取措施控制大规模杀伤性武器物质的传播。

国家威胁等级警告系统率先在美国使用，它是在2001年9月11日恐怖袭击

世贸组织和五角大楼之后启用的，这是一个采用公共措施告知公众和应对人员出现恐怖袭击或大规模杀伤性武器活动的例子。当信息或事件需要时，美国将继续采用这个系统来提升美国公民的安全等级意识。然而，如果在没有实际事件发生的情况下频繁使用警告系统，人们就会发现该系统出现问题。这个问题就是喊“狼来了”太多次，却没有见到狼，这会使系统变得没有价值。另一方面，在2001年碳释放之后，美国公众被告知碳可能会作为大规模杀伤性武器出现，需要公众采取措施阻止孢子的传播。

目前可采用的确定大规模杀伤性武器物质存在的方法有很多种，其中探测和监控设备是最可靠和有效的。我们采用这种设备辨识这些危险物质的存在，并按照这些危险物质存在的类型将其分成不同的组。例如，我们需要使用特定的设备去探测和辨识生物、化学和核物质。然而，有一种仪器可以同时探测和辨识出燃烧类物质、化学类物质和炸药。特别是手持式拉曼不明化学物质鉴定仪的功效更是卓越，它不仅能探测而且还能辨识出10000多种化学类物质、炸药和制作这些非法物质的原材料以及各种合法和违法的药物或毒品（见图5.10）。目前还没有一种仪器能够辨识出所有危险源。这些仪器包括从高度便携式分析装备到化学试剂测试纸，再到大型非便携式仪器。然而，我们迫切需要较小的、精密和高效的探测材料，因此许多探测设备在尺寸上都有很大削减。同时，许多设备变得更易于操作。

a. 阿胡第一防卫者（RM是一种拉曼光谱仪，它能够识别10000多种未知的固液体和包括炸药、毒品和有毒化学试剂在内的化学物质）（由赛默飞世尔科技股份有限公司提供）

b. 阿胡第一防卫者（RMK可能会在危险的环境中增加机器人远程遥控和辨识功能）（由赛默飞世尔科技股份有限公司提供）

图5.10 用于识别危险物质存在的仪器

在现代，最初的大规模杀伤性武器探测需求来自第一次世界大战期间的欧洲战场，要求探测器能够探测出氯气和糜烂性毒剂等。为了满足这种要求，人们开始研发各种化学药剂探测装备，以确定极度危险化学物质的存在。这些探测装备与当今使用的仪器非常相似，并不是以电子学为基础，而都是以化学药剂对激发物质的反应为基础的。这些装备使用简单，能够快速（几秒钟内）指示是否存在化学药剂，并判断出药剂的种类。适用于战争的探测或识别装备有M18A2和M256A1（见图5.11）。M9化学药剂测试纸也适用于探测液体神经性毒剂和糜烂性毒剂。当试纸接触到可疑毒剂时，如果检测到的是神经性毒剂或糜烂性毒剂，试纸的颜色就会发生变化。然而，使用特殊处理过的测试纸不能识别化学药剂的类型，而只能确定它们的存在。

图5.11 M256A1化学药剂探测装备（能够有效地探测出神经性毒剂、糜烂性毒剂和血液性毒剂）

随着化学药剂探测设备持续发展，如今已出现了高效便携式电子探测仪。这些仪器能够探测出多种化学药剂。仪器制造业的持续发展促使它们不仅能够探测出各种化学药剂，还能够探测出其他危险因素，如核辐射。

在核能本身发展期间就已经有了检测核辐射的要求。事实上，如果我们在生产核物质的过程中无法检测出其释放的核能量，那么科学家又怎么知道他们制造了这种能量？1928年德国物理学家盖革·汉斯发明了盖革计算器，它是我们现在测量电离辐射的基础。随着其他仪器的发展，原始的测量仪器不仅粗糙而且显得十分笨重，现在生产出的精密仪器不仅能够探测出电离辐射的存在，而且能够对辐射进行量化。此外，一些更为敏感的仪器具有很好的“调节”能力，能够探测出很远距离的辐射，这就更大程度地确保了操作人员的安全。关于大小，当今开发出的一些仪器已经可以放在第一响应者的腰带上进行工作，但这只能探测出辐射的存在，却不能计算出该区域内的辐射量（见图5.12、图5.13）。

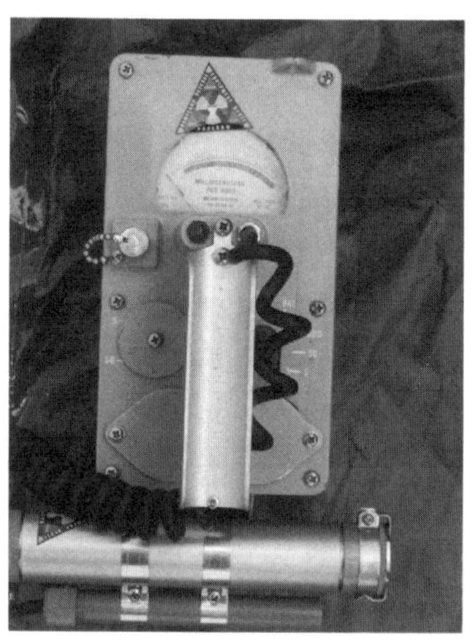

图5.12 手持式辐射探测仪（它不仅能够检测到辐射的存在，而且能够测量出辐射辐射量）

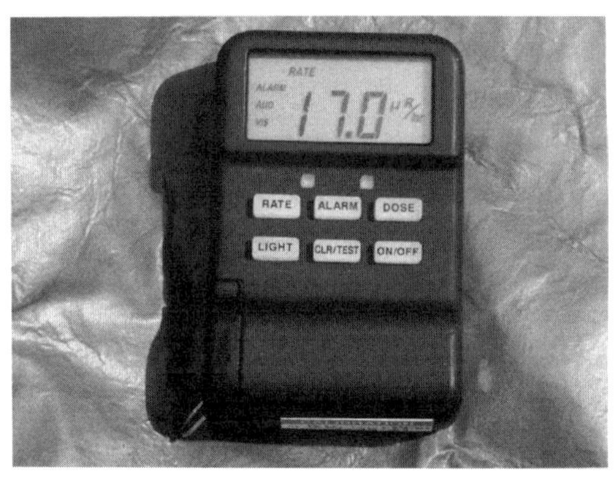

图5.13 便携式探测警报器（由于它体积小，可以随身携带）

当然，生物药剂检测领域的探测仪器发展是飞快的。就在几年前，还没有供第一响应者和调查人员使用的探测仪器去准确探测和辨识现场的生物药剂。当时唯一的方法就是选取样本，并将其拿到实验室进行漫长的分析程序。可以想象，这对于当代以“喷涌”模式出现的恐怖主义是不可取的。如今，对于需要进入现场勘查是否存在生物药剂的第一响应者和调查人员来说，可供使用的探测方法和仪器种类越来越多了。

作为精密探测仪器的炸药探测器依然在朝小型化发展。炸药探测器的精确性已获得极大发展，但关于其体积和外部供电的问题仍处于实验研发阶段。事实上，科学家已开发出一些可以使用电池操作的仪器，如阿胡第一防卫者。第一防卫者可以在崎岖的地面准确辨识出多种商业、军事和自制炸药。此外，小型炸药判别检测装备正在发展，它只能进行探测炸药的存在，而无法辨识出炸药种类（见图5.14）。当今用于检测炸药存在且无须辨识炸药类型的最好的工具是狗或者猪。研究表明，经过训练的猪在某些程度上比狗探测炸药的能力更强。然而社会通常认为使用猪是件耻辱的事，因此当发现有可疑包裹或在爆炸威胁后需进行常规搜索时，我们通常会使用狗来确定炸药是否存在。尽管便携式炸药探测器目前不可能探测出远距离的微量炸药，这些炸药可能存在于几百米远的装有炸药的汽车上，但我们正在积极研发这种精密的探测器。

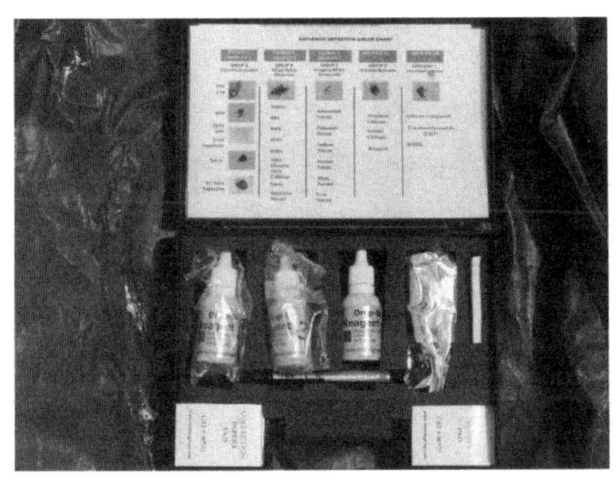

图5.14 炸药判别检测装备（能够检测出多种炸药产品）

可燃物质包括天然气、丙烷、来自可燃液池的蒸汽和甲烷。探测设备可以很容易的检测到这些物质。事实上，这些设备在很大程度上为消防员、普通工作者和地下矿工提供了防护。然而我们仍在继续研发体积更小、可靠性更好的设备。

间接标识是以特殊情况的事件或袭击中偶然发生的事件为基础的。这些标识的内容包括围绕事件发生的不寻常活动、事件发生的重要时间和特殊情况下的事件。例如，1995年4月19日，蒂莫西·麦克维计划袭击俄克拉何马城的摩拉联邦大楼，这天刚好是大卫信徒教派放火烧德克萨斯州韦科城的周年纪念日。这件袭击事件造成了极大的破坏。在世界范围内，在某些重大事件的纪念日也发生过其他爆炸事件，但不一定都涉及大规模杀伤性武器。

不同寻常的活动可能是任何人做出的任何事，但在强制执法范围内，通常是指能够引起法律执行者怀疑的活动。众所周知，法律执行者会对特定活动产生一种叫做“直觉”或“第六感”的物质，而大多数平民的行为不会引起他们的怀疑。通过观察这些不寻常的活动或者甚至通过其他人告知这些活动，执法人员通常就可以开始初步调查恐怖分子可能计划好的行动，以防止大规模杀伤性武器的袭击或其他事故的发生。在考虑“寻常”事件的后续事件时，任何事件都不能只看表面的现象，第一响应者和调查人员的“自觉”会促使他们迅速对该事件展开深入调查。例如，起爆RDD或脏弹的现场可能不会立即产生辐射效应。起爆小型炸弹的情况可能产生的损害是有限的，但在局部地区制造的影响却是巨大的。通过观察现场，第一响应者和调查人员可能会对采用如此小的装置的合理性产生质疑，因为这种小型装置在重要区域内只能产生有限的损害。这样看来，通过勘查外围现场，调查人员通过事件性质的判断可以挽救许多人的生命。事实上，这样的现场也有可能使用了大规模杀伤性武器。

5.6 大规模杀伤性武器的防护方法

依照不同类型的大规模杀伤性武器，有三种个人防护方法：

- 时间
- 距离
- 屏蔽物

时间，是指要限制应急人员和调查人员待在大规模杀伤性武器事件现场的实际时间。这是在危险尚未解除且没有屏蔽措施的情况下，对必须进入存在电离辐射现场的人员进行的最基本的保护。防止α和β辐射相对容易，通过遮盖皮肤和戴严实的防护面具就可以使眼睛、呼吸和消化系统免遭损害，但这种防护措施不能防止γ辐射。通过穿上整套足够厚的铅制服来防止γ辐射是不太可能的。因此，如果应急人员必须进入现场，那就一定要限制他与γ辐射的接触时间，这样可以减少吸收到组织中的γ辐射量。相似的情况发生在1986年切尔诺贝利核反应堆爆炸事件中。当时需要应急人员进入现场扑灭火情，以防止其向大气中排放辐射，要求应急人员必须在极短的时间内控制火情。当他们达到接触时间时——通常是指达到生命剂量——就要求他们立刻离开现场，并且不允许他们再次进入现场。然而很多人超过了指定的时间，这会导致这些人因急性辐射中毒而很快死亡。我们可以设想一下，在涉及脏弹的大规模杀伤性武器事件现场，理论上需要将电离物质从现场转移出去。而转移这些物质的人员必须穿着防护服装，但也要依照现场当中的辐射量对他们在现场的停留时间做出限定。

距离是在尚未解除危险的核事件中，不需要进入现场且没有足够屏蔽物的情况下采用的基本方法。距离仅是在事件地点和应急人员之间的一段给定的地面长度。切尔诺贝利灾难之后，核反应堆已经被附上了大规模死亡的标签，因此并不要求应急人员进入现场。因此，防护方法不包括进入该区域可能招致的电离辐射。

在生物和化学事件中，当应急人员需要进入现场消除危险时，屏蔽是基本的保护措施。相反，如果应急人员没有进入现场，尽管一些生物、化学物质或药剂会在一段时间后分解，但通常还会存在危险因素。屏蔽是指佩戴适合的个人防护装备（PPE），这能有效保护佩戴者免遭危险入侵。有四种屏蔽防护等级：A、B、C和D。通常需要按照遭遇危险的类型来决定使用哪个等级的防护装备。等级D是工作制服，配有手套、头盔和防护鞋（见图5.15）。这个等级没有呼吸防护设备。等级C需要有配有滤毒罐的防毒面具、覆盖整个脸或半个脸的呼吸防护装备、橡胶手套、耐化学品的靴子、头盔和耐化学全身防护服（见图5.16）。等级B需要有连帽耐化学全身防护服、耐化学靴子、内层和外层耐化学防护手套和自助式呼吸器（SCBA）（见图5.17）。等级A是专业的"登月制服"，它由自助式呼吸防护器和能够自发提供正大气压的全封装耐化学制服组成（见图5.18）。此外，还会有内层和外层耐化学防护手套、耐化学靴子和两种通讯系统。如果可能的话（但不是必要的），等级A和B的呼吸防护可由空气来提供，而不是由有限的自助式呼吸器罐，因为它只能将工作时间限制在1小时以内，具体时间取决于佩戴者消耗的空气量。

图5.15 等级D的防护装备（配有手套、头盔和防护鞋的工作制服）

图5.16 等级C的防护装备（包括耐化学全身防护服、带有橡胶手套的呼吸防护装备、耐化学靴子和头盔）

图5.17　等级B防护装备（包括耐化学全身防护服、自助式呼吸器、橡胶手套和耐化学靴子）

图5.18　等级A防护装备（包括封装和防渗外衣、自助式呼吸器、两层橡胶手套和耐化学靴子）

5.7 大规模杀伤性武器现场调查的关键问题

当处置和调查大规模杀伤性武器现场时，现场应急和调查人员应该考虑七个关键问题。事实上，这些问题的不同主要取决于现场应急和调查人员应对的大规模杀伤性武器现场类型。这些问题如下：

- 预先规划
- 确定是否使用了大规模杀伤性武器
- 评估现场控制和安全
- 确保采用合理的防护措施
- 解决直接威及生命安全的隐患
- 联系适合的外部机构进行援助
- 识别和保存证据

5.7.1 预先规划

在处置犯罪现场之前，特别是那些可能涉及大规模杀伤性武器的现场之前，应急机构必须做好规划。在没有预先规划好相关人员在犯罪现场中应该做些什么以及怎样去做之前，我们就无法确定他们应该何时出发以及如何在犯罪现场上“开展工作”。接下来就要事先规划好处置犯罪现场的合理步骤。这些与第4章提到的关于爆炸后现场的处置十分相似。然而此处涉及对大规模杀伤性武器现场的潜在危险因素的处置，为了消除这些潜在的其他危险因素，我们必须要做好额外的规划。

- 标准操作程序的发展
- 物资和设备的选择和预先投放
- 人员的选择、组织和培训
- 情报基地训练

第4章已对前三点进行了全面论述。然而，情报基地训练是一项综合性的项目，它能够让特定的团体很容易地辨识出大规模杀伤性武器的使用标识。例如，通过政府资助，在急症室中发放关于大规模杀伤性武器接触症状的传单，以达到对急症室人员、第一响应者（特别是志愿者）、政府官员以及从公众中选出来负责大规模杀伤性武器处理的“秘密力量”进行培训的目的。从本质上说，在我们没有预料到这种事件会发生时，需要教会相关人员认清直接和间接标识。典型的例子就是东京沙林袭击事件。此外，在大规模杀伤性武器袭击事件发生之前，恐怖分子需要制造武器的前期准备或硬件，这样才能确保自身安全。这可能涉及从当地零售商购买化学物质，如制作三过氧化三丙酮（TATP）就需要事先准备好过氧化氢。正如之前发生的那样，这仅仅需要购买产品的数量比平时多一些，因此应该在零售商处放一个警示标志，标明某些事情是禁止的。在对购买此类物质提出事先警告后，零售商打给当地机关的一个简单的电话可能会避免一场悲剧的发生。可以理解的是，这仅仅是一个非常简单的例子，但却十分有力地提出了问题的关键。如果公共安全局没有积极在公众中推广培训探测大规模杀伤性武器的方法，那么恐怖分子和犯罪分子就已经暂时得手了。

⇨ 5.7.2 确定是否使用了大规模杀伤性武器

正如之前在5.5中详细论述的那样，有四种方法能够确定是否使用了大规模杀伤性武器：感官、情报、探测和监控设备以及间接标识。众所周知，除爆炸事件外，想在初始症状出现前辨识出已被使用的化学、生物或放射性装置是极为困难的。症状出现之后再去阻止大规模杀伤性武器的扩散可能为时已晚。

⇨ 5.7.3 评估现场控制和安全

为限制现场污染扩散和阻止无关人员进入“中心”现场，大规模杀伤性武器事件现场需要安全防护。可以采用隔离带和划分内外围现场来确保现场安全，第4章中已对此进行了详细论述。然而对于可能使用大规模杀伤性武器的现场，划分外围现场或排除区域时必须考虑风速和风向。由于风可能会将核、化学、生物物质带出很远的距离，凡是这些物质经过的区域都会遭到污染，因此“中心”区域可能要延伸至几米以外。这样看来，准确辨识出大规模杀伤性武器物质，掌握现场区域风速和风向，这两点无疑成为构建安全稳定现场的关键和紧迫的问题。

⇨ 5.7.4 确保采用合理的防护措施

当怀疑现场存在大规模杀伤性武器的物质时，第一响应者和调查人员应采用合理措施阻止危险因素入侵。可以通过时间、距离和不同等级的屏蔽物达到防护的目的。

⇨ 5.7.5 解决直接危及生命安全的隐患

除了之前确定的问题，现场人员可能还面临着大规模杀伤性武器物质对健康产生的严重而直接的危害。第一响应者准确评估现场的行为将极大地影响到紧急救援程序和后续措施的合理性。在开始的时候，我们可能无法马上认清受害者的症状是由于接触大规模杀伤性武器引起的。然而，一旦通过前面提到的程序确定了大规模杀伤性武器的存在，那么我们就需要快速判定引起症状的原因，并采取合理措施解决问题。随着原因浮出水面，传染其他人的概率会大幅度减小甚至消除。事实上，如果已发现现场中使用了大规模杀伤性武器的物质，在没有合理控制受害者可能接触到的污染物之前，现场人员是不会将他们带到医疗机构中救治的。这可能与直接运输东京地铁神经性毒剂的受害者有所不同。正如记忆的那样，人们经过一段时间后才找到致病的原因，这导致许多无辜人员受害，包括医护工作者，他们都纷纷在医院病倒。

⇨ 5.7.6 联系适合的外部机构进行援助

当遭遇大规模杀伤性武器的物质时，大规模杀伤性武器和危险物质处置机构能够为第一响应者和调查人员提供极大帮助。从地方支援到联邦政府协助，这些有利条件被划分成多种管理等级。就在几年前，第一响应者和调查人员还很难找到能帮助他们评估潜在大规模杀伤性武器的处置机构。唯一能够利用的资源就是消防部中的危险材料处置部门和危险品紧急处理部门。此外，只有大型和设施健全的部门才能更好地安置这些专业团队。联邦等级在很大程度上依赖于美军技术防卫部门（TEU），该单位现位于马里兰州的埃基伍德·阿森纳，是阿伯丁试验场的一部分。然而，随着1995年东京沙林袭击的到来，整个美国的处置机构等级发生了本质变化。不仅让危险紧急处理部门承担了更多关于准确评估潜在大规模杀伤性武器现场措施的培训，而且还向该部门提供了很多已设计好的装备，这些装备专门用于控制危险物质释放引起的污染。此外，还构建了许多联邦等级的专业处置部门，这些部门不仅提供现场援助，还对那些可能需要面临大规模杀伤性武器事件的人员进行培训。这种专业的培训往往需要支付几百万美元的设备费，这些钱已经划拨到美国的各个州以及地方消防部门、警察局和应急医疗救治机构。此外，至2001年9月11日基地恐怖袭击以来，这项资金又增加了。

需要马上对许多地方和市政机构遗留的可被使用的大规模杀伤性武器进行处置。警察局和消防部门的危险紧急处理部门将会确定大规模杀伤性武器是否已被真正使用过，还是可能只存放在某个地点，还没有被启动。初步评估的类型完全取决于危险的来源，它可能来源于炸药、核、生物、化学或可燃烧物质。评估可能需要联邦机构的协助，但大部分职责通常由当地机构承担。在有毒物质释放的情况下，危险紧急处理部门在为自己的人员和公众建立消毒站的过程中发挥了极其重大的作用。因此需要建立冷热区来抑制现场有毒物质的入侵。此外，当地警察和医疗辅助人员将会负责调查、保护和紧急医疗救助。

国家的责任通常包括提供高水平的应急管理支援，这不仅包括对现场的应急处置，还包括整个国家的应急响应。这可能会涉及派遣额外的危险紧急处理小组和其他专业支援团队。

毫无疑问，能够对使用或威胁使用大规模杀伤性武器做出处置的最广泛的支持性机构是美国联邦政府。他们的资源是最丰富的，显然这种威胁仍在继续增长。这些资源至少集中在七个联邦机构中，也有可能比这个要多，包括司法部门、国防、国土安全局、能源部门、人类健康和服务部门、环境保护署（EPA）以及联邦紧急事务管理署（FEMA）。在这些组织中，下设大量的专业处置小组针对不同物质的现场提供全方位的处置选择。这些选择包括使用联邦实验室来识别危险源、调查犯罪和收集证据。在大规模简易爆炸装置的案件中，可以利用清污小组或炸弹处置小组清理现场危险源，却很少提到更高级的清除危险源和救援的方法。此外，所有这些部门和机构都会提供全方位的培训，这些培训不仅面向州和地方的处置机构，而且在某些情况下还面向公众。

尽管我们不能尝试将所有的联邦资源都只为某一个现场的应急人员和调查人员服务，但有几个是值得注意的。它们是：

- FBI-HMRU（危险材料处置部门）：在极端环境中提供强大的证据收集能力和材料/危险辨识工作
- FBI-ERT（证据处理小组）：提供额外的证据收集和危险辨识能力，以便于联邦调查局和/或危险材料处置部门的分工

● DOD-CBIRF（美国海军陆战队的生化事件快速处置部队）：能够对大规模杀伤性武器事件提供快速处置。尽管从部门的名称来看他们只能处置可能发生的生物和化学事件，但他们的职责也包括处置其他形式的大规模杀伤性武器物质

● DOD-TEU（科技护卫队）：为世界范围内可能发生的生化袭击提供援助，包括利用军备品限制危险物质

● DOD-USAMRIID（美国陆军传染病医学研究所）：它与疾病控制和预防中心（CDC）并肩协助，共同负责可能由使用大规模杀伤性武器的事件引发的传染病的确认和识别工作。此外，它还开展了广泛的研究工作，保护公众免受生物病毒的袭击

● HHS-CDC：除了与美国陆军传染病医学研究所共同负责的事项之外，CDC 还负责全世界范围内的疾病监测和调查工作。此外，在生物袭击中，CDC 的工作人员还会负责和协助当地机构共同制定公共健康应对策略

● FEMA：国家战备办公室与其他单位共同协助，为大规模杀伤性武器处置机构和影响区域提供全面的处置方案和理论支持

● DOE-NIRT（核事故处理小组）：处理核事故的专业团队，包括高效专业的搜索和诊断设备、减灾和分解核装置

⇨ 5.7.7 识别和保存证据

在可能使用大规模杀伤性武器的场所，应急人员和调查人员必须共同保存好证据。在几乎所有涉及使用大规模杀伤性武器的调查中，调查的司法权都掌握在联邦调查局的手中。然而FBI人员可能不一定是第一批到达现场的人员。首先，应急人员要负责确认现场是否已经使用了大规模杀伤性武器或大规模杀伤性武器是否还停留在现场，然后再采取措施保护现场。在没有进入现场勘查之前，可能无法明确指出现场是否存在大规模杀伤性武器。然而，与其他犯罪调查一样，我们应对现场勘查初级阶段所得的证据或物质进行记录、收集和打包，并将其运送到安全的保管区域或实验室进行检验。不能过分强调现场发现和使用的大规模杀伤性武器，只是我们必须或者说应该在其他额外资源之前率先收集和保存那些物质和证据。

小结

恐怖组织或行为疯狂的个人使用大规模杀伤性武器的可能性日益增加。一些人认为是否使用大规模杀伤性武器并不是问题，问题在于什么时间使用。对于爆炸第一响应者和调查人员来说，不仅要对涉及大规模杀伤性武器爆炸的

可能性保持警觉，还必须要特别警惕大规模杀伤性武器释放机制到来的巨大灾难。对于本章已确定的这些武器（生物、核、可燃烧、化学和爆炸物质），有些武器已被恐怖组织和行为疯狂的个人使用。我们认定核装置和生物药剂具有能够导致大规模灾难的潜在能量，但这些物质却在简易爆炸装置中获得了广泛应用，通常以大型装载汽车的形式出现。核能量主要有三种电离辐射形式：α，β，和γ。针对不同粒子要采用不同的防护措施。恐怖事件中最有可能采用的核物质是脏弹或RDD。

能够识别的生物物质通常有四种类型：细菌、立克次氏体、病毒和毒素。每一种类型都包含许多具体的毒剂，这些毒剂都可以用来制造潜在生物武器。像炭疽这样的一些药剂已经被用来残害无辜群众。采用生物物质制造的武器拥有巨大的潜能，能够杀死上百万人，无论是谁释放了这种毁灭性的力量，都会造成无法控制的后果。在这些灾难中，我们认为天花具备产生巨大伤害的潜能。

化学药剂可以分成五种类型：神经性、糜烂性、窒息性、血液性和失能性毒剂。在这五种毒剂中，神经性毒剂既可以长期存在也可以瞬间消失，但对人类来说却都是致命的。作为大规模杀伤性武器的化学药剂不仅用于国家之间的交战，而且还会被用作恐怖袭击的武器，这会导致数千人的伤亡。

为了避免大规模杀伤性武器引起的灾难，处置人员和调查人员必须能够确定它的存在。确定大规模杀伤性武器存在的方法有四种：感官、情报、探测和监控设备以及间接标识。为辨识和防护大规模杀伤性武器造成的影响，现场处置人员和调查人员应该掌握所有爆炸现场的标识。

最后，美国联邦政府要提供大量资源来协助当地机构，对使用大规模杀伤性武器的现场进行评估、调查和整治。

复习题

1. 五种主要的大规模杀伤性武器类型是什么？
2. 在这五种大规模杀伤性武器类型中，哪种使用率最高，并且潜在影响最大？
3. 核能量最主要的三种电离辐射是什么？
4. 什么是放射性扩散装置？
5. 常见的四种生物药剂是什么？
6. 我们都知道生物药剂可以制造大规模杀伤性武器，哪种生物药剂会成为最危险的潜在武器？
7. 化学药剂的五种类型是什么？

8. 持久性和非持久性的化学药剂有什么区别?
9. 与大规模杀伤性武器相关的六种主要危险是什么?
10. 确定大规模杀伤性武器存在的四种方法是什么?
11. 大规模杀伤性武器防护措施有哪三种?
12. 四种屏蔽防护等级有什么区别?
13. 处置潜在大规模杀伤性武器现场的七个关键问题是什么?

第6章

军用爆炸物识别概述

6.1 引言

军用爆炸物在全世界范围内使用已达几个世纪之久，甚至一些地区仍在继续使用，如前线战场、深水爆破作业失败的海岸线、军事领地以及纪念品搜寻者和军事装备收藏家的住宅。尽管有些军用爆炸物可能没有装药，但大多数还是有炸药的，它们随时都有可能起爆，并杀死附近的生物。是的，当19世纪美国国内战争使用的炮弹发生爆炸时，产生的效应与100多年前的炮弹基本相同。无论是在战场上还是在收藏者手中，种类繁多的现代军用爆炸物的爆炸都会带来大规模毁灭效应。无论是军事方面还是民用方面，总有一些无辜的人因处理军用爆炸物致残或死亡，其中一些军用爆炸物可能由于损坏会变得敏感，还有一些由于天气状况或粗心操作而发生变质。事实上，应急人员遇到的未爆军用爆炸物通常在初学者或收藏家的手中。在很多情况下，个人拥有武器要得到权威证明，必须说明武器完全是无效（没有炸药）和无害的。不幸的是，大多数人并不熟悉军用弹药，无论出于何种原因，人们认为是无害时，但往往事实并非如此。然而，还存在另外一种更危险的情况：那就是应急人员和调查人员可能会发现满载炸药的军用爆炸物在犯罪分子或恐怖分子的手中。

对于爆炸现场调查人员来说，出于犯罪或恐怖袭击使用满载炸药的军用爆炸物会引发一系列重大危险。这些危险区别于爆炸现场或在可能有炸弹的场所进行搜索时需要面临的“常规”危险。犯罪分子或恐怖分子可能会按照自身的意图来设计和使用军用爆炸物。可以考虑将地雷放在地面上，等待毫无戒备的受害者踩上去，触发它的引信系统，起爆主装药或火箭推进榴弹（RPG），从而使整个装置被引爆。军用爆炸物可以是将主装药放在自制简易爆炸装置上的装备。许多这样的装置可能被用或继续被用于伊拉克对抗联军的战争中，这通常会带来灾难性的后果。

军事爆炸物的威胁可以概括如下：

- 它可以采用预先设计好的方法进行使用
- 它可以是自制简易爆炸装置的组成部分
- 它可能在搜查对象所有物的情况下被发现
- 军用装备收藏家通常会认为它是无害的，事实上它可能存在爆炸隐患
- 它在军事范围内已被移除，但在其他范围仍存在隐患

由于经过设计、制造和严格测试，军用爆炸物会对袭击目标产生巨大的伤害和破坏，因此它严重威胁着爆炸事后现场调查人员和应急人员的生命安全，同时也严重威胁着公众安全。来自以下五种情况的这种威胁（从犯罪分子或恐怖分子到无意识的民众私人财产）主要是由于调查人员或应急人员缺少发现未爆军用爆炸物的能力。第一种情况来源于爆炸现场，在这类现场中军用爆炸物以预先设定的方式被引爆，如投掷手榴弹、火箭弹或地雷。现场中可能会存在未爆的军用爆炸物。第二种情况是作为简易爆炸装置组成部分的军用爆炸物还没有发挥作用。第三种情况是对特定对象的私人财产（汽车、住宅以及储存设备等）或存有军用爆炸物的弹药工厂的搜查。第四种情况是现场处置人员发现有些人员的死亡存在“可疑之处”。例如，在有些人的家中发现，惰性单品箱和军用爆炸物已恢复危险性，这些可能是他们以前在军事部门得到的“纪念品”，他们将这些纪念品带回家随意放置，并闲置了好几年。第五种情况涉及各个年龄段的人员，他们在军事领域内发现了未爆的军用爆炸物，并将这些爆炸物带回家进行检查。最常见的致命武器是错位的40毫米手榴弹。这种金属材质的椭圆形手榴弹由发射器发射，会适当地出现哑弹或无法起爆的情况。看起来随意碰触或许是无害的，但其实是相当危险的。尽管你可能没有发现自己碰到它了，但只是轻微的移动就会引爆它。然而，许多人将手榴弹捡回家的情况屡见不鲜。一个非常典型的事例，在人们对手榴弹进行检验时，一枚手榴弹落到地板上被引爆，青少年和在场的其他人员均遇害。最终将调查人员和应急人员召集到该爆炸现场：相对来说，这是一个较小的现场，人们可能还没有找出引起爆炸的原因。换句话说，没有制造炸弹或实施“试验”的证据。然而现场出现了大量的金属碎片，有些碎片较大，但是大多数碎片都非常小。如果有额外的且未被应急人员确认的军用爆炸物碎片散落在周围的话，对应急人员来说会有很大危险，轻微的移动都会引爆这些爆炸物。可以通过不同阶段的粗加工处理使军用爆炸物轻易不会被起爆，看起来似乎只有大幅度的移动才可以引爆该爆炸物。事实上，调查人员和应急人员面临的关于军用爆炸物爆炸的困难在

于合理辨识出军用爆炸物。

此外，与简易爆炸装置不同，不管源于哪个国家，军用爆炸物造成巨大伤亡的能力已经开始提升了。这些能力包括主装药、爆炸碎片以及起爆系统。军用爆炸物中的主装药几乎都是由高能量的高速炸药组成的，起爆速度（VOD）能达到20000英尺/秒。与我们在第1章中看见的一样，威力非常大。军用爆炸物的主体设计可以满足多种功能。首先是它的密封盖，通常都是金属材质的，这样可以防止其内部组件免受损失或在恶劣的天气条件下暴露。其次，大多数的爆炸物被设计成像管状炸弹的碎片，并能够分裂出致命碎片。然而，与管状炸弹不同，设计成碎片的军用爆炸物是依据其大小，被高猛度炸药推动炸成成百上千的碎片。此外，爆炸物主体可以包含额外预制的内部或外部碎片套，这无疑极大地增加了致命效应。对于引爆系统来说，无论是内部或局部裸露，都需要高水平设计的组件来起爆主装药。在调查期间我们会发现，并不是所有的军用爆炸物都有引爆系统或引信，或许有完整的引信，但却隐藏在我们完全看不见的地方。例如，一枚完整的穿甲弹，其实心刚体汇聚于一点，并且没有任何证据显示其具有危险性。然而，事实上它可能是底部藏有印信的高能穿甲子弹。

本章的目的主要有两方面。第一个目的是第一响应者和调查人员了解不同种类的军用爆炸物的特征。准确识别军用爆炸物的危险性是回避危险的第一步。单纯认为本章只是有助于识别军用爆炸物是不对的。无论何种情况下，应急人员和调查人员都不应该碰触、移动或以任何方式破坏军用爆炸物。这包括在爆炸现场中发现军用爆炸物的情况，也包括搜查相关人员住宅时“找到”军用爆炸物的情况。如果是能够引发火灾的军用爆炸物，就更要格外注意。暴露在高温下会使军用爆炸物的组成部件和炸药变得更敏感，这种情况下处理或移动爆炸物的危险性更大。这时先不要管它，召集当地排爆人员和经过培训的最好的军队来评估和减轻军用爆炸物的危险性。第二个目的是使爆炸第一响应者和调查人员熟悉常规未爆军用爆炸物能够带来的具体危险。通过掌握这些危险因素，调查人员可以在炸弹技术人员到来之前，为自己的队伍、其他应急人员和普通公众提供更好的防护措施。

6.2 定义

为了提高对军用爆炸物的基本理解，调查人员应该熟悉如下这些术语：

惰性，对爆炸物构成及其组成部件的描述，包括那些不易爆、不易燃或化学药剂部分；通常指那些没有危险的物质。

军用爆炸物中的哑弹、哑炮（未爆炸），原本无计划打算引爆或引爆后未实现预期功能的军用爆炸物。

引信，是指装置中已设计好的某个组成部件，这个组成部件可以通过引燃导火索或改变静水压力，改变电能、化学效应，机械延时，加速或减速，压电行为或综合上述方法控制该装置的爆炸行为。

军用爆炸物，通常指能够引起爆炸的军用器械，一般包括炸药，也包括由炸药组成的军用器械，如包括射弹、手榴弹、炸弹、鱼雷、深水炸弹、火箭弹、轻型武器弹药、地雷和导弹。

弹突起爆（PD）引信，设计在弹药的最前端并且能够引爆炸药的引信。

碰炸引信，这种引信是指只有收到外力的碰撞才能起爆炸药，碰撞后通常是瞬间或延迟一段时间起爆炸药。对于火箭弹或导弹的引信，我们通常称之为弹突起爆。

弹头激发弹底起爆（PIBD）引信，引信的触发部件位于头部上，起爆部件位于弹药的底部。

无线电引信或感应引信，一旦通过目标本身的特点及其周围的环境感知到该目标的存在、距离和/或方向，这种引信就会被触发。

自爆机制，是引信的一个组成部分，它能够在飞行结束或电池寿命耗尽之前毁坏或起爆弹药。这种机制通常用于防止射弹、火箭弹或导弹在错失目标、飞过友军头顶的情况下发生爆炸，是一种安全防护措施，能够防止附带损害。

定装式弹药，这种弹药内的弹壳与射弹紧密相连，共同构成了特定武器（枪）的一个部件。通常我们称它为子弹，如一发9毫米的子弹。

半定装式弹药，这种弹药内的弹壳并不总是固定在射弹上的，这样便于按照需求的范围来调整弹壳内的装药号。它也是特定武器（枪）的一个部件。

装药号，一发半定装式弹药中的推进药增加的数量，它与预期的发火范围是对应的。

分装式，这种弹药是将射弹、药袋和火帽分别装载到枪械中。它通常没有弹壳，如155毫米和8英寸炮弹。

射弹，采用外力使客体抛射出去，客体通过惯性力的作用能够继续运动，比如子弹或火箭增程弹。然而火箭增程弹除了需要借助惯性力之外，还需要一个向前推进的力。这个术语通常用在20毫米及更大口径的炮弹上，而子弹这个术语通常是用在较小口径的炮弹上。

二元化学，两种相对来说无毒的成分混合形成了有毒的化学物质。

6.3 军用爆炸物的物理特征

根据弹药类型和使用目的的不同，军用爆炸物的特点会发生极大的改变。6.4.1 ~ 6.4.4将会对军用爆炸物的类型进行论述。现在我们将主要介绍一下它们的共有特征。军用爆炸物的主要特征包括如下：

- 重量
- 尺寸
- 壳体
- 填充物
- 形状
- 起爆系统
- 标记 / 颜色编码

不同的军用爆炸物的重量及炸药量有很大不同，大概能从仅有的几盎司至数千英镑。大多数军用弹药都会有厚重的金属外壳，如钢不需要大量的炸药也能够制造伤亡惨剧，特别是当弹药在与钢贴近的情况下起爆更是如此。回想一下，雷管都是质量小于1克的高速炸药。那些包括小地雷在内的采用最少量炸药实施爆炸的爆炸物，往往不会炸死人，但却会使受害者受伤或失去脚和腿。如果毫无戒备之心的受害者将其拿起来，并且靠近自己的身体，这些炸药也有可能是致命的。众所周知其中最大的弹药是15000磅（见图6.1），称作“滚地球”。它最初是从越战期间快速为直升机清理降落区域的装置演化来的。它需要有飞机将其运送到降落地点，当它发生爆炸时，落地区域周围100多米的茂密丛林都会被清理。应急人员完全没有办法应对这种类型的弹药。然而，像地雷和手榴弹这类小型炸弹是可以收集到证据的。例如，当今世界我们发现最传统的炸弹就是射弹，它通常被用在伊拉克自制简易爆炸装置中：南非的口径155毫米的M1A1长距离通径高速炸药炮弹，它是伊拉克炮弹的翻版。这发炮弹小于8千克，大约有17磅，内部装有高速炸药。当然，其他炮弹的炸药量有比这发炮弹多的，也有比它少的。

与重量一样，军用爆炸物的物理尺寸变化也很大，长度从几英寸至8英尺不等。直径从小于1英寸至6英尺不等，15000磅炸弹的直径就是6英尺。

军用爆炸物通常都会由厚重的金属容器包裹起来，我们将这种容器称作壳体，它通常是由钢做成的。这些壳体具有双重功能：（1）作为外包装的壳体能够保护炸药免受外界环境条件的侵害，如水、热、潮湿和灰尘。（2）在装置完成侵害目标的预定功能前，壳体也会为炮弹、炸药和控制系统提供完整的结构。此外，壳体通常会产生致命的碎片效应，与那些单纯被炸药袭击的人和物相比，有壳体的炮弹通常会造成更大程度的人员伤亡和财产损失。火箭弹的壳体是由薄铝片制成的；地雷的外壳是由塑料、木材及合成材料制成的；小型的“空中”炸弹和下落的“散弹”（炸弹的一种）的壳体是由其他薄金属壳包括玻璃纤维在内的合成物制成的。

图6.1 称作“滚地球”的15000磅伞降投掷炸弹，需要飞机将它运送到目标位置。引信系统位于弹头类似木杆的长管上，这样能够保证炸弹在地面以上被起爆（由美国国防部提供）

填充物或不同类型的军用爆炸物的负载物有炸药、化学制品（有毒化学物、燃烧弹、烟、照明弹及凝固汽油弹）、核装置、生物药剂和各种散发的传单。也有许多种类不同的杀伤型弹药，如箭弹、手榴弹、霰弹筒，尽管其主要填充物不会产生爆炸危险，但开启弹筒的驱逐电荷也有可能包含危险的高能物质。值得注意的是美国已经签署了各种禁止使用或生产生物或有毒化学药剂的国际条约。美国销毁了其储备的所有生物武器，目前正在逐步销毁有毒的化学药剂。然而，其他国家确实储备了大量的生物和化学军用爆炸物。因此，在爆炸现场也有可能会无意间发现这些类型的弹药。此外，正如第5章对大规模杀伤性武器描述的那样，我们也无法排除会遇到由国家支持或自制核弹药的可能。由于其使用和操作普及的本质，主装药获得广泛使用，但并不是所有军用爆炸物都会对偶然或意外的激发无动于衷。这还不包括起爆速度大于20000英尺/秒的高速炸药，而是特指低速炸药说的。依照弹药的类型，高速炸药通常会因冲击波效应和其壳体产生的碎片造成人员伤亡和财产损失。另外，低速炸药通常作为推进剂应用在军用爆炸物中，它将帮助炮弹投放到目标上，如导弹和火箭弹中的低速炸药。正如第1章论述的那样，低速炸药是相当危险的，它很有可能会被人们不经意的行为触发起爆。此外，用于不同起爆系统中的起爆药是十分敏感的，很容易被引爆。这种敏感性往往会被忽视，因为通常起爆药会被装在坚固的军用引信中，这样可以防止它们被提前引爆。然而，引信自身也会产生巨大的爆炸危险，这种危险不仅来源于起爆药的爆炸，也可能涉及通常与引信底部相连的传爆药的爆炸。对于那些含有箭弹、钢球、铅球或小方块（装在手榴弹和霰弹筒中）的具有杀伤性的军用爆炸物，我们需要严格确保其操作安全。然而，这些炮弹可能含有黑色粉末或其他的推进剂，这些调配好的炸药会将致命物质推出体外。

当使用战机在宽广的区域散发传单时，会将传单装在只使用少量低速炸药的炸弹中。这类炸弹多运用于各种心理战，目的在于提升部队和当地民众的信心。与这类弹药相关的危险是助推炸药，只有这种炸药爆炸，才能打开容器，释放传单。

军用爆炸物的物理形状通常与弹药的用途有关。大多数军用爆炸物需要由飞机投放、从枪管或发射器发射、埋在地下或投掷，军用爆炸物通常是圆柱形或椭圆形的，有的类似于细长的泪珠，有的像棒球、垒球或大鸡蛋。针对那些有气流通过的爆炸物，这种形状在提供空气动力控制方面是非常理想的，能够确保爆炸物准确到达预期目标。其他形状的军用爆炸物，最典型的是子母弹和地雷，大多呈矩形、扁平状、三角形、楔形或呈箱状。

控制系统由电气、机械和火引信组成，为军用爆炸物提供了安全的起爆方式；依据引信在炮弹中的位置不同可以将它们分成四大类，包括（1）头部引信；（2）尾部或底部引信；（3）中部引信；（4）内部引信（通常叫“完整引信”）。顾名思义，头部引信位于炮弹的最前端，尾部或底部引信位于炮弹后部，中部引信位于炮弹的中心位置，内部引信则是嵌入炮弹内部。军用爆炸物的控制系统是相当复杂和昂贵的，这能够为操作人员提供安全界限。这就需要烟火、机械、电气部件能以预先设定好的序列进行工作，并且当操作人员与爆炸物保持安全距离时，引信才可以解除保险状态。操作人员可以是飞行员，可以是点燃火炮的人，可以是迫击炮兵，也可以是步兵。此外，如果军用爆炸物是无意被投放的，那么引信应该没有解除保险或发挥作用。因此，在引信出现故障的情况下，通常需要一系列复杂的操作才能确保军用爆炸物不发生爆炸。在搜寻哑弹的过程中，我们可能会遭遇起爆的炮弹，这是致使军人和平民遭受伤亡的主要原因。

炸弹有三种引信：（1）头部引信；（2）尾部引信；（3）中部引信或横向引信。引信的类型决定了它是否易于被发现，头部引信通常是最明显的，中部引信通常隐藏在锁盘内，而尾部引信则会隐蔽在炸弹的尾翼下。然而，根据炸弹的尺寸，有的炸弹可能只有一个头部引信。炮弹几乎都会有一个头部引信，有的还会有一个尾部引信。火箭弹通常会有一个底部引信，但这个引信可能安置在火箭弹装置中的任何部位。地雷有许多引信，其头部、侧面或底部都可能有引信，而子母弹只在头部和尾部有引信。

军用爆炸物上的标识和颜色编码有助于识别特定种类的炮弹。在炮弹上喷漆不仅可以防止其生锈，还能根据颜色对其进行识别。尽管有些炸弹的标识有限或根本没有标识，较小的炸弹通常会出现这种情况，但还有一些炸弹的标识却是非常详细的。此外，标识的作用主要取决于生产该炮弹的国家。附录N中提供了美国和绝大多数北大西洋公约组织（NATO）国家标记在本国炮弹上的标准颜色编码体系。指出采用三种类型的颜色组合来辨识特定的炮弹。这些就是弹身使用的颜色和标志，以及弹身周围的线条。也并非所有的国家都有一个标准的颜色编码和标识体系。

6.4 军用爆炸物的鉴定特征

在本节将会提供军用爆炸物的鉴定特征及相关的各类军用爆炸物分类。尽管这里并不会对所有的军用爆炸物类别和鉴定特征进行论述，但将会对可能被犯罪分子或恐怖主义所用和可能在公共场所出现的军用爆炸物进行重点论述。在伊拉克战争之前，据说犯罪分子和恐怖主义喜欢使用的炮弹包括手榴弹、地雷、肩式发射防空导弹（SAM）、火箭弹和火箭推进榴弹（RPG）。然而，自1990年沙漠风暴行动和车臣的准军事行动以来，其他类型的军用爆炸装置已能够改装成简易爆炸装置，尤其是火炮炮弹。此外还有收藏家储存的、由前任军事人员保存的及纪念品搜寻者捡到的各种类型的炮弹，包括相当小的炮弹。这些炮弹是手榴弹、投射弹（40毫米的手榴弹）、火炮和炸弹引信、子母弹、地雷和20毫米炮弹，但这并不是全部，还有许多其他军用爆炸物。

【知识链接】

火箭推进榴弹的术语

什么是RPG？它就是火箭推进榴弹，对吗？当然，并不一定是这样的。当描述苏联/俄国/中国的军用爆炸物RPG-7系列时，RPG这个词是描述发射装置的，而不是弹药。弹药，是指推进榴弹（PG）。因此RPC-7可以点燃PG-7。媒体和大众都用错了这个名称。事实上犯罪分子和恐怖组织手中没有其他肩式发火系统（与RPG-7家族相似的）。RPG-7系列本身就是类型最多的武器，由人们拍摄的许多装有导弹的发射装置的照片和使用它时产生的破坏效应都可以证明这一点。

大多数情况下，每种类别还可以进行再次分类。我们会提供每种类别的识别方法和鉴定特征。军用爆炸物的分类通常包括以下几种：

- 投放型军用爆炸物
- 发射型军用爆炸物
- 抛掷型军用爆炸物
- 放置型军用爆炸物

⇨ 6.4.1 投放型军用爆炸物

无论属于何种类型或出于何种目的，投放型军用爆炸物都需要从飞机上投放或分发下来。大多数情况下指的是“炸弹”，实际上投放型军用爆炸物可再划分成以下三种类型：

- 炸弹（笨重或小型的）
- 子母弹
- 子弹药

笨拙或沉重的炸弹能够产生的影响主要依赖于驾驶员从飞机上释放炸弹的技术，它们往往会沿着下降路线抵达目标物。炸弹不具备能够纠正运行轨迹的内部导航系统。然而，小型炸弹却有这种内部导航系统，能够控制它们从飞机释放下来后途经的路线。这些导航系统包括电视导向和激光导向系统、全球定位系统（GPS）、地形轮廓匹配（TERCOM）以及这些系统的综合应用。大多数人都会通过车载电视摄像机描绘的视频发现越来越接近的目标，直到炸弹起爆画面才会出现一片空白。还有一个描绘近期伊拉克战争中出现的小型炸弹的视频，这枚小型炸弹被直接投放在了建筑物的一个特定窗户上。重磅炸弹见图6.2、图6.3，激光制导（小型）炸弹见图6.4。

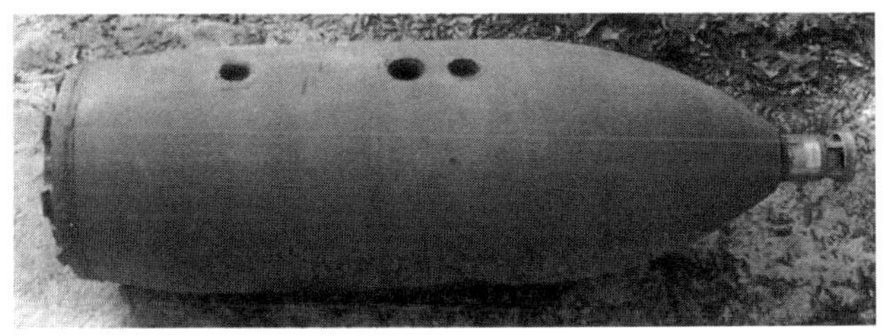

图6.2 头部带有引信的750磅重型炸弹（这幅图并没有对炸弹的尾翼进行描绘。炸弹中心前端的两个孔使其与飞机的连接更加牢固）（由美国国防部提供）

图6.3 MK82低阻重型炸弹，它是适合高速飞机携载的空气动力型炸弹（这种炸弹的尾翼具有双重功能。它们能够固定在当前的位置上为自由降落提供空气动力，以推进其更快地从飞机降落的目标物，还可以打开它们，以延迟其向目标物投放。值得注意的是炸弹顶部的弹耳）

图6.4 固定在飞机的外挂架上的激光制导（小型）炸弹（由美国国防部提供）

【知识链接】

炸弹的特征

通用（GP）炸弹：通用（GP）炸弹中的高速炸药占其总重量的50%
爆破弹：对于爆破弹来说，高速炸药占其总重量的70%

产品说明：由引信、壳体和稳定翼（并不一定要有）组成

稳定性：尾翼——箱形、圆锥形、流线形或减速的——降落伞

燃烧弹通常不具备稳定特征

高速炸药、碎甲弹、混凝土炸弹和穿甲弹都是厚壳的

爆破弹、燃烧弹、曳光弹、化学和生物炸弹都是薄壳的

炸弹的弹耳可以使它依附在飞机上

火箭弹或许有助于入侵和引导

尺寸：长度为3英尺~11英尺，直径为12英寸~6英尺

填充物：高速炸药、汽油、闪光粉、燃烧剂、核、化学品、生物材料、烟雾剂、照明弹或传单。炸药量由几磅至15000磅

引信：头部、尾部和随机横向引信（通常只有燃烧弹是这种引信）

引信可能藏在内部，也可能被它的塞和翼覆盖

起爆方式：冲击、延时（从几毫秒至几天）自爆、空中爆炸、震动、磁性、贴近、声控、冲击惯性或任意的组合形式

子母弹是经设计安装在飞机上，用于携带或发射爆炸物或弹药的炮弹，而并不是永久固定在飞机上的。子母弹可能会作为“常规”炸弹从飞机上投放下来，也有可能不会这样。没有被投放的子母弹可能会随携载后的飞机返回空军基地。从飞机上投放的子母弹既没有喷射弹药，也没有爆炸性的开放弹药的出口，它只是降落到目标物的位置才发生爆炸（见图6.5）。

【知识链接】

子母弹

产品说明：由引信、壳体、有效载荷和尾翼组成（留存的除外）

尾翼可以使其保持稳定

可能会分别装载或分散装载，也有可能从壳体的突破口喷射装载物

留存的子母弹通常从尾部或底部喷射子弹药

同种类型的子母弹可能会装载不同的子弹药

填充物：子弹药

引信：只有头部引信

起爆方式：延时或邻近

子弹药是小炸弹、手榴弹、地雷或其他小型炮弹。尽管通常来说它们都很小，但却没有标准的尺寸或形状。子弹药并不是由飞机发射，而是由火炮炮弹、巡航导弹或火箭弹发射的。未爆的子弹药是相当危险的，只要轻微移动就会发生爆炸。然而这些小弹药之间都会保持一定距离，这样即使不知情的人拿起它们的瞬间也不会发生爆炸，而会在延迟一段时间后毫无缘由的发生爆炸。一些子弹药在接触地面后没有发生爆炸，而是要有人触动拉发线才会引爆，这种专门对付毫无戒备之心的受害者的装置是饵雷。对于处置子弹药的人员所面临的危险此处并没有夸大的成分（见图6.6、图6.7）。

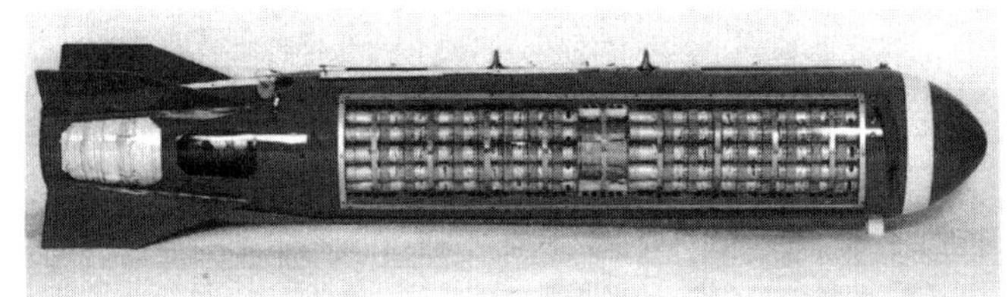

图6.5　子母弹的剖面图展示了其内部包含的子弹药（由美国国防部提供）

图6.6　子母弹中装载的不同类型的子弹药（圆形的和棒球形的爆炸物是最具杀伤性的，无论何种类型的爆炸物都是反装甲的武器。顶部的小降落伞和饰带有助于为弹药底部定位，以便特定形状的炸药引爆目标物）

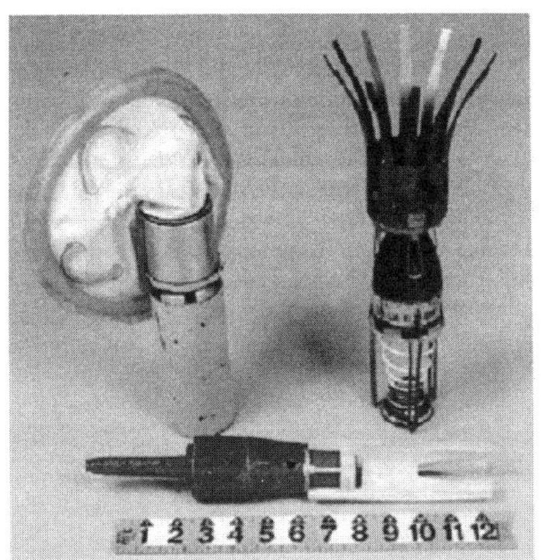

a. 不同形状的穿甲子母弹（注意采用不同的稳定措施，以保证弹药击中目标，首先要注意的是其头部）

b. 不同类型的反坦克或穿甲子弹药以及具有杀伤性的子弹药

图6.7 不同种类的子弹药

【知识链接】

子弹药

产品说明：不同尺寸、材料、形状和颜色的子弹药

重量：从几盎司至1磅多

包装物：厚和薄的金属和塑料材质

颜色：黑色、草绿色（OD）、黄色、橘色和红色

形状：棒球和垒球形、楔形、一头圆和更多平面的形状、带有“尖锐”鼻子的圆柱形、扁平细长的形状以及带有饰带或降落伞的形状

填充物：高速炸药、化学品、生物材料、可燃物质、白磷（WP）、照明弹或烟雾剂

起爆方式：冲击、延时（几毫秒至几分钟）、自爆、震动、空中爆炸、磁性、邻近、声控、压力、移动、累积压力或任意组合形式

引信：通常是内部预先设置引信。不同背景下可能会被装在相同的子母弹中。它们可能会对轻微的移动、累积移动或累积压力十分敏感。武器在气流中自由下落时会优先到达目标物位置

⇨ 6.4.2 发射型军用爆炸物

发射型军用爆炸物包含了广义的弹药分类。主要由发射器或枪管发火，如火炮或迫击炮管。对发射型爆炸物再次进行分类，主要包括以下几种：

- 射弹
- 迫击炮
- 火箭弹
- 导弹
- 枪榴弹

发射型军用爆炸物包括弹头和一些能将弹头推向目标物的推进系统，其中弹头又包括填充物和引信。在某些情况下，发射药被消耗后弹头才会离开管体或发射器。而在其他情况下则需要两级式系统，这种情况下需要发射药将弹头推出管体或发射器，然后利用这种点燃的射击助推器推动弹头击中目标。不同类型的发射型爆炸物的发射距离可能会从几码或几米到射弹的20多英里和导弹的成百上千英里。枪榴弹是一个特例。枪榴弹是利用步枪的底端发火，没有电动机。推动力来源于发射药筒，它是专门用于发射的工具。

20毫米射弹口径的直径为0.5英寸~16英寸，长度为2英寸~4英尺。由于弹药的类型不同，射弹的引信可能是头部引信，这是最常见的情况，也有可能是底部引信。射弹在空中飞行时有两种维持稳定的方法，一种是使其在落地前做旋转运动，另一种是在枪管或尾翼内设置凹槽。尾翼稳定发射既可能依靠的是固定的尾翼，也可能是可弹性装载的折叠尾翼，当射弹离开枪管后折叠尾翼就会自动打开。

无论是有引信还是无引信的射弹，都已经被用作简易爆炸装置的主装药。这样看来，简易爆炸装置的高能高速主装药和其厚重的金属壳体会在爆炸现场周围产生大量的碎片，这是第一响应者和勘查人员需要面临的巨大挑战。这些弹药与自制控制系统相连就会引发爆炸事件，如利用这些做成的用于袭击公路车队的路边汽车炸弹（将无数个射弹隐藏在汽车中），作为饵雷和第二枚炸弹，处置爆炸现场的应急人员和调查人员也是它们的袭击目标。

另外，来自40毫米手榴弹和相似类型的推进榴弹的威胁并不是由犯罪分子

或恐怖分子的使用带来的，而是来源于未引爆的射弹。值得注意的是这种炮弹被划分为射弹，而不是手榴弹，尽管它的名字正好代表了相反的寓意。具体而言，40毫米手榴弹是由封装在药筒箱内的射弹组成的，并且药筒箱内含有低能发射火药。当从发射体发射时，射弹射向目标，而将药筒箱留在发射地点。正如之前6.3、6.4.1详细论述的那样，不知情的人员已经将这些相当危险的高能未爆炮弹拿到了军事射击范围内。结果就是这些人可能会被杀死或严重致残，当未爆炮弹被带到警察局或消防站时，会使现场应急者陷入死亡的危险，当我们搜查犯罪嫌疑人的物品或住宅时，可能会发现这种炮弹。如果发现炮弹，我们通常会认为它们是未爆的，并且不是惰性的；任何情况下都不要触碰它们，应该立刻要求炸弹处置（EOD）小组前来支援。

此外，还有其他两种弹药可能会造成人员伤害。第一种是无后坐力炮弹，它并不一定是由“步枪”击发的射弹，而可能只是由某个枪管击发的。这些射弹会有一个弹壳，这个弹壳并不像其他弹壳那样坚固；由于系统是无后坐力的，弹壳有许多小孔，看起来很像瑞士干酪。由于这些小孔，人们会认为弹壳和炮弹都是无害的，认为是哑弹或惰性强的弹药。这种假设是错误的，这种弹壳是极具爆炸性的，弹壳内含有大量低速炸药和无烟火药，弹头内装满高速炸药。第二种经常被误认为无害的炮弹是可燃药筒或半可燃药筒，如俄国125毫米坦克炮弹。弹壳看起来像是硬纸板做的，但事实上它是由包裹着推进剂和低速炸药的浸渍纸组成的。要重申的是，大多数人认为硬纸板很安全（见图6.8～图6.14）。

【知识链接】

射弹

产品说明：由发射体、引信和推进剂组成

通常是由厚重的金属制成的，形状是圆锥形或子弹形的

通过旋转或尾翼（固定或折叠）保持稳定射击

尺寸：口径直径为0.5英寸~16英寸，长度为2英寸~4英尺

可能会有火箭帮助其入侵、导航和增大杀伤范围

填充物：高速炸药、核物质、化学品、生物材料、照明弹、白磷、子弹药、烟火剂混合物、可燃物质或者传单。填充物重量可能从几盎司至100多磅

引信：通常是头部引信，也有可能是内部引信或底部引信。可能对轻微移动都会很敏感——压电和竖起的前锋

起爆方式：冲击、延时（几毫秒至几秒钟）、邻近、空中爆炸或自爆

图6.8 没有头部引信的射弹[带有黄色和绿色条带的155毫米射弹是神经性毒剂（VX）化学弹药]

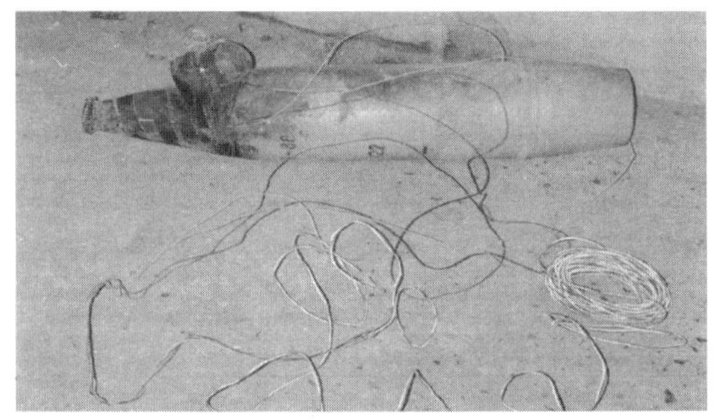

a. 被用作简易爆炸装置主装药的射弹（在爆炸装置爆炸之前发现并拆除它）

b. 被用作汽车炸弹主装药的射弹（注意这四个射弹已被红色导爆索连接起来了）

图6.9 被用作主装药的射弹

a. 带有金属的射弹会产生碎片，可以将其作为简易爆炸装置的主装药，这种爆炸装置可以是隐藏在路边伺机爆炸的炸弹（由美国国防部提供）

b. 来自爆炸的射弹的金属碎片（这些碎片有的很大，然而其他那些小的却绝对是致命的）

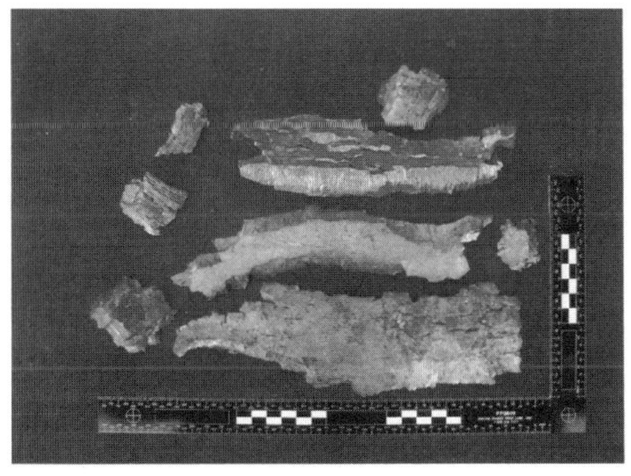

c. 从小到大的所有碎片都来源于被引爆的炮弹（值得注意的是带有螺纹的碎片，它很有可能是射弹引信的一部分）

图6.10 射弹的碎片

图6.11 复原后的伊拉克炮弹（由美国国防部提供）

图6.12 40毫米和0.5口径射弹的弹壳是安全的（这种投射型爆炸物指的是“定装式”炮弹如弹壳安全的射弹）

图6.13　一些40毫米的射弹[头部灰色的是烟幕弹；金色的是猛炸药；蓝色的是教学使用的炮弹，而不是爆炸性的弹头，尽管它可能要有推进剂才能发射弹药；白色/绿色的是空中照明弹；带有红色条带的灰色炮弹是防暴弹（催泪弹）]

图6.14　已爆射弹的剖面图和未爆射弹的外观

迫击炮的直径是45毫米~280毫米，长度在6英寸~24英寸。迫击炮通过尾翼和旋转动作保持其稳定射击。大多数迫击炮是通过底部发射器发火的，操作人员将炮弹投放到管体后，撞击底部击针，从而引爆推进剂。如果迫击炮（炮弹或炸弹）的尾翼被埋在地下，千万不要试图移动它或将它挖出来（见图6.15）。

【知识链接】

迫击炮

产品说明：由引信、壳体和推进剂组成；旋转或尾翼使其保持稳定

中等或较薄的金属壳

泪珠状或是底部呈长锥形的炮弹

尺寸：60毫米～80毫米。通过旋转或尾翼保持其稳定射击

填充物：高速炸药、化学品、生物材料、烟火剂混合物、照明弹、白磷、子弹药或传单

引信：只有头部引信

起爆方式：冲击、延时、邻近或空中爆炸

图6.15　图中展示了60毫米～80毫米的迫击炮

人们可能认为火箭弹是一种能够完成自我控制的炮弹。然而它与导弹不同，火箭弹发火后无法自动控制飞行轨迹。火箭弹的直径为57毫米～380毫米，长度为1英尺～9英尺，这些火箭弹可能从单肩发射器、飞机、移动发射车或固定发射台发射。无论是从犯罪分子或恐怖分子使用的角度来说，还是从未爆的炮弹对个体安全的威胁来说，对应急人员和调查人员来说，这个群体包含了最危险的发射型军用爆炸物家族中的一种。这就是体积小、重量轻的肩式发射火箭弹，包括火箭推进榴弹（RPG），通常指的是推进榴弹（PG）；美国设计的轻型反坦克武器（LAW）；AT-4和肩式发射多用途袭击武器（SMAW）。

LAW、AT-4和SMAW都是能够实现自我控制的武器，由能够控制火箭发火的发射管组成；火箭发火后，发射体就会被抛弃。PG-7是供中俄家族重复使用的肩式发射火箭弹，由单独的、可连接的发射药/尾翼装配组成，由可重复利用的发射器发火。这些火箭弹与聚能装药（HEAT）反坦克弹头相结合，形

成能够穿透不同厚度钢制品的射孔弹效应。由于PG的扩散性和实用性，它已经并且仍旧是最具威胁的武器，这不只是针对爆炸第一响应者和调查人员，对于安保和维和人员来说也是如此，甚至也是全球政府商业设施的威胁。此外，由20世纪80年代美国政府设施遭受袭击来看，在黑市武器市场显然已经能够买到LAW火箭弹。总体而言这种类型的炮弹的威胁主要在于：火箭弹和发射器的体积小，相对来说便于隐藏；发火系统简单；之所以能够造成毁伤效应，是因为射孔弹弹头能够穿透坚固的建筑物和预防袭击使用的装甲车；这些武器中的一些已经开始在国际武器市场盛行；媒体的大肆宣传更美化了这些武器的使用。由于可能会发现未爆的PG-7，这件事看起来就没那么好了。它们都有自爆的特征，因此尽管错失了预期目标，它们仍旧能够起爆（见图6.16~图6.19）。

图6.16 美国和国外的种类各异的肩式火箭筒管（这些管体都是一次性的，使用后就要丢弃）

图6.17 苏俄式火箭推进榴弹（PG）（图片最上方的火箭弹描画了带有长期保持稳定尾翼的已发射的PG-7。上面数第二个火箭弹还没有发射，因为我们可以清楚地看见炮弹底部的发射助推器筒是完好无损的。最后的火箭弹没有助推器筒，最底部的火箭弹是PG-2型）

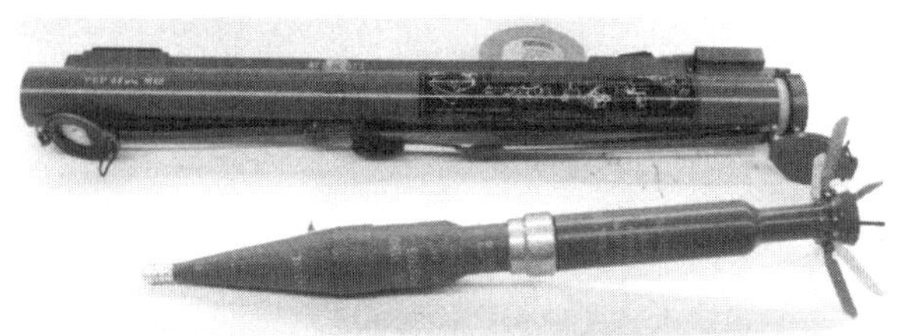

图6.18　66毫米的轻型反坦克武器火箭弹和发射器（由美国国防部提供）

a. RPG发射器能够快速优先点燃PG火箭弹

b. 没有PG火箭弹的RPG发射器（这种发射器是多种用途的发射器，点燃后仍然能够再次装载其他推进榴弹）

图6.19 RPG发射器

【知识链接】

火箭弹

产品说明：由弹头、发动机、引信和尾翼组成

通过旋转或尾翼（固定或折叠）来保证稳定发射

尺寸：直径为57毫米～380毫米，长度为1英尺～9英尺

气体动力形

填充物：高速炸药、化学品、生物材料、核物质、烟火剂、照明弹、子弹药、白磷、可燃物质或箔条。炸药量从几盎司至25磅

引信：头部引信、中部引信或弹头激发弹底起爆（PIBD）引信

起爆方式：冲击、延时、邻近或空中爆炸

导弹与火箭弹很相似，只是它有导航系统，增加了射击的准确性。此外，在所有的军用爆炸物中，导弹是尺寸、重量和性能范围都是最广的。尺寸范围从那些长度大于6英尺、直径小于6英寸、重量小于30磅的肩式发射防空导弹（SAM）（见图6.20），到装载核武器的洲际导弹（ICBM），重量在几百磅至几千磅。此外，它们的使用范围广，包括面对面、面对空、空对面和空对空装置。这种再次分类也包括巡航导弹。

特别需要注意的是，这种军用爆炸物的类型包括了射弹家族中的一种炮弹，如果这种炮弹被犯罪分子或恐怖分子使用，对应急人员和调查人员来说都是相当危险的。它就是相对较小的肩式发射防空导弹，能够直接击落飞机。这包括美国红眼和刺毒（见图6.21）；俄国的SA-7、SA-13、SA-14和SA-16；中国红缨（HN-5A）；由法国生产的西北风2。这些导弹都采用热跟踪的方式，这就意味着它们会“锁定”来自飞行器引擎的热源，飞行器可能是直升机、螺旋桨飞机、商业客机，也可能是高性能军用喷气机，这类导弹的长度通常是5英尺～6英尺，重量为6磅～21磅。诸如PG这类导弹的威胁主要在于其在国际武器黑市中可以买得到，2002年11月肯尼亚蒙巴萨发生的试图击落以色列客机的失败尝试足以证明这一点。这些导弹相对来说较小，比较容易隐藏。尽管一些导弹会错过目标，但我们也几乎很难找到未爆的导弹，因为它们的自爆机制会在错失目标后毁坏机载导弹。这些导弹在未爆的情况下被发现的最大可能就是其还被封装在发射器内。具有光学跟踪有线制导的导弹见图6.22。

图6.20 肩式发射面对空导弹发射器

图6.21 正在发射的美国毒刺（注意导弹底部和发射器之间快速喷出的推进剂罐）（由美国国防部提供）

图6.22 带有发射器的美国发射管发射光学跟踪有线制导（TOW）训练导弹（弹头的装药是反装甲的）（由美国国防部提供）

【知识链接】

导弹

产品说明：由弹头、发动机、仪表舱和引信组成

尺寸：直径为5英寸至几尺，长度为6英尺～100英尺的洲际导弹

具有一定的操纵和调整路线的能力

尺寸范围较广，能力较强

填充物：高速炸药、化学品、生物材料、核物质或子弹药填充物

填充物的重量：几盎司至几百磅

引信：内部引信、靠近弹头（前面或后面）

起爆方式：冲击、延时（几毫秒至几秒）、邻近、自爆或指令爆炸

枪榴弹与迫击炮相似，只是它从配备榴弹发射器或适配器的步枪中发射出来的。然而许多新型枪榴弹都会在伸出机尾的支架组件上设计开口，使其符合北大西洋公约武器的标准，这样就不需要发射器和适配器了。许多国家都把枪榴弹作为步兵武器使用，但它们已不再是美国库存的一部分。由于这些炮弹小巧且其弹头装有高速炸药，如果被犯罪分子和恐怖分子使用，可能会对应急人员和调查人员产生威胁。枪榴弹的长度为12英寸～20英寸，直径为2英寸～4英寸，重量小于2磅（见图6.23）。

图6.23 从步枪枪管中发射出来的枪榴弹（由美国国防部提供）

【知识链接】

枪榴弹

产品说明：由伸出机尾的空心支架组成（并不总是依靠旋转或尾翼来维持其稳定发射）。

尺寸：长度为12英寸～20英寸，直径为2英寸～4英寸

尾部可能是轻金属或塑料，弹头可能是塑料、重金属或轻金属

填充物：高速炸药、烟火剂混合物、可燃物质、白磷、化学品或照明弹，其重量小于1磅

引信：通常是内部引信，也可能是外部引信。头部或在弹头和尾部支架之间。

起爆方式：冲击或延时（通常烟火信号延时在3秒～7秒）

⇨ 6.4.3 抛掷型军用爆炸物

手榴弹是常见的抛掷型军用爆炸物，根据用途可以将它划分为几个子类，本部分将对此进行讨论。手榴弹是一种小型炮弹，可以采取手持的方式直接抛向目标。手榴弹主要由以下三部分组成：（1）壳体；（2）配有拉环和安全夹（有些有，有些没有）的引信；（3）填充物。对于应急人员和调查人员来说，手榴弹的威胁主要来源于这种爆炸物的特征，包括尺寸小，便于逃离人们视野，在使用前有效地进行隐藏；使用简单，对于使用者来说，几乎不需要培训；在国际黑市上可以获得；组装简单，可以随时获得商业组件；从军事领域获得的未爆的手榴弹。

许多现代手榴弹的壳体和引信是塑料。防守版本的手榴弹壳体内埋入了钢球。重点是当人们看见塑料壳体和引信时，大多会认为这只是个玩具。根据用途，抛掷型军用爆炸物可以分为以下类型：

- 杀伤型（防守和攻击）
- 反坦克
- 烟幕型
- 其他类型

杀伤型手榴弹是最常见的手榴弹类型。防守型手榴弹能够引起人员伤亡，不仅是由于其高能的主装药爆炸产生的冲击波效应，也在于高速的碎片效应，这些碎片主要来自破碎的金属壳体、炸断的金属线、钢球或内外部的金属管碎片。攻击型手榴弹的壳体通常是塑料、薄金属或厚纸板，它的毁伤效应主要来源于主装药爆炸产生的超压，而不一定非要产生碎片效应（见图6.24～图6.27）。

【知识链接】

杀伤型手榴弹

产品说明：由壳体、引信和填充物组成

壳体可能是硬纸板、塑料、帆布、轻（金属片）或厚重的金属，其形状从棒球形或垒球形，到两端呈平面的圆柱形（与苏打罐相似）或菠萝形，其头部

都配有杠杆引信

尺寸：直径为2英寸~4英寸，长度为3英寸~6英寸

引信通常由厚重的金属或塑料制成

攻击型手榴弹制造的多是冲击波效应，而不是碎片效应

防守型手榴弹制造的多是碎片效应，而不是冲击波效应

填充物：5盎司~8盎司或更多的高速炸药

引信：预先设置的内部引信或外部引信

起爆方式：冲击，延时（烟火或化学）（美国制造的手榴弹延时时间为4秒~5秒）

图6.24　杀伤型碎片手榴弹（外部壳体可能由厚重金属、金属片或不同颜色的塑料组成）

图6.25　带有木制手柄的手榴弹通常称为“长柄手榴弹”

图6.26 内部含有数百个小碎片的碎片手榴弹的剖面图

图6.27 以前的和目前的美国碎片手榴弹（蓝色的手榴弹主要用于教学，但我们可能会发现军用物品商店正在合法销售这些手榴弹。它们可以转变成可使用的手榴弹）

反坦克手榴弹的设计是直接抛向坦克和其他装甲车。它们都有聚能装药（HEAT）爆炸的弹头，并且通过降落伞或布带来确保其在飞行中的稳定，以保证其从头到尾都能安全抵达目标。这些手榴弹采用冲击起爆的方式，当它们撞击到目标后，引信就会起爆主装药（见图6.28）。

图6.28　采用聚能装药方式的反装甲手榴弹

【知识链接】

反坦克手榴弹

产品说明：由壳体、引信、填充物和具有稳定特性的物质组成

尺寸：直径为2英寸～4英寸，长度大于为12英寸

聚能装药效应

通常是内部引信

壳体为塑料、帆布或轻金属

填充物：小于1磅的高速炸药

引信：预先设置的内部引信或外部引信

起爆方式：冲击，可能有自爆的特征

烟幕弹有爆炸和燃烧两种类型，它们可能由橡胶、金属（金属片和厚金属板）或塑料制成。军用爆炸型烟幕弹装有白磷，这样看来它是一种相当危险的手榴弹。白磷可以在空中自发燃烧，当接触肉体时，白磷会继续燃烧，直至消耗殆尽或将其完全覆盖，阻止其进入空气。除了白磷，美国手榴弹和一些它的复制品的壳体都是锯齿状的钢结构，因此无论从壳体的碎片效应还是白磷的燃烧效应来看，这种手榴弹都是能够制造伤亡的。另外，产生白烟或彩色烟雾的燃烧弹尽管不一定会造成伤亡，但却存在燃烧危险（见图6.29）。

【知识链接】

烟幕弹

产品说明：由壳体、引信和填充物组成
壳体通常是轻金属或类似苏打罐，其头部都会配有杠杆引信
引信是沉重金属或塑料。
填充物：白磷和烟幕混合剂
引信：只有外部引信
起爆方式：延时（烟火或化学延时）时间为1秒～7秒

其他类型的手榴弹包括照明弹、燃烧弹、防暴弹和训练弹。照明弹用于在短时间内（不到1分钟）提供强光和信号。在美国，这种手榴弹的壳体通常是有白色涂层或没有涂层的金属片。这种炸药并不会发生爆炸，而是内层壳体从主体中分离出去，将正在燃烧的烟火药抛向空中。这种手榴弹的形状是长形的，与某些碎片手榴弹的形状相似，但也有可能是圆柱形的。

图6.29　美国的烟幕弹（带有齿状形壳体的手榴弹是白磷爆炸杀伤型手榴弹）

燃烧弹（见图6.29）能够产生超过4000℉的强热，这些热量足以摧毁仪器设备，以致人们无法使用这些设备。美国的燃烧弹的壳体（外观上像苏打罐）由带有紫色标记的灰色涂层构成，其内部包裹铝热剂烟火混合物。尽管这种手榴弹不能爆炸或破裂，但是它们能燃烧。

防暴弹（见图6.29）专门用于控制暴乱，主要有以下两种类型：（1）燃烧；（2）爆炸。这些手榴弹的填充物包括防暴药剂苯氯乙酮（CN）和邻氯苯亚甲基丙二腈（CS），将这些药剂包裹在圆柱形（与苏打罐相似）或垒球

形的金属、橡胶及塑料容器内。在美国，这些手榴弹的外壳是带有红色标记的灰色涂层。

无论是爆炸型的训练弹，还是非爆炸型的训练弹（见图6.27），都是专门用于训练人们掌握和抛掷碎片手榴弹的。这些手榴弹看起来很像真实的手榴弹，不同的是底部有小孔，有些小孔可能会被制动器封锁起来。此外，这些手榴弹的涂层可能是浅蓝色的，这样便于区分它们。尽管这些手榴弹不含高速炸药，也不会产生碎片，但有些确实含有小剂量的黑火药和引爆器。如果爆炸型手榴弹贴近人体，其黑火药爆炸可能会使人体受伤。当手榴弹上涂有棕色条带时，表明该手榴弹含有少量黑火药。非爆炸型的训练弹已经并将继续在军用物品经销商处进行合法销售。这样看来，一些人完全可以获得这些训练弹，然后再将其转换成爆炸型手榴弹。

尽管不是真正的手榴弹，但爆炸效应模拟器仍然能够模拟特定类型的爆炸，如火炮炮弹、手榴弹和诡雷。在这些模拟器中，本文只详细介绍其中的两种，它们已被用于爆炸犯罪中，给应急人员和调查人员带来了极大危险。

手榴弹和火炮模拟器，是指在士兵培训期间，用来模拟手抛掷类型的军用爆炸物爆炸后现场的噪声和毁伤效应。模拟器的外壳由白色的圆柱形纸管组成，其上面涂有黑色和红色，其内部的密封装药是闪光粉。引信绑在管体的外侧，并与闪光粉紧密相连。在拉动引信的后盖处设置安全夹，以防止其意外启动。人们可以使用这些类型的模拟器改变或不改变造成人员伤亡和财产损失的状况。改变方法包括在爆炸物的外包装内加入金属碎片，当它起爆时会造成巨大的人员伤亡。美国M116A1手榴弹模拟器大约长4.5英寸，直径为2英寸。美国M115A2炮弹模拟器的外观与手榴弹模拟器极其相似，只是要稍长，长度大约为6英寸（见图6.30）。美国M21炮弹闪光模拟器是橄榄褐色的塑料壳体，大约长6英寸，直径大于2英寸。

【知识链接】

其他类型的手榴弹

产品说明：由壳体、引信和填充物组成

壳体是金属片、沉重的金属、塑料、纸或橡胶，主要应需求而定

引信通常是沉重的金属，但也有可能是塑料的，以模拟器为例，其牵引摩擦或安全引信都是塑料的

填充物：防暴药剂、烟火剂、铝热剂、黑火药或者根本没有填充物

起爆方式：延时（烟火或化学延时）时间为1秒～7秒

引信：外部或内部引信

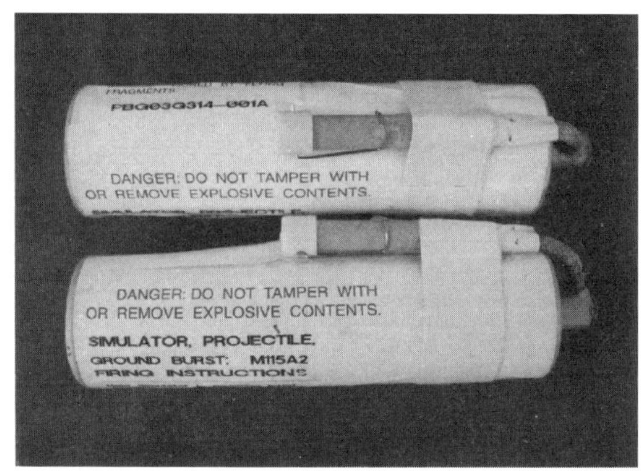

a. M115A2火炮炮弹模拟器通常模拟即将开始或正在爆炸的火炮炮弹（这种类型的模拟器既可以作为自制装置单独使用，也可以添加碎片）

b. M115A2火炮炮弹模拟器爆炸产生的碎片

图6.30 M115A2火炮炮弹模拟器及其爆炸产生的碎片

⇨ 6.4.4 放置型军用爆炸物

放置型军用爆炸物最常见的设计是地雷。地雷主要有三种放置方式，分别是隐藏、埋在地下或者放置在地面上。在全球生产和使用的所有军用爆炸物中，相对于其他类型的军用爆炸物来说，长期以来使用地雷造成的平民伤亡是最多的。在20世纪和21世纪战争期间，数百万个地雷被埋在地下，许多这样的地雷都未被移走，如果毫无防备的受害者踩上它们，它们就会发生爆炸。此外，还有一些地雷没有埋在地下，但却作为炮弹从飞机上抛下来，使其降落到地面残害受害者，此时的受害者可能是人或车辆。放置型地雷可以划分成如下类型：

- 杀伤型
- 反坦克或反装甲型

杀伤型地雷主要用于对人体造成伤害或致死，其形状和尺寸范围非常广，内部含有高能主装药和有毒化学药剂。主装药从几盎司至2磅不等。一些地雷的控制系统的设计是当人踩上去就会爆炸，而诡雷则是通过拉发线和反能动机制来激活的，还有一些是通过指令操作来完成起爆的系统（见图6.31～图6.35）。

图6.31　图片显示大多数杀伤型地雷和反装甲地雷都是塑料壳体

【知识链接】

杀伤型地雷

产品说明：由壳体和引信组成

壳体可能是塑料、金属、木头或没有壳体

一个地雷上可能会有多种引信

仅放置一个地雷的情况是罕见的

它可能是任何一种形状、尺寸或颜色

使用地雷探测器或金属探测器可能无法发现它们

填充物：高速炸药——几盎司至2磅的化学药

引信：头部、底部、侧面和内部引信；大多数地雷都有备用引信，这种地

雷通常是便于安装的反拆卸装置（诡雷）。一些地雷还要使用电池

起爆方式：压力（要求小于30磅的地雷使用）、释放压力、松发、拉动、指令、自爆、移动、震动、声控、累积压力或磁控

反坦克或反装甲型地雷比杀伤型地雷要大，它们主要用于毁坏坦克和其他装甲或未装甲的汽车。因此这些地雷的重量要超过大多数杀伤型地雷的重量。这些类型的地雷含有的高能高速炸药都超过20磅（见图6.31）。

图6.32　小型塑料杀伤地雷

图6.33　苏联/俄罗斯克莱莫杀伤地雷

图6.34 拉线起爆方式通常用于杀伤型地雷（由美国国防部提供）

a. 类型各异的起爆系统，能够起爆地雷、诡雷及其他类型的爆炸装置，包括自制装置

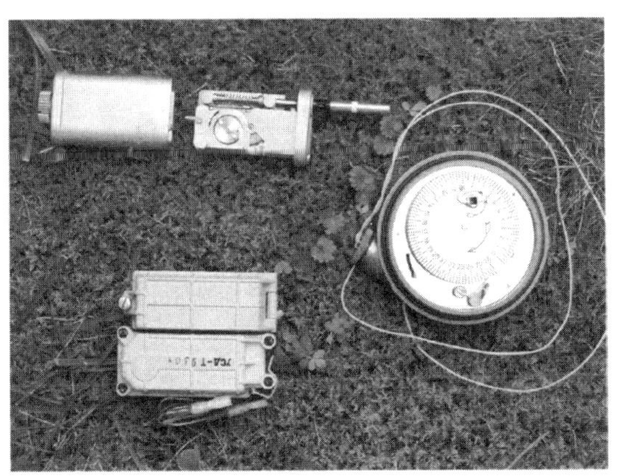

b. 机械闹钟，可以通过延时的方式起爆军用爆炸物或简易爆炸装置（展示了拥有灰色塑料外壳的电子定时器，它可以用于起爆简易爆炸装置）

图6.35 各种起爆系统及延时装置

【知识链接】

反坦克型地雷

产品说明：外壳可能是塑料、金属或木头；有些情况下可能没有外壳

地雷探测器可能无法发现它

一个地雷上可能会有多种引信

在军事行动中，仅放置一个地雷的情况是罕见的；但事实上，有时确实存在一次只放一个地雷的情况

它可能是任何一种形状、尺寸或颜色

填充物：高速炸药——5磅～20磅

引信：头部和内部引信；有些地雷的头部安有备用引信，这种地雷通常是便于安装的反拆卸装置（诡雷）

起爆方式：压力、倾斜或诡雷

小结

在军用爆炸物的识别方面，国与国之间的差异是很大的。军用爆炸物的范围从最大的15000磅炸弹到不足1磅的空中投放地雷。炮弹的形状可能是圆柱形、类似苏打罐形、水滴状、棒球形、垒球形、楔子形、鞋盒形或类似金属管的长圆柱形。橄榄褐曾经是军用爆炸物最显著的颜色特征，但现在已经不是了。除了橄榄褐之外，炮弹也有可能是任意其他颜色。军用爆炸物的包装几乎涉猎所有可用的材料，从沉重的金属壳到金属片、塑料、木头、铝和纸。此外，炮弹上的标记起到了至关重要的作用，它决定了军用爆炸物的身份。

除了我们预期中的高速炸药和碎片带来的危险外，军用爆炸物中还含有有毒的化学药剂、生物机体、核物质、烟火剂、可燃物以及传单等填充物。对于控制系统来说，从简单到非常复杂的电子和机械系统，它们能够使军用爆炸装置在预定的时间发生爆炸，这会使现场存在未爆的炸弹，对操作人员的安全构成了极大的威胁。

随着军用爆炸物应用到日益增多的简易爆炸装置中，事实上应急人员和调查人员应该熟练掌握这些炮弹的识别方法。这就要求他们密切关注恐怖分子或犯罪分子可能使用的军用爆炸物，这些爆炸物可能尚未发生爆炸，或者可能处于混乱状态，这对于现场调查人员来说是非常危险的。此外，当搜查犯罪嫌疑人的物品时，必须快速准确的识别出军用爆炸物。

在爆炸现场勘查的过程中，现场调查人员在履行职责的同时需要面临许多其他的危险，但如果在最初时就能够识别出爆炸物，那么就可以避免或减轻与军用爆炸物相关的危险。

复习题

1. 当面临未爆的军用爆炸物时，应急人员和调查人员应该如何应对?
2. 火箭弹和导弹在操作上有何不同?
3. 军用爆炸物通常可分为哪四类?
4. 什么是军用爆炸物中的惰性物质?
5. 发射型军用爆炸物可以分成哪五类?
6. 什么是子母弹?
7. 什么是白磷? 为什么非常危险?
8. 哪种类型的军用爆炸装置会被频繁地用在简易爆炸装置中?
9. 能够确定军用爆炸物身份的物理特征有哪些?

第7章

法庭科学实验室的功能：解读爆炸作案人的特征

7.1 引言

现代的法庭科学实验室是从福尔摩斯介绍犯罪现场调查人员提取和检验痕迹物证方法之后开始出现并不断发展。事实上，法庭科学实验室的功能被公众所熟悉，主要是通过电视连续剧（犯罪现场调查）、法制节目中真实的审判过程及其他媒体的介绍。有人提出陪审员的观点可能被犯罪现场的一些发现和实验室的鉴定意见所迷惑。具体来说，在一小时时长的“犯罪现场调查”视频中，包含了犯罪的发生，对犯罪现场的调查，对物证进行严谨的验证检验与鉴定，提供侦破线索，进而结案。这些与我们身边发生的真正的犯罪现场调查比较不一定必须是真实的，我们指出，大量的调查都是及时完成的，但是有更多的是不能及时完成的。虽然我们在现场的处理方面费劲心血，经过提取物证和实验室检验后，但有时我们仍旧无迹可寻。从本质上说，公众有时候会产生一种错误的观点，即如果实验室和调查人员不能提供直接证据直接确定嫌疑人身份，如通过指纹或其他特定手段，那么就认为这个人无罪。换句话说，看完“犯罪现场调查”或者类似电影之后，观众们会猜测为什么调查现场时调查人员没有应用可变光源、便携式爆炸探测器或者其他提取物证的仪器设备，进而对提取的物证做出一个正确的鉴定。这不是说电视剧对于人们了解犯罪现场调查或者了解实验室鉴定起到不好的作用，恰恰相反，公众了解地越多，法律的公平性越得以保障。唯一的条件是，人们应该对于调查人和实验室所能做的与不能做的有一个现实的期望。

本章的意义是双重的。首先本章目的在于了解具有法庭科学实验室鉴定资格的爆炸现场调查人员的工作，他们可以对爆炸现场或其他位置提取的爆炸碎片进行各种类型的检验。有效的检验工作可以广泛应用，将在1989年发生的四起系列爆炸案件中加以详细描述。当然，不同的爆炸案件中，重点应用分析检验能力和技术也是不一样的，本章并不是想将联邦的，州立的或市级的现代法庭科学实验室中分析检验能力与技术都详细介绍。举个例子来说，联邦调查局（FBI）位于弗吉尼亚州匡提科的实验室，出版了一个近200页的手册，该手册详细介绍了FBI实验室检验的类型。这本法庭科学应用手册在2003年重新出版（FBI实验室 2003），在www.fbi.gov.可供我们阅读。

本章的第二层意义在于探究如何解释“爆炸作案人特征”这个名词，同一个人制作多个爆炸装置时，一定会选择相似的组成部件及制作技术，这也是为什么说爆炸现场调查人员必须理解爆炸作案人特征在爆炸现场勘验与分析中的重要性。此外，真实的案例研究也可以解释爆炸作案人特征的重要性。

在我们开始之前，有一点我们必须明确，当今时代法庭科学实验室中有效的检验技术得到了飞速发展，实验室通过对于证据的检验确实可以创造出奇迹。在过去的10年中，我们见证了在鉴定血液和体液中DNA技术的巨大进步。事实上DNA分析方法已经提供一个新的类似手印的可以直接认定嫌疑人的方法，但是，实验室只能处理交给他们的物证。因此，现场调查人员必须全程参与调查包括物证的提取、保护、放在合适的容器中避免物证被污染、正确包装，最后将物证提交给实验室。提交物证的过程可能看起来微不足道，但确实出现过提取物证以后没有将物证提交到实验室的案例。如果有任何疑问，调查员应提交证据或联系实验室寻求指导。

此外，法庭科学实验室检验鉴定物证的能力受提交的物证的质量和数量所限制。实验室无法检验没有送检的物证。

【知识链接】

案件调查——国际快递调查

1989年12月16日（星期六），第一枚炸弹是通过美国邮局邮寄至罗伯特·凡斯法官和她的妻子海伦的邮箱，他们住在布鲁克山的亚拉巴马州伯明翰郊区。当法官凡斯从邮箱取出邮件时，一个相对较重的纸壳箱引起了他的注意，这个纸壳箱由棕色纸包裹，上面系着绳子，他把纸壳箱放在了厨房的桌子上。凡斯法官准备打开这个箱子时，箱子表面红白相间的邮寄地址牌引起了法官的注意，应该是他的一个乔治洲的同事邮寄过来的。凡斯的妻子目睹了这次可怕的爆炸，爆炸的冲击力直接把凡斯法官推倒在地板上，然后弹起到厨房的墙上和走廊，凡斯法官当即毙命。虽然凡斯太太也在厨房，距爆炸中心现场不远，但幸运的是，凡斯太太在这场爆炸中生还了，医院诊断她的伤可能来自爆炸物的弹片及碎片（见图7.1）。

1998年12月18日（星期一），布鲁克山发生爆炸两天之后，第二枚炸弹邮寄到了由美国法院，该法院位于乔治亚州亚特兰大市福赛斯大街。这个包裹没有被打开，当这个包裹通过安检X光机时，发现了其真实身份——炸弹。立刻通知排爆专家进行处理，通过安全途径将这个爆炸装置送往当地适合拆除的地点，按照排爆程序，在炸弹爆炸破坏范围之外通过遥控手段进行“安全处理”。除了主要的供电部件在安全装置拆卸中烧毁，其他所有部件保存情况完好（见图7.2）。

图7.1　1989年12月16日在罗伯特·凡斯法官的住处遭土制钢管炸弹爆炸后提取到的钢管碎片。钢管接头处碎片的痕迹是被用来固定炸弹的钉子造成的（由美国联邦调查局提供）

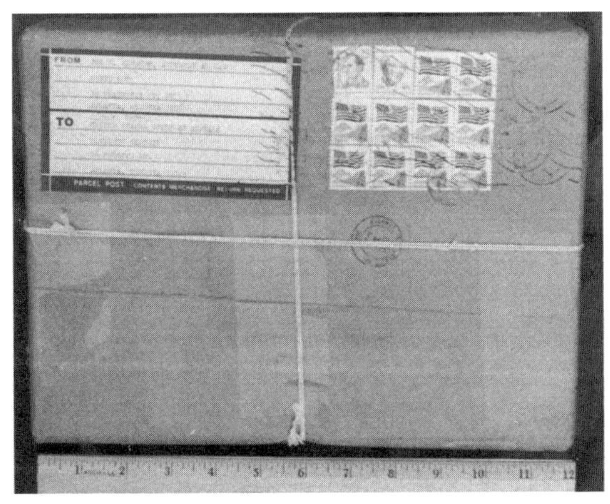

图7.2　1989年12月18日在乔治亚州亚特兰大市第十一巡回法庭提取到内有钢管炸弹的包裹的照片。在“国际货运”系列爆炸案中，邮票、棕色包装纸、棕褐色的塑料袋和白绳是那4个炸弹的共有特征（由美国联邦调查局提供）

收到第三枚爆炸装置的受害者并不是那么幸运。1989年12月18日（星期一）的下午，律师罗伯特·罗宾逊回到办公室（位于佐乔治州东部港市萨凡纳的Abercorn街上）时发现收到一只很大的箱子。无法得知罗宾逊先生是否知道前面介绍的两起爆炸案件，他坐在办公桌旁打开了那个箱子。从犯罪现场来看，调查人员在他的桌子旁边的垃圾桶里发现完整留下的上有红色和白色邮件标签的棕色包装纸、邮票和白绳。罗宾逊接下来发生的事只能从现场残留的其他一些证据猜测。很显然，拆掉包装纸后，他想要打开白色瓦楞纸箱，于是剧烈的爆炸发生了。罗伯特·罗宾逊一开始幸存了下来，但由于伤势过重在抢救室里去世。

1989年12月18号（星期一），第四枚炸弹又通过美国邮政寄到了全国有色人种协会的地方办公室（位于佛罗里达州东北部港市杰克逊维尔）。在办公室里放了一会儿后，威利·丹尼斯女士准备打开它。运气很好，她有一些任务离开了办公室，决定等到下午回来时再打开它。但她在回办公室之前，手机出了些问题，问题解决后已是接近傍晚了，她决定直接回家。收听晚间新闻时，她得知了亚特兰大的爆炸案，更重要的是，炸弹的描述听起来很像她办公桌上的箱子。隔天早上，1989年12月19日（星期二），丹尼斯女士到达办公室后，仔细地看了看她桌子上的箱子：

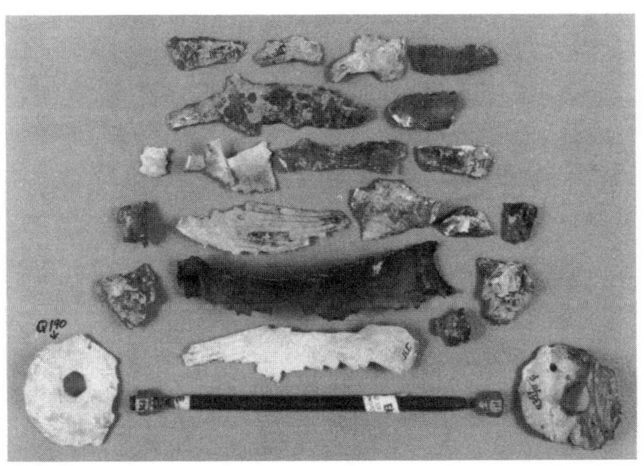

图7.3　在1989年12月18日的爆炸后，在律师罗伯特·罗宾逊办公室提取的钢管碎片。管接头处的痕迹是由用来固定炸弹的钉子造成的（由美国联邦调查局提供）

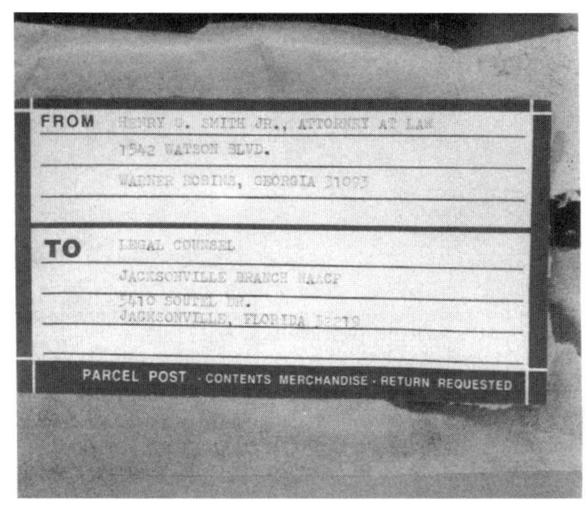

图7.4　1989年12月18日送到全国有色人种协进会办公室（位于佛罗里达州东北部港市杰克逊维尔）的炸弹包装上的地址标签（由美国联邦调查局提供）

棕色的包装纸、红色和白色的邮件标签、邮票，并用白色的绳子捆绑着。箱子看起来很可疑，于是，杰克孙威尔州长办公室的排爆专家被召集到现场，他们证明这个炸弹其实和其他三个装置很接近。美国联邦调查局实验室当时已对先前爆炸案件的证据有所掌握，同时对使用的炸弹的构造特点及起爆系统组成有基本的了解。在排爆人员和调查局讨论后，他们安全地拆除了爆炸装置，包含所有主装炸药在内的组件完整提取（见图7.5）。

在来自美国邮政检查部，酒精、烟草与火器管理局，美国联邦调查局，亚拉巴马州，佐治亚州，佛罗里达州及其他市政的执法机构的调查员和专家的合作下，对四个犯罪现场仔细地勘验，收集的证据被运送至美国联邦调查局（位于华盛顿特区约翰·埃德加·胡佛建筑），在那里给证据做了详细地保存清单和样本编号、拍照等，根据对四个犯罪现场和美国东南部获得的1000多条证据进行分析进而更好地决定实施哪种类型的调查。

图7.5　在1989年12月18号，被邮寄到位于佛罗里达州杰克逊威尔的全国有色人种协会（NAACP）办公室的包裹里面的钢管炸弹（由美国联邦调查局提供）

从调查开始，很多点是确定的：这起联邦法官和一个律师的谋杀案与企图炸掉联邦法院和全国有色人种协会办公室是有联系的，不是一次常规性的攻击，而是对美国法律体系的进攻，这确实是一个非常严重的问题。因此，通过调查，根据现存的联邦司法权表明，对突然袭击联邦官员和联邦法院的法官，而这些责任应该由联邦调查局来承担。此外，通过联邦调查局对重大案件的调查研究，给出了一个代码，国际货运，重大案件代码是29，这个国际货运代码是系列爆炸案件调查的缩写。

从最初对复杂的爆炸装置和碎片的检验，发现四个炸弹都是使用基本相同的结构部件和制造技术，这表明他们是出自同一个来源，这就意味着，要么是一个人制做所有四个爆炸装置，或者超过一个人使用相同类型的组件和制造技术来制造这些装置，换句话说，如果参与制作炸弹，他们显然会知道彼此的制作设备。

下面是四个炸弹的主要组件清单：

棕色的包装纸	邮件标签
邮票	胶带
白线	白色瓦楞纸盒
黑漆	额外的瓦楞纸
胶黏剂	无烟火药
威胁信件	管容器与终端版或结束帽
纸巾	橡皮筋
在三个装置中有螺母和丝杆	指甲
重线	电线

起爆系统包括：

简易的电池放置处	简易雷管
铝制连接器	简易启动开关
胶黏剂	

考虑到提取证据的数量和法庭实验室检测范围，这是有史以来美国联邦调查局和美国联邦调查局实验室进行的最大量的调查。所有部门和单位将近100名FBI实验室的检验人员和助理参与了物证的检验。实际的检验鉴定工作是有难度的，一部分碎片较容易识别，如电池、电线、使用过的油漆和纸还有用来装炸药钢管等。但有一些碎片必须是经过数小时的详细检验之后，才能确定碎片的原型物是什么。检验过程中，除了高度分散的两个爆炸装置的碎片，那两个被排爆人员安全分解的简易爆炸装置在分析这些炸弹碎片原型物的过程中起到了不可估量的作用。

7.2 实验室检验简易爆炸装置的功能

在详细介绍实验室检验情况之前要先做一个关于检验程序的简短的说明。特证通常有很多种检验方法，如针对一个钢管炸弹的金属碎片就会有三种或三种以上的检验方法：1. 显现潜在指纹；2. 检验残留的炸药颗粒以便明确主装药的种类；3. 用金相检验技术确定金属的种类。换句话说，在每一件物证上，用不同的检测技术可以得到不同的物证信息。此外，为了防止法医类物证的检验破坏实验室进行的另一种类型物证的检验，这就要求提取物证的人或机构对不同的材料的性质有一定的了解，这一点非常重要。具体而言，证据的送检人员需要在一件物证上做DNA分析和潜在指纹的检测，许多指纹检测会破坏DNA，但并不是所有的都会破坏，这就应该和实验室协调沟通，在这种情况下，实验室和送检人员沟通选择哪种检测方法，如在进行指纹检测之前先收集DNA或不收集任何DNA，或在无损检验指纹后再收集DNA或不做手印显现。

⇨ 7.2.1 爆炸装置重建

在FBI的实验室里，对这四个装置是自制爆炸装置还是制式炸弹的判定及对各组件的鉴别是由爆炸装置检验部门完成的。这些检验根据爆炸地点收集来的碎片或者拆解的组件，尽管90%以上的爆炸装置部件已经被炸得粉碎，但是还有少量的炸药未参与爆炸反应残留了下来。在国际快递爆炸案件的调查过程中发现，四个炸弹里有两个没有爆炸，而是被拆解，这对检验过程有很大的帮助。最终确定了未爆的两个装置以及实际爆炸的两个装置的组成部件及工作原理。

爆炸装置利用了密封的金属管盛装低速炸药和电起爆系统。三个装置中，管子一端凸起部分用电镀金属做了密封，焊接到管子开口的一端。其中一个管状炸弹容器用带盖子的管子做密封，旋转拧入金属管状物的每个管子的凸起部分。三个管状炸弹的端板使用了带有螺纹的杆子穿过每个管子的内部，直到金属板的外部并用金属螺母扣紧。为了增加爆炸的杀伤力，在每个管子的外部用橡皮筋包裹了很多钉子。然后，每个装置被装到一个白色瓦楞纸箱并用棕色牛皮纸包裹，上面贴有地址标签和各种各样面额的邮票，并用棕色塑料袋和白线保存，所有这些都被文件检验人员明确的鉴别。管状炸弹和相关组件被放置在一个带有瓦楞纸箱和银色长线的纸箱中。每个纸箱容器内部都涂有黑色油漆。

每个装置的电起爆系统都是由电线、两节1.5伏电池、用瓦楞纸做成的简易电池盒、铝电极、胶黏剂、纸夹和一个自制的雷管组成。雷管用得是一支墨水笔的一部分、电线、起爆药、胶黏剂和炸药做成的。

该爆炸装置的工作原理是通过打开每个箱子触发松发开关使电路闭合。电路连接后，电池作为电源给雷管供电，引起雷管爆炸，雷管爆炸进而引爆主炸药爆炸。主炸药的爆炸使管壁破裂进而推动管子碎片和添加的钉子射向目标区域。

进一步检验发现带有金属板的三个管状炸弹大约是7英寸长，口径为2英寸。有盖子的管状炸弹长大约为$5^1/_2$英寸，口径为$1^1/_2$英寸。此外，其中一个被炸飞的盖子标有制造商的符号“U”，根据他找到一个明确的制造商——联合锻铸有限公司。然后，根据电池上一些可识别的制造商生产代码找到它们的制造商，金霸王和柯达，各一个1.5伏的电池。这些装置中使用的线材被鉴定出是电话线。

除了这些检验，法庭科学实验室凭借它的资源，利用装置组件的结构，有能力对自制的爆炸装置进行检验。

这些检验主要包含以下内容：

● 确定结构特征并且明确所有组件在装置中的作用。此外，必须明确将送检的各种器件组合后是否能组成一个爆炸装置

● 明确能够用来做爆炸装置的组成部件有哪些（第 3 章有详细介绍），如各种类型容器、电子和机械的开关、电池、电线和相关的材料等，当然这只是一部分，实际还有很多

● 确定装置工作原理或起爆原理（正如本章节早前所详细介绍）

● 确定定时起爆控制的方式是机械的、电的还是组合的

● 确定使用的导爆索以及现场的导爆索的详细信息，如制造国家，制造商，种类和品牌

● 确定所有种类的雷管（未爆的还是从爆炸中复原的雷管），像第 2 章中介绍的关于雷管制造国家、制造商、种类和品牌

● 确定导火索的安全性，考虑导火索制造国家、制造商、种类和品牌等信息

● 确定所有种类的军事武器（第 6 章中介绍），相关制造国家和使用意图或作为爆炸装置的组件

● 对起爆系统进行检验和评估，是简单设计还是用到复杂的技术，确定炸弹制造者使用的特殊技术和可能与其他种类的系统的联系

● 对装置制造者使用的特殊装配技术进行实验和评估，通过与以前的装置进行对比，确定爆炸作案人相关信息

⇨ 7.2.2 爆炸残留物分析

在国际快递爆炸案件调查中，理化检验人员根据对装置中炸药分析确认炸药种类。主炸药被鉴定为红色无烟火药。此外，油漆被鉴定为黑色乳胶，油漆是用刷子涂在炸弹盛装盒子内部。尽管没有鉴定出油漆的详细制造商，但是它与案件侦查中复原的一种相似种类的黑色油漆相似。考虑到对其他未爆炸的材料进行的相关检验，理化检验人员有能力鉴定他们是不是：

- 低速或者高速炸药
- 来自于特定的制造商、品牌和种类
- 纵火剂
- 民用或者军用来源
- 自制的混合物

无论是在国家、市或联邦，物证技术人员按照第4章提供的爆炸残留物收集、装袋和运输指南，物证使用手册（联邦调查局实验室，2003）或物证技术人员选择的实验室指南操作是很必要的。此外，为了能够准确复原炸药，联系接收实验室应该按照实验室要求的特殊运输指示进行。可以设想，在高度恐怖情形下，在没有事先预警下通过任何运输装置随意运输炸药，是很危险的。

⇨ 7.2.3 潜在的指纹检验

潜在指纹检验工作在国际快递爆炸案件调查中广泛的应用，处理了数以百计的样本，试着在纸张、容器、磁带、完整和破碎的钢管炸弹和自制雷管上显现出可以被识别的手印。所有这些检验中，唯一可以用的是在一个炸弹信件上显现出了潜在指纹，经过调查，最终发现这个指纹是一个不知情的年轻男孩用这些纸在打印信件时混进了这四个炸弹里。尽管一切正常，但是在物证中没有发现爆炸作案人的指纹。然而，制造者留下的指纹或者搬动过装置的人的指纹有时可以在其他爆炸装置上提取到。因此，爆炸后调查人员需要注意，在处理爆炸现场物证时为了防止他们的指纹留在物证表面。可以通过戴棉质手套给予保护，没必要用薄的橡胶手套，如医用检查手套，不能防止佩戴者将他们的指纹留在物证表面。正如7.2所提到的，需要多次检验同一个物证，这些信息应该传达到实验室，从本质上讲，哪一种检验有可能对鉴别提供直接证据，或者可以与爆炸的主体有联系呢？在大多数情况下，指纹和DNA检验相比于一个炸药残留物的检验，都更有能力提供直接的证据。但是，也有进行对物证无损的检验方法，从而允许其他类型的检验。

⇨ 7.2.4 物质分析

在国际快递爆炸案件调查中关于其他材料的检验结果显示，在设备中使用的白色橡胶黏合剂实际上是一种温室硫化硅化物。此外，其他的黏合剂包括通常用于陶瓷黏合的胶水、皮革、布料、纸，它们被封装在小的管子中，用塑料瓶装，至于油漆，不能确定它们的制造商，但在调查期间，它们被认为是适合于与其他类型的回收材料作比对的。

此外，也对各种不同类型的黄褐色打包带进行了检验，为了确定可能的制造商、胶带的来源以及检查胶带的终端看它是否与物体的端点相匹配，尽管没有一个特定的品牌或制造商的确定，检查发现，不同长度深褐色的胶带都来与同一制造商，并且是同一批次。

⇨ 7.2.5文件检验

文件检验在国际快递爆炸案件调查中起着一个至关重要的作用，正如它在很多的爆炸案件调查中所应用的那样，特别是对于那些通过邮寄的邮件炸弹或通过爆炸嫌疑人自己交给不知情的受害者的案件。除了国际快递系列爆炸案件，在某些情况下，爆炸作案人为了避开邮局，会将炸弹包裹放在受害人家门口的台阶上，希望受害者认为邮件是邮政部门的服务，并尝试打开它。

在国际快递爆炸案件的调查中，文件检验人员会对以下内容进行分析：打出的字、纸张、邮票、邮戳和来自美国邮政服务的设备。鉴定结果确定了四个简易爆炸装置的以下组件：用来包裹简易爆炸装置的纸、红色和白色打印出的邮件标签、四个包装物上都贴有的美国邮票、用于盛装的简易爆炸装置的瓦楞纸箱和用于书写地址标签以及恐吓信的打字机的类型。

和许多其他调查一样，在本次调查中发现地址是打字机打印的，而不是手写或打印机打印的，可疑的打字稿可以与使用过的打字机比对进行鉴定。当打出来的字是通过打字机而不是打印机所打印出来的时，可以通过打字机的个别特征进行检验鉴定，打字机在制造和使用过程中会形成个别特征，如在打印杆上修复一个破碎的信件。打字机的其他结构如球、转轮、顶针等与打字稿是没有什么联系的。然而，碳膜或色带可以与特定的检验相联系，在本次调查中，通过检验色带上的印记，确定了所有的四个地址标签是同一个打字机所打印的，并且也明确了打字机的生产商——兄弟公司。此外，包含了打字信息的盒子里的那卷纸也被认定了，在这些纸上打印信息的打字机就是用来打印地址标签的打字机。

对四个包裹上邮票的撕裂边缘特征进行分离痕迹检验，结果没有鉴定出这些邮票是同一个来源。但是文件检验人员鉴别出来了邮票的种类和面值，纸张和邮票的撕裂边缘可以从单一的来源用来鉴别，如一个人应该使用邮票来通过邮件来发送炸弹，提取的邮票撕裂边缘与剩余邮票主体边缘能够完全重合，从而就在炸弹和制造者之间建立了直接的物质联系，同样可以说，包裹或其他纸已经被撕去，以提供特征比对的信息。在本次调查中，检验者确定炸弹包装纸为常见的棕色包装纸。

在国际快递爆炸案件调查中，复印机与复印的信件之间的鉴定是没有影响的。然而，和较早的介绍指纹检验一样（7.2.3），通过指纹检验可以识别的特定的复印设备。事实上，如果复印文件有足够多的可识别的特征，实验室确实具备检验复印文件的能力。

虽然国际快递爆炸案件调查中没有特别利用以下类型的检验，但是这些检验不仅有助于爆炸犯罪调查，也有助于其他类型犯罪的调查。犯罪现场经常留有犯罪嫌疑人和最早到达现场人员的平面、立体的鞋印和轮胎面痕迹。几乎所有的痕迹，包括局部痕迹，都对法庭比对有价值，可以根据痕迹经常能够确定犯罪嫌疑人的鞋或犯罪嫌疑人车辆的轮胎。FBI实验室建立一个庞大的鞋和轮胎的样本库，根据鞋或轮胎的痕迹能够确定其品牌以及可能的样式。这些数据为调查人员寻找特定鞋或轮胎提供了重要的指导信息。

提到可能是信件或邮包炸弹地址的手写笔迹和手工印刷品，必须注意的是，不是所有的笔迹都能够调查到具体的书写者。研究笔迹特征可以确定嫌疑笔迹的来源和真实性，法庭科学实验室进行的研究则不能确定书写者的年龄、性别、个性和意图。

⇨ 7.2.6 工具痕迹检验

由于工具的生产制作过程和日常使用过程的差异，决定了所有的工具都具有其独一无二的微观特征。工具非常频繁地应用于炸弹的制作中，包括起支撑作用的钳子以及各种类型的剪线钳。工具上的个别特征被转移至与工具接触的材料表面，如炸弹制作者剪断简易爆炸装置中的软铜线。提取的工具能够与在炸弹组件上找到的工具痕迹在显微镜上进行比对。这项比对不能确定是谁使用了这个工具，但可以确定一个具体的工具，排除其他所有的工具。通过工具联系到制作爆炸装置的人是现场调查小组的任务。在没有对比工具时，工具痕迹检验能够确定产生痕迹的工具种类以及产生有价值痕迹的工具是否在调查期间被修复了。

有时，分离痕迹检验不仅适用于损坏的工具，同样适用于简易爆炸装置的组件，以及在爆炸装置制作者家中发现的其他装置和组件。实质上，分离痕迹检验能够查明爆炸装置上的组件是否原来是一个整体而后来断裂的。

尽管对国际快递爆炸案件中的四个装置进行了大量的工具痕迹检验，没有发现明显的联系，可以考虑金相（显微镜）检验的方法。

⇨ 7.2.7 金相（显微镜）检验

爆炸案件中的金相（显微镜）比对检验能够确定两种金属或金属物体是否属于同一物体或彼此构成同一整体。这是爆炸案件调查的重要组成部分，如国际快递爆炸案件装置中有金属管。

国际快递爆炸案件中的四个管道金属两两之间都没有明确的联系。但是，这四个管状炸弹以及电线被放在不同地方的纸箱中，经实验鉴定电线材料为铝，并且所有的电线来源相同。因此，不同长度的电线可能来自相同的辊。从四个现场提取的钉子的检验表明了更具体的联系。特别是四个装置中的钉子（的样本）有相同的厂商，厂商利用了相同的特殊工艺设备、生产过程以及相同的技术手段。也就是说，他们源于同一批次。这个信息是非常重要的，某一时刻生产出上百万甚至上亿个钉子，其中用于制作四个炸弹的钉子被配送至同一个商店，炸弹制作者为制作炸弹在这个商店买了这些钉子。这强有力地证明了有一个炸弹制作者或有很多人互相配合制作了装置。

在其他检验中，金属比对检验包括断裂面、意外损坏以及制造商标比对检验，能够鉴定各种表面特征和组织特征，以确定这些客体是否属于同一个物体。这些（类型的）检验鉴定与爆炸案件调查有关，因其能鉴定爆炸装置中的金属组件与遗留在装置制作者家中或制作场所的原料是否为同一物体。

另一个重要的能够将爆炸装置组件与某个物体联系起来的金相检验是化学成分鉴定，包括合金成分和微量元素鉴定。也就是说，装置组件中的合金成分和微量成分越特殊，越可能将装置组件和犯罪嫌疑人家中的材料进行同一认定。在1996年7月27日埃里克·鲁道夫制造的亚特兰大奥林匹克公园爆炸案以及1997年1月16日桑迪斯普林斯的专业建筑内发生的两起爆炸案中，应用了金相检验来检验装置中的金属板，根据其特殊的化学成分，判定这些金属板的来源相同，因此，这两起爆炸案件之间形成了直接的联系（见图7.6、图7.7）。但是直到那时，还没有找到炸弹制作者的线索。

除了整体组件和组件碎片外，这几类检验对在炸弹放置处提取的金属碎屑（钻头打洞以及金属刨花时产生）和简易爆炸装置中的金属进行同一认定有重要作用。

⇨ 7.2.8 DNA分析

早在20世纪80年代，国际快递爆炸案件调查中就进行了DNA（脱氧核糖核酸）的鉴定。现在，DNA鉴定已成为许多爆炸案件调查必不可少的一部分，用于某个生物体和爆炸现场或爆炸装置的同一认定。DNA用于法医鉴定有两个方面：（1）细胞核；（2）线粒体。细胞核DNA（nDNA）通常用于分析血液、精液、唾液、生物体组织以及根部有生物体组织的毛发等痕迹物证。线粒体DNA用于鉴定脱落的头发、断掉的头发、骨头和牙齿等痕迹物证。应用上述鉴定就能在从现场或炸弹上提取到的物质和某个可疑物体之间做出类似手印的同一认定。但是，在绝大多数案例中，从可疑物体或嫌疑人身上提取的DNA必须和从爆炸现场提取的生物检材进行比对。也就是说，除非可疑物体的DNA已经被采集、分析并且在电脑数据库中进行了比对，否则在那时DNA分析还不能识别一个未知物体。你必须有一个已知来源（人）的DNA样本才能与从炸弹或爆炸现场提取的DNA样本进行比对。烟头上的唾液、信封、邮票、从装置中提取的邮票以及嫌疑人丢弃的衣物等痕迹物证通常会应用DNA分析。

需要进行DNA分析的物质必须要提取，然后将其包装并按照实验室的规定进行保存。如果有疑问，请向法医实验室咨询求助。

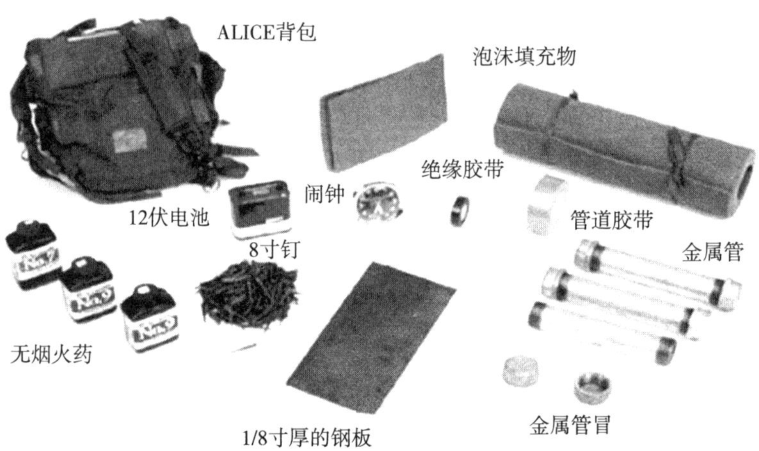

图7.6　1996年7月17日，佐治亚州亚特兰大奥林匹克公园爆炸案中复原爆炸装置组件的展示。FBI把这张图片分发给新闻媒体使之公之于众，希望有人注意到购买这些材料的人并帮助警察识别炸弹制作者（由美国联邦调查局提供）

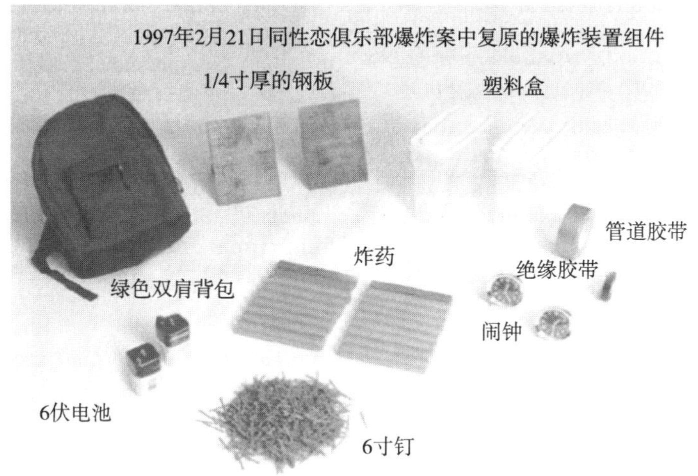

图7.7　1997年2月21日，佐治亚州亚特兰大同性恋俱乐部爆炸案中复原爆炸装置组件的展示（这张图片由酒精、烟草、枪械局发给新闻媒体使之公之于众，希望有人注意到购买这些材料的人并帮助警察识别炸弹制作者。注意与奥林匹克公园爆炸装置的共同点。由酒精、烟草、军火武器管理局提供）

7.3 解读爆炸作案人的信息

7.3.1 概述

理解和识别爆炸作案人的特征对爆炸案件调查有非常重要的意义。寻找和识别作案人特征有以下两种方法：（1）通过现场勘验人员观察几个爆炸案的相似点；（2）通过法医检验确定不同的爆炸案之间的联系。通过串并两个甚至多个爆炸案件，调查的主旨就集中于所有案件的共同信息上，而不是单个案件的信息。实际上，通过整合调查数据，可能会发现能识别物体的图案，而这是不可能通过观察单个案件的调查线索发现的。另外，现场勘验数据能够补充相关调查的其他线索，来构成整个图案，而不是（让那些线索）堆积成一个无关联的难题。

词语“连环爆炸作案人”与词语“爆炸作案人的信息”密切相关。爆炸作案人的信息，是指一个可辨认的图案或特点，即同一人或有机会接触这些组件设计技术的人在多个炸弹中采用的相同或相似的炸弹组成部件及结构、工艺和设计、制作技术。换句话说，法医检验能够在材料和可疑物之间建立特殊的联系，而爆炸作案人的信息能够在不同的炸弹之间建立一个直接联系。在一些案件中，还要进行下一步，即观察在嫌疑人家中发现的特殊组件和装置中的组件之间的联系。当通过一个装置认定了一个嫌疑人时，这个装置就可以和其他相似或相同的装置联系起来。在采用相似的材料、制作技术的装置之间找特征远比在单个装置上找容易得多。在确定一个来源或嫌疑人时，相互比对的结果往往会反映特殊的材料和制作技术，这样排除其他人的参与制作。

美国最早被识别的连环爆炸作案人是纽约的“疯狂作案人”乔治・米特斯基。米特斯基以30多个管状炸弹威胁了纽约市16年，从1940年11月16日直到1956年12月他被捕。米特斯基制作的这些爆炸装置不仅都相似，而且里面都有一封给当地电力公司统一爱迪生公司的威胁信。他还给包括统一爱迪生公司和警察局在内的多个公司写信，署名是字母“FP”，在他被逮捕后识别出是“fair play”（公平竞争）的首字母组合。这个案例与美国最近的连环爆炸作案人、智能爆炸作案人泰德・卡辛斯基极其相似，泰德・卡辛斯基在炸弹中使用“freedom club”（自由俱乐部）的首字母组合“FC”。

当现场调查员确信多个案件之间有一定联系，可能是作案人的信息存在时，应当与实验室进行沟通交流，尤其是当这类案件在一段时期内持续发生的时候，因为多个案件可能会被分到不同的实验室进行检验。如果现场调查员没有注意到装置之间的联系的话，法医实验室可能也不会注意到，但是实验室确实有检索数据库以防这种疏忽的发生。

在多个爆炸装置之间建立联系的第二种方法是法医检验。大多数的爆炸案不会在全国或全世界范围内报道，除非大规模爆炸或者爆炸目标非比寻常。同样地，不同地区的调查员可能就不会知道几千里之外的爆炸装置的类型。因此，当全国不同地区的爆炸装置被送到联邦实验室时，可能要经过几周、几个月甚至更长时间，元件和制作技术方面的联系才能被确定。值得注意的是，在这个调查员和炸弹技术工即时沟通和分享信息的时代，美国一个地区的爆炸案件和炸弹制作技术信息被另一地区的调查员所了解和利用依然很遥远。另外，在各州和各实验室之间共享炸弹数据的直接结果是，各实验室就能找到爆炸装置之间的联系而不是联邦实验室。

有时通过一个比对特征就能判断是同一个人或同一批人制作了这些爆炸装置，就像有时通过一个特征点就可以进行潜手印的鉴定一样，特殊识别点除外。大部分案件中，装置之间的联系是通过多个识别点确定的。需要多少个呢？这是没有答案的，因为每个连环爆炸案都各不相同。组件越多、制作技术越特别，装置之间的联系越密切。

【知识链接】

案例研究——国际快递爆炸案件调查及作案人信息

提到寻找作案人信息的方法有很多解释，最好是用一个真实的连环爆炸案件来说明。我们首先研究在国际快递爆炸调查中鉴定过的四个装置。这四个装置的信息由以下部分特点构成：

- 都是装在纸箱子中，用棕色纸缠绕，棕褐色隐形胶带和白色绳子固定并由美国邮政服务送达
- 都是土制铁管炸弹，内含同种类型的低速炸药，都采用同种独特的简易雷管来引爆或企图引爆（见图 7.8）
- 都是用铝线以一种非常特殊的方式捆绑于纸箱内
- 同一批次的钉子被用作杀伤碎片，用橡皮筋固定于两个炸弹上
- 依照使用的组件和操作方法，使用的组合系统在本质上是相同的
- 四个邮件标签上的打印件是由同一个打印机打印的

基于上述以及其他检验，实验员能得出结论：这四个装置是由同一个人制作的。这是通过观察到的四个简易雷管的相似材料和本质上相同的构造特点得出的结果，虽然只有两个雷管发挥了作用。这些特点如此特殊，以至于可以下结论：绝对是同一个人制造了这些简易爆炸装置。

通过大量的多机构的现场调查和一位AFT法医实验员的努力，识别出其与以前的土制管状炸弹具有相似的结构特点，从而锁定嫌疑人沃特·勒罗·伊穆迪，沃特·勒罗被判处700年监禁。此外，他后来又被亚拉巴马州法庭指控谋杀本州一名退休法官万斯，被判处死刑，关押在亚拉巴马州的死囚牢房。

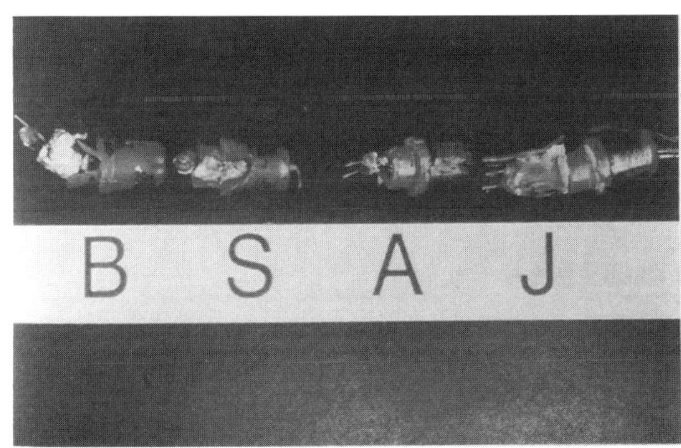

图7.8　用于起爆四个装置中简易雷管的起爆器（注意各装置之间组件和制作技术的相似点。由美国联邦调查局提供）

案例研究——智能爆炸案件调查及作案人信息

从1989年12月16日至12月18日的几天时间里，国际快递爆炸案件中四个自制铁管炸弹全部被送至受害者手中。与之相对比的是，1978年5月25日发生第一个智能爆炸装置爆炸案，直至17年后泰德·卡辛斯基才被捕，1996年4月3日第17个爆炸装置才被复原。对这17个爆炸装置进行相互比较并且认定是同一人制作的任务很艰难，但是并非不可能。正如人们所预料的，这17个装置的检验反映了这些年某个制作技术和单个组件使用的学习和技术发展的过程。本质上，要建立这17个装置的共同特征，就有必要先观察装置1和装置2之间的共同点，然后是装置2和装置3，以此类推。此外，一些装置使用了非常特殊的制作技术和以前从未出现过的简易组件。

当搜寻到卡辛斯基位于遥远的蒙大拿州林肯的只有10英尺×12英尺的小木屋时，在他的床底下有一个完整包裹的炸弹，还有大量的各种炸弹组件和五金器具，其中一些组件与他制作的其他装置中的组件相同。另外还找到了他用来写宣言的打字机，还有一份手写稿以及一个详细记录装置制作过程的日记。

最后，这17个装置的检验结果反映了炸弹组件和制作技术的具体特征，并与从卡辛斯基的小木屋中提取的材料和组件进行相互比对，比对结果是肯定的。卡辛斯基拒绝可能会被判处死刑的公开审讯，选择认罪，被判处无期徒刑。

一个爆炸案件是连环爆炸案的一部分还是一个独立的案件，现代化的法医实验室以及现场调查员与现场技术员的合作都是整个调查工作中的无价资源。

小结

成功调查和起诉爆炸案件，除了前面介绍的各种鉴定方法，还需要现场调查员和实验室人员在物证的提取、保存以及检验等方面共同努力。有人说是实验室通过鉴定痕迹物证“侦破了案件”，如指纹检验、工具痕迹检验、爆炸装置检验。但是，必须将现场发现、提取的痕迹物证送到实验室，才能进行检验。正是这种团队合作，不仅能够影响爆炸案件的侦破，同样影响嫌疑人有罪或无罪的判定。

复习题

1. 给你一个土制铁管炸弹，其中有一段铁管用于盛装带有起爆系统的炸药，法医实验室能进行什么检验呢？

2. 对含有血液的痕迹能进行哪种类型的DNA分析？

3. 对自然脱落的头发能进行哪种类型的DNA分析？
4. 磁带带端匹配检验有什么意义？
5. 从一个提取的电池上能得到什么信息？
6. 词语“作案人信息”的意思是什么？
7. 得到在多个案件之间存在作案人共同信息这一结论有什么意义？

第8章

爆炸现场紧急调查

8.1 引言

本书第4章详细描述了传统的爆炸现场调查的相关程序，但是这种调查程序不完全适用于所有的爆炸现场。过去在世界大部分地方，通过一般程序有条不紊地完成了诸多爆炸现场调查并且得到了显著成效，但是在大部分情况下，传统的爆炸现场调查方法非常费时，需要完成发现、识别、提取爆炸装置碎片等诸多工作。当留给调查人员的时间不多时，这个调查过程该怎样改变呢？换句话说，当爆炸现场非常危险时，在一个非常有限的时间内，调查人员该如何展开爆炸现场调查。典型的现场保护只能让好奇的旁观者远离爆炸现场，本质上来讲，旁观者没有敌对意图。那么危险来自哪里？对紧急情况下的爆炸现场最好的描述是：很有可能发生或即将发生的当地居民或恐怖分子对现场调查人员再次袭击的爆炸现场，现场调查人员及保护措施不能完全控制现场以保证开展长时间调查。在这种情况下，我们必须明确两点：（1）保证对爆炸现场进行调查；（2）保证短时间内的实际安全性，以完成基本物证的收集和现场记录。根据全球动乱和局部骚乱的记录，这种紧急情况下的、高危险的爆炸现场屡见不鲜，发生在伊拉克、阿富汗、哥伦比亚、斯里兰卡、车臣等诸多国家，并且数量愈加增多，危害愈加巨大，影响愈加深重。因此，重新评价并细化长期公认的程序已经成为迫在眉睫的大事。

在高威胁环境下进行爆炸现场调查的目的是获取证据（支离破碎的简易爆炸装置组件、目击证人的证词、所使用武器的类型以及袭击的方式）以协助执法部门、情报机构和排爆人员把犯罪嫌疑人绳之以法，以防止他们实施更多的攻击。然而，那些袭击事件通常不是随机的，也不仅限于个人攻击，而通常是一个计划详细的系统事件，能够直接影响到政府的政策。在自杀式炸弹袭击事件中，爆炸现场调查的目标不仅是鉴别自杀式炸弹袭击者，更重要的是鉴别炸弹制作者。如果没有发现或阻止炸弹制作者，就还会有爆炸发生。此外，炸弹制作者也可能会改良他的爆炸装置。

本章提供了爆炸现场紧急调查程序，包括有效评估现场，发现、识别和收集物证并做好记录等工作。与第4章描述的有一项本质不同：这种现场调查必须快速完成而且必须十分专注。此外，紧急情况下的爆炸现场有两个独特的阶段：（1）物证的收集阶段；（2）访问相关的证人调查阶段，这两个阶段通常由两个团队完成。一个是物证收集团队，另一个则是访问相关的证人团队。紧急情况下的爆炸现场需要两个团队合作同时进行调查，在其他的袭击发生前，抓紧时间努力完成调查工作。

8.2 爆炸现场紧急调查纲要

本节概述了紧急环境下简易爆炸装置和军用武器爆炸的调查思路和调查步骤。军用武器会作为主要装药出现在简易爆炸装置中，但更多的是根据其设计用途进行使用。换句话说，迫击炮炮弹从发射器中发射出去，而很少用于简易爆炸装置的主要装药。调查人员必须能够鉴别出爆炸是远射武器从较远的地方发射过来的还是简易爆炸装置爆炸。

爆炸现场紧急调查由以下几部分组成：

- 调查团队的组成：人员和装备
- 到达现场的安全路线
- 现场评估
- 现场调查：记录、物证收集以及访问证人
- 最终调查
- 返回安全区

本章依据以上纲要进行阐述，但是不会像第4章内容那样详细。另外，我们将详细讨论关于爆炸现场紧急调查的思路和程序，以有效收集数据和信息，但不是为攻击现场调查人员提供信息。

8.3 调查团队的组成：人员和装备

爆炸现场紧急调查团队要比普通爆炸现场调查团队的人数少，主要包括以下人员：

- 团队领导
- 摄影人员
- 访问或情报收集人员
- 两名主要的物证收集人员

尽管这几名小组成员已经明确了在团队中的位置和各自的任务，但他们还必须作为一个统一的团队去工作，快速完成现场调查。也就是说，除了他们各自分担的任务，所有的团队成员在成为下次袭击的目标之前都要在现场搜寻物证、收集情报，做任何需要做的事情。这确实是一项紧急的调查，调查团队在现场停留的时间越长，被攻击的可能性就越大。因此，减少在现场调查中的时间就能有效减小被袭击的可能。在这一点上需要注意的是，团队领导者负责团队所做的以及没有完成的所有工作。他最重要的责任是保障团队的安全。这并不是说，他是保安，而是他负责团队的安全并负责保持现场及其周围的安全。而且，团队领导者直接的责任是在团队到达现场前、到达时以及调查过程中评估现场安全。除此之外，团队领导者还要根据标准操作程序决定团队在现场的调查时间，当然这也需要与他们的上级沟通协调。

带到紧急情况下的爆炸现场的装备和带到普通爆炸现场的装备相似，但也有一些不同。这些装备可以分为两类：人员装备和车辆装备。根据调查地点和整体安全情况决定现场调查人员数量和类型。此外还需要配备一些生活物资，因为团队成员不可能到街边商店去买水等生活用品。因此，个人装备包括下列几种：

- 水和食物
- 武器
- 防弹衣
- 医药箱
- 信号灯、照明灯
- 电池、卫星电话
- 与天气相适应的衣服或雨具
- 随身物品收纳包
- 化学/生物/放射防护罩

- 皮革或其他合适的防护手套
- 护目用具

以上大部分装备都不需要特殊加以说明。有时，我们还需要配备额外的衣服和个人用品，当团队需要转移到另一个爆炸现场时就不用再返回基地了。这类情况时有发生，实际上，爆炸现场紧急调查团队成员可能几天不能回家，因为总是有另外的爆炸现场让他们离基地越来越远。车辆装备包括下列几种：

- 车载急救箱
- 备用轮胎与轮辋
- 额外的食物和水
- 绳索
- 专用的现场勘查箱
- GPS 全球定位系统
- 照相机（24 毫米～ 200 毫米变焦透镜的单反数码照相机）
- 额外的电话和无线电设备

现场勘查工具箱不必像第4章介绍的用于长时间开展调查中的物品和材料那样全面。但是，由于紧急情况下的爆炸调查团队是“独立地”，他们要用不同于其他普通团队的材料来收集证据，如从自杀式炸弹袭击者遗留物中提取指纹、DNA和头发的生物试剂盒。在大多数情况下，不会收集自杀式炸弹袭击者的遗体碎块，但是会提取生物检材。所以现场勘查工具箱应包含但不限于下列物品：

- 笔记本电脑
- 物证标签和物证瓶
- 金属物证罐
- 各种尺寸的带拉链的塑料物证袋
- 纸物证袋
- 危险生物检材专用的塑料物证袋及标签
- 大号纸物证袋
- 物证盒
- 塑料管、黑色塑料胶带
- 记号笔、钢笔、铅笔
- 带板夹的坐标纸
- 50 英尺和 100 英尺的钢卷尺
- 橡胶手套或汗布手套

- 指纹提取专用盒
- 爆炸现场快速检验试剂盒
- 爆炸物证收集专用盒
- 物证收集和现场记录表格
- 铲子等基本工具
- 测距仪

8.4 到达现场的安全路线

在紧急情况下的爆炸现场调查工作中，最危险的是在往返爆炸现场的路线上。当然，在现场可以采取一些安全措施，但这些措施并不能做到长期有效。要确保从基地到爆炸现场整条路线的安全是不可能的。因此，团队领导者必须科学、高效、合理、快速地选择到现场的最佳路线，以减小暴露于袭击者的可能性（见图8.1）。最直接的路线不一定是最好的，如果要穿过“土匪”的地盘或者是以前走过的路线（特别是最近这几天走过的路线），那么最近的路线往往未必是最安全的。许多实例表明，恐怖分子会观察调查团队对已发生事件的选择路线方式，寻找可以发动袭击的路线（见图8.2）。应对这个难题的有效方法是在离开安全区域之前进行合理的计划和准备。制定往返爆炸现场的标准化程序是非常必要的。在离开安全空间前往现场期间，要执行标准操作程序中明确的计划，包括确定车队的数量和型号、合理的速度、车辆间距（不能太小）以及被袭击时的做法，预测袭击的类型，如路边炸弹、枪击、远射武器以及拟订车辆因袭击或抛锚报废时的做法。例如，如果一辆车被路边炸弹炸毁，那么其他车辆该怎样形成保护圈来保护那辆车和里面的人员？如果有人受伤，谁负责急救（救生）？我们应当有清楚的认识，一旦被一个爆炸装置袭击，团队就应当作好被第二个、第三个爆炸装置袭击的准备，那些爆炸装置可能由车辆或人携带，也可能埋在附近的地下。还应该考虑到明显的“危险地点”，即车队必须经过固定的道路或交叉点。这些地点通常与基地附近往返于总部其他道路的交叉点和道路相连。其他需要注意的还有，要观察高架桥或人行天桥上的人，判断谁有可能引爆路边炸弹。当然，车队应该防范以前路边炸弹袭击中使用过的爆炸装置的藏匿方法，包括丢弃的马车或手推车，废弃的车辆以及沿线的动物尸体。

图8.1　应当仔细规划去现场的路线以减小被再次袭击的可能（由美国联邦调查局提供）

图8.2　沿线的密集草木为袭击者提供了隐藏爆炸装置的绝好机会

8.5 现场评估

爆炸现场紧急调查团队到达现场后，直接通过完成下列几项工作来全面评估现场：

- 确定现场保护范围并拉起警戒线
- 确定现场勘验范围以及炸坑的位置
- 建立现场指挥部
- 搜索爆炸装置

● 评估其他危险

首先要做的是现场保护。在市中心这可能会很困难，特别是爆炸发生后。大部分人会错误地认为当炸弹爆炸时，周围的人会四散躲避，现场就没有人了。事实上，在爆炸刚刚发生的短时间内，这可能是对的。但是，等到调查团队到达现场，好奇的旁观者和首先到现场的其他部门的人，也就是消防队和医务人员，将挤满现场（见图8.3）。其次，可能存在的对安全问题有特别影响并且无法控制情绪，悲痛欲绝的受害者家属，也是可以理解的。安全团队应当建立一个“安全地带”，而同时调查团队开始定位中心现场，而中心现场由炸点决定。在有限的时间内收集证据，要尽快确定炸点和残留物的分布（见图8.4、图8.5）。这些工作完成后，建立警戒范围并重新确定物证勘验范围，在爆炸现场周围增加或减少警戒范围。随着警戒范围的确定，沿着警戒范围全力搜索爆炸装置，接着向中心现场搜索。最后，应当在现场保护范围内建立一个现场指挥部，通常建立在爆炸现场调查团队的领导车辆内或其周围，因为调查使用工具装备包含在其中，它可以为再次发生的袭击提供附加安全措施。现场指挥部不应该建在爆炸现场及其附近，因为当前事件可能就是袭击者给调查员的诱饵。当建立现场指挥部，准备收集证据时，所有的团队成员都应该注意他们周围的环境，要知道哪些情况是正常的，哪些又是不正常的。下列几项是关于团队安全应当考虑的问题和需要注意的事项（见图8.6、图8.7）：

（1）现场是否有人，他们正在干什么。他们是否有特别观察调查团队的工作进而伺机行动。

（2）现场有没有人员突然离开，特别是儿童，这有可能预示袭击即将到来或简易爆炸装置即将爆炸。

（3）在靠近的地带或是一定距离之外的屋顶上有没有旁观者。

（4）有主或无主的车辆、手推车上有没有简易爆炸装置。

经历多次这种事件后，调查人员和安全团队成员对周围环境的“第六感”也在增强。例如，有时候“就是感觉有些东西不对劲”，这是即将发生袭击的讯号。还有一个这样的讯号是现场周围没有人，尤其是应该有在那玩耍的孩子的时候。当然，当投掷炸弹的人或恐怖分子不顾及平民伤亡的时候会例外。而且，调查团队可以把收集情报的目标锁定在房顶上的人、从敞开窗户里盯着现场的人及大街上的旁观者。他们手中可能有遥控装置（手机、收音机、无绳电话，详情参考第3章），准备引爆下一个爆炸装置。恐怖分子可能会收集关于调查团队怎样建立安全、执行任务的情报。事实上，作案人观察调查员的反应尤其是在现场的停留时间，是为了更有效地计划随后的爆炸以及更准确地瞄准调查员（见图8.8）。调查员建立起有助于现场调查的活动模式。当你考虑这些问题的时候，调查团队应当去搜索其他爆炸装置。很明显，军队中排雷部队是非常有效的，他们的专业知识技能、经验、设备是搜索爆炸装置工作中的巨大财富。然而，由于要承担其他更紧迫的任务，我们可能很难得到他们的帮助。

目前的简易爆炸装置的隐藏方法有以下几种：

- 不在相应位置上的物品
- 与周围环境不相称的土堆
- 与周围环境不相称的沙袋

注意观察近期的建筑包括在道路上的土堆，新的混凝土路缘石，新的人行道和墙，岩桩，还有个别与附近的砖墙不一致的砖块。过去的袭击事件中，有的把简易爆炸装置隐藏在砖墙中，没有被成功排除。诸如此类的在爆炸现场“不相干的”砖块、混凝土材料、残渣的出现就是现场还有其他爆炸装置的警钟（见图8.9）。

基本上，简易爆炸装置是爆炸现场紧急调查最根本的威胁。但是，除此之外调查团队还要面对其他威胁，包括远射武器、枪击、大型车载简易爆炸装置、人体炸弹、埋藏的简易爆炸装置等。远射武器包括军用或简易迫击炮、炮弹、火箭等，它们可以从很远的地方发射到安全区域内。这些武器经常出现在危险环境下，我们几乎不能预测或阻止。

图8.3 随着爆炸声响，爆炸现场充满了各部门工作人员以及旁观者和悲痛的受害者家属（这样的现场是对再次爆炸和远射武器袭击的邀请）

图8.4 为了建立保护范围，在最初的事件评估中应快速确定残留物分布

图8.5 在许多现场中，能很快找到由埋入地下的炸弹爆炸形成的炸坑

图8.6 现场保护人员应观察聚集的人群中是否有敌对意图（由美国联邦调查局提供）

图8.7　应当仔细观察周围建筑物屋顶以鉴辨别出准备袭击的人员或为下次袭击收集情报的人（由美国联邦调查局提供）

图8.8　那个在树下不怀好意的人仅仅只是在看那群羊吗

图8.9　沙袋、土堆以及最近的建筑活动能够暗示简易爆炸装置的存在（由美国联邦调查局提供）

8.6 现场调查：记录，物证收集以及访问目击证人

正如前面所述，这里还需要再重复，爆炸现场紧急调查团队与第4章描述的“普通”爆炸现场调查团队不同，不需要收集紧急情况下的爆炸现场的所有的物证。时间有限，不允许进行如此细致的收集。记住这句话“时间紧迫！”也就是说，调查团队在现场停留的时间越长，就越有可能被袭击。调查紧急情况下的爆炸现场需要完成以下几项任务：

- 确定爆炸现场的中心或炸点的位置
- 判定爆炸的类型
- 从整个现场收集技术情报

通过识别、收集关键物证，访问证人能够满足以上要求，如果时间允许的话，全面记录现场恢复物证的位置、拍照、作图。而且，如第4章中提到的，爆炸现场调查作为一项持续勘验工作，需要各团队成员同时进行。换句话说，团队成员有各自的任务，他们快速而有效率地工作，可能独自也可能会同时，在规定的时间内完成各自的任务。以下的职责描述和调查过程可能会让人困惑，可以这样解释，在下一阶段调查工作开始前，前一阶段的调查工作已经结束。就大部分而言，这种方法绝对不会用于调查爆炸现场，特别是时间紧迫的紧急情况下的爆炸现场。这些程序非常有效，可以进一步细分为如下不同的部分：

- 访问证人
- 炸坑分析
- 确定爆炸装置碎片位置
- 明确要寻找什么类型的物证
- 现场记录

爆炸现场的目击证人是情报收集的一部分，能帮助我们了解发生了什么以及是怎样发生的。目击者包括：爆炸的目标、最先到达现场的各部门工作人员以及那些就在现场的人，只要他们配合就能获得情报。要注意的是，当地的目击者可能因为害怕犯罪嫌疑人报复而不想公开合作，因此，调查人员应该对于他们是否存在这种心理做出判断。对于任何一次访问，调查人员都应该让目击者自己讲述而不要打断他们。事实上，询问一个友善的人或军人时最好在远离爆炸现场的安全地方进行，那里不存在时间紧迫的问题。然而，不管询问地点在哪，都应围绕以下有关“4W+1H”的问题进行询问：Who，What，Where，When，How many。

Who：谁看到了爆炸物，当放置炸弹或炸弹爆炸时谁在现场，爆炸的目标

是谁。对于一个没有引爆的爆炸装置，爆炸的目标可能显而易见，但在某些情况下，可能难以发现。定时起爆爆炸装置和遥控起爆爆炸装置（详见第3章）爆炸的目标可能是随机的。如果目击者看见爆炸时正好有一辆车进入“死亡地带”，就会认为车上的人是爆炸的目标。但是，在下最终结论之前还需要进行更深入的调查。而且，要让目击者提供其他看见爆炸过程或在现场的目击者，这样再继续访问其他目击者。通过调查访问可能了解到放置或引爆炸弹的人的相关信息。如第3章所提到的，如果作案人使用的是无线遥控起爆爆炸装置，目击者可能就会看到他使用手机、收音机或其他类似的可以引爆炸弹的物品。

What：我们应明确现场发生了什么，目标是什么，爆炸前后现场发生了什么事情。用什么运输炸弹——汽车、轻型摩托车、自行车，或者是袭击者随身携带自杀式爆炸装置。目击者看到了什么，有什么特征——烟的颜色，爆炸的声音。通过询问爆炸前后出现在现场的人解决以上问题有助于明确爆炸现场周围的情况。在个别案例中，如果仔细观察，有时甚至能确定爆炸装置可能的结构。如果目击者能够提供关于装炸弹的包或者自杀式爆炸袭击者体貌特征的描述，将是对爆炸现场紧急调查团队的极大帮助。记住这是一个爆炸现场紧急调查，时间是至关重要的——“时间在一分一秒地溜走！”这类具体信息将极大减少用于收集碎片的时间。而且，目击者观察到的其他人的动作可能会有助于确定爆炸现场调查的负责人，从而迅速开展调查工作。

Where：炸弹爆炸的时候，目击者在哪？目击者是目标还是旁观者？在哪看到了炸弹？爆炸的目标在哪？这些问题的答案能够为调查快速确定一个方向，尤其是这位目击者是爆炸目标的时候。目标或目击者可能会回想起袭击的细节，比如他人的警告或一辆汽车突然经过随之发生了爆炸，有时没有警告，可能是路边炸弹、埋入地下的简易爆炸装置。更重要的是，在目击者不是目标的情况下，关注目标和目击者之间的关系，可以更明确地判断目标。有时会误认为损坏严重的是目标，但由于环境等因素影响真正的目标免于受伤或死亡，这就需要调查人员去发现他们，因此，确定目标是至关重要的。

When：爆炸是什么时间发生的。目击者有没有看到有些东西不在应在的位置，比如某个地方没有孩子或旁观人群，不同寻常的交通状况或道路状况。这一系列问题能够推测犯罪分子放置爆炸装置的方法，从而在进入“死亡地带”之前推断是否有其他隐藏的爆炸装置；也就是说，提前发现危险从而避开危险。当一个应该挤满人或玩耍的孩子的地方空无一人，可以很明显判断出那是非常危险的地方，任何人不能去那。然而，环境总是超越人们的控制，在那种情况下还是有人在。更明显的暗示是有车辆绕道或是道路修理中标识的路段，但是却并未有任何修理工程。关于目标，目击者应该能够提供更具体的何时发生爆炸的信息。除了无线遥控爆炸装置、自杀式爆炸以及远射武器袭击，当受害者（车辆或人员）踩在该埋入的简易爆炸装置或地雷上时，也会引起爆炸。检验特定装置组件能够识别出爆炸装置的类型。例如，一个军用地雷引信或简易压力板说明这是一个压发式爆炸装置。

How many：看到多少个装置或听到了几次爆炸声？爆炸时现场有多少辆车，多少个人？如果是在道路上爆炸的，那么这条路多久发生一次爆炸，其他爆炸是怎样发生的，发生了多少次，结果怎样？这些问题有助于发现该现场是否有多个炸点，是否能发现多个爆炸装置的碎片。如果不知道这些情况，在收集爆炸装置碎片时可能就会很困惑，比如为什么现场有两套爆炸装置的碎片。当然，勘验到两个炸点时就会解开这个谜。解决这一系列的问题能够确定爆炸装置的类型，爆炸的次数和位置以及一些从目击者那里得不到的信息。如果确定了作案的方式，就能找到爆炸装置进而阻止其他爆炸的发生。

关于炸弹的问题不仅要考虑目击者讲述还要考虑现场评估，在现场评估中，一定要注意现场周围是否有监控设备，这些设备可能捕捉到了整个实施爆炸的过程，许多安装了摄像头的政府或军队的车辆也可能会记录下袭击过程。这些媒介是调查员能找到的最好的目击者，特别是关于导致袭击或爆炸的记录。关于证人的讲述问题，应包括更深入的研究，包括具体目标，车载炸弹使用，还有引爆人。

在各种各样紧急情况下的爆炸现场已经被生动形象地描述过了，大部分简易爆炸装置不是延时类爆炸装置，主要是路边炸弹、车载炸弹、人体炸弹、隐藏的远程武器和地雷。攻击目标包括所有的建筑（当地和外国的、教堂、居民楼和商业集中地）以及路边或车内的平民，军人（当地的和外国的）。总之，现场调查人员不能主观地认为使用爆炸成形弹攻击建筑，有这种可能，但没有真正的使用。另外，目前主要是车载炸弹、人体炸弹和远射武器用于攻击建筑物。爆炸成形弹、车载炸弹、人体炸弹和远射武器用于袭击军队、政府部门和远离建筑的平民。

对攻击目标的评估包括对真实目标的判定。当一辆车被攻击的时候，攻击目标是随机的还是有针对性的。这就需要去调查车主的背景以弄清这个问题。另外，如果攻击目标是一辆军车，那目标就相当直截了当了。按顺序分析确切的攻击位置。明确有多少车辆被攻击，使用了多少个装置，爆炸后是否使用了小型武器如肩扛式火箭炮（火箭发射的手榴弹，详见第6章）或远射武器，发射的速度和方向，哪辆车被击中了，这次攻击的方法与以前的攻击方法是否相似。

除了真正的目标，还要收集炸弹和引爆者相关的信息。也就是说，如果炸弹放在车上，不论是自杀式袭击者自己引爆还是远程遥控起爆，都要重点研究以下信息（见图8.10）：

对车辆的描述，包括车辆的识别号码。

如果是行驶中，有东西什么靠近车？

车辆是否撞到了目标？

车辆是怎么接近目标的（快/慢）？

是否有欺骗或可疑活动？

装载炸弹的车上有多少人，他们的年龄、性别、言谈举止及可辨别的特征？提取生物体上信息（用于DNA分析的血液、头发、指纹）。

a. 有时车辆被摧毁，很难确定装载简易爆炸装置的车辆

b. 有时很明显可以确定装载简易爆炸装置的车辆（由美国联邦调查局提供）

图8.10 装载简易爆炸装置的车辆

如果攻击目标是一个建筑物或是一个固定的场所，需要收集以下的信息（见图8.11）：

● 建筑物或场所的名字?

● 建筑物的用途?

● 在建筑物内或周围有没有发生重要的事件？例如，宗教事件或当地人、军队、警察或外国人的集会。

● 如果这里以前发生过这类事件，这类事件的频率怎样？是否被报道刊登过?

● 安保的级别？需要完整记录

图8.11 建筑物及其周围地区经常是投放简易炸弹装置的地点。调查人员需要确定其真正目标并收集相关信息（由美国联邦调查局提供）

接下来是自杀式爆炸袭击现场需要收集的信息（见图8.12、图8.13）：

● 从引爆人身上提取生物信息（用于DNA分析的血液、头发、指纹）

● 尽可能多用照片记录引爆人的面容

● 确定其性别

● 记录其衣物，可能的话提取作为证据

● 确定引爆人引爆时的位置

● 引爆人是怎样接近目标的

● 在引爆前瞬间引爆人在做什么

图8.12　在自杀式爆炸袭击现场应收集生物信息（由美国联邦调查局提供）

图8.13　在自杀式爆炸袭击现场应进行拍照以确定引爆人和受害者（由美国联邦调查局提供）

至此我们会问，为什么这些信息对整个调查过程至关重要呢？其实答案很简单。调查人员和分析人员尝试找到一种有助于阻止或减轻类似事件的一般模式。可以通过预测或改变正常计划来阻止或减轻袭击事件，如改变路线，改变车速，增加保卫车队以及进一步熟悉周围环境。而且，关于携带简易爆炸装置的自杀式爆炸者，引爆前行为模式会给安保人员予以提示。当然，要了解爆炸装置引爆前瞬间的个人活动和自杀式爆炸袭击者的活动，例如喃喃祈祷者，过度出汗者，穿着打扮不适合环境的人，手一直在口袋里或引爆前举起双手的人。

仔细勘验炸点或爆炸现场中心，能够获得炸药的种类，质量以及放置位置的相关信息。然而，在收集工作开始前，必须用定位系统确定炸点的位置并作图，因为有时炸点会被目标物碎片覆盖。在爆炸现场紧急调查中，这对时间紧迫的调查人员来说可能是一个无法解决的问题。调查人员没有足够的时间挖开炸坑对炸坑进行全面评估和取证。而且，在一些自杀式爆炸案件中，不会形成炸坑，但是会有一个破坏最严重的点。这样的现场需要描述变色的地面、路面、瓷砖或混凝土墙表面和人体组织。如果时间允许的话，应从炸坑中收集以下信息：

- 炸坑数量
- 炸坑形状和直径
- 炸坑与目标的距离
- 简易爆炸装置的放置方法（路边炸弹还是埋入的简易爆炸装置）
- 爆炸残留物
- 使用的炸药种类

当然，炸坑的数量就说明了爆炸装置的数量（见图8.14）。但是，一些炸坑可能会被建筑物或土渣覆盖，在有限的调查时间内不容易被发现。如果找到炸坑，就要用三个参量记录其形状。测量可见炸坑以及真实炸坑最长、最短的直径和深度（见图8.15，详见第4章），还要测量炸坑与目标之间的距离。（测距仪能够快速准确地测量这些数据）。大部分炸坑是椭圆形的，也有圆形的，还有“8”字形的。“8”字形炸坑是由一辆车里的两个爆炸装置爆炸形成的相交的炸坑。通过分析多个车载炸弹爆炸案，发现恐怖分子经常把爆炸装置放在汽车尾部的行李箱内，还会在汽车后座上另外放炸药，这两个炸药之间有一定的距离，爆炸后就形成两个相交的炸坑。一般情况下，后备箱里的炸药爆炸形成的炸坑比另一个炸坑深，这也能说明汽车与目标的相对位置（见图8.16）。

图8.14　炸坑及其周围地区能够提供有价值的关于爆炸装置结构的信息（由美国联邦调查局提供）

图8.15 测量炸坑的深度和直径（由美国联邦调查局提供）

勘验炸坑的位置和深度，如调查人员通过一辆车可以确定炸弹是怎样放置在爆炸现场的。特别的要确定炸弹是否放置在路边，如果是的话，它是怎样被隐藏的，或者是被埋入的？在大多数情况下，隐藏的炸弹会在爆炸后留下很多碎片。埋入的炸弹，通常不会有那么多碎片存在。炸坑与使用的炸药量有关，相同药量情况下，埋入地下爆炸形成的炸坑比在地面爆炸形成的炸坑深。

从炸坑提取爆炸残留物，提取方法与提取其他的尘土样本一样。如果时间允许，还要提取爆炸现场附近的普通尘土作为比对样本。最后全面细致勘验炸坑以确定爆炸装置的类型和炸药的类型。一般爆炸装置的类型可以通过现场物证以及访问目击者直接确定，也就是说，是车载炸弹、人体炸弹、埋入炸弹、路边炸弹还是远射武器？在后面物证收集的讨论中我们还会介绍这方面的内容。不论如何，这时都需要确定爆炸装置主炸药是散装炸药还是军用武器。如果现场没有炮弹壳或其他军用武器碎片，说明没有使用军用武器。同样地，如果炸坑周围有大面积的烟熏痕迹，就说明使用的是散装炸药。现场有烟痕通常说明是负氧平衡炸药，例如军用炸药和自制炸药都属于这一类型。另外，现场没有煤烟和军用武器碎片，说明可能是硝酸铵类炸药爆炸，如铵油炸药、乳化炸药、水胶炸药等。通过收集、分析军用武器碎片，就可以确定该武器的大小，类型，以及生产地。此外，在规定的时间内，应尽可能详细地记录爆炸对目标物和周围基础设施造成的影响，其中摄像是一个重要的记录方法。

使用军用炮弹尤其是弹丸（见第6章）作为爆炸装置主装药的爆炸袭击事件显示，将来还会在爆炸袭击中出现多种弹丸（见图8.16）。军用炮弹猛度大，产生的碎片多、体积小，如TNT炸药和B型混合炸药。正因为如此，许多军用炮弹碎片不能直接显示军用炮弹的型号或者生产地，但是，仍然有一部分碎片具有鉴定价值，如低速炸药爆炸会产生体积较大的碎片，可以利用这些碎片开展复原工作。大口径弹丸产生的碎片往往比较长，边缘呈锯齿状碎片。尽管严重变形，但这些碎片纵向表面可能会提供一些信息，如机械加工标志、可能存在的冲压标识等，这些碎片一般1英寸～2英寸长，有些接近1英尺长。

图8.16　多种炮弹经常用作简易爆炸装置的装药（由美国联邦调查局提供）

如果调查人员幸运地发现了弹底的碎片，可以作为识别弹丸的绝佳线索。弹丸特定部件的复原需要考虑弹丸特定部件的结构特征，图8.17中详细描述了弹丸的各个部件。此外，弹丸的复原还需要从以下几个方面识别弹丸的大小，类型以及生产地：

- 印压在弹带上的膛线样式
- 弹带的宽度、数目、大小
- 弹带区域的花纹样式及尺寸
- 印压在弹带上膛线的凸起和凹槽
- 碎片尺寸、厚度和形状

是否能通过碎片识别弹丸口径及类型取决于经验。请记住，调查人员负责收集碎片，通常没有受过鉴定炮弹方面的训练。如果受过适当的培训并且装备齐全，任何人都能完成鉴定任务。但是，为了效率和准确率，最好还是由两个人或更多组成一个团队进行检验鉴定。因为碎片分析并不是一门严密的科学而是经常需要权衡、讨论才能得出结论，一个人是不可能独立完成的。

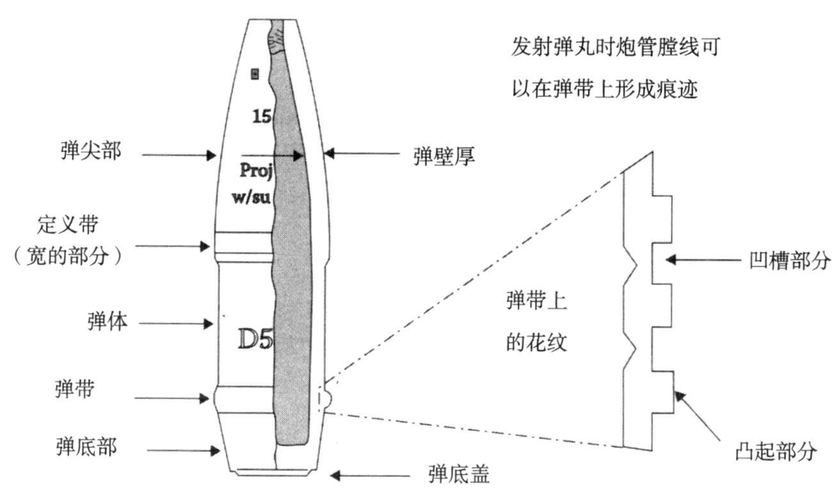

图8.17　炮弹碎片可能会提供关于炮弹口径，类型以及生产地的信息

鉴定过程包括很多方面，比如弹体加工，弹带尺寸和形状，弹带区域形状，定心提环宽度，碎片大小厚度及形状。要仔细检查每个碎片，测量记录所有的尺寸。但是，碎片会因为爆炸作用产生微小的伸缩和变形，从而直接导致测量结果不完全准确。能够确定炮弹口径大小和原产地的最合适的碎片是其中较厚的部分，包括弹体，弹底和弹带。

当军用武器特别是炮弹用于爆炸装置装药时，通常不会使用军用武器引信。引信由塑性炸药制成，像传爆药柱一样引爆炮弹里的炸药。其他用于简易爆炸装置爆炸，地雷爆炸，远射武器爆炸也需要进行碎片分析。可以识别包括带尾翼或尾架组件的军用武器，如火箭炮、迫击炮、肩扛式火箭弹等。然而，在收集金属碎片时应特别仔细，因为有的碎片不是军用武器部件。比如高压气体瓶碎片在外观和重量上与一些军械碎片就是相似的（见图8.18）。

数以百计的爆炸现场紧急调查显示，用于引爆爆炸装置的起爆系统有以下五种：

- 车载炸弹内的无线遥控起爆系统
- 与炸弹分离的无线遥控起爆系统
- 自杀式起爆系统
- 有线控制起爆系统
- 延时控制起爆系统

图8.18　汽车布满孔洞，车辆上经常有简易爆炸装置的金属碎片

所有的引信系统都至少需要一个电源，电线和一个开关，只有延时控制起爆系统需要一个定时器。如第3章所述，有线控制起爆系统中，开关可以由收音机、手机和无绳电话中的很多简易的开关组成。在已发现的爆炸装置中，其组件就简单地用胶带缚住。

为了收集物证，调查人员需要掌握搜寻简易爆炸装置组件的位置。还是要重复一句，这不同于普通犯罪现场，调查人员不需要收集每一个碎片。他（她）的职责是迅速发现、识别、提取简易爆炸装置的关键部件，并带到安全地方进行检验鉴定。例如，据证实，在很多汽车炸弹中，驾驶员区域或前座、卡车的运货区、私家车的后备箱或后座都有定时电源。定时电源有时与路边炸弹或埋藏炸弹分开放置，这种引信系统很明显是有线控制起爆系统，引爆者在视线范围远距离控制爆炸装置。调查人员必须明白，引爆者或恐怖分子非常有可能在附近已经布置了其他爆炸装置。这些爆炸装置可能是远程遥控的，也可能是埋在地下的压发控制的地雷。在这种情况下，应该遵循一条黄金法则，在搜寻爆炸装置组件碎片的同时，千万不要偏离既定的轨道，走到其他的沙地或穿到草丛中去。除非已经有明显的迹象表明那里有人或者汽车涉足过，能够保证安全（见图8.19～图8.21）。

图8.19 埋入式简易爆炸装置爆炸后的大卡车残骸

图8.20 卡车前部（爆炸作用使卡车与其发动机分开）

图8.21 卡车的发动机被抛到水渠另一侧（通往水渠另一侧的路上有可能设置了陷阱，因此要极其小心）

研究和现场调查表明，车载炸弹的定时电源装置爆炸后碎片呈扇形分布，有利于其快速复原。许多车载炸弹的装药与装置分开放置。按照逻辑，将定时电源放在驾驶员旁边或前排方便引爆者起爆。从100多起上百磅炸药爆炸的现场调查发现，从驾驶员位置向前看，碎片呈60° 扇形分布（见图8.22）。绝大部分碎片都在这个范围内，大概100英尺的距离。这是爆炸产生的气体将装置组件抛掷形成，因此，遇到这种类型的爆炸现场时，调查人员应首先确定车辆的朝向，估计60° 扇形区域并进行搜索。如果车辆面目全非，可以通过其发动机组或其他前端部件与炸坑的关系来确定车辆朝向（见图8.23）。

由于没有足够的时间使用第4章中介绍的传统物证收集方法，调查人员在紧急情况下的爆炸现场还是要继续快速寻找典型部件。关于调查程序：在爆炸现场紧急调查中，不是只有一两个调查人员在收集物证，不管他们最初的任务是什么，每个团队成员都在寻找物证。

图8.22　在车载炸弹爆炸现场（应从车辆前方60度扇形区内寻找物证）

图8.23　有时，由于爆炸的破坏作用，很难分辨车辆的前部和后部

寻找爆炸装置碎片是一个艰难的任务，调查人员必须知道他们要找的是什么，因为他们没有时间去研究每一个碎片是装置组件还是危险品。与传统爆炸现场不同，紧急情况下的爆炸现场内的典型组件和相关材料如下：

- 各种类型的电路板碎片
- 完整或残缺的遥控起爆系统外包装遗留物，包括收音机，移动电话，无绳电话等
- 雷管及脚线
- 军用武器
- 机械部件
- 填充物碎片
- 电子、机械类延时控制机构部件
- 生物物证

关于以上材料的特征在本章以及第3、第4、第6章中介绍过了，这里不多作讨论，只介绍生物物证。生物物证包括生物检材（DNA和毛发），衣物纤维，引爆者或装置制作者的指纹。如果观察到可能与引爆者有关联的痕迹物证，必须对其进行细致的检验，包括鞋印、轮胎印、指纹、烟头、衣服或其他遗留在现场的东西。

提到证据的收集工作，另外三种现场的证据也非常关键，分别是炸弹未爆的现场、炸弹被成功排除的现场、制作或储存炸弹的现场。储存炸弹地点和制作地点也许不是同一个地方，一般情况下这些地点往往有很多物证信息和情报信息，可以帮助我们复原爆炸装置（见图8.24）进而刻画出炸弹制作者的特征。然而，这些地方是非常危险的，炸弹制作者一般都会使用炸弹进行保护。因此，爆炸物品处理规则中明确要求在进入上述地点收集物证前，必须清理行进线路，搜索可能存在的爆炸装置。另外，炸弹未爆或成功排爆的装置可以提供更多关于简易爆炸装置组件及结构特征方面的信息。

图8.24 发现埋入地下隐藏的军用炮弹，非简易爆炸装置组件

一旦发现物证，就必须收集并放在适合的容器里，避免与其他现场的物证交叉污染。紧急情况下的爆炸调查团队经常从一个现场赶往另一个现场，不同现场的物证很容易交叉污染。因此，调查人员必须用适当的容器盛装物证。物证容器见表8.1：

表8.1 物证容器

容器种类	物证种类
顶部带拉链的塑料袋	不需要进行爆炸残留物分析的一般简易爆炸装置组件
顶部带拉链的尼龙袋或热封袋	需要进行爆炸残留物分析的物质
有、无内衬的金属罐	需要进行爆炸残留物分析的物质和土壤样本
有、无内衬的金属罐	液体
有、无内衬的金属罐	未使用的高速和低速炸药
顶部带拉链的防静电塑料袋	未使用的低速炸药
玻璃瓶	液体，未使用的高速和低速炸药
纸袋或帆布袋	干衣服或带血迹的衣服

紧急情况下的爆炸现场的记录要求与普通爆炸现场一样，需要摄像、画图记录发现物证的位置，同时记录包括日期，时间和地点等信息。如第4章中介绍的，应对整个现场的概貌进行拍照记录，同时对靠近中心现场且不能提取的物证，如车辆或发动机上的车辆识别码进行拍照记录。不仅对整个现场概貌进行拍照还要对中心现场的炸点周围损坏情况进行拍照。如果发现或推测出“射手”的位置，从爆炸中心现场对其位置拍照，同时从“射手”位置对现场进行拍照。如果可能的话，应使用24毫米～200毫米或300毫米可变焦距的单反数码相机。这种相机和镜头非常灵活，能够快速准确地拍照。时间非常紧迫，快速绘制现场图是对拍照记录现场的一种补充，这项工作可以在安全区域完成。图表需要的信息在第4章中详细介绍过了，对于自杀式车载炸弹，远程武器袭击和枪击还需要确定其他信息，包括可能或实际射击地点，车载炸弹的行驶方向，是多处爆炸还是远程武器多次袭击以及GPS定位。如果复原了关键物证，在时间允许的条件下，应记录发现物证的具体位置。不论怎么记录或登记物证，一定要确保现场调查记录要与其他调查团队保持一致。

8.7 对现场进行最后的巡视

对现场进行最后的巡视需要确认：现场调查的所有程序和记录是否都已经完成，所有目击者都已访问或已安排到安全地点进行详细访问，现场有没有遗落的东西，所有的物证都是否已进行了说明。

8.8 返回安全区

可能的话，离开现场的时候，不要原路返回，因为极有可能遭遇袭击。实际上，每条路线都可能遇到这样的危险，必须保持警惕，仔细检查周围是否异常。返回安全地点后，调查团队应进行一次总结报告，找出行动中的缺陷并提出改进建议。这时也应该完成调查报告并重新装备团队，等待总部的调遣。

小结

显然爆炸现场紧急调查是爆炸现场调查人员遇到的最危险的行动之一。但是，如果有详细的计划，清晰的认识以及对环境的评估，这样的危险就会减小，但绝不是没有。调查团队不是在现场收集每一个小碎片，他们的工作是在规定的短时间内迅速发现、识别并收集爆炸装置的关键物证并带到安全地点去检验鉴定。可能的话，用照片、图表等记录现场。

复习题

1. 什么是紧急情况下的爆炸现场？
2. 传统爆炸现场和紧急情况下的爆炸现场有什么区别？
3. 简述爆炸现场紧急调查团队的任务。
4. 爆炸现场紧急调查团队遇到的危险有哪些？
5. 什么是碎片分析？
6. 从爆炸装置爆炸形成的炸坑中能提取到哪些生物体信息？
7. 从车载炸弹的汽车上能提取到什么信息？
8. 从爆炸现场调查中能学到什么？
9. 调查简易爆炸装置爆炸现场过程中，应该问目击者或受害人什么问题？

附录A　爆炸产品图表

类型	炸药	别名	配方/构成	颜色	用途	装填方法	爆率（ft/sec[m/s]）	与金属反应	吸湿能力	稳定存储能力	备注	信息来源
低速炸药	黑火药	schwarz-pulver	75/15/10：硝酸钾，木炭，硫黄	黑色（有光泽的）	起爆装置，烟火	颗粒压制	>3000（>914）	不反应	非常吸湿	密封时良好	对碰触和火花敏感	Koehler, J. and Meyer, R. Explosives.4th ed. p.33-4. 1993. and http://members.ozemail.com.au/~gmillar/pyrotechnicslbp.html
	无烟炸药（单基本）	低烟炸药/小型武器炸药，炸药B	糊化硝基	浅棕色到黑色	推进剂	谷物，鳞片	>3000（>914）	不反应	吸湿	一般		Koehler, J. and Meyer, R. Explosives4th ed. p.168, 283, 315. 1993. and http://www.eugeneleeslover.com/USNAVY/CHAPTER-2-1.html
	无烟炸药（双基）	巴里斯太火药线状无烟火药	硝基（棉火药）,硝基胍	灰绿色到黑色	推进剂	需要的几何形状	>3000（>914）	不反应	吸湿	一般		Koehler, J. and Meyer, R. Explosives4th ed. P.117, 168-9, 421. 1993. and http://www.eugeneleeslover.com/USNAVI'/CHAPTER-2-1.html
	无烟火药（三基）		硝化纤维素、硝酸甘油、硝基胍（苦味酸盐）	白色到黄色	推进剂	需要的几何形状	>3000（>914）	不反应	吸湿	好	减少出口闪光	Koehler, J. and Meyer, R. Explosives 4th ed. p.139, 248-9. 1993. and http://www.eugeneleeslover.com/ USNAVY/CHAPTER-2-1 .html

（续表）

	派罗得斯		硝酸钾、苯甲酸钠、糊精等	黑色	推进剂	颗粒状的	>3000（>914）	不反应	吸湿	好	黑火药的替代品，有四种类型可用	MSDS Manufactured by Hodgdon Powder Company, Shawnce Mission, Kansas.
初级炸药	重氮二硝基苯酚（DDNP）	重铵盐，二硝基重铵酚	$C_6H_2N_4O_5$（经验分析）	红黄色到棕色	起爆，起爆装置	压紧的	21700（6600）有限制的	未知	吸湿	好	非晶粉末	Koehler, J. and Meyer, R. Explosives 4th ed. p.96–7. 1993
	六亚甲基三过氧化二胺（HMTD）		$C_6H_{12}N_2O_6$（经验分析）	白色粉末	起爆装置，简易爆炸装置	压紧的	15000（4600）	与大多数金属反应	吸湿	不好	稳定性差，对热摩擦和火花敏感	Kuehler, J. and Meyer, R. Explosives 4th ed. v.181. 1993
	叠氮化铅		Pb（N_3）	米色	起爆装置	压紧的	17400（5300）受限制的	铜、锌、金属合金	不怎么吸湿	好	被大气中的二氧化碳分解	Koehler, J. and Meyer, R. Explosives 4th ed. p212–3.1993
	斯蒂酚酸铅	三硝基间苯二酚铅	$C_6H_3N_3O_9Pb$（经验分析）	橙黄色到深棕色		压紧的	17000（5200）受限制的		不怎么吸湿	好	对静电敏感	Koehler, J. and Meyer, R. Explosives 4th ed. p.217–8.1993
	雷酸汞	雷酸汞	$C_2N_2O_2Hg$	白色到棕灰色	起爆装置	压紧的	16400（5000）	铝、黄铜、青铜、铜、镁、锌	不吸湿	低温下良好	干燥时对冲击和摩擦敏感	Koehler, J. and Meyer, R. Explosives 4th ed. p.228–9. 1993. and http://www.powerlabs.org/chemlabs/fulminate.htm
	三过氧化三丙酮（TATP）		$C_9H_{18}O_6$，丙酮、过氧化氢、无机酸	白色晶体	简易爆炸装置	自由倾泻	17400（5300）	与非常少的金属反应	不吸湿	非常好	对摩擦和火花的影响敏感	Data sheet
二初始爆炸	阿马托炸药		硝酸铵，TNT	黄色到深棕色	主炸药	压紧的	21100（6400）	是	不吸湿		组成成分很多，对冲击敏感	Koehler, J. and Meyer, R. Explosives 4th ed. p.7. 1993

（续表）

	阿芒拿尔		硝酸钠，铝粉	灰色	射弹	压缩或者浇筑	17700（5400）		不吸湿			Koehler, j. and Meyer, R.Explosives. 4th ed. p.7. 1993.
	硝酸铵和富油炸药（ANFO）	Andex（德国）Anobel（英国）尿素（美国）Lambrit（澳大利亚）Iremix, Pellite, Anfomet	硝酸铵，富油，铝粉	粉色	爆破	自由倾泻，散装	8000–15000（2400–4600）	与锌和铜反应不佳	非常吸湿	在室内干燥处保存良好	对非引爆剂敏感	Koehler,J. and Meyer, R. Explosives 4th ed. p.15–6, 50, 210. 1993.
	合成物B	黑梯炸药，黑客索利特炸药	黑索金，TNT和蜡	浅黄色到棕色	主要负责军事武器	浇筑	25600（7800）	不反应	不吸湿	好		Koehler, J. and Meyer, R. Explosives 4th ed. p.139, 248–9. 1993. and http://www.eugeneleeslover.com/ USNAVY/ CHAPTER–2–1 .html
	合成物C–3	塑料炸药，plastite	黑索金，塑化剂	黄色到棕色	拆除，破坏	手工包装	25000（7600）	不反应	不吸湿	好	有了C4之后就不生产了	Koehler, J. and Meyer, R. Explosives 4th ed. p.63. 1993.
	合成物C–4	塑料炸药，方铜矿	黑索金，机油、二乙基己基癸二酸盐聚异丁烯黏合剂	白色	主要用于拆除，破坏	压紧的，手工包装	22300（6800）	不反应	不吸湿	好	美国军用炸药也可以从商业渠道获得	Koehler, J. and Meyer, R. Explosives 4th ed. p.63. 1993.

（续表）

	数据表	lex–ex，炸药表	季戊四醇四硝酸酯，硝化纤维，人造橡胶	红色/橙色（经验分析）草绿色（军用）	拆除，破坏	需要的几何形状	22300（6800）	不反应	不吸湿	好		FM 5–250, Explosives& Demolitions, Department of the Army, Washington, D.D. 1992,p.1–5 and 1–6.
	硅藻土炸药	Apcogel（一种半胶质炸药），红钻石，unimax，iredyne，irecoal, petrogrel, powderditch, dynashear, giant gel, helix PNG 80	硝酸甘油、硅藻土、乙二醇二硝酸盐、硝酸铵、盐、硫、钠硝酸盐	深棕色	主炸药	压紧的，特定的形式（塑料或蜡纸管）	5900或者超过20000（1800到超过5800）	与金属粉末反应	不吸湿	随时间降低	对摩擦和冲击的影响不敏感	http://encydopedia. lockergnome com/s/ bJDynamite and http://users.skynet. be/jeeper/page58.html
	感光乳剂	Hydromite; Emulex; Emutrench; Coalmex 14E; Blastex; Powdermite; Apex; Tovan Ultimate; EMGEL Series; HEF Series; Seisprime; Dyno	硝酸铵、硝酸钠、水、微球、油、蜡、EGDN，乳化剂、铝粉	白色到灰色	主炸药	特殊形式（重型塑料袋和纸管），散装	12000–19000（3650–5800）	不反应	吸湿	一年保质期	对摩擦和冲击的影响不敏感	Data sheet and http:// www.mme state.va.us/ Dmm/Forms20%Index/ Regular% 20%Forms/ Surface20% Blaster's20%Certification 20% Study20%Guide.doc

（续表）

	炸药“D”	苦味酸盐铵	$C_6H_6N_4O_7$（经验分析）	红色到黄色	主炸药	压紧的	23500（7150）	与金属粉末反应，可以形成能爆炸的盐类	吸湿	不好		Koehler, J. and Meyer, R. Explosives 4th ed. p.14.1993.and http://wwweugeneleeslover.com/USNAVY/CHAPTER-2-2.html
	奥克托金（HMX）	环四亚甲基四硝基胺，奥克托金	$C_4H_8N_8O_8$（经验分析）	无色晶体	Main charge	压紧的	29800（9100）有限制的		不吸湿	好	黑索金的副产品	Koehler, J. and Meyer, R. Explosives 4th ed. p.189, 257-8. 1993.
	硝化纤维	NC，棉火药，硝化棉，硝酸纤维素，焦纤维	$C_{12}H_{14}N_6O_{22}$（经验分析）	白色纤维	炸药原料，推进剂，无烟火药	压紧的	23900（7300）	不反应	吸湿		干燥时对冲击，摩擦，火花热非常敏感，相对不稳定	Koehler, J. and Meyer, R. Explosives 4th ed. p.240-2. 1993.
	硝酸甘油	NG，丙三醇三硝酸酯、爆破油、“硝基”	$C_3H_5N_3O_9$（经验分析）	清楚的色油	炸药原料，推进剂，炸药	直接生产	26000（7600）有限制的	反应	不吸湿	好	对冲击和摩擦很敏感，恶化会更敏感，更不稳定	Koehler, J. and Meyer, R. Explosives 4th ed. p.243-6. 1993.
	硝酸淀粉	淀粉硝酸	$C_6H_7N_3O_9$（经验分析）	白色到淡黄色粉末	炸药原料	压紧的	16000（4900）		吸湿	不好	基本上不会让人头痛的炸药	Koehler, J. and Meyer, R. Explosives 4th ed. p.253. 1993.
	PE-4	塑料炸药4	黑索金，塑化剂	白色	主要用于拆除	压紧的，手动包装	27000（8200）	不反应	不吸湿	好	英国军用炸药	Koehler, J. and Meyer, R. Explosives 9th ed. p.263, 276-7. 1993.

（续表）

	PE-4A	塑料炸药	黑索金或PRTN塑化剂	白色	主要用于拆除	压紧的，手动包装	22965（7000）	不反应	不吸湿	好	葡萄牙制造，在伊拉克很常见	
	彭托利特炸药		50/50：TNT，PETN（季戊四醇四硝酸酯）	白色到黄色	主要用于扩爆器，拆除	浇筑	24300（7400）	腐蚀最常见的金属	不吸湿	不好		Koehler, J. and Meyer, R. Explosives 4th ed. p.265. 1993.
	季戊四烯四硝酸酯	季戊炸药，四硝季戊四醇	$C_6H_8N_4O_{12}$（经验分析）	无色到白色晶体	爆破帽。导爆索、助推器、炸药的成分	压紧的	27600（8400）有限制的	轻微的腐蚀黄铜	不吸湿	好	破坏力非常强	Koehler, J. and Meyer, R. Explosives 4th ed. p.271–3. 1993.
	黑索金	环三亚甲基三硝基胺，三次甲基三硝基胺	$C_3H_6N_6O_6$（经验分析）	白色，也可能被染成粉色	爆破帽。导爆索、助推器、炸药的成分	压紧的	28700（8750）有限制的	不反应	不吸湿	好	破坏力非常强，有很多种生产方法	KochLer, J. and Meyer, R. Explosives 4th ed. p.70–3, 296. 1993.
	可变塑料炸弹 1A		季戊四醇四硝基酸酯，塑化剂	胭脂红	爆破，拆除，main，charge	压紧的，手动包装	24000（7300）	不反应	不吸湿	好	捷克斯洛伐克贸易名称	Koehler, J. and Meyer, R. Explosives 4th ed. p.308. 1993.

（续表）

类型	炸药	别名	配方/构成	颜色	用途	装填方法	爆率（ft/sec[m/s]）	与金属反应	吸湿能力	稳定存储能力	备注	信息来源
	可变塑性炸弹		黑索金，PENT，塑化剂	橙色	主要用于爆破	压紧的，手工包装	24300（7400）	不反应	不吸湿	好	捷克斯洛伐克贸易品	Koehler, J. and Meyer, R. Explosives 4th ed. p.308. 1993.
	三硝基苯甲硝胺	四硝基炸药	$C_7H_5N_5O_8$（经验分析）	浅黄色	爆破	压紧的	24800（7570）有限制的	不反应	不吸湿	好	70%对子弹冲击敏感	Koehler, J. and Meyer, R. Exlosives 4th ed. p.345–6. 1993.
	特屈儿混合炸药	Tetratol	70/30：三硝基苯甲硝胺，TNT	浅黄色	爆破	浇筑	24100（7350）	腐蚀大多数金属	不吸湿	好	30%对子弹冲击敏感	Koehler, J. and Meyer, R.Explosives 4th ed. p.346. 1993.
	TNT	三硝基甲苯	$C_7H_3N_3O_6$（经验分析）	浅黄色到棕色	爆破	压紧的，浇筑	22600（6900）有限制的	不反应	不吸湿	好	工业炸药的重要组成部分	Koehler, J. and Meyer, R. Explosives 4th ed. p.371–3. 1993.
	爆雷用高性能炸药	甲基戊烯聚合物，HBX–3	黑索金，TNT，铝	银白色	矿山、深水炸弹、鱼雷、助推器	浇筑	24900（7600）有限制的	不反应	不吸湿	好	对子弹冲击敏感	Koehler, J. and Meyer, R.Explosives 4th ed.P. 374.1993.and Hopler, R. ed. Bfusters' Handbook. 17th ed. p.108. 1998.
	眠砜乙基甲烷		铝，TNT	银色	主炸药	浇筑	22200（6770）	不反应	不吸湿	好		Koehler, J. andMeyer, R. Explosives. 4th ed.P.395.1993.and http://mihailru.freeservers.com/shopping_page.html

（续表）

	水凝胶/泥浆	Hydromite，slurmex，blastgel，dynogel，HD	硝酸铵，硝酸钠、铝粉、无烟火药、水、乌洛托品，野牛树胶（交联剂）	灰色到棕色	爆破	在重型塑料袋或塑料管里	14000–22000（4300–6700）	不反应	吸湿	一年保质期	对摩擦和撞击没有对炸药敏感	Data sheet and http://www.mme.state.va.us/Dmm/Forms20%Index/Regular20%Forms/Surface20%Blasters 20%20%%Certification20%Study20%Guide.doc
二二元炸弹	螺旋		铝粉和其他金属，硝基甲烷	灰色糊状物，亮绿色液体	爆破，岩石克星	一部分液体，一部分固体	18000–20000 5500–6100）	铝，铜，金属氧化物	在包装里不吸湿，在包装外吸湿	在包装内好	可在硬质塑料盒和铝箔包的包装上得到	MSDS sheets manufactured by Omni Distribution, Explosives Products Division
	kinepak kinepack		氧化剂和燃料	灰色/白色小颗粒，透明液体	爆破，岩石克星	部分液体，一部分固体	20700（6300）	金属粉末，青铜	在包装里不吸湿，在包装外吸湿	在包装内好	不含NG，可在硬质塑料盒和铝箔包的包装上得到	MSDS sheets

附录B 美国和其他国家炸药名称

（表中只显示了单词拼写没有音标，这不利于正确识别）

第一部分

美国名称	其他国家名称
Amatol	Füllpulver（德国） Amatola（西班牙） Amatolo（意大利） Shôtoyaku（日本） Nitramita Espanola（西班牙） NT（法国）
Ammonium nitrate	Ammiachnaya Selitra, Ammoniinaya Selitra, Azotnokislyi ammoni（俄罗斯） Ammoniumnitrat, AM（德国、瑞典） Ammonium saltpeter, Ammon saltpeter（德国） Nitrate d' ammoniaque（比利时、法国） Hsiao Hsuan An（中国） Ammoniumnitrâ, Ammonsalétrom（匈牙利） Nitrato ammonico, Nitrato d'ammonio（意大利） Ammonum Shosanen（日本） Saletra amônowa（波兰） Nitrato amonico（西班牙） Ammonnitrat（瑞士）
Ammonite	Ammonit（德国、俄罗斯） Amonita（西班牙）
Ammonium nitrate dynamite	Ammondynamit（德国） Ammon dinamite（意大利）

（续表）

Ammonal	Alumatol, Burrowite, Minol, Nobel's 704（英国） Ammonpulver （德国） Ammoniâs robbanöanyag（匈牙利） Nitramite, Avigliana 3, Toluol–Ammonal （意大利） Ammonaru （日本） Amonal （西班牙）
Ammonium picrate, explosive D	Dunnite, ammonium trinitrophenolate （英国） Picrate d'ammonique（法国） Ammoniumpikrat（德国） Dunnit robbanöanyag （匈牙利） Picrato ammonico, Picrato d'ammonio（意大利） Picrato Amônico （西班牙） Pikurinsan Ammonia （日本） Pihat ammonia, Pikrinovokislyi ammonii （俄罗斯）
Black powder	Foudre noire （比利时、法国） Schwarzpulver （德国） Fekete löpor （匈牙利） Polvere near, Polvere da fuoco（意大利） Kokoshokuyaku,Yuenyaku（日本） Chornyi porokh,Dymnyi porokh （俄罗斯） Svartkrut （瑞典） Amidogène,Schwarzpulver （瑞士） Polvere Nera, Polvere da Fuoco（意大利） Polvora Negra （西班牙）
Blasting gelatin （dynamite）	Dynamite gomme（法国） Sprenggelatine（德国） Robbanô–zselatin （匈牙利） Gelatina esplodente,Gelatina gomma（意大利） Bakuhatsu–Sei Zeratin,Matsu, Sakura No. 1and No. 2（日本） Gremuchii student （俄罗斯） Dinamita goma, Goma （西班牙） Spranggelatin （瑞典） Spezialsprenggelatine （瑞士）
Cheddite	Explosif O, Explosif du Type OC, Explosif P, Explosif Street, Kaipinite, Poudre Verte（法国） Alkalsit,Chloratit, Chloratsprengstoffe,leonite,Miedziankit, Perchloratit, Perchloratsprengstoffe（德国） Cremonite,Esplosivo P, Esplosivo S, Esplosivo speciale, Polvere Cannel, Plovere verde, Romite（意大利） Entoyaku（日本） Shedit,Almatrit No. 19 （俄罗斯） Cheddita, Explosivo cloratado （西班牙） Blastin, Territ （瑞典） Pierrit （瑞士）

（续表）

Composition A	Hexogène/tire d'abeille（法国） Fullpulver Nrs 91–H5, H–10,and H–10.3（德国） Angayaku（日本） Flegmatizirovannyi gheksoghen（俄罗斯）
Composition B cyclotol	Chauyaku, Nigotanôyaku（日本） Hexolite, HT（法国） Tritolite（意大利） Plastex, PE, Exôgeno Plastico（西班牙）
Dynamite	Dianamaito（日本） Dinamit（俄罗斯） Dinamita（西班牙） Dinamite（意大利）
HMX	Octogène（法国） Octogene（德国） Oktoghen（俄罗斯）
Lead azide	Azido de plomo, Plumbazida（西班牙） Azide de Plomb,Azoture de Plomb（法国） Azid Svintsa（俄罗斯） Acido di Piombo,Azotidrato di Piombo, Azotidruro di Piombo（意大利） Azoture de Plomb（比利时） Bleiazid（德国、瑞士） Blyazid,Blyacid（瑞典） Chikkaen, Chikka Namari（日本） Azid svintsa（俄罗斯） Nitrure de Plomb（比利时、法国） Nitruro de Plomo, Plumbazida（西班牙）
Lead picrate	Bleipikrat（德国）
Lead styphnate	Bleistypnat, Bleitrinitroresorcinat（德国、瑞士） Blystyfnat, Blytrinitroresorcinat（瑞典） Trinitrorésorcinate de Plomb（比利时、法国） Styphnate de plomb（法国） Stifnato di piombo, Trinitroresorsinat svintsa（俄罗斯） Tricinato, Triginato, Trinitroresorcinato de Plomo（西班牙） Trinitroresorcinato di Plombo（意大利）
Mercury fulminate	Fulminate de Mercure（比利时、法国） Fulminato de Mercurio（西班牙） Fulminato di Mercurio（意大利） Ful'minat Rtuti, Gremuchaya Rtut（俄罗斯）
	Knallkvicksilver（瑞典） Knallquecksilber（德国、瑞士） Higanyfulminât, Durranôhignay（匈牙利） Raiko, Raisan Suigin（日本）

（续表）

Nitrocellulose	Colodio,Piroxilina,Nitrocelulosa,Piroxilina（西班牙） Coton–Poudre（法国） Menkayaku（日本） Nitrocellulosa（意大利、瑞典） Nitrocotone（意大利） Nitrokletchatka, Nitrotselulosa（俄罗斯）
Nitroglycerin	Nitoroguriserin（日本） Olio Esplosivo, Trinitroglicerina（意大利） Nitroglicerina（意大利、西班牙） Aceito Explosivo（西班牙） Nitroglitserin（俄罗斯） Nitroglycerine（比利时、法国） Sprengol（德国） Nitroglicerin Robbanô–ola（匈牙利） Nitroglyzerin（瑞士）
Nitroguanidine	Nitrate de Guanidine（法国） Nitroguanidin（德国） Nitroguanidina（意大利） Pentol,Fullpulver No. 42, Pentritol （德国） Pentritolo, Pentrol（意大利） Pentoriru （日本） Pentolita, Pentritol （西班牙） renmo, rentryl （瑞士）
Pentolite	Nitropenta （西班牙、德国） Nitropentaerythrit, Pentrit （德国、瑞士） Nitropentaeritrita （西班牙） Penthrite （比利时、法国） Pentrite, Tetranitrato di Pentaeritrite （意大利）
PETN	Pentyl （瑞典） Shoeiyaku （日本） Tetraeritrit nitrat （俄罗斯） Bittersäure, Granatfiillung 88,Fiillpulver No. 2, No. 5 and No. 24 （德国） Melinita,Pertite,Trinitrofenolo,Acido Picrico（意大利） Melinite,Trinitrophenol, Acide Picrique（法国） Ôshokuyaku,Shimose,Shimose Bakuyaku, Pikurinsan （日本） Lyddite （英国） Pikrinsav, Trinitrophenol（匈牙利） Melinit, Pikrinovaya kislota（俄罗斯） Acido de picrico, Picrinita（西班牙） Trinotrofenol （俄罗斯、西班牙） Pikrinsyra（瑞典） Pikrinsäure （德国、瑞士）
RDX	Ciclonita, Exôgeno, T4 （西班牙）

（续表）

Cyclonite	Exogene, T4, Trimetilentrinitroammina（意大利） Gheksoghen（俄罗斯） Hexogène（比利时、法国） E-Salz, K-Salz, KA-Salz, SH-Salz,W-Salz（德国） Shouyaku, Tanayaku（日本） Hexogen（德国、瑞典、瑞士）
Silver azide	Azotidrato d'argento, Azotidrudo d'argento（意大利） Acido de Plato（西班牙）
Smokeless powder	Muenkayaku（日本）
Tetryrl	Sanshôki mechiru nitoroamin（日本）
TNT	Chakatsuyaku,Sanshôki Toruôru, Type 92（日本） Trotyl（比利时、法国、德国、英国、意大利、瑞典、瑞士） Trinitrotoluol（德国、瑞士） Tolite（法国、意大利） Trinolo（意大利） Trilit（匈牙利） Tritolo（匈牙利、意大利） Trotil（匈牙利、俄罗斯） Toi（俄罗斯） Trilite, Trinitrotolueno, Trinitrotoluolo,Trinolo（意大利） Trilita, Trinitrotolueno,Trotilo（西班牙）
Torpex	Hexotonal（瑞典） Tritolital（德国、意大利、西班牙）
Urea nitrate	Nitrate d'Urée（法国）

第二部分

其他国家名称	使用国家	美国名称
Aceito explosive	西班牙	Nitroglycerin
Acide picrique	法国	Picric acid
Acido di Piombo	意大利	Lead azide
Acido de Plato	西班牙	Silver azide
Acido de plomo	西班牙	Lead azide
Acido picrico	意大利	Picric acid
Acido de picrico	西班牙	Picric acid
Alkalsit	德国	Cheddite
Almatrit No. 19	俄罗斯	Cheddite
Alumatol	英国	Ammonal

（续表）

AM	德国	Ammonium nitrate
Amatola	西班牙	Amatol
Amatolo	意大利	Amatol
Amidogène	瑞士	Black powder
Amonal	西班牙	Ammonal
Ammiachnaya Selitra	俄罗斯	Ammonium nitrate
Ammonaru	日本	Ammonal
Ammon Dinamite	意大利	Ammonium nitrate dynamite
Ammonias robbanöanyag	匈牙利	Ammonal
Ammoniinaya Selitra	俄罗斯	Ammonium nitrate
Ammonit	德国、俄罗斯	Ammonit
Ammoniumnitrá	匈牙利	Ammonium nitrate
Ammoniumnitrat	德国、瑞典	Ammonium nitrate
Ammoniumpikrat	德国	Explosive D, ammonium picrate
Ammonium trinitrophenolate	英国	Explosive D, ammonium picrate
Ammondynamit	德国	Ammonium nitrate dynamite
Ammonium saltpeter	德国	Ammonium nitrate
Ammonnitrat	瑞士	Ammonium nitrate
Ammonpülver	德国	Ammonal
Ammonsalétrom	匈牙利	Ammonium nitrate
Ammonsaltpeter	德国	Ammonium nitrate
Ammonum Shosanen	日本	Ammonium nitrate
Amonita	西班牙	Ammonite
Angayaku	日本	Composition A
Avigliana 3	意大利	Ammonal
Azida de plomo	西班牙	Lead azide
Azide de plomb	法国	Lead azide
Azid svintsa	俄罗斯	Lead azide
Azotidrato di piombo	意大利	Lead azide

（续表）

Azotnokislyi ammonii	俄罗斯	Ammonium nitrate
Azoture de plomb	比利时、法国	Lead azide
Bakuhatsu–Sei Zeratin	日本	Blasting gelatine dynamite
Bittersäure	德国	Picric acid
Blastin	瑞典	Cheddite
Bleiazid	德国、瑞士	Lead azide
Bleipikrat	德国	Lead picrate
Bleistypnat	德国、瑞士	Lead styphnate
Bleitrini troresorcinat	德国、瑞士	Lead styphnate
Blyacid	瑞典	Lead azide
Blyazid	瑞典	Lead azide
Blystyfnat	瑞典	Lead styphnate
Blytrinitroresorcinat	瑞典	Lead styphnate
Burrowite	英国	Ammonal
Chauyaku	日本	Composition B, Cyclotol
Cheddita	西班牙	Cheddite
Chikkaen	日本	Lead azide
Chikkanamari	日本	Lead azide
Chloratit	德国	Cheddite
ChloratsprengstofFe	德国	Cheddite
Chdrnyi porokh	俄罗斯	Black powder
Ciclonita	西班牙	RDX
Colodio	西班牙	Nitrocellulose
Coton–poudre	法国	Nitrocellulose
Cremonite	意大利	Cheddite
Dinamaito	日本	Dynamite
Dinamit	俄罗斯	Dynamite
Dinamita	西班牙	Dynamite
Dinamita goma	西班牙	Blasting gelatin dynamite

（续表）

Dinamite	意大利	Dynamite
Dunnite	英国	Explosive D, ammonium picrate
Dunnit robbanöanyag	匈牙利	Explosive D, ammonium picrate
Durranóhignay	匈牙利	Mercury fulminate
Dymnyi porokh	俄罗斯	Black powder
Dynamite gomme	法国	Blasting gelatin dynamite
Entoyaku	日本	Cheddite
E–Salz	德国	RDX
Esplosivo P	意大利	Cheddite
Esplosivo S	意大利	Cheddite
Esplosivo speciale	意大利	Cheddite
Exogene	意大利	RDX
Exôgeno	西班牙	RDX
Exôgeno Plastico	西班牙	Composition C
Explosif du Type OC	法国	Cheddite
Explosif O	法国	Cheddite
Explosif P	法国	Cheddite
Explosif Street	法国	Cheddite
Explosivo cloratado	西班牙	Cheddite
Fekete ldpor	匈牙利	Black powder
Flegmatizirovannyi gheksoghen	俄罗斯	Composition A
Füllpulver	德国	Amatol
Füllpulver No. 2	德国	Picric acid
Füllpulver No. 5	德国	Picric acid
Füllpulver No. 24	德国	Picric acid
Füllpulver No. 42	德国	Pentolite
Füllpulver Nrs 91—H5	德国	Composition A
Füllpulver Nrs 91—H10	德国	Composition A
Füllpulver Nrs 91—H 10.3	德国	Composition A

（续表）

Fil′ minat rtuti	俄罗斯	Mercury fulminate
Fulminate de mercure	比利时、法国	Mercury fulminate
Fulminato de mercurio	西班牙	Mercury fulminate
Fulminato di mercurio	西班牙	Mercury fulminate
Gelatina esplodente	意大利	Blasting gelatin dynamite
Gelatina gomma	意大利	Blasting gelatin dynamite
Gheksoghen	俄罗斯	Cyclonite
Goma	西班牙	Blasting gelatin dynamite
Granatfiillung 88	德国	Picric acid
Gremuchaya rtut	俄罗斯	Mercury fulminate
Gremuchii studen′	俄罗斯	Blasting gelatin dynamite
Hexogen	德国、瑞典、瑞士	RDX
Hexogène/cire d′ abeille	法国	Composition A
Hexogène	比利时、法国	RDX
Hexolite	法国	Composition B, Cyclotol
Higanyfulminat	匈牙利	Mercury fulminate
Hsiao Hsuan An	中国	Ammonium nitrate
HT	法国	Composition B, Cyclotol
Kaipinite	法国	Cheddite
Knallkvicksilver	瑞典	Mercury fulminate
Knallquecksilber	德国、瑞士	Mercury fulminate
Kokoshokuyaku	日本	Black powder
K–Salz	德国	RDX
KA–Salz	德国	RDX
Leonite	德国	Cheddite
Lyddite	英国	Picric acid
Matsu	日本	Blasting gelatin dynamite
Melinit	俄罗斯	Picric acid
Melinita	意大利	Picric acid

（续表）

Melinite	法国	Picric acid
Menkayaku	日本	Nitrocellulose
Miedziankit	德国	Cheddite
Minol	英国	Ammonal
Nigotanôyaku	日本	Composition B, Cyclotol
Nitoroguriserin	日本	Nitroglycerin
Nitrate d′ammoniaque	比利时、法国	Ammonium nitrate
Nitrate de guanidine	法国	Nitroguanidine
Nitramita Espanola	西班牙	Amatol
Nitramite	意大利	Ammonal
Nitrato amónico	西班牙	Ammonium nitrate
Nitrato ammonico	意大利	Ammonium nitrate
Nitrato d′ammonio	意大利	Ammonium nitrate
Nitrocelulosa	西班牙	Nitrocellulose
Nitrocellulosa	意大利、瑞典	Nitrocellulose
Nitrocotone	意大利	Nitrocellulose
Nitroglicerin	匈牙利	Nitroglycerin
Nitroglicerina	意大利、西班牙	Nitroglycerin
Nitroglitserin	俄罗斯	Nitroglycerin
Nitroglycerine	比利时、法国	Nitroglycerin
Nitroglyzcrin	瑞士	Nitroglycerin
Nitroguanidin	德国	Nitroguanidine
Nitroguanidina	意大利	Nitroguanidine
Nitrokletchatka	俄罗斯	Nitrocellulose
Nitropenta	西班牙、德国	PETN
Nitropentaeritrita	西班牙	PETN
Nitropentaerythrit	德国、瑞士	PETN
Nitrotselulosa	俄罗斯	Nitrocellulose
Nitrure de plomb	比利时、法国	Lead azide

（续表）

Nitruro de plomo	西班牙	Lead azide
Nobel′s 704	英国	Ammonal
NT	法国	Amatol
Octogene	法国	HMX
Octogene	德国	HMX
Oktoghen	俄罗斯	HMX
Olio esplosivo	意大利	Nitroglycerin
Oshokuyaku	日本	Picric acid
PE	西班牙	Spain
Penthrite	比利时、法国	PETN
Pentol	德国	Pentolite
Pentolita	西班牙	Pentolite
Pentoriru	日本	Pentolite
Pentrit	德国、瑞士	PETN
Pentrite	意大利	PETN
Pentritol	德国、西班牙	Pentolite
Pentritolo	意大利	Pentolite
Pentro	瑞士	Pentolite
Pentrol	意大利	Pentolite
Pentryl	瑞士	Pentolite
Pentyl	瑞典	PETN
Perchloratit	德国	Cheddite
Perchlotatsprengstoffe	德国	Cheddite
Pertite	意大利	Picric acid
Picrato amónico	西班牙	Explosive D,ammonium picrate
Picrato ammonico	意大利	Explosive D,ammonium picrate
Picrato d′ammonio	意大利	Explosive D,ammonium picrate
Picrate d′ammonique	法国	Explosive D,ammonium picrate
Picrinita	西班牙	Picric acid

（续表）

Pierrit	瑞士	Cheddite
Pikrat ammonia	俄罗斯	Explosive D, ammonium picrate
Pikrinovokislyi ammonii	俄罗斯	Explosive D, ammonium ptcrate
Pikrinovaya kislota	俄罗斯	Picric acid
Pikrinsaure	德国、瑞士	Picric acid
Pikrinsav	匈牙利	Picric acid
Pikrinsyra	瑞典	Picric acid
Pikurinsan	日本	Picric acid
Pikurinsan ammonia	日本	Explosive D, ammonium picrate
Piroxilina	西班牙	Nitrocellulose
Plastex	西班牙	Composition C
Plumbazida	西班牙	Lead azide
Polvere Cannel	意大利	Cheddite
Polvere da fuoco	意大利	Black powder
Polvere Negra	西班牙	Black powder
Polvere nera	意大利	Black powder
Polvere verde	意大利	Cheddite
Poudre noire	比利时、法国	Black powder
Poudre verte	法国	Cheddite
Raikô	日本	Mercury fulminate
Raisan Suigin	日本	Mercury fulminate
Robbanó-ola	匈牙利	Nitroglycerin
Robbanó-zselatin	匈牙利	Blasting gelatin dynamite
Romite	意大利	Cheddite
Saletra amonowa	波兰	Ammonium nitrate
Schwarzpulver	德国	Black powder
Schwarzpulver	瑞士	Black powder
SH-Salz	德国	RDX
Shedit	俄罗斯	Cheddite

（续表）

Shimose	日本	Picric acid
Shimose bakuyaku	日本	Picric acid
Shoeiyaku	日本	PETN
Shotoyaku	日本	Amatol
Shouyaku	日本	RDX
Svartkrut	瑞典	Black powder
Spezialsprenggelatine	瑞士	Blasting gelatin dynamite
Spranggelatin	瑞典	Blasting gelatin dynamite
Sprengol	德国	Nitroglycerin
Sprenggelatine	德国	Blasting gelatin dynamite
Stifnato di piombo	俄罗斯	Lead styphnate
Styphnate de plomb	法国	Lead styphnate
T4	意大利、西班牙	RDX
Tanayaku	日本	RDX
TEN	俄罗斯	PETN
Tetraeritrit nitrat	俄罗斯	PETN
Tetranitrato di pentaeritrite	意大利	PETN
Toluol-ammonal	意大利	Ammonal
Trimetilentrinitroammina	意大利	RDX
Trinitrofenol	俄罗斯、西班牙	Picric acid
Trinitrofenolo	意大利	Picric acid
Trinitroglicerina	意大利	Nitroglycerin
Trinitrophenol	匈牙利	Picric acid
Trinitrophenol	法国	Picric acid
Trinitrorésorcinate de plomb	比利时、法国	Lead styphnate
Trinitroresorcinato di plombo	意大利	Lead styphnate
Tritolite	意大利	Composition B, Cyclotol
W-Salz	德国	RDX
Yonckite	比利时	Cheddite
Yuenyaku	日本	Black powder

附录C 进出控制记录

<table>
<tr><td colspan="4">日期</td></tr>
<tr><td colspan="4">地点</td></tr>
<tr><td colspan="4">箱号</td></tr>
<tr><th>名字</th><th>位置/名称</th><th>进出时间</th><th>出去时间</th></tr>
<tr><td></td><td></td><td></td><td></td></tr>
<tr><td></td><td></td><td></td><td></td></tr>
<tr><td></td><td></td><td></td><td></td></tr>
<tr><td></td><td></td><td></td><td></td></tr>
<tr><td></td><td></td><td></td><td></td></tr>
<tr><td></td><td></td><td></td><td></td></tr>
<tr><td></td><td></td><td></td><td></td></tr>
<tr><td></td><td></td><td></td><td></td></tr>
<tr><td></td><td></td><td></td><td></td></tr>
<tr><td></td><td></td><td></td><td></td></tr>
<tr><td></td><td></td><td></td><td></td></tr>
<tr><td></td><td></td><td></td><td></td></tr>
<tr><td></td><td></td><td></td><td></td></tr>
<tr><td></td><td></td><td></td><td></td></tr>
<tr><td></td><td></td><td></td><td></td></tr>
<tr><td></td><td></td><td></td><td></td></tr>
<tr><td colspan="4">备注</td></tr>
</table>

第　页

附录D　爆炸证据防止污染指导手册

ATF

爆炸证据防止污染指导手册

酒精、烟草与军火管理局

法庭科学实验室

污染源

- 手、工具、衣物和鞋子可能从以下位置带走炸药及炸药残留物
- 炸药或者军火的周围
- 爆炸现场和现场警戒范围
- 储存散装炸药的位置

为防止污染可以采取以下措施

- 用密封容器包装需要检验的爆炸残留物（如金属罐）
- 戴一次性的手套
- 穿干净的衣服和靴子 或者
- 穿防化服和靴子
- 使用新的或一次性的工具 或者
- 使用净化后的工具

净化的程序

- 用肥皂和清水擦洗工具，用酒精消毒
- 用肥皂和清水擦洗鞋子，认真检查

● 机洗或干洗衣物

如果你有任何关于正确实施净化程序方面的问题可以联系酒精、烟草与军火管理局实验室。

<table>
<tr><th>现场类型</th><th>靴子</th><th>衣服</th><th>尽可能使用一次性的工具</th><th>手</th><th>证据</th></tr>
<tr><td colspan="6">净化程序</td></tr>
<tr><td>低速炸药、管状炸弹爆炸</td><td>使用肥皂和清水洗涤后检查</td><td>机洗或干洗</td><td>使用肥皂和清水洗涤后，用酒精消毒</td><td>使用一次性的手套</td><td>戴一次性手套收集证据</td></tr>
<tr><td>高速炸药爆炸</td><td>使用肥皂和清水洗涤后检查</td><td>机洗或干洗</td><td>尽可能使用一次性的工具</td><td>使用一次性的手套</td><td>戴一次性手套收集痕迹物证</td></tr>
<tr><td colspan="6">防止污染</td></tr>
<tr><td>搜查
低速炸药</td><td rowspan="2">穿干净的靴子或穿戴鞋套</td><td rowspan="2">穿干净的衣物或防化服</td><td>使用肥皂和清水洗涤后，用酒精消毒</td><td>使用一次性的手套</td><td rowspan="2">戴一次性手套收集证据并且在提取不同证据时更换手套。用密封容器包装证据</td></tr>
<tr><td>搜查
高速炸药</td><td>尽可能使用一次性的工具</td><td>使用一次性的手套</td></tr>
</table>

附录E　爆炸现场调查中的人员分工

现场调查指挥者的责任

● 采取措施控制并确保现场及现场人员的安全

● 组织炸弹技术人员概览勘查现场，并对现场进行初步的调查和评估；分析寻找潜在的痕迹；准备一份关于现场情况的描述说明；并确定搜寻模式

● 标划犯罪现场指挥部并组建和评估外围现场

● 确定现场调查的响应等级并对调查人员进行分工

● 确保现场充足的供给以及勘查设备器材的正常使用

● 确保现场工作人员之间的信息交流通畅

● 控制现场的出入口，对进入现场的人员进行登记

● 不断地对现场的搜寻工作进行审查评估

● 根据现场的等级，安排相应的人员对现场目击者进行询问

● 确保正确地收集、记录、保存并制作现场物证的清单

● 调查完成并能够确保现场痕迹物证完全记录在册后，要解除对现场的封锁

● 与指挥部及其他有关执法部门进行协调，确保密切协作

现场摄影人员和摄影情况记录人员

● 在现场勘查前对整个现场区域进行拍照

● 拍摄现场的受害者、群众以及车辆

● 对现场分别进行整体、局部拍摄及特写，拍摄时注意比例尺的合理使用

● 在主要物证被移动前需要对其进行拍摄；要与现场制图人员、物证记录人员及现场重建人员密切配合

- 在现场被清理前拍摄现场所有的潜在指纹及其他压痕
- 在必要时，对事件发生前的现场工程图纸、照片进行拍摄
- 准备照片的标注和照片示意图

现场图的制作者

- 对现场进行制图，图上指明北方
- 在现场图上反映出主要物证的位置，如果可以的话，与物证记录人员及现场重建人员进行协调，对物证进行统一编号
- 根据需要在现场图上标注相邻的建筑物、房间、家具等
- 与现场指挥员和物证收集人员协作，对现场搜寻的地点进行命名和标示
- 采取措施获得合理的帮助
- 以在现场所作示意图为基础，在现场调查完成后完善现场图

物证的记录和保管人员

- 准备有关现场物证复原的记录
- 接收和记录所有的物证
- 对物证的调取使用进行监管
- 对现场图上的地域进行编号和命名
- 对现场制图人员、摄影人员及其他物证专家所收集的物证进行整合
- 对现场收集的物证进行保管
- 将现场物证收集的进程及重大发现及时向现场指挥员和调查人员通报
- 根据相关规定，协调现场物证的运输保存工作

物证发现者

- 对现场物证的位置进行记录
- 在物证被移动前对被拍摄下的物证进行详细记录
- 向调查指挥员及时通报物证的重大发现
- 在物证被提取封存后，对物证的收集情况进行记录，然后将物证移交给物证保管人员
- 与物证记录人员及现场制图人员进行沟通，以确定各物证的收集地点
- 确保现场防护器材的规范使用

炸弹处置专家

- 参与现场概览勘查及对现场的整体评估

- 分析确定爆炸的位置
- 对现场存在的爆炸装置、残留的炸药以及其他危险物质进行安全评估
- 参与推断爆炸类型，是属于事故还是犯罪
- 对现场相关物证的复原提供技术支持

附录F 爆炸现场调查的供给及设备器材

一般办公用品

放大镜

指南针

铅笔盒、橡皮擦

彩色铅笔

钢笔

长效记号笔

油脂铅笔

信纸

订书机和订书钉

透明胶带和分割器

剪贴板

标签

剪刀

警戒封锁带

手提电脑

安全设备

防护鞋

工作服

一次性工作服

医用手套

劳保手套
安全帽
眼鼻护具
急救箱
水冷器/保湿剂
棉衣/雨具
便携帐篷/被子

物证记录、提取、保存和制图
手提电脑
照相机及配件
微型录音机和电池
物证固定胶带
透明胶带、加固胶带、帆布胶带、黑色胶带
长效记号笔和铅笔
横隔线信纸和方格纸及夹纸板
各种长度的测量尺和比例尺
硬质纸袋
不同尺寸的塑料易拉袋
特大号耐用型垃圾袋
耐热尼龙袋
卷装包装纸
防静电袋
一加仑装油漆罐
筛子
微量物证提取器
物证标签
金属标记旗和木桩
卷尺，一百步长和五十步长的
可手持的滚轴状磁铁
记录现场和物证的文档表格
残留物采集箱
犯罪现场警戒带
制图圆规

专门的材料

提取工痕、鞋子及汽车轮胎压痕的可塑性的材料

处理指纹的材料

鞋印的塑造模具

爆炸场地的测试工具箱

工具

不同大小的铲子

金属和塑料耙

扫帚和簸箕

刷子

园艺工具

独轮手推车

不同大小的水桶和垃圾箱

梯子

加强电源的手电筒

闪光灯和照明灯及配套的电池

不同尺寸的塑料防水布

工具箱包括金属划线器，螺丝刀套装，可调扳手，扳手套装，砌墙刀，锤子，大小撬棍，玻璃刀，不同类型的钳子，小刀，镊子，剪刀，短柄斧，橡胶棒，手术刀，凿子

现场所需的重型设备

小型挖掘机

吊车

大型挖掘机

反铲挖土机

运输车

翻斗卡车

附录G 行政工作表

页码____________

日期____________

<table>
<tr><td>地点</td><td></td><td rowspan="11">搜索人员和他们各自的责任</td><td></td></tr>
<tr><td>鉴定人</td><td></td><td></td></tr>
<tr><td>助手</td><td></td><td></td></tr>
<tr><td>到达的日期和时间</td><td></td><td></td></tr>
<tr><td rowspan="7">到达现场是在场的人有哪些</td><td></td><td></td></tr>
<tr><td></td><td></td></tr>
<tr><td></td><td></td></tr>
<tr><td></td><td></td></tr>
<tr><td></td><td></td></tr>
<tr><td></td><td></td></tr>
<tr><td></td><td></td></tr>
<tr><td rowspan="2">到达现场时的现场负责人</td><td></td><td colspan="2">初步调查/证据评估</td></tr>
<tr><td></td><td colspan="2"></td></tr>
<tr><td rowspan="2">从哪获得的现场控制权</td><td></td><td colspan="2"></td></tr>
<tr><td></td><td colspan="2"></td></tr>
<tr><td rowspan="2">获得控制权的日期和时间</td><td></td><td colspan="2"></td></tr>
<tr><td></td><td colspan="2"></td></tr>
<tr><td rowspan="3">到达现场时的情况（安全的/不安全的）</td><td></td><td colspan="2">特殊发现或情况</td></tr>
<tr><td></td><td colspan="2"></td></tr>
<tr><td></td><td colspan="2"></td></tr>
<tr><td>照明情况</td><td></td><td colspan="2"></td></tr>
<tr><td>天气情况</td><td></td><td colspan="2"></td></tr>
<tr><td rowspan="2">现场包括（一般描述）</td><td></td><td colspan="2"></td></tr>
<tr><td></td><td colspan="2"></td></tr>
<tr><td></td><td></td><td colspan="2"></td></tr>
<tr><td></td><td></td><td colspan="2"></td></tr>
</table>

页码__________

日期__________

<table>
<tr><td>犯罪现场会议（笔迹和观察）</td><td rowspan="4">犯罪现场调查完成并发布的授权</td><td>名字</td></tr>
<tr><td></td><td>题目</td></tr>
<tr><td></td><td>日期</td></tr>
<tr><td></td><td>时间</td></tr>
<tr><td></td><td rowspan="4">犯罪现场版本</td><td>名字</td></tr>
<tr><td></td><td>题目</td></tr>
<tr><td></td><td>日期</td></tr>
<tr><td></td><td>时间</td></tr>
<tr><td></td><td colspan="2"></td></tr>
<tr><td></td><td colspan="2"></td></tr>
<tr><td>最后调查（笔迹和观察）</td><td colspan="2"></td></tr>
<tr><td></td><td colspan="2"></td></tr>
<tr><td></td><td colspan="2"></td></tr>
</table>

<table>
<tr><td colspan="2">管理日志</td></tr>
<tr><td>时间</td><td>相关描述/信息</td></tr>
<tr><td></td><td></td></tr>
<tr><td></td><td></td></tr>
<tr><td></td><td></td></tr>
<tr><td></td><td></td></tr>
<tr><td></td><td></td></tr>
<tr><td></td><td></td></tr>
<tr><td></td><td></td></tr>
<tr><td></td><td></td></tr>
<tr><td></td><td></td></tr>
<tr><td></td><td></td></tr>
<tr><td></td><td></td></tr>
</table>

附录H　叙述性描述

地点______________________________

日期______________________________

事件______________________________

编写/助理__________________________

页码____至____

附录I 证据恢复记录

页码____ 至 ____

地点______________________________
日期______________________________
事件______________________________
编写/助理__________________________
____
____

人员______________________________
____
____
____
____
____

项目#	类型	发现地点	怎样发现的	照片	标记 直接-D 间接-I	包装办法	杂项评论

附录J　潜在指纹提取记录

地点________________________________

日期________________________________

事件________________________________

编写/助理____________________________

____

____

页码____ 至 ____

提取#	提取日期	被谁提取	被谁发现	照片	根源	杂项评论

附录K　摄影记录

页码____ 至 ____

地点______________________________
日期______________________________
事件______________________________
编写/助理__________________________
____
____

相机______________________________
批注______________________________
____
____
____
____

照片#	拍摄客体描述	使用规模

示意图

____

附录L 现场示意图

地点______________________________

日期______________________________

事件______________________________

编写/助理__________________________

____

____

页码____ 至 ____

附录M 爆炸残留物拭子盒说明书

这种拭子是用来收集爆炸后的爆炸现场物体上或者不能运回实验室的大件物品表面上的有机物或者无机物。用拭子擦拭的最佳区域为光滑无孔的物体表面，类似于金属，玻璃，漆过的木头，石头或者塑料。对于爆炸后现场，选择什么物体表面取决于爆炸的类型。

第一步：从密封箱中取出拭子。你需要以下密封的包装物品（见图1）。

袋1：两副用酒精擦拭过的无灰尘的橡胶手套。

袋2：一件带有帽子和靴子的高密度聚乙烯合成纸连体衣裤，和一副无尘的腈类手套。

袋3：一张长的折叠的牛皮纸（两端附加胶带），一支圆珠笔，一支黑色记号笔。

袋4：操作拭子的物质——瓶子标签，两副一次性镊子，封口的袋子，证据胶带。

袋5：采样瓶——2包/10个装有一个棉花拭子的玻璃瓶，两个一次性镊子，两个用来收集样品的带封口的袋子，瓶标签和证据胶带，根据需要从任一10 瓶拭子中拿取。

袋6：一个包含额外无菌棉球的4盎司的广口瓶。

第二步：摘掉所有的手表、戒指等。锐利的边缘会刺穿丁腈手套。如果可能的话，脱下外套，卷起袖子。继续用装在袋1中的酒精擦拭你的双手。

第三步：打开第一个袋子，避免接触到你身体的任何部位或者是你的衣服上。带上丁腈手套（见图2）。

第四步：打开袋子2，在衣服外面穿上白色的特卫强连身衣（见图3）。在袋子2中戴上另一副丁腈手套。把手套套在第一副手套外面或者用新的手套替换旧的手套。

第五步：选择一个位置，擦拭以提供一个干净的工作表面。理想情况是，应该选择离你将要用拭子取样位置不远。打开袋3，拿开折叠成正方形的牛皮纸然后将它放在一个平整的工作表面上（见图4）。剥开有黏性那面胶带的保护层。

第六步：打开袋4，用以下步骤自己操作拭子和工作表面。

打开袋5，从10包里选择一个重要的拭子，用一个一次性镊子，从瓶子里拿出一个棉球，用这个拭子擦拭你戴着手套的手、腹部和你连体衣的袖子部分（见图5），把这个棉球拭子放回原来的瓶子中，拧紧瓶盖。在标签上写下文字说明，然后贴在瓶子上，标明“操作服装／手套。”用黑色记号笔标记证据胶带，确保你的证据胶带与首字母重叠。现在这就是一个“操作拭子”了。便签上应该包括鉴定人的名字的首字母，日期，资料编号或者鉴定人地址。

用第二副镊子，将第二个瓶子里的棉签拿出来，用这个拭子擦拭牛皮纸工作表面（见图6）。重复上述步骤，将瓶子拧紧，然后贴上带有文字说明的标签，标注“工作表面操作” 用证据胶带密封瓶子。这是第二个“操作拭子”，如果拭子被认为合适，就可以添加一个额外的控制样本。一个瓶子也许不用打开就可以当做一个“操作样本”递交。不要重复使用这些镊子来实际抽样。

第七步：确保每一个控制样本瓶子的标签都是准确的，然后用证据胶带封住（见图7）。提醒：戴着手套很难贴住证据胶带。

第八步：将所有用过的操作拭子瓶放进带拉链的证据袋中，将证据标签上所需的文字说明补全。在标签上标注“操作样本”，将标签贴在证据袋上。用证据胶带将袋子封住。最初的证据袋用证据胶带折叠密封。将这个证据袋远离取样的拭子瓶（见图8）。

第九步：打开袋5，拿出里面的东西，打开装有两个镊子的小袋子，用一个镊子打开瓶子，将里面的棉花拭子取出，用棉签仔细的擦拭怀疑的表面。简易采用圆形摩擦运动。将棉签放回瓶中，用证据胶带密封。跟控制样本一样，在标签上标号并记录数据。另一副镊子留着备用，额外的无菌棉签放在一个单独的罐子里（袋6）。

对每一个怀疑表面一瓶一瓶、一个棉签接一个棉签地重复这个步骤，在打开一个瓶子前要完成上一个瓶子的工作，在每一个瓶子的标签上记录文字说明。将每个瓶子用证据胶带密封。

第十步：在擦拭怀疑表面后，检查每个瓶子，确保每个瓶子上的标签都贴得正确，密封好。将样本瓶放进带拉链的证据袋中，填好证据标签，并将证据标签粘在袋子上，然后用证据胶带密封。

注意：在以收集证据为目的的工具箱中不要使用任何剩余的物品。它们也许已经被污染了，妥善处理工具箱中剩余的所有物品。

在一次爆炸中使用一个工具箱，不同的炸药可能用于多次的爆炸。

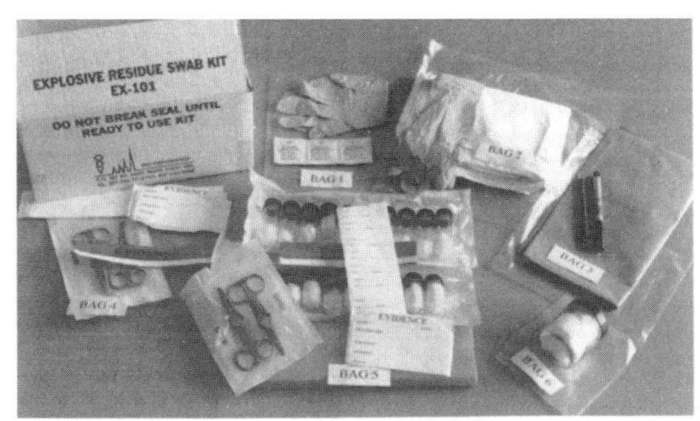

图1

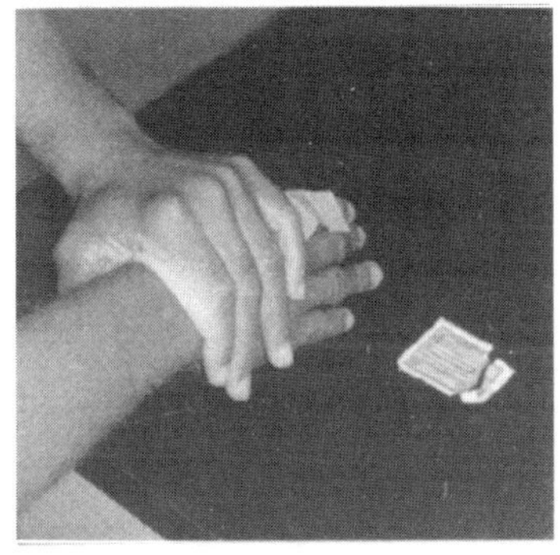

图2

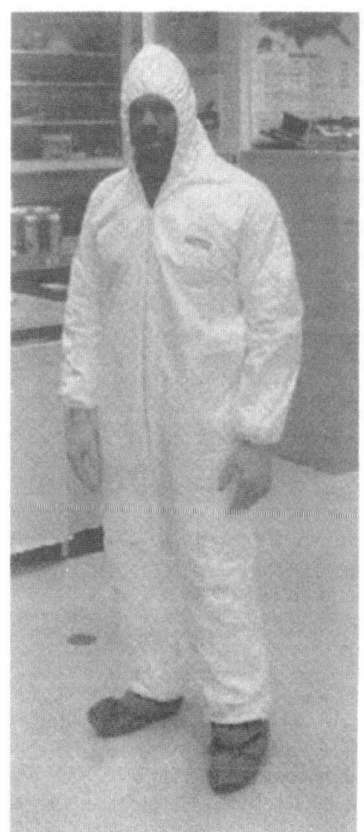

图3

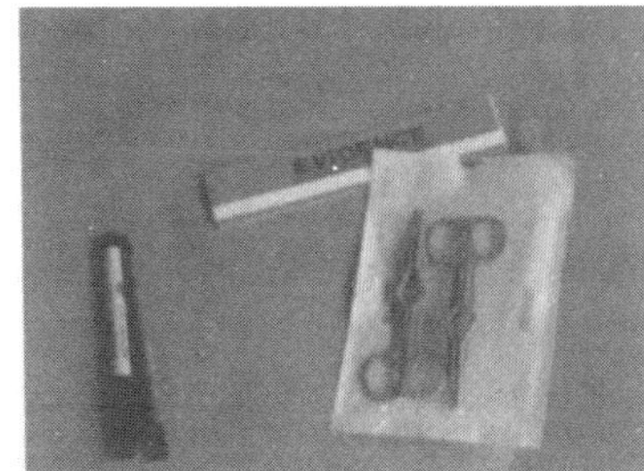

图4

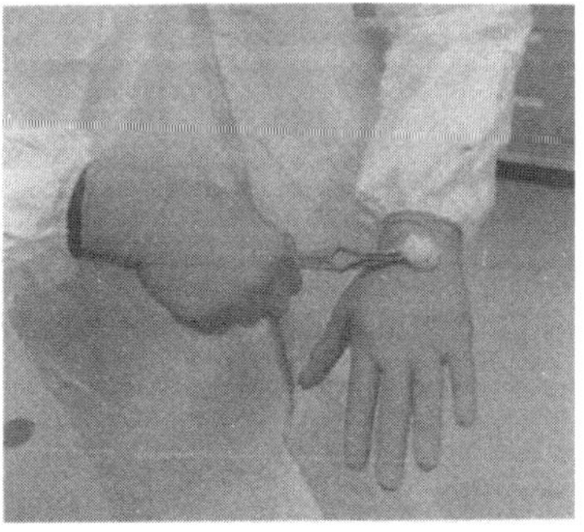

图5

图6

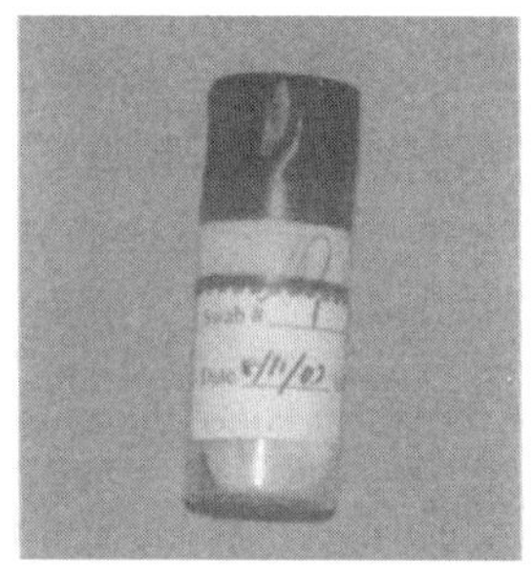

图7

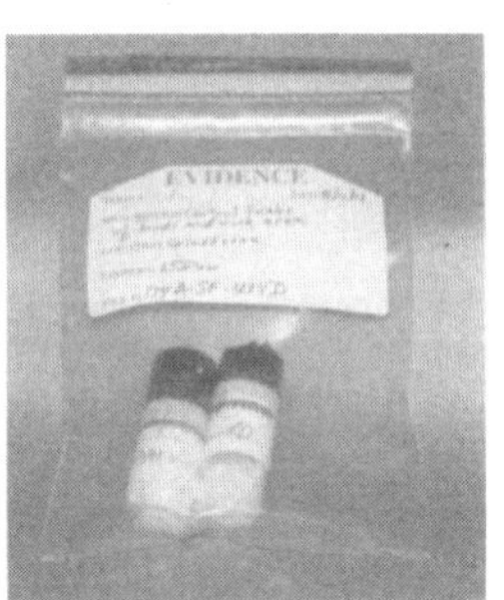

图8

（此组图片由美国联邦调查局提供）

附录N　标准的军事武器颜色编码系统

弹药的类型	中心	斑纹	边缘
高速炸药，30毫米外	草绿色	黄色	无
高速炸药30毫米及以内	黄色	黑色	无
复合炸药	草绿色	黄色	斑点黄
高速反坦克炸药（热）	黑色	黄色	无
杀伤人员和反坦克地雷炸药	草绿色	黄色	黄色三角
燃烧照明用	浅红色	黑色	没有
（a）独立装载	草绿色	白色	白色
（b）固定或者半固定	白色	黑色	无
常规			
（a）用低爆药启动	蓝色	白色	棕色
（b）用高速药启动	蓝色	白色	黄色
（c）不用炸药启动	蓝色	白色	无
烟弹			
（a）不填充白磷	浅绿色	黑色	无
（b）填充白磷	浅绿色	浅红色	黄色
惰性/训练	铜，金或者黄铜	黑色	
化学成分			
（a）控爆剂	灰色	红色	红色
（b）失能剂	灰色	紫罗兰	紫罗兰
（c）不是双重毒性	灰色	深绿色	深绿色
（d）神经毒气	灰色	深绿色	
例外			
小型武器弹药			
黑色的弹药			
弹壳			
导火管			
烟火装置			

附录O 爆炸的危险距离

爆炸的危险距离

危险描述	爆炸能力（相当于TNT）	建筑疏散距离	户外疏散距离
爆破筒	5lbs/2.3kg	70ft/21m	850ft/259m
公文包炸弹	50lbs/23kg	150ft/46m	1850ft/564m
简单汽车炸弹	500lbs/227lg	320ft/98m	1500ft/457m
汽车炸弹	1000lbs/454kg	400ft/122m	1750ft/534m
运货车汽车炸弹	4000lbs/1814kg	640ft/195m	2750ft/838m
小型货车汽车炸弹	10000lbs/4536kg	860ft/263m	3750ft/1143m
洒水车汽车炸弹	30000lbs/13608kg	1240ft/375m	6500ft/1982m
半挂车汽车炸弹	60000lbs/27216kg	1500ft/457m	7000ft/2134m

这张表只适合一般的应急计划，一个给定的建筑的爆炸易损性取决于它的结构和建筑材质。这张表给定的数据也许不能准确地反映这些变量。任何接近最近疏散距离的人都存在一定的危险。

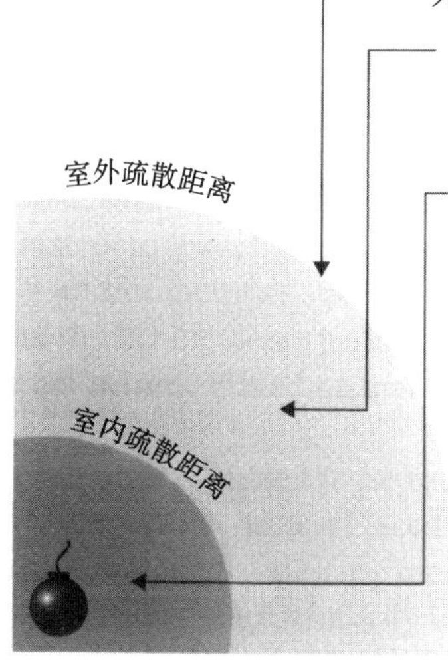

*优先区域（超过这条线）疏散建筑物内的人员，并强制户外人员不得靠近。

*这个区域内的所有人员应该马上找到室内一个远离窗户和外墙的遮挡物，这个区域内不要有任何人在室外，包括疏散人员。

*无论是室内还是室外人员都必须疏散。

1. 基于炸药的最大体积和重量，他可以放进手提箱或者一辆车里。

2. 典型的是美国商业建筑在爆炸后抵抗强烈的破坏或者倒塌的能力，其性能会有很大的波动，如果可能的话，建筑物建筑时应该由合格的组织进行分析，以确保质量。

3. 由于玻璃破碎导致碎片抛出会造成更远的危险距离。注意，管道或者公文包炸弹会把碎片炸得比汽车炸弹更远。

4. 知名恐怖分子的策略是用枪声，小型炸弹或者其他办法将旁观者吸引至窗口和户外。然后引爆更大的炸弹及更具破坏性的设备，大大地提高人员伤亡。

附录P　词汇表

（译者注：本部分内容根据原著翻译，仅适用于本书的语言环境）

爆炸辅助器材（Accessories）

爆炸物的一种类别，包括起爆器材或者引信系统，可能含有低速炸药、高速炸药或者两种类型的混合炸药。

红外控制起爆开关（Active infrared）

传感器向接收器发出红外光束，形成不可见的连接，当有目标闯入时，传感器会像触发简易爆炸装置一样工作。这些传感器的工作就像电子版的地雷拉发线。

延时控制起爆系统/开关（Active/time-delay systems）

设置时间后起作用的一种开关，应用于定时炸弹中。

管理日志（Administration worksheet）

用来收集与处置现场活动基本组织相关数据的手写记录。

空中简易爆炸装置（Airborne IED）

通过空气动力学的方法或者浮力使简易爆炸装置悬空，将其作为隐藏带有起爆装置的炸药的一种手段。

α粒子（Alpha particles）

原子核衰变过程中辐射出的一种粒子射线，只能在空气中小范围传播，穿透其他材料的能力非常低。

交流电（Alternating current，AC）

流经电路的电流在两个方向上按明确指定的频率发生变化，如家用电流。

硝酸铵（Ammonium nitrate）

用来制作高速炸药的一种氧化剂，农业中用作肥料。

铵油炸药（Ammonium nitrate and fuel oil，ANFO）

一种高速炸药/爆炸剂，由硝酸铵晶体和燃油组成。

次生效应（Ancillary effects）

爆炸直接或间接作用形成的次要爆炸压力作用，包括冲击波反射作用、地下和水中的冲击作用。

反装甲爆炸装置（Antiarmor）

主要用于破坏或摧毁装甲车、杀死或杀伤装甲车辆内部人员的简易爆炸装置。

反干扰爆炸装置（Anti-disturbance）

当移动、破坏物体或包装时，受害者触发开关，引爆装置。可能使用灵敏机械装置，如倾斜开关和震动开关。

反基础设施爆炸装置（Anti-infrastructure）

简易爆炸装置主要用于损毁基础设施的结构，如管道、通信塔、桥梁、建筑、公共事业管线、变压器或水泵房。

针对人的爆炸装置（Antipersonnel）

专用于杀死、杀伤或阻碍个人的简易爆炸装置。

针对人的地雷（Antipersonnel mines）

放置炸弹目的是造成人员产生伤亡。

反坦克（Antitank）

设计用于应对坦克或类似的装甲目标的武器。

反坦克/针对人的地雷（Antitank/antipersonnel mines）

比针对人的地雷大的武器，目的是对付坦克和其他装甲车和非装甲车。

反车辆爆炸装置（Antivehicle）

主要用于毁坏车辆及其上面所载人、货物的简易爆炸装置——不包括装甲车。

武装和功能（Armed and functioning）

电子、机械或者化学引爆系统运转或运行到预置时间时就会开启起爆功能，除非有外部作用力干预才会停止。

触发爆炸装置（Armed devicc）

当不明真相的受害者移动装置时，电子、机械或者化学起爆系统被启动引爆爆炸装置。

现场地形图（Attack geography）

描述简易爆炸装置事件周围地形，如路段、建筑物或者植被。掌握地形可以判明炸弹制作者如何进出现场，缓慢移动并防止追踪。

细菌（Bacteria）

单核细胞有机体，细胞分裂增殖能导致人类、动物或者植物产生疾病。它包括炭疽、霍乱、瘟疫和兔热病。

弹带（旋转弹带/驱动弹带）座[Band seat （rotating band seat/driving band seat）]

在射弹圆周内加工或铸槽出的用于放置旋转弹带的区域。

β粒子（Beta particles）

核材料放射性衰变产生的一种电离辐射，速度比α粒子快，体积比α粒子小，不能穿透皮肤或者衣服。

双组分化学物质（Binary chemical）

由两个相对无毒的成分混合而产生的有毒化学物质。

双组分炸药（Binary explosive）

由氧化剂和燃料两种物质混合而成的具有雷管感度的高速炸药，且这两种物质只有混合在一起才具有爆炸性。

生物战剂（Biological warfare agents）

利用活体在人类、动物或者植物中传播疾病或造成其他伤害。

黑火药（Black powder）

一种由硫黄、木炭和钾或者硝酸钠混合而成的低速炸药。它是已知最古老的炸药。

爆炸（Blast）

在本书中指的是不带有硬包装物的高速炸药爆炸产生的主要作用。

爆炸碎片（Blast fragmentation）

低速炸药或高速炸药的爆炸作用造成的硬包装物碎片以及主装药里面或周围填充物碎片。

爆破剂（Blasting agents）

不具有8号雷管感度的高速炸药，需要起爆药柱引爆。

起疱剂（Blister agents）

使与之接触的皮肤或身体其他部位产生中毒灼伤或水泡的化学药剂；包括硫芥、氮芥、路易氏剂和光气肟。

全身中毒性毒剂（Blood agents）

干扰或阻止在细胞水平应用氧的化学药剂，包括氰化氢和氯化氢。

弹体（Body）

炸弹的外包装，是炸弹外部保护容器，同时还可以提供碎片。

沸腾液体扩散蒸汽爆炸（Boiling-liquid expanding-vapor explosion,BLEVE）

一种典型的物理爆炸，持续加热含有液体的容器导致容器内压力不断增大最终破裂。例如，在火灾中经常可以看到的气瓶爆炸、坦克爆炸或者铁路车辆爆炸。

炸弹（Bomb）

广义上讲，炸弹由炸药或其他可致命的药剂及其包装物或装载系统构成，可以用直接放置、手抛掷、飞机投掷或其他低速设备（迫击炮）发射。军用炸弹有两种类型：大型和小型。大型炸弹依赖飞行员的技巧和重力。小型炸弹主要由如电磁、激光制导、地形轮廓匹配和GPS这样的内部系统来引导。

炸弹制作者特征（Bomber's signature）

一个人制作的多个爆炸装置，其工作原理、组成结构、选用材料、制作技术等都具有很大的相似性，这些能够显示炸弹制作者的特征。

爆炸犯罪现场（Bombing crime scene）

简易爆炸装置爆炸的物理位置，报告的爆炸装置的位置以及拆弹人员拆除爆炸装置的位置。

起爆药柱（Booster）

在民用爆破中，一种具有雷管感度的、高能量的、装有高速炸药的火工品，用于引爆不具有雷管感度的主装药。

猛度（Brisance）

炸药的粉碎效果。

散装军用炸药（Bulk military explosives）

原始状态的军用炸药，从武器或炮弹中拆出的炸药。

枪击安全炸药（Bullet safe explosive）

将炸药放置在1/2英尺厚的钢板上，温度70℉ ~ 75℉，利用孔径30毫米的步枪在100英尺的距离，150克子弹以初速2700米/秒从口径发射，不能引爆的炸药。

储存位置（Cache）

在简易爆炸装置的案件中，涉及的需要发现或复原的无包装的爆炸装置，装置组件及附属部件永久性存放的固定位置。

注装炸药（Cast explosive）

将炸药加热至气态，注入模具或容器中使其变硬。

查普曼—柔格面（CJ）面[Chapman-Jourget（CJ）plane]

高能物质燃烧停止反应生成稳定物质的位置。

化学药剂（Chemical agents）

任何产生致命的、有害的或刺激效应导致人员伤亡的固体、液体或气体。

化合物（Chemical compound）

两个或两个以上的化学物质结合形成一种新物质，原来的物质会失去其自身的特性。

化学爆炸（Chemical explosion）

固体、液体或气体快速转换成气体引起爆炸，产生更大体积的物质。

化学引信系统（Chemical fuzing systems）

采用化合物的化学反应作为延时开关，在起爆序列中提供延时的作用。

窒息剂（Choking agents）

通过气管和肺的呼吸作用导致过敏和炎症的药剂。它会引起肺水肿，使受害者因肺部充满液体而窒息，这种药剂包括氯和光气。

间接标识（Circumstantial indicator）

依靠特殊位置的环境标识，判断可能被袭击的偶然事件，包括在目标周围的活动或重大事件的时间。

克雷莫尔特种装药效应（Claymore effect）

具有特定形状的军用或自制炸药，这种装药会在目标方向放置扇形滚珠或其他碎片。

封闭型爆炸装置（Closed device）

内部组成部件被外包装隐藏起来而不可见的爆炸装置。

颜色编码（Color coding）

通过颜色识别弹药的系统，其中每一种弹药都会涂上代表特定编码的颜色或颜色组合，这些编码是识别弹药的基础，对识别那些已经脱离原始容器的弹药尤其重要。多年来颜色编码多次改变并且有时候国与国之间的差异很大。颜色编码也可以用来选择军械标识。

半开半封闭型装置（Combination device）

将简易爆炸装置的部分组成部件特意隐藏起来以达到隐蔽的效果。

指令控制引爆系统（Command fuzing system）

由袭击者控制启动的一种开关，包括无线电/无线发射器或接收器、一定长度的电线、绳、索从远程位置推或操纵导致引爆系统启动。

指令射弹（Command projectile）

使用子弹等小型武器穿透两个金属板来闭合电路。它提供了一个点火点和接触点之间的连接。

拉发简易爆炸装置（Command-pull IED）

人的“拉动”行为可以引爆的简易爆炸装置。

有线遥控简易爆炸装置（Command-wire IED）

简易爆炸装置的起爆点和触点是分开的，由一定长度的线连接在一起。

民用炸药（Commercial explosives）

在市场上公开购买的用于商业目的的炸药。

B型炸药成分（Composition B explosive）

通常由59.5%黑索金、39.5% TNT、1%的蜡组成。通常在军事使用。

C型炸药成分（Composition C explosive）

这种炸药通常包括黑索金、塑化剂和黏合剂。最早的C型炸药在第二次世界大战时作为可塑炸药出现在英国。根据美国标准，它已被修改制成C2、C3和目前的C4炸药。C4可作为某些军事武器的主装药。

锥形装药（Conical charge）

在锥形中有一个空腔，可以增强爆炸效果,也称为聚能效应。

包装物（Container）

覆盖在外部，用于隐藏、伪装或者盛装主炸药。

腐蚀性装置（Corrosive）

利用化学的腐蚀性做成的延时开关，利用已知化学物质的分解速率摧毁触发装置的限制进而启动引爆系统。

犯罪现场调查（Crime scene investigation）

对犯罪现场的全面调查，提取和鉴别留下的、带走的或以某种方式改变的证据，为逮捕和起诉相关人员提供线索。

犯罪现场摄影（Crime scene photography）

利用相机的镜头对现场的相关特性进行系统描述。

犯罪现场搜索（Crime scene search）

为重建犯罪、鉴定和分析作案对象或作案对象与犯罪现场的关系而进行的物证收集工作。

黑索金（Cyclotrimethylene trinitramine，RDX）

一种具有雷管感度的高速炸药，可用于装填雷管、导爆索，当与增塑剂一起使用时可用来作拆除炸药。

并联起爆（Daisy chain）

可以引爆多个与之连接的主炸药的只有一个起爆系统的简易爆炸装置。

生产信息编码（Date-plant-shift code）

联邦法律规定的责任要求中，要求所有高速炸药的生产包裹上都要有跟踪代码，在每个包装上标明炸药的生产日期、生产厂家、批次或批量。

爆燃（Deflagration）

通常是指低速炸药，这种能量材料的分解速率低于其内部声速，快速的燃烧。

爆燃到爆轰的转变（Deflagration-to-detonation transition）

采用热或火焰起爆初级炸药会发生爆燃，之后就会转变成爆轰。

示踪剂（Detection precursor）

放置到高能塑性炸药中的一种材料，有助于爆炸前的检测。

钝化剂（Deterrents）

加在无烟火药中一类化学物质，通过给颗粒增加外部涂层或吸附在火药中来控制或者降低燃烧速率。

导爆索（传爆线）[Detonating cord（Detcord/Primacord）]

一根易弯曲的中心是高速炸药的线，可以引爆高速炸药。

爆炸（Detonation）

高能物质比其内部声速快的瞬间燃烧。

雷管（Detonator）

密封的小圆柱，通常由铝、铜、镀铜金属制成，内部装有用来引爆炸药的始发炸药和次发高速炸药。

示意图（犯罪现场）[Diagramming（crime scene）]

通过使用绘图或者草图再现现场，提供详细的不能用文字描述的或者图片不能提供的信息。

二硝基重氮酚（Diazodinitrophenol，DDNP）

一种主要用在起爆系统和雷管里的用来引爆猛炸药的高速炸药。

直流电（Direct current，DC）

电流以一个方向流经电路；电池提供直流电。

直接标记（Direct marking）

为了建立一个保护链和证据的独特身份，在证据上做标记的方法。

子母弹（Dispenser bomb）

子母弹是经设计安装在飞机上，用于携带或发射爆炸物或弹药的炮弹，而并不是永久固定在飞机上的。子母弹可能会作为“常规”炸弹从飞机上投放下来，也有可能不会这样。

双基无烟火药（Double-based smokeless powder）

一种含有硝基和硝酸甘油的低速炸药。

驱动弹带（Driving band）

见旋转弹带。

驱动弹带座（Driving band seat）

见弹带座。

投放型军用爆炸物（Dropped ordnance）

一种应用广泛的军用爆炸物，故意丢下或者从飞机上扔下，包括炸弹、照明弹和子母弹。

哑弹/哑火（Dud/dud fired）

启动后，没有引爆的或失效的弹药。

着色剂（Dyes）

为了识别无烟火药将其染色的染色剂。

硝酸甘油炸药（Dynamite）

一类具有雷管感度的高速炸药的总称，主要能量材料通常是硝酸甘油和乙二醇二硝酸盐（EGDN）。

电雷管（Electric detonator）

通过电能引爆的雷管。

电点火头（Electric matches）

烟火剂点燃装置，燃烧时伴有外部闪光，用于引爆低速炸药、始发炸药和激波管。

电爆炸（Electrical explosion）

高能电弧产生的足够的热量引起内部组件的损坏。

电起爆系统（Electrical fuzing system）

用交流或直流电起爆雷管的简易爆炸装置的起爆系统。

电开关（Electrical switch）

一种应用在简易爆炸装置引爆系统中的机构，用来控制电能从电源流入到起爆器的起爆装置。

乳化剂（Emulsifier）

在乳化炸药中，使燃料和氧化剂混合在一起的成分。

乳化炸药（Emulsion explosives）

由液体溶液、氧化剂、燃料、水、敏化剂和乳化剂混合而成的高速炸药。

能量物质（Enerfetic materlal）

任何能够快速或瞬间分解的物质。

添加物（Enhancements）

简易爆炸装置中故意添加的额外组成部件，目的是增强毁伤效应。如果没有在简易爆炸装置中添加这些部件，产生的毁伤效果会有很大差异。这些效果可能是通过添加物理破坏、危险物质扩散（即辐射和化学物质）或者其他能够增强简易爆炸装置毁伤效果的方法形成的。

中心现场（Epicenter）

现场中破坏最集中的区域或位置。

提取证据的记录（Evidence recovery log）

用来记录或者说明收集证据的手写记录，这是证据保管的第一步。

桥丝式电雷管（Exploding bridge wire，EBW）

一种起爆器材，通电后产生高能电子脉冲，桥丝发生爆炸，释放热量和冲击能量，能够引爆与桥丝接触的相对不敏感的炸药。

爆炸现场（Explosion scene）

爆炸发生后被掩盖的炸点及其周围的物理位置。

炸药（Explosive）

任何通过爆炸发挥作用的化合物或者混合物（高能物质）。

爆燃装置（Explosive-Incendiary）

由添加诸如汽油这样的可燃物质产生爆炸作用的装置。

军用爆炸物（Explosive ordnance）

用来表示含有炸药的军械，包括炮弹、手榴弹、炸弹、鱼雷、深水炸弹、火箭、小型武器弹药、地雷和导弹。

爆炸效率（Explosive performance）

炸药爆炸反应的完全程度或不完全程度，如高速爆轰和低速爆轰。

炸药的感度（Explosive sensitivity）

激发能量物质发生化学反应所需要刺激能量（热、冲击、摩擦、静电）的多少。

爆炸成型弹丸（Explosively formed projectile，EFP）

利用成型装药技术使金属药型罩形成杵体状高速侵彻体以击穿装甲目标的战斗部技术，用于穿透装甲车辆。

紧固件（Fastener）

用于简易爆炸装置构造中的各类金属和螺丝、螺栓、螺母、垫片等。

现场调查（Field investigation）

处置事件发生位置或犯罪现场的调查。

填充物（Filler）

军用爆炸物中的一类有效载荷（主装药），可以是炸药、化学物质、核物质、生物物质或传单等。

搜索（Find）

在简易爆炸装置事件中主要涉及未被引爆的爆炸装置或爆炸装置组成部件的发现、复原或移交，还涉及将其短期存放在临时的地方。

定装式弹药（Fixed munitions）

这种弹药内的弹壳与射弹紧密相连，共同构成了特定武器（枪）的一个部件。

闪光抑制剂（Flash suppressants）

主要用于军队三基火药，减少枪管口部的闪光。

碎片（Fragmentation）

爆炸所形成的高速碎片，可能是爆炸装置的一部分，也可能是土块、建筑材料、目标客体或其他受爆炸破坏形成的客体。

火雷管（Fuse caps）

可以用导火索引爆的非电引爆雷管。

拉火管（Fusc lightcr）

一个封闭的用于引燃导火索的烟火装置。

引信（军事引爆系统）[Fuze（military fuzing system）]

设计用来起爆炸药的装置，其可能含有炸药也可能不含有炸药，采用如液体静压力、电能、化学、撞击、摩擦、延时、加速、减速或综合运用这些手段的方法达到起爆目的。

起爆系统（Fuzing system）

简易爆炸装置中为主装炸药提供起爆能量的部件组合，如导线、开关、电池和电雷管这些都包含其中；导火索、火电雷管和拉火管等也属于起爆系统。

伽马射线（Gamma rays）

与X射线相似，是高能质子从衰变的原子核释放出来的。它们可以穿透身体，是最致命的放射性能量形式。

石墨（Graphite）

添加到低速炸药中的材料，具有光泽，可以提高火药的流动性、改善包装、减少火药倾倒时静电积累。

手榴弹（Grenade）

当限制被解除时会发生爆炸的军事或自制武器（通常为手持，但也可以投射）。

导弹（Guided missile）

一种可携带的战斗武器，依靠自身动力装置推进，由制导系统导引控制飞行航迹、导向目标并摧毁目标的飞行器。

半衰期（Half-life）

一个给定的放射性核素因放射性衰变减少一半所需的时间。

高速炸药（High explosives）

无论是否具有密闭条件，都能支持爆轰波传递的高能材料。

高速爆轰（High order）

炸药完全燃烧或以最大速度起爆的情况。

药捻/炮弹引信（Hobby/cannon fuse）

用于起爆低速炸药的绳索状材料，如起爆烟花，燃烧过程中没有剩余。

自制炸药（Homemade explosive，HME）

利用可获得的材料混合制成的具有爆炸性的物质，军用的或散装民用炸药的组合，混合后产生新的炸药，非标准炸药混合物。

触发引信（Impact fuze）

通过触发作用引发爆炸的一种引信，通常是瞬间引爆或者在短时间的延时后起爆。火箭或者迫击炮引信中经常应用“点引爆”（PD）术语。

简易爆炸装置（Improvised explosive device，IED）

将一般的物品或者部件进行组合，构成具有爆炸能力、能致人伤亡和财产损失的装置。

失能性毒剂（Incapacitating agents）

使人暂时失去运动、思维能力的化学药剂，但通常不会造成持久的损伤。

燃烧弹（Incendiary）

一种以燃烧为破坏作用的装置。

燃烧弹的材料（Incendiary materials）

任何有燃烧能力的易燃和可燃材料。

燃烧/热效应（Incendiary/thermal effect）

爆炸产生的热量或者高能物质分解产生的热量。

爆炸装置的位置（Incident geometry）

描述简易爆炸装置的放置方式，包括装置的角度、目标距离、视线（如果有必要）等。

间接标识（Indirect marking）

为了建立一个保护链和证据的独特身份，将证据放入包装物中，并在包装物表面贴上标签。

惰性（Inert）

对爆炸物构成及其组成成分的描述，包括那些不易爆、不易燃或化学药剂部分；通常指那些没有危险的物质。

起爆器材（Initiator）

用来描述任何可能用来引起爆炸或爆燃的装置的术语。

锁结（Keying）

一种用于紧固射弹旋转弹带的方法。

隆起（Knurl）

在炮弹上发现的，隆起有助于固定旋转带，当射弹从膛线筒落下时阻止其滑落。

大型车载简易爆炸装置（Large vehicle borne IED，LVIED）

放置在大型路基车辆（如面板自动倾卸卡车、卡车、邦戈卡车、商业公共汽车和油轮）中的简易爆炸装置，将这些大型车辆作为隐藏大量炸药的工具。

叠氮化铅（Lcad azidc）

用在起爆系统和起爆器材中的初级高速炸药，用于引爆次发炸药。

斯蒂酚酸铅（Lead styphnate）

用在起爆系统和起爆器材中的初级高速炸药，用于引爆次发炸药。

致死剂量（Lethal dose）

导致死亡所需要的电离辐射的量。

书证的提取（Letter of transmittal）

用于实验室检验鉴定的现场中能够提取的信件或其他交流的文字材料。

灯泡/闪光灯泡（Light bulbs/flash bulbs）

用作电引爆的装置，如利用灯泡的灯丝起爆低速炸药和初始炸药。

光敏（Light sensitive）

对光变化敏感的装置，当光量改变，传感器使电路闭合，引爆装置。

线性装药（Linear charge）

线形装药是由承载高速炸药的两个交叉平板构成的。引爆时，线形装药形成一条长凹槽而不是一个圆孔。

一串数字（Lot number）

用于军用炸药的管理，与“日期生产编码”相似，也是被大家熟知的一种产品编码。

低速炸药（Low explosives ）

以燃烧为主要形式的高能物质，不支持爆轰波的传播。

低速爆轰（Low order）

炸药没有完全燃烧，并以低于最大速度的形式在传播。

磁感应（Magnetic）

一种依靠传感器周围的磁场来控制的触发开关。当磁场产生时，传感器会完成电路闭合的动作，从而起爆装置。

磁吸附（Magnetic attachment）

依靠磁性吸附在目标客体上的简易爆炸装置。

主装药（Main charge）

当简易爆炸装置被激发起爆时，其内部能够靠自身能量发生爆炸的大量炸药。

主装药结构（Main charge configuration）

为了对特定人群、车辆及建筑物造成有效杀伤作用而对主装药与其他物质（通常是金属）的设计和安排。

标识（Markings）

写在炮弹或炸药外包装上的记号，包括以下几项内容：口径、类型、填充物、生产批号、生产日期、序列号等。标识的形式可以是字母、数字和符号，通常会使用生产国的文字。

途径（Means）

用于确定制作炸弹的组成部件、所具备的知识、技能等方面的调查。

机械能（Mechanical energy）

简易爆炸装置或自制武器中通过机械获得的能源。

物理爆炸（Mechanical explosion）

逐渐膨胀的压力最终会超越容器的承压范围，从而导致容器的破裂，这种爆炸称为物理爆炸。

机械引信系统（Mechanical fuzing systems）

运用机械能来起爆的简易爆炸装置起爆系统。

机械定时（Mechanical timer）

一种经过改装的定时开关（如钟表、定时器等），将这种开关的两部分之间设置物理接触，形成一个可以起爆爆炸装置的完整电路。

雷汞（Mercury fulminate）

在起爆系统和雷管中用于起爆次发炸药的初始高级炸药。

放置方法（Method of emplacement）

描述爆炸装置运送、使用的位置。

使用方法（Method of employment）

描述如何运送和使用爆炸装置。

军用炸药（Military explosives）

专门用于军事的炸药。

地雷（Mine）

在地雷战中，安放在地下、地上或其他区域表面的弹药，一旦有人、车辆、飞机或轮船触动到就会引起爆炸。

混合物（Mixture）

两种或两种以上的物质混合在一起生成一种新的物质，原来的物质并没有失去自身的性质。

迫击炮（Mortar）

一种可以向目标物发射炸药的自制军用武器。

动机（Motive）

调查某人犯罪的目的。

弹药（Munitions）

军事中使用的弹药、武器或炮弹包含炸药、发射药、烟火药、起爆药或核物质、生物物质和化学物质。

叙述性描述（Narrative description）

一个记录表，它能够提供用叙述性格式撰写整个现场勘查报告的模板。

负压（Negative blast pressure）

随着爆炸的发生，正压的相反方向上出现的效应，运动方向由冲击波前端流向爆炸中心。

神经性毒剂（Nerve agents）

神经性毒剂是一组有剧毒的磷酸衍生物的有机酯（有机磷），它能够抑制乙酰胆碱酯酶（AChE）的运作，包括塔崩（GA）、沙林（GB）、梭曼（GD）、V系列药剂（VX）。

硝酸甘油（Nitroglycerin，NG）

非常敏感的液状高速炸药，用于生产铵油炸药和一些无烟火药。

非磁性吸附（Nonmagnetic attachment）

采用非磁性的方法将简易爆炸装置吸附在目标客体上。

非点式爆炸（Nonseated explosion）

爆炸发生后没有明显的炸点；通常指燃料空气或粉尘爆炸。

非自杀性事件（Nonsuicide）

采用炸弹袭击时，炸弹制作者不会故意将自己炸死的事件。

核爆炸（Nuclear explosion）

能够引起聚变和裂变的爆炸。

核物质（Nuclear materials）

这种物质能够产生电离辐射或放射性物质，造成活体组织细胞改变（破坏）。

全向效应（Omnidirectional effect）

发生全向爆炸，并向四面八方扩展的主装药布局。

遮光剂（Opacifier）

提供火药表面涂层，阻止热辐射渗透到火药的表面，从而降低了火药预先点燃的可能性。

开放式装置（Open device）

简易爆炸装置的所有组成部件都是可见的，制作者没有对其采取任何密封措施。

时机（Opportunity）

调查袭击者向受害者投放或运送爆炸装置的时机。

有组织的搜索（Organized search）

本质上是包含了一个详细的目视检查过程，用于找到和保护证据材料；类型包括网格式搜索、线型或条式搜索、螺旋式搜索。

悬空（Overhead）

简易爆炸装置设置在特定目标的上方，如在天桥上或屋顶上等。

氧平衡（Oxygen balance）

炸药中氧与燃料的具体比例。

诡计系统（Passive/booby trap systems）

人为故意放置的装置或其他物质，看起来完全无害，但只要有人干扰或对它采取某种正常的行为就会造成人员伤亡。

红外控制（Passive infrared）

能够探测出移动热源的传感器。当其探测到周围温度发生变化时，传感器就会被触动起爆简易爆炸装置。

模式分析（Pattern analysis）

使用预期的行为和活动去预测活动和行为的发展趋势。一旦成功，便可以采用这种模式去预测未来炸弹制作者或罪犯/恐怖袭击者的行动，积极收集情报，实施监视和侦察活动。

季戊四醇四硝酸酯（Pentaerythritol tetranitrate，PETN）

具有雷管感度的高速炸药，用于制作雷管、导爆索、薄片炸药，也可以与TNT一起制作起爆药柱。

撞击底火（Percussion primer）

用于起爆的装置，通常采用机械起爆的方式，如击针撞击火帽。

许用炸药（permissible explosives）

经测试符合矿山安全与健康管理要求，被批准用于地下矿山使用的炸药。

人体炸弹（Person borne IED，PBIED）

无论出于自愿还是被胁迫，炸弹被携带在人身上，如背心、腰带、背包都可能作为整个炸弹或炸弹关键组成部件的运送工具或包装物。人体炸弹通常由穿戴的人员引爆，但也并不是所有的人体炸弹都由穿戴人员引爆，如被胁迫的人体炸弹。

闪光剂（Photoflash powder）

用于生产合法和非法烟花的十分敏感的低速炸药。

摄影记录（Photographic log）

用照片提供的书面记录。

物证（Physical evidence）

调查过程中能够帮助揭露真相的物质，包括固体的、液体的和气体的物质。

放置型军用爆炸物（Placed ordnance）

最常见的设计是：地雷。主要有三种放置方式，分别是隐藏、埋在地下或者放置在地面上。

增塑剂（Plasticizers）

加入到无烟火药中的一种软化推进剂，在其生产的过程中，可以将无烟火药挤压和切割成各种不同的形状。

盘形装药（Platter charge）

将圆形金属盘放在炸药的一侧，利用金属碎片增加爆炸杀伤力。这就是著名的夏尔丁效应。

弹突起爆引信（Point detonating）

设计在弹药的最前端并且能够引爆炸药的引信。

弹头激发弹底起爆引信（Point-initiating,base-detonating fuze）

引信的触发部件位于头部，起爆部件位于弹药的底部。

正压（Positive blast pressure）

高能物质发生爆炸后冲击波前端迅速由爆炸中心向外扩展。

安全保障（Positive safety）

为防止爆炸装置意外引爆提供物理阻塞的机构。

邮件炸弹（Postal device IED）

通过邮局系统运送或引进的简易爆炸装置。

电源（Power source）

用于起爆简易爆炸装置或自制武器的存储或释放的电能。电源的重要影响因素是它的类型、电压及其连接系统。

压发（Pressure）

引爆装置的一种方法，当预先设定好的方向上有压力出现时，就会启动引信系统。当有人员或车辆对压力盘施加压力时，压发简易爆炸装置就会发生爆炸。

卸压（Pressure release）

通过解除压力来激活装置的一种方法。这种装置通常采用机械、气动或液压系统来控制起爆，当有车辆或人员解除压力时，就会引爆装置。卸压触发器通常会在诡弹中使用。

首发装置（Primary device）

在目标区域最先使用的简易爆炸装置。

初始炸药（Primary explosives）

敏感度很高的高速炸药，发生爆炸后会出现闪光、微弱的火焰、静电或轻微冲击，用于起爆次发炸药。

首发简易爆炸装置（Primary IED）

为了取得预期结果，需要单独使用首次、二次或三次袭击。

发射型军用爆炸物（Projected ordnance）

主要由发射器或枪管发火，如火炮或迫击炮管，包括射弹、迫击炮、火箭弹、导弹和枪榴弹。

抛射体（Projected）

自制或军用的武器系统，负责将主装药从空中传递到目标物上。

射弹（Projectile）

采用外力使客体抛射出去，客体通过惯性力的作用能够继续运动，如子弹或火箭增程弹。然而火箭增程弹除了需要借助惯性力之外，还需要一个向前推进的力。这个术语通常用在20mm及更大口径的炮弹上，而子弹这个术语通常是用在较小口径的炮弹上。

无线电引信或感应引信（Proximity fuze）

一旦通过目标本身的特点及其周围的环境感知到该目标的存在、距离和/或方向，这种引信就会发生起始触发。

被动式人体炸弹（Proxy bomber）

被胁迫的人体炸弹（自杀式炸弹）。

派罗德斯（Pyrodex）

通常用于替代黑火药的低速炸药。

烟火导火线（Pyrotechnic fuse）

已知燃烧速率的导火线，具有定时开关的启动装置。

无线电控制简易爆炸装置（Radio-controlled IED，RCIED）

采用无线电起爆的简易爆炸装置，无线电装置通常由发射器和接收器构成，如遥控摩托车锁（PMR）、手机、无绳电话和传呼机。

放射线（Radiological）

能够产生电离辐射或放射性物质，引发活体组织细胞变化（破坏）的物质。

反射（Reflection）

冲击波撞击到刚性客体或反射表面后发生的偏转或反弹。

远程驱动（Remote driven）

能够将简易爆炸装置运送到远距离处的目标客体的运输工具。

立克次氏体（Rickettsia）

需要依靠活体细胞生长的微生物，对抗生素敏感。Q热和落基山斑疹热都属于这类病菌。

枪榴弹（Rifle grenade）

从配备榴弹发射器或适配器的步枪中发射出来的军用爆炸物。

火箭弹（Rocket）

无需人工操作的自我驱动型军用爆炸物，有的有弹头有的没有，通常在地面上穿行，无法控制飞行轨迹。

人体伦琴当量（雷姆）[Roentgen equivalent man（rem）]

一种测量辐射剂量对生物体影响的传统方法，这里的辐射剂量指的是剂量当量。

旋转弹带（驱动弹带）[Rotating band（driving band）]

在弹丸周围，大多在弹丸底部附近的软金属或者塑料材质的弹带。它在膛内起定心作用，并使弹丸同炮膛紧密配合以防止燃气泄漏，弹带嵌入膛线后使弹丸产生旋转。

保险开关（Safe arming switch）

通常是用来控制简易爆炸装置起爆的装置，确保实施爆炸者安放好爆炸装置后安全撤离。

导火索（Safety fuse）

内部含有可燃介质（黑火药）的软质绳索，内部的可燃物可确保其连续而均匀地从点火点向目标点传递火焰。

科学方法（Scientific method）

为解决问题提供的系统方法的模型。

点式爆炸（Seated explosion）

有炸坑或出现明显、集中破坏区域的爆炸。

第二个装置（Secondary device）

一个放置在目标区域内的用于袭击个人或车辆的附加装置（简易爆炸装置），通常用于第一枚炸弹爆炸之后。

次发炸药（Secondary explosives）

对热、震动或摩擦不太敏感的高速炸药，通常需要起爆药对其进行起爆。

自爆机制（Self-destruct mechanism）

在飞行结束或电池耗尽之前，设计的引信部件就会摧毁或引爆弹药。

半定装式弹药（Semifixed ammunition）

盛装在弹壳中的弹药不是永久固定的，弹壳中的装药号可以根据预期范围进行调整。属于武器中装载部分。

分离装载（Separate loading）

火箭中的装药和包装推进药等分别加载到发射体中的弹药。这种弹药没有弹壳。

锥形装药（Shaped charge）

线形装药的一种，通常采用金属罩，以增强特定方向的爆炸作用，常用于切割或穿透物体。

薄片炸药（Sheet explosive）

一种混合了PENT或RDX及含有橡胶聚合物和增塑剂的硝酸纤维素的高速炸药。

导爆管（Shock tube）

一种直径很小，塑料管体内部涂覆薄层活性材料的，用于传递低爆能的物质。

导爆管雷管（Shock tube detonator）

通过导爆管引爆的非电雷管。

过滤（Sifting）

使用不同规格的筛子将物证从杂物中分离出来的方法。

单基无烟火药（Single-based smokeless powder）

一种低速炸药，其主要成分为硝化纤维。

尺寸（Size）

军用弹药的物理直径和长度。

烟榴弹（Smoke grenade）

一种手持或枪用榴弹，含有制烟混合物，常用于庇护或发信号。有时候使用彩色烟填充。

无烟火药（Smokeless powder）

以硝化纤维为主要原料的低速炸药，用于装填小型弹药。

爆竹（Squibs）

燃烧时伴有外部火花用来引爆低速炸药的烟火装置。

惰性剂（Stabilizers）

添加到无烟火药中的化学物质，通过中和硝酸甘油产生的酸性物质，同时分解消化纤维素，用来稳定火药、增加火药的安全。

子弹（Submunition）

由大炮、迫击炮、火箭、导弹、空投炸弹、飞机分配器等发射的各种炸弹、榴弹、地雷及其他各类小型弹药。尽管这些弹药通常很小，没有标准的尺寸或形状。但它们却可以散落到很广阔的区域实施爆炸。

埋入式（Subsurface）

放置在地表下或者低于指定目标的简易爆炸装置（即掩埋在地下、管路中或水下）。

自杀式（Suicide）

个人为袭击他人或抗拒抓捕而使用的一种爆炸方式，在其选定的时间引爆装置，将自己连带目标物炸死。

表面简易爆炸装置（Surface IED）

直接放在地面上的简易爆炸装置。

刷取（Swabbing）

用于收集爆炸装置爆炸后产生的炸药残留物的系统收集过程。

战术特征（Tactical characterization）

描述简易爆炸装置预计实施起爆的方式。这种特征描述引爆或准备引爆爆炸装置的操作方式。

战术设计（Tactical design）

简易爆炸装置袭击的具体设计，包括简易爆炸装置的位置、类型、启动方法、袭击目标、使用路段、伪装技术、第二枚装置的设计、起爆的时间等。战术设计解决的问题是“为什么会在这里，为什么是现在以及为什么是这种方式。”用来描述个特定类型的装置或者装置的部件（如VBIED）的词通常用来描述部分或所有战术设计。

技术性分类（Technical categorization）

使用层次结构识别简易爆炸装置的关键部件来描述简易爆炸装置的方法。这种方法识别的部件是法庭信息重建和采用的关键元素。

拉发（Tension/pull）

当张力应用于点火机制时，如拉动地雷的拉发线，受害者操控的触发器就会引爆装置。这种张力引发了释放的行为，如释放撞针、激活电气或触发电子开关。

松发（Tension release）

一种由受害者操作的触发器，当压力释放时，如当一个绷紧的线或绳被切断时，弹簧撞针被释放或开关闭合，从而引爆装置。

第三个装置（Tertiary device）

安放在目标区域，在初次和二次爆炸事件之后，攻击个人或者车辆的附加装置。

四氮烯（Tetrazene）

一种主要用在起爆系统和雷管中的高速炸药，起爆系统和雷管用于起爆次发炸药。

抛掷爆炸物（Thrown ordnance）

军用上称手榴弹，分为杀伤的、反坦克的、烟雾的和混杂的。

倾斜开关（Tilt switch）

传导材料上下左右移动并连接触点，加载电压后，完成电路连通的一类开关（如水银开关玻璃管中的滚珠轴承）。

定时开关（Time switch）

到达设置时间后启动的一类开关。广泛应用于以基础设施为目标物的爆炸装置中。

定时装置（Timing mechanism）

应用在简易爆炸装置中的引爆系统中，用于延时时间的装置，可以是机械的，也可以是电子的。

毒素（Toxins）

活细胞或生物体产生的一种毒物质，是一种特殊的蛋白质，当其进入身体组织时能引起疾病，如包括肉毒杆菌、葡萄球菌肠毒素B、霉菌毒素、蓖麻毒素。

继电器（Trembler）

连接两个金属部件，加载电压后，完成电路连通的装置。

三角测量（Triangulation）

通过测量三个参考点的位置记录具体位置。

三硝基甲苯（Trinitrotoluene，TNT）

一种用于装填雷管的敏感高速炸药，即使在极端的温度条件下，性能也很稳定。

三基无烟炸药（Triple-based smokeless powder）

一种含有硝基，硝酸甘油和硝基胍的低速炸药。

车下装置（Underbelly）

将车体下方作为目标物的简易爆炸装置，内含大量炸药（包括传统的地雷）。

车下简易爆炸装置（Under vehicle IED）

放置在车辆下面的简易爆炸装置（以绳子、胶带、磁铁等为连接）。

未爆的军用爆炸物（Unexploded ordnance）

采取某种行为启动待发军用爆炸物，这些行为包括引燃、投射、发射或者其他启动方式，但却因设计问题或其他原因而没有发生爆炸的军用爆炸物。

车载简易爆炸装置（Vehicle borne IED，VBIED）

依靠小型地面车辆（如载客车辆、摩托车、机动脚踏两用车、自行车）作为隐藏带有起爆装置的简易爆炸装置。

爆速（Velocity of explosion，VOE）

密闭中的低速炸药燃烧的速率或者反应速度。

受害者控制开关（Victim-operated switch）

由不知情个体的行为触发的开关；这种装置主要依靠目标人实施的行为来启动装置。

病毒（Viruses）

能够引发人类、动物或植物最简易微生物，包括天花、委内瑞拉马脑炎和出血热。

水运简易爆炸装置（Water borne IED）

爆炸装置的固定装置和起爆在水中或水下完成，通常采用漂浮的方式移动。

水胶/浆状炸药（Water gel/slurry explosives）

通常是指浓液体溶入氧化剂和燃料，掺入额外的固体氧化剂和燃料敏化剂的高速炸药。

大规模杀伤性武器（Weapons of mass destruction）

任何能够引起大规模财产损失和伤亡的物质或材料；包括生物、核、化学、燃烧和爆炸材料。

重量（Weight）

军用弹药中含有的炸药质量，可以从几盎司到几千磅。

见证材料（Witness materials）

目标区域内受爆炸破坏或影响的介质物体。

装药号（Zone charge）

一发半定装式弹药中的推进药增加的数量，它与预期的发火范围是对应的。

This book is dedicated to the post–blast investigator and the bomb technician,for all that you do and the sacrifices you make,and to my famliy,Lorenda,Chris,Margaret,Libby,Mom,and Dad,to whom I express my heartfelt thanks for your continuing love and support.

谨以此书献给所有的爆炸现场调查人员（post–blast investigator）和炸弹技术工作者（bomb technician），感谢你们为工作做出的牺牲；献给我的家人，劳伦达、克里斯、玛格丽特、利比、妈妈和爸爸；献给那些长期以来对我提供帮助的人，感谢你们的关爱和支持。

—— James T. Thurman

致　谢

正如我早前在第一版中所述，仅靠言语是不足以表达我对同事们真诚的感激之情。在本书撰写过程中，他们曾给予我非常宝贵的援助。事实上，在我成为一名炸弹处置技术人员，并最终成为一名危险装置检验人员和爆炸后调查人员的过程中，这种援助就已经开始了。约翰·弗林上士和约翰·萨莫斯军士长，现已逝世，曾教我如何成为一名有用的炸弹技术人员，感谢你们的耐心和无私分享。感谢弗莱德·史密斯，感谢他信任我并帮助我从军队转到联邦调查局工作，现在他已经退休，他曾是联邦调查局实验室炸药部门的负责人。感谢斯图尔特·凯斯，他也是联邦调查局实验室炸药部门的负责人，感谢他带我走入联邦调查局实验室，并给我提供拥有百年平凡人生的机会。作为你们曾教我如何成为一名爆炸后调查人员的部分回报，我真诚地希望你们能够收到这本书。感谢我实验室的同事和朋友，丹尼·克莱恩和克里斯·罗内，感谢他们指导我检验和识别简易爆炸装置部件，祝你们一切称心如意。

我诚挚地感谢丹尼·迪芬堡，他带我进入炸坑的深处，讲解爆炸现场勘查和重建的知识。沃利·希金斯，汤姆·莫内尔，里克·哈恩，戴夫·威廉姆斯，保罗·施雷克和艾·乔丹，我想让你们知道你们的支持和友情是宝贵的。也向尼克·格雷格（现在炸药部门的负责人）和迈克问好，他们宽容我、支持我。我非常感激这些真正的专业人员。

对于我在东肯塔基大学的共事者比尔·阿布尼和罗恩·霍普金，现在都已退休，还有比尔·希克，非常感谢你们接受我进入拥有兄弟般情谊的团队，并帮助我适应学术和教室。通过此书很容易看出你们关于勘查程序的观点。没有你们的鼓励，这本书是不可能完成的。

我将永远感谢下面这些人，他们花费了自己宝贵的时间来审阅手稿，并且提出建议和改进意见：

杰夫·诺维兹，海军战争学院前教授，退休的海军调查特别探员，感谢您的鼓励和建议。

保罗·库珀，桑迪亚国家实验室退休炸药工程师和咨询顾问，感谢您的审阅和第1章到第4章中您所提供的资料，特别是有关俄克拉何马城爆炸案的调查资料和为估算爆炸中所使用的炸药量而在现场搜集的数据。正如您父亲所言，您是一个伟大的工程师。

鲍勃·霍珀，大力士粉末公司退休的炸药技术经理（位于特拉华州威尔明顿市），埃列克公司和美国炸药制造业历史上最权威的供应商戴诺·诺贝尔公司，为本书提供了关于炸药识别技术及其历史进展方面的资料。同时，我非常感谢他们对于本书的修正和补充。

已退休的联邦调查局特工大卫·黑文和炸弹数据中心危险装置学校项目管理者大卫·杰尼根高级特工，感谢您对本书的审阅以及关于第3章中简易爆炸装置部件，什么应该发表和什么不应该发表所提出的建议。

我向联邦调查局实验室法庭化学家罗恩·凯利和退休联邦调查局特工弗兰克·多伊尔表达我的感激之情，多伊尔是原联邦调查局旧金山地区证据反应小组协调员、炸弹技术员，感谢他们花费了大量时间审阅爆炸后调查程序的内容，你们的建议和修改意见完全准确。还要感谢罗恩所做的修改，使我没有偏离实验室能力的轨道。

我诚挚地感谢联邦调查局炸药部门特工、炸弹技术专家克里斯托弗·里戈和已退休的鲍勃·赫克曼，感谢他们提供了第8章中的有关信息。特别感谢里戈， 他花费了大量时间和我一起检查爆炸后现场紧急处置的每一个细节，并分享了他的经验。分享他们的经验和信息使我了解到，调查爆炸现场时，无数的调查人员不仅要战胜应急挑战，还要使自己在努力中得到超越。

退休的美国陆军炸药军械处置（EOD）军官、军事历史学家、技术情报专家鲍勃·雷恩德上校，我要感谢他的不仅是他对军事军械章节进行的专业而深入的校对，还有他带我走进他的住所，向我打开他家博物馆的大门，为我提供了包含附录B中的炸药名称。第6章中的内容，如果在帮助勘查人员避免受到有关未爆炸的军事军械的危害方面取得任何成功，都可以直接归功于鲍勃对本书的持续支持和建议。

还有许多人直接关系到本书的完成。感谢马特·纳尔逊, 杰森·格利特和斯蒂芬妮为第4章准备的优质图表和照片；感谢退休的美国陆军军械官和排爆技术员杰克·爱德华兹上校；感谢约翰·康波斯，奥斯汀炸药公司；感谢拉娜·韦弗 墨西哥新技术公司；感谢东肯塔基大学的克里斯·拉德克里夫和特雷萨河·斯诺，感谢他们提供了许多必要的照片和插图；感谢丹·多尔蒂帮助准备炸药电子数据表；感谢联邦调查局爆炸部门的柯克·耶格尔，感谢他的检查和提供有关自制炸药的信息；感谢卢卡斯·汀斯利在照片方面的帮助和在那个肯塔基炎热的夏天给予我的帮助；感谢皮尔森教育公司的塞布丽娜，感谢她允许我在第一章图1.1中使用了大卫和约翰所编写的火灾现场重建（纽约：皮尔森，2004）中的图解。

我要特别感谢我的出版商泰勒·弗兰西斯公司和这样一个非常特别的专业团队，感谢他们通过第二版的编写理解我，正如第一版出版时一样。这些人包括贝基·马斯特曼，吉尔·于根森，格伦·巴特勒和米兰·明奇，感谢他们不懈的努力促成本书的出版。此外，特别感谢梅丽莎·科科切洛和她的员工，感谢他们在第二版中示例性的编辑技巧，他们的建议总是非常中肯。最后，但绝对不是不重要，我要诚挚感谢该系列丛书的编辑弗农·贾伯斯，他是纽约警察局退休少校，我非常尊敬的一个多产作家。

如果我在致谢中忽略了某个人，请原谅我的疏忽。

詹姆斯·T.瑟曼